北京大学中国古文献研究中心集刊

第十九辑

北京大学中国古文献研究中心　编

编委会（以姓氏笔画为序）

王　岚　　刘玉才　　安平秋
杨　忠　　杨海峥　　吴国武
董洪利　　漆永祥　　廖可斌

图书在版编目(CIP)数据

北京大学中国古文献研究中心集刊. 第十九辑 / 北京大学中国古文献研究中心编. —北京：北京大学出版社，2019.12
ISBN 978-7-301-31020-5

Ⅰ.①北… Ⅱ.①北… Ⅲ.①古文献学—研究—中国—丛刊 Ⅳ.①G256.1-55

中国版本图书馆CIP数据核字(2019)第282915号

书　　名	北京大学中国古文献研究中心集刊 第十九辑 BEIJING DAXUE ZHONGGUO GUWENXIAN YANJIU ZHONGXIN JIKAN DI SHIJIU JI
著作责任者	北京大学中国古文献研究中心　编
责任编辑	王　应　李笑莹
标准书号	ISBN 978-7-301-31020-5
出版发行	北京大学出版社
地　　址	北京市海淀区成府路205号　100871
网　　址	http://www.pup.cn　新浪微博：@北京大学出版社
电子信箱	dianjiwenhua@163.com
电　　话	邮购部 010-62752015　发行部 010-62750672　编辑部 010-62756449
印刷者	北京虎彩文化传播有限公司
经销者	新华书店 787毫米×1092毫米　16开本　20.75印张　360千字 2019年12月第1版　2019年12月第1次印刷
定　　价	62.00元

未经许可，不得以任何方式复制或抄袭本书之部分或全部内容。
版权所有，侵权必究
举报电话：010-62752024　电子信箱：fd@pup.pku.edu.cn
图书如有印装质量问题，请与出版部联系，电话：010-62756370

目 录

《周易·坤卦》经传注疏校勘记(下) …………………………… 顾永新（ 1 ）
《五经异义》引古《毛诗》说考 …………………………………… 孙巧智（ 21 ）
吐鲁番《尔雅注》写本残卷考论 …………………………………… 瞿林江（ 33 ）
孙承泽本、黄易本《汉石经残字》题跋发覆 …………………… 高明峰（ 45 ）

北京大学图书馆藏和刻本《扁鹊仓公传》版本价值考论 ……… 赵　昱（ 57 ）
北宋新昌石待旦事迹考辨 …………………………………………… 陈启远（ 64 ）
朱熹与科举关系探析 ………………………………………………… 顾歆艺（ 84 ）
卢见曾、惠栋交游考论 ……………………………………………… 周昕晖（106）
从《观光纪游》看冈千仞与中国士人的交流 …………………… 杨海峥（120）

略论宋代类书中的"材料序列"
　　——从《朝野佥载》宋代"节略本"说起 ………………… 李　更（135）
《琐碎录》成书考 …………………………………………………… 陈晓兰（177）
中古时期佛教抄纂类文献考述 ……………………………………… 王飞朋（194）

虞世南隋代宫廷诗创作时间考 ……………………… 孟祥娟　沈文凡（210）
五山版《山谷诗注》考辨 …………………………………………… 王　岚（221）
据《中州题咏集》辑补宋金元诗39首 …………………………… 高　震（232）
嘉靖本《唐诗纪》考辨 ……………………………………………… 韩震军（242）
《古今书刻》黄嘉善校刻本编刊时间考 …………………………… 高虹飞（251）
方志中所见《全清词·顺康卷》及《补编》漏收18家词录 …… 胡永启（263）
从编纂体裁与燕行使心理看"燕行录"的创作动机 ……………… 漆永祥（272）
黑水城出土《薛仁贵征辽事略》刊本残叶缀合与初步研究 …… 张学谦（297）
黄金台《书金圣叹才子书后》考释 ……………………………… 李金松（306）
从《葫芦先生》与《袁氏义犬》互文关系看晚明杂剧创作与党争 …… 李远达（310）

征稿启事 ……………………………………………………………………（325）

《周易·坤卦》经传注疏校勘记(下)

顾永新[*]

【内容提要】 群经之中，《周易》传世版本类型最为齐备，经注本(又有单纯经注本和经注附《释文》本)、单疏本、八行本(又有宋刻宋印本和宋刻宋元递修本)、元刻十行本(又有元刻元印十行本和元刻明修十行本)及明清"十三经注疏"汇刻本等皆有传本。此外，其他载体的异文资料也相当丰富，上海博物馆藏战国楚竹书、马王堆汉墓帛书、阜阳汉简、熹平石经、开成石经以及敦煌写本、日系古钞本等都保存了全部或部分《周易》文本。同时，清代以降相关校勘成果也相当丰硕，最著者如山井鼎《考文》、浦镗《正字》、卢文弨《拾补》、阮元《校勘记》等。本文广校众本，并博采古今中外的相关校勘成果，加以客观去取，审慎按断，去伪存真，择善而从，旨在建构相对精准、完善的《周易》经传、注疏文本。

【关键词】 《周易》 坤卦 校勘 文本

初六，履霜，①坚冰至。②

---

[*] 本文作者为北京大学中国古文献研究中心研究员。

① 马王堆帛书《六十四卦》履霜作礼霜，帛书《衷》《二三子问》引作履霜同。**丁释**："礼通履，履为本字。"**《释文》**："履霜，如字，郑读履为礼。"**《集解》《举正》、开成石经、《本义》**与底本同。**臧庸曰**："郑本经文当作礼，郑注之云礼读为履。后人依注改经，又依经改注。"(《湖海楼丛书》本《周易郑注》上经乾传第一。曹元弼《周易集解补释》转引)刘毓崧《通义堂集》卷一《周易履霜履读为礼解上》："盖礼与履二字音既相近，而又皆有行义，故可以彼此互训。"**徐堂《周易考异》**："按古屦舄字皆作屦，履践字皆作履。周末诸子及汉人用屦舄字亦作履。贾谊曰'冠虽敝，不以苴履'是也。郑读履为礼者，盖谓履是践履之履，非屦舄之屦也。《序卦》'履者，礼也'，《说文》示部'礼，履也'，可以证郑氏读履为礼之义。"**《异文释》**："案《序卦》曰'履者，礼也。'《仲尼燕居》云：'言而履之，礼也。'《释言》：'履，礼也。'二字义同，故古皆通用。郑读履为礼。《祭器》云：'礼也者，犹体也。'《释名》：'礼，体也。'《说文》云：'霜，丧也。'虞《彖》注云：'坤为丧，阴气在初，体霜之象。'"**周易解故》**："郑曰：履读为礼。案古履、礼通。《商颂》'率履不越'，《韩诗外传》作率礼，《说苑》《汉书》引亦作礼。"**俞樾《群经平议》**卷一："樾谨按：履霜之义，明白无疑，郑读为礼，义不可通。疑郑氏所据本作礼霜，郑注则曰礼读为履。盖礼、履声近而义通。……礼霜即履霜，经文作礼，郑破假字而读以本字，乃解经之恒例。后人用注说改经文，又以既改之经文改注，而陆氏承其误耳。"**新案**：马王堆帛书履卦名即作礼，礼、履，同音通假。参校诸本并无异文。

② 马王堆帛书《六十四卦》及《衷》《二三子问》引作冰同。**《说文》**："仌，冻也，象水冰之形。(段注：冰，各本作凝，今正，谓象水初凝之文理也。)凡仌之属，皆从仌。冰，水坚也。(《易传》：'初六履霜，阴始凝也。驯致其道，至坚冰也。'古本当作"阴始冰也""至坚仌也"。《释器》："冰，脂也。'孙本冰作凝，按此可证《诗》"肤如凝脂"本作冰脂，以冰代仌，乃别制凝字。经典凡凝字，皆冰之变也。)"(转下页)

注云：始于履霜，至于坚冰，①所谓至柔而动也刚。阴之为道，本于卑弱而后积著者也，②故取履霜以明其始。阳之为物，非基于始以至于著者也，③故以出处明之，则以初为潜。④

［疏］⑤《正义》曰：初六，阴气之微，⑥似若初寒之始，但履践其霜，微而积渐，故坚冰乃至。义取所谓阴道初虽柔顺，⑦渐渐积著乃至坚刚。凡《易》者，象也，以物象而明人事，若《诗》之比喻也。或取天地阴阳之象以明义者，若乾之"潜龙""见龙"，坤之"履霜""坚冰""龙战"之属是也。或取万物杂象以明义者，若屯之六三"即鹿无虞"、六四"乘马班如"之属是也。如此之类，《易》中多矣。或直以人事不取物象以明义者，若乾之九三"君子终日乾乾"，坤之六三"含章可贞"之例是也。圣人之意，可以取象者，则取象也；可以取人事者，则取人事也。故《文言》注云，至于九三，独以君子为目者，何也？"乾乾夕惕，非龙德也。"故以人事明之，是其义也。

《象》曰：履霜坚冰，阴始凝也。⑧驯致其道，⑨至坚冰也。

（接上页）《集解》《举正》、开成石经、《本义》与底本同。《本义辨证》："《说文》冰作仌，凝作冰，又云：'凝，俗冰字'。愚谓冰、凝字皆从仌，故云'履霜坚冰，阴始凝也'，盖释冰字；'驯致其道，至坚冰也'，盖释至字。"《订文》："案古书通假冰为仌。"新案：参校诸本并无异文。

① 《举正》坚冰作冰坚。新案：参校诸本并无异文。

② 《举正》卑作单，积上无至字与底本同（罗振玉《宸翰楼丛书》影印谦牧堂影宋本同）。《考文》："（古本）三本、足利本积上有至字。"《校勘记》："岳本、闽、监、毛本同。"又引《考文》云云。新案：抚本、建本、纂图互注本、岳本、伏见版活字本、陈本、元印十行本、国图十行本、北大十行本、文物局十行本、"央图"十行本、永乐本、闽本、监本、毛本、殿本、阮本同，天禄琳琅本卑作至，古本、宜贤活字本、正运活字本积上有至字。

③ 抚本、建本、纂图互注本、岳本、古本、伏见版活字本、正运活字本、陈本、元印十行本、国图十行本、北大十行本、文物局十行本、"央图"十行本、永乐本、闽本、监本、毛本、殿本、阮本同，天禄琳琅本以作而。

④ 《考文》："（古本）一本则作故，二本潜下有也字。"《校勘记》："岳本、闽、监、毛本同。"又引《考文》云云。新案：抚本、天禄琳琅本、建本、纂图互注本、岳本、伏见版活字本、正运活字本、陈本、元印十行本、国图十行本、北大十行本、文物局十行本、"央图"十行本、永乐本、闽本、监本、毛本、殿本、阮本同，古本则作故，潜下有也字。

⑤ 单疏本、八行本和十行本初六爻辞《正义》所出位置及其内容分合全同，均置其末，释经文（八行本不标示起止；单疏本、十行本标示起止同："初六履霜坚冰至"）。

⑥ 马校："十行本气作炁。按作炁者，乃刻误省欤。"新案：单疏本、京大本、京文研本、嘉业堂本、永乐本、闽本、监本、毛本、殿本、阮本同，元印十行本气字漫漶，依稀可辨；国图十行本、北大十行本、文物局十行本、"央图"十行本如马氏所云，全不成字。

⑦ 《考文》出文"义所谓阴道"，"（宋板）义下有取字"。《正字》出文与《考文》同，"义当盖字误，所疑衍字"。《校勘记》出文与《考文》同，"闽、监、毛本同，钱本、宋本义下有取字，是也"。马校亦以为有取字于义较长。新案：单疏本、静嘉堂本、京大本、京文研本、嘉业堂本、陈本、钱本、殿本同，元印十行本、国图十行本、北大十行本、文物局十行本、"央图"十行本、永乐本、闽本、监本、毛本、阮本脱取字。

⑧ 熹平石经、敦煌本《易注》、《集解》同。《举正》出文无"坚冰"二字，"谨按：'阴始凝也'上误增'坚冰'字。履霜与坚冰时候颇异，不合相连接。义疏云：'初六，阴气之微，初寒之始，履践其霜，微而渐积，乃至坚冰也。履霜者，从初至三；坚冰者，从四至上。'观注寻疏，误亦昭然。"开成石经与底本同。《音训》："晁氏曰：徐氏无'坚冰'二字，王昭素以徐氏为然，胡先生亦云然。"项安世《周易玩辞》："程子以此句'坚冰'二字为衍文。安世按：《魏书》……则是时犹未有此二字，明后人妄加也。"《本义》与（转下页）

［疏］①《正义》曰：夫子所作《象》辞，元在六爻经辞之后，以自卑退，不敢干乱先圣正经之辞。②及至辅嗣之意，以为《象》者本释经文，宜相附近，其义易

（接上页）底本同，曰："按《魏志》作'初六履霜'，今当从之。"《五经异文》："许芝作'初六履霜，阴始凝也'。郭京《周易举正》作'履霜，阴始凝也'，无初六二字。"《九经古义》："案文冰当作仌，凝当作冰。《尔雅·释器》云：'冰，脂也。'郭璞曰：'《庄子》云"肌肤若冰雪"，冰雪，脂膏也。孙炎本作'凝脂'，云：'膏凝曰脂。'《诗》云'肤如凝脂'，即冰脂也。《古文尚书》亦以冰为凝。《说文》云：'凝，俗冰字。'"《本义辨证》："案所引《魏志》，乃《三国志注》，其曰'初六履霜'者是许芝所引《易传》，盖约爻象而为之辞也。《易传》者，《易纬》也，汉禁纬，故称传。汉司徒鲁恭引此象云'履霜坚冰，阴始凝也'，未尝有'初六履霜'之语，盖郭京曾有是说，而朱子误信之也。"《考文》："（古本）冰下有至字，三本、足利本同。"［谨按］："《容斋随笔》引《易举正》'正其讹谬，取其明白'者二十处，其初云云。右《举正》云'曾得王辅嗣、韩康伯手写注定传授真本，比校近世流行本'云云。据此观之，则古本可信亦可疑也。"《正字》引《举正》云云。殿本《考证》引《举正》云云，臣（朱）良裘曰："按《魏志》许芸（当作芝）引《易传》作'初六履霜'，朱子谓当从之。"《证异》："《魏志·文帝纪》云云，（朱子从之。项安世云云。王申子、胡一桂、胡炳文、熊良辅、林希元同。吴澄改作"初六履霜"。）郭京云云。（徐氏无此二字，王昭素、晁说之、胡瑗同。俞琰从郭京，云：王弼时犹未误，王弼后始误尔。）按《后汉书·鲁恭传》引作'履霜坚冰，阴始凝也'，与《九家易》、孔颖达诸儒同。毛奇龄云：恭先于后晋，则必古本原有坚冰字，许芝所引，偶然遗脱。郭京无'坚冰'字谬。"《校勘记》："岳本、闽、监、毛本。石经初刻无也字，后增。"又引《考文》云云。《周易校字》："愚案'坚仌'二字，究于文义未协，当作羡文。"徐堂《周易考异》："按郭京者……惠氏谓其书诞妄，不作信，或系宋人伪造，托之郭京者。"《异文释》："《魏志·文帝纪》注引作'初六履霜'。足利本、古本冰下有至字。案《后汉·鲁恭传》引此与今本同，则许芝所引乃约举传文。郭京本又无'初六'字，更非古本也。（原注：郭京之书甚妄，惠氏尝辨之。）《订文》："晁氏云云。案郭京《举正》无'坚冰'字。《魏志·文帝纪》注……朱子《本义》，程氏迥俱从其说。惠氏栋云云。赵汝楳云：此乃举爻辞以通释文义，谓言履霜而遽及冰者，霜为阴凝之始，冰为阴凝之极，故言始凝以明坚冰之渐。傥去坚冰，但云始凝，则始字无因而发。或者京因许芝之对而去耳，卜史一时之言，可据以改经耶？案《九家易》本作'履霜坚冰'，盖马、郑本皆如是。慧琳《一切经音义》十三亦引作'履霜坚冰，阴始凝也'。《考文》引古本、足利本冰下有至字，非是。"又曰："《说文》云云。案《说文》所谓俗者，亦古文常行之或体，非许所造之俗字也。许从古文之正字作冰，而经典则通用为凝，故曰俗。俗者，习用之谓也。俗既假冰为仌，故冰字作凝。何氏楷、惠氏栋、段氏玉裁皆欲改冰为仌，改凝为冰，殊失其实。"马校称唐石经冰作水。新案：《校勘记》所谓"石经初刻无也字"，马校所谓冰作水，皆不知何据，从开成石经明拓本来看，并无增刻也字痕迹，冰字亦不作水。前人争论的焦点是有无"坚冰"二字，当如李富孙、王树枏所云，许芝所引乃约举传文，不可坐实，据之回改原文。抚本、天禄琳琅本、建本、纂图互注本、岳本、伏见版活字本、陈本、元印十行本、国图十行本、北大十行本、文物局十行本、"央图"十行本、永乐本、闽本、监本、毛本、殿本、阮本同，古本、宣贤活字本、正运活字本冰下有至字。

上页⑨ 熹平石经、敦煌本《易注》同。《释文》："驯，似遵反。向秀云：从也。徐音训，此依郑义。"《集解》、开成石经、《本义》与底本同。徐堂《周易考异》："堂按《尚书大传·夏传》'百姓不亲，五品不驯'，《正义》曰：'驯音训。'《史记·五帝本纪》'能明驯德'，徐广曰：'驯，古训字。'《周礼》'土驯'，郑司农曰：'驯读为训。'驯、训皆从川声，故音义并通。"新案：顺、驯，同源词。参校诸本并无异文。

① 《要义》《正义》曰"上标示起止，《象》曰履霜"至"冰也"。卢校："钱连上疏。"新案：单疏本、八行本和十行本初六《小象》之《正义》所出位置及其内容分合全同，均置其末，释传文（八行本不标示起止；单疏本标示起止；《象》曰履霜"至"冰也"；十行本标示起止；《象》曰履霜坚冰"至"至坚冰也"）。

② 《要义》同。《正字》："干，毛本误于。"《校勘记》出文"不敢于乱先圣正经之辞"，"闽、毛本同，钱本、监本于作干，是也"。野间亦以为作干是也。新案：嘉业堂本、陈本、钱本、监本、殿本同，单疏本、静嘉堂本、广本、京大本、京文研本、元印十行本、长泽十行本、国图十行本、北大十行本、文物局十行本、"央图"十行本、闽本、毛本、阮本干误于。

了,故分爻之《象》辞,①各附其当爻下言之。犹如元凯注《左传》,分经之年,与传相附。②"阴始凝也"者,③释履霜之义,言阴气始凝结而为霜也。④"驯致其道,至坚冰也"者,驯犹狎顺也,若鸟兽驯狎然。言顺其阴柔之道,习而不已,乃至坚冰也。褚氏云:"'履霜'者,从初六至六三。'坚冰'者,从六四至上六。"阴阳之气无为,故积驯履霜,必至于坚冰。以明人事有为,不可不制其节度,⑤故于履霜而逆以坚冰为戒,⑥所以防渐虑微,慎终于始也。

六二,直方大,⑦不习无不利。⑧

---

① 《要义》同。《考文》出文"故分爻之辞象","(宋板)辞象作象辞"。《正字》:"象辞字误倒。"《校勘记》出文与《考文》同,闽、监、毛本同,钱本、宋本辞象作象辞"。向校以为单疏本爻作文误。马校:"单疏本爻作文,按文乃爻字之形误;且辞象一词,当是象辞之误。"野间亦以为作文误。新案:广大本、京大本(爻上有六字)、京文研本、嘉业堂本、陈本、钱本、殿本同,单疏本爻误文,静嘉堂本、元印十行本、长泽十行本、国图十行本、北大十行本、文物局十行本、"央图"十行本、永乐本、闽本、监本、毛本、阮本象辞误乙作辞象。

② 《要义》同。海保本出文"与传年相附","诸本并脱年字。《校勘记》阙"。新案:单疏本、嘉业堂本、陈本、元印十行本、国图十行本、北大十行本、文物局十行本、"央图"十行本、永乐本、闽本、监本、毛本、殿本、阮本同,静嘉堂本(年作季)、京大本、京文研本传下有年字,广大本相作年。

③ 《要义》同。新案:单疏本、京大本、京文研本、嘉业堂本、陈本、元印十行本、长泽十行本、国图十行本、北大十行本、文物局十行本、"央图"十行本、永乐本、闽本、监本、毛本、殿本同,阮本凝误疑。

④ 《要义》无而字。新案:单疏本、京大本、京文研本、嘉业堂本、陈本、元印十行本、永乐本、闽本、监本、毛本、殿本、阮本同,国图十行本、北大十行本、文物局十行本、"央图"十行本霜误箱。

⑤ 《要义》与底本同。野间以为单疏本节作尊误。新案:广大本、京大本、京文研本、嘉业堂本、陈本、元印十行本、国图十行本、北大十行本、文物局十行本、"央图"十行本、永乐本、闽本、监本、毛本、殿本、阮本同,单疏本节误尊。

⑥ 《要义》同。《考文》出文"而遂以坚冰为戒","(宋板)遂作逆"。《校勘记》:"宋本同,闽、监、毛本逆误遂"。马校:"按以文意观之,当作遂为是。"新案:《校勘记》是而马校非也。单疏本、京大本、京文研本、嘉业堂本、陈本、钱本、元印十行本、永乐本、殿本、阮本同,国图十行本、北大十行本、文物局十行本、"央图"十行本逆误通,闽本、监本、毛本逆误遂。

⑦ 马王堆帛书《六十四卦》及《衷》《二三子问》引同。熹平石经《文言》引爻辞及《集解》、开成石经、《本义》《要义》亦皆与底本同。《九经古义》:"郑注云:'直也,方也,地之性。此爻得中气,而在地上自然之性,广生万物,故生动直而且方。'熊氏《经说》云:'郑氏《古易》云:坤爻辞履霜、直方、含章、括囊、黄裳、玄黄协韵,故《象传》《文言》皆不释大,疑大字衍。'"《证异》:"郑厚曰:'直方'(句),大字衍文。又曰:不然属下句。坤爻辞皆协霜字韵。项安世曰:'直方'二字,玩《象》辞、《文言》,郑说近是。大字(句),非衍文,与既济小字同。吴澄曰:'直方'(句),'大不习'(句)。习,重也,言不有如此大也。"《订文》:"案元熊朋来《经说》云云。今案《文言传》作'直方大,不习无不利',荀注亦云'大者,阳也'。荀与郑同为费氏《易》,谓古文无大字非也。窃疑郑以直方为句,以大字下属,'大不习无不利'者,谓其大不待习而自无不利也。"新案:早期文本皆有大字,绝非衍文,宋人郑厚说非是。参校诸本并无异文。

⑧ 马王堆帛书《六十四卦》及《二三子问》引同,《衷》有引作"不习,吉"者。《集解》、开成石经、《本义》《要义》亦皆与底本同。新案:参校诸本并无异文(无或作无)。

注云：居中得正，①极于地质。任其自然，而物自生；②不假脩营，而功自成。③故不习焉，而无不利。④

《象》曰：六二之动，直以方也；⑤

（注云：）动而直方，任其质也。

不习无不利，地道光也。

［疏］⑥《正义》曰："直方大，不习无不利"者，《文言》云："直，其正也。"二得其位，极地之质，故亦同地也。俱包三德，⑦生物不邪，谓之直也。地体安静，⑧是其方也。无物不载，是其大也。既有三德，极地之美，自然而生，不假脩营，故云"不习无不利"。物皆自成，无所不利，以此爻居中得位，极于地体，故尽极地之义。此因自然之性以明人事，居在此位，亦当如地之所为。

---

① 《要义》同。**新案**：抚本、天禄琳琅本、纂图互注本、岳本、古本、伏见版活字本、正运活字本、陈本、元印十行本、国图十行本、北大十行本、文物局十行本、"央图"十行本、永乐本、闽本、监本、毛本、殿本、阮本同，建本正作位。

② 《要义》同。孟校建本其作於，"岳、十行於作其，阮无校"。**新案**：抚本、天禄琳琅本、纂图互注本、岳本、古本、伏见版活字本、正运活字本、陈本、元印十行本、国图十行本、北大十行本、文物局十行本、"央图"十行本、永乐本、闽本、监本、毛本、殿本、阮本同，建本其作於。

③ 《要义》同。《考文·补遗》："生下（古本）二本有故字。"《校勘记》："岳本、闽、监、毛本同，古本上有故字。○按古本多不可信。"**新案**：抚本、天禄琳琅本、建本、纂图互注本、岳本、伏见版活字本、正运活字本、陈本、元印十行本、国图十行本、北大十行本、文物局十行本、"央图"十行本、永乐本、闽本、监本、毛本、殿本、阮本同，古本上不有故字。

④ 《要义》同。《考文》："下（古本）三本有也。"《校勘记》引《考文》云云。孟校建本利下有者字，"岳、十行无者字，阮无校"。**新案**：抚本、天禄琳琅本、纂图互注本、岳本、陈本、伏见版活字本、正运活字本、元印十行本、国图十行本、北大十行本、文物局十行本、"央图"十行本、永乐本、闽本、监本、毛本、殿本、阮本同，建本利下有者字，古本利下有也字。

⑤ 熹平石经、《集解》、开成石经、《本义》《要义》同。《考文·补遗》："古本无也字。"《校勘记》："石经、岳本、闽、监、毛本同。"**新案**：参校诸本并无异文。

⑥ 《要义》同。《考文》出文"《正义》曰《文言》云"，"《文言》云'上有'直方大，不习无不利者'九字"。［谨按］"宋板爻、《象》连为一节，经文终乃有疏，每卦为然。如此篇'地道光也'下始有疏，故疏字下无'六二至无不利'六字，直作《正义》曰"直方大，不习无不利"者，《文言》云'云云。今本断章裁句，与宋板稍异。"卢校"钱本'象曰'两段缘（张尔耆过录本缘作皆）连爻辞下，下并仿此。"《校勘记》出文与《考文》同，"闽、监、毛本同"。又引《考文》云云。**新案**：六二爻辞及《小象》之《正义》所出位置及其内容分合，各本颇有异同。单疏本、八行本《正义》归总置其末，先释经、传文（八行本不标示起止；单疏本标示起止："六二直方"至"光也"），后释注文（单疏本和八行本标示起止同：注"居中"至"地质"、注"动而"至"质也"）。十行本分解为三个内容单元（"六二，直方大，不习无不利"、"《象》曰：六二之动，直以方也"和"不习无不利，地道光也"），割裂单疏本《正义》分置各单元之末；首单元分释经、注文，标示经文起止："六二"至"无不利"（删省提示语'直方大，不习无不利'者"九字），标示注文起止：注"居中得正"（增补提示语"'居中得正，极於地质'者"九字）；二单元分释传、注文，标示传文起止："《象》曰"至"直以方也"（删省提示语"'《象》曰六二之动，直以方'者"十字），标示注文起止：注"动而直方"；三单元释传文，不标示起止（删省提示语"'不习无不利，地道光'者"九字）。

⑦ 《要义》俱作具。**新案**：参校诸本并无异文。

⑧ 《要义》同。**新案**：单疏本、京大本、京文研本、嘉业堂本、陈本、元印十行本、国图十行本、北大十行本、文物局十行本、"央图"十行本、闽本、监本、毛本、殿本、阮本同，永乐本安误定。

"《象》曰'六二之动,直以方'"者,言六二之体,所有兴动,任其自然之性,故云"直以方也"。

"不习无不利,地道光"者,言所以不假修习物无不利,犹地道光大故也。①

注"居中"至"地质" 《正义》曰:质谓形质,地之形质,直方又大,此六二居中得正,是尽极地之体质也。所以直者,言气至即生物,由是体正直之性。其运动生物之时,又能任其质性,直而且方,故《象》云:"六二之动,直以方也。"

注"动而"至"质也" 《正义》曰:是质以直方,动又直方,②是质之与行,内外相副。物有内外不相副者,故《略例》云:"形躁好静,质柔爱刚。"此之类是也。

六三,含章可贞,③或从王事,④无成有终。⑤

注云:三处下卦之极,而不疑于阳,应斯义者也。不为事始,须唱乃应,待命乃发,含美而可正者也,故曰"含章可贞"也。有事则从,不敢为首,故曰"或从王事"也。不为事主,⑥顺命而终,故曰"无成有终"也。

《象》曰:含章可贞,以时发也;或从王事,知光大也。⑦

注云:知虑光大,故不擅其美。⑧

---

① 《正字》:"犹当作由。"**新案**:参校诸本并无异文。

② 《正字》:"是疑衍,以疑已字误。"**新案**:单疏本、京大本、京文研本、嘉业堂本、陈本、钱本、元印十行本、国图十行本、北大十行本、文物局十行本、"央图"十行本、永乐本、闽本、监本、毛本、阮本同,殿本无是字。

③ 马王堆帛书《六十四卦》含作合,帛书《二三子问》《衷》引作含同。于释:"合与含同为匣母字,含在侵部,合在缉部,缉部为侵部入声,古音相近。《释名·释饮食》云:'含,合也,合口停之也。'故合可假为含。"熹平石经《小象传》作含同,知其爻辞亦当作含。敦煌本《易注》及《集解》、开成石经、《本义》亦皆与底本同。**新案**:参校诸本并无异文。

④ 马王堆帛书《六十四卦》同,《二三子问》引文残缺,下文有"从王事矣"句,知其当有王字;《衷》凡两见,一脱王字,一不脱。《集解》、开成石经、《本义》与底本同。**新案**:参校诸本并无异文。

⑤ 无成,马王堆帛书《六十四卦》成字残缺,《二三子问》《衷》引无下有成字(前者无作無)。有终,《六十四卦》作有终同,《衷》凡两见,一作有冬,一作又冬。又冬读作有终。《集解》、开成石经、《本义》与底本同。**新案**:冬、终,古今字。参校诸本并无异文(无或作無)。

⑥ 敦煌本《易注》作"不敢为主"。马校:"十行本、李本主作王。按依疏文'不敢为事之马(首),主成于物'证之,作主是也。"**新案**:抚本、天禄琳琅本、建本、纂图互注本、岳本、古本、伏见版活字本、正运活字本、元印十行本、国图十行本、永乐本、监本、毛本、殿本、阮本同,陈本、北大十行本、文物局十行本、"央图"十行本、闽本主误王。

⑦ 敦煌本《易注》同。《释文》:"知光,音智。注同。"《集解》、开成石经、《本义》与底本同。**新案**:知、智,同源词。参校诸本并无异文。

⑧ 敦煌本《易注》下有也字。《集解》《本义》与底本同。《考文》:"下(古本)三本有也。"《校勘记》引《考文》云云。**新案**:抚本、天禄琳琅本、建本、纂图互注本、岳本、伏见版活字本、正运活字本、陈本、元印十行本、国图十行本、北大十行本、文物局十行本、"央图"十行本、永乐本、闽本、监本、毛本、殿本、阮本同,古本下有也字。

[疏]①《正义》曰:"含章可贞"者,六三处下卦之极,而能不被疑于阳。章,美也。既居阴极,能自降退,不为事始,唯内含章美之道,待命乃行,可以得正,故曰"含章可贞"。"或从王事,无成有终"者,言六三为臣,或顺从于王事,故不敢为事之首,主成于物,故云"无成"。唯上唱下和,奉行其终,故云"有终"。

《象》曰"含章可贞,以时发"者,②夫子释含章之义。以身居阴极,不敢为物之首,但内含章美之道待时而发,是"以时发也"。"或从王事,知光大"者,释"无成有终"也。既随从王事,不敢主成物始,但奉终而行,是知虑光大,不自擅其美,唯奉于上。

注"三处"至"有终也"《正义》曰:"三处下卦之极"者,欲见三虽阴爻,其位尊也。"不疑于阳"者,阴之尊极,将与阳敌体,必被阳所忌。今不被疑于阳,言阳不害也。"应斯义"者,斯,此也。若能应此义,唯行"含章可贞"已下之事,乃应斯义。此爻全以人事明之。

六四,括囊,③无咎,无誉。④

注云:处阴之卦,以阴居阴,履非中位,无直方之质;不造阳事,无含章之美,括结否闭,贤人乃隐。施慎则可,⑤非泰之道。⑥

《象》曰:"括囊,无咎",慎不害也。

---

① 《要义》《正义》曰"上标示起止:"六三含章"至"光大也"。**新案**:六三爻辞及《小象》之《正义》所出位置及其内容分合,各本颇有异同。单疏本、八行本《正义》归总置其末,先释经、传文(八行本不标示起止;单疏本标示起止:"六三含章"至"光大也"),后释注文(单疏本和八行本标示起止同:注"三处"至"有终也")。十行本分解为两个内容单元("六三"至"无成有终"和《象》曰"至"知光大也"),割裂单疏本《正义》分置各单元之末(首单元分释经、注文,标示经文起止:"六三"至"无成有终",标示注文起止:注"三处下卦之极";二单元释传文,标示起止:"《象》曰"至"知光大也")。

② 单疏本、京大本、京文研本、嘉业堂本、陈本、殿本同,元印十行本、国图十行本、北大十行本、文物局十行本、"央图"十行本、永乐本、闽本、监本、毛本、阮本皆无"《象》曰"二字。

③ 马王堆帛书《二三子问》《衷》引括皆作聒。《集解》、开成石经、《本义》与底本同。胡煦《周易函书约注》卷二:"括,古文作𦘓。"《订文》:"《说文》:'挌,絜也。'挌即今之括字。《广雅》云:'括,结也。'郑注《大学》云:'絜犹结也。'《说文》:'髻,絜发也。'髻发即《檀弓》之括发,括者隶变之字。《荀子·非相篇》云:'"括囊无咎无誉",腐儒之谓也。'"**新案**:挌为括本字,括、聒通假。胡煦所谓古文作𦘓不知何据。参校诸本并无异文。

④ 马王堆帛书《六十四卦》六四爻辞残缺,《二三子问》《衷》引作誉同。熹平石经与底本同。《释文》:"无誉,音余,又音预。"《集解》、开成石经、《本义》与底本同。**新案**:参校诸本并无异文(无或作無)。

⑤ 敦煌本《易注》同。《释文》:"施慎,并如字。慎,谨也。《象》词同,本或作顺,非。"《校勘记》:"岳本、闽、监、毛本同。"又引《释文》云云。**新案**:慎、顺音近,形亦近,故多通假。参校诸本并无异文。

⑥ 《考文》:"下(古本)三本有也。"《校勘记》引《考文》云云。**新案**:抚本、天禄琳琅本、建本、纂图互注本、岳本、伏见版活字本、正运活字本、陈本、元印十行本、国图十行本、北大十行本、文物局十行本、"央图"十行本、永乐本、闽本、监本、毛本、殿本、阮本同,古本下有也字。

[疏]①《正义》曰：括，结也。囊所以贮物，以譬心藏知也。闭其知而不用，故曰"括囊"；功不显物，故曰"无誉"；不与物忤，故曰"无咎"。②

《象》曰"慎不害"者，③释所以"括囊无咎"之义。由其谨慎，④不与物竞，故不被害也。

注"处阴"至"之道"　《正义》曰："不造阳事，无含章之美"者，六三以阴居阳位，是造为阳事。但不为事始，待唱乃行，是阳事犹在，故云"含章"，章即阳之美也。今六四以阴处阴，内无阳事，是不造阳事，无含章之美。当括结否闭之时，是贤人乃隐，唯施谨慎则可，非通泰之道也。

六五，黄裳，⑤**元吉。**

注云：黄，中之色也，⑥裳，下之饰也。⑦坤为臣道，美尽于下。夫体无刚健，而能极物之情，通理者也。以柔顺之德，处于盛位，任夫文理者也。垂黄裳以获元吉，非用武者也。极阴之盛，不至疑阳，以文在中，美之至也。

《象》曰："黄裳，元吉"，文在中也。

―――――――――

① 《要义》"《正义》曰"上标示起止："六四括囊"至"不害也"。**新案**：六四爻辞及《小象》之《正义》所出位置及其内容分合，各本颇有异同。单疏本、八行本《正义》归总置其末，先释经、传文（八行本不标示起止；单疏本标示起止："六四括囊"至"不害也"），后释注文（单疏本和八行本标示起止同：注"处阴"至"之道"）。十行本分解为两个内容单元（"六四，括囊，无咎，无誉"和《象》曰"慎不害也"），割裂单疏本《正义》分置各单元之末（首单元分释经、注文，标示经文起止："六四"至"无誉"，标示注文起止：注"不造阳事"至"非通泰之道"；二单元释传文，不标示起止）。

② 《集解·文言》《易》曰'括囊，无咎，无誉'，盖言谨也'引孔颖达曰："不与物忤，故无咎；功名不显，故无誉也。"《要义》与底本同。《正字》出文与《集解》引孔疏同，"案《集说》（当作《集解》）本如此，是也"。《校勘记》引《集解》云云。**新案**：参校诸本并无异文。

③ 《要义》同。**新案**：单疏本、静嘉堂本、京大本、京文研本、嘉业堂本、陈本、钱本、殿本同，元印十行本、国图十行本、北大十行本、文物局十行本、"央图"十行本、永乐本、闽本、监本、毛本、阮本皆无"《象》曰"二字。

④ 《要义》同。《考文》出文"施其谨慎"，"（宋板）施作由"。《校勘记》出文"曰其谨慎"，"钱本、宋本曰作由，闽、监、毛本作施字"。马校："按作由是也。今本以由误作曰，乃形似之误。"**新案**：单疏本、京大本、京文研本、嘉业堂本、陈本、钱本同，元印十行本、国图十行本、北大十行本、文物局十行本、"央图"十行本（以上三本其上空一格）、永乐本、阮本由误曰、闽本、监本、毛本、殿本由误施。

⑤ 马王堆帛书《六十四卦》及《二三子问》《衷》引裳作常。于释："各本作'黄裳，元吉'。《左传·昭公十二年》引同。案《说文》云：'常，下帬也。从衣（新案：衣当作巾）尚声。裳，常或从衣。'《韩诗外传·三》：'越裳氏重译来朝。'《论衡·恢国》：'成王之时，越常献雉。'是常即裳。"丁释："裳为常字或体……亦为古今字。"熹平石经、敦煌本《易注》及《集解》、开成石经、《本义》《要义》皆与底本同。**新案**：参校诸本并无异文。

⑥ 《要义》同。《考文·补遗》："（古本）无也字。"《校勘记》："岳本、闽、监、毛本同。"又引《考文》云云。**新案**：参校诸本并无异文。

⑦ 《释文》："之饰，申职反，本或作飭，俗字。"抱经堂本同，《释文考证》："宋本飭作餙，亦俗。"《要义》与底本同。《校勘记》："岳本、闽、监、毛本同。"又引《释文》云云，飭作餙。**新案**：参校诸本并无异文。

注云：用黄裳而获元吉，以文在中也。①

[疏]②《正义》曰："黄裳，元吉"者，黄是中之色，裳是下之饰，坤为臣道，五居君位，③是臣之极贵者也。能以中和通于物理，居于臣职，故云"黄裳，元吉"。元，大也。以其德能如此，故得大吉也。

"《象》曰'黄裳，元吉'，文在中"者，释所以"黄裳，元吉"之义，以其文德在中故也。既有中和，又奉臣职，通达文理，故云"文在中"，④言不用威武也。

注"黄中"至"美之至也" 《正义》曰："黄，中之色；裳，下之饰"者，《左氏》昭十二年传文也。裳，下之饰，则上衣比君，下裳法臣也。"垂黄裳以获元吉，非用武"者，以体无刚健，是非用威武也。以内有文德，通达物理，故《象》云"文在中也"。

上六，⑤**龙战于野，**⑥**其血玄黄。**⑦

注云：阴之为道，卑顺不盈，⑧乃全其美。盛而不已，固阳之地，阳所不堪，

---

① 《考文》："也上（古本）二本、足利本有者字。"《考文·补遗》："中上（古本）一本有其字。"《校勘记》："岳本、闽、监、毛本同。"又引《考文》云云，"按也上当作中下"。**新案**：抚本、天禄琳琅本、建本、纂图互注本、岳本、伏见版活字本、陈本、元印十行本、国图十行本、北大十行本、文物局十行本、"央图"十行本、永乐本、闽本、监本、毛本、殿本、阮本同，古本、宣贤活字本、正运活字本中下有者字。

② 六五爻辞及《小象》之《正义》所出位置及其内容分合，各本颇有异同。单疏本、八行本《正义》归总置其末，先释经、传文（八行本不标示起止；单疏本标示起止："六五黄裳"至"文在中"），后释注文（单疏本和八行本标示起止同：注"黄中"至"美之至也"）。十行本分解为两个内容单元（"六五，黄裳，元吉"和《象》曰"至"文在中也"），割裂单疏本《正义》分置各单元之末：首单元分释经、注文，标示经文起止："六五黄裳元吉"（删省提示语"'黄裳，元吉'者"五字），标示注文起止：注"黄中之色"；二单元释传文，不标示起止（删省提示语"'《象》曰黄裳，元吉，文在中'者"十字）。

③ 《正字》出文"五居尊位"，"尊误君"。**新案**：参校诸本并无异文。

④ 《考文》出文"故云文在其中"，"（宋板）无其字"。《校勘记》出文与《考文》同，"闽、监、毛本同"。又引《考文》云云。瞿校："（国图十行本）在下不衍其字。"**新案**：单疏本、静嘉堂本、京大本、京文研本、嘉业堂本、陈本、元印十行本、长泽十行本、国图十行本、永乐本同，北大十行本、文物局十行本、"央图"十行本、闽本、监本、毛本、殿本、阮本在下衍其字。

⑤ 马王堆帛书《六十四卦》上作尚。《集解》、开成石经、《本义》《要义》与底本同。**新案**：上、尚，同源词。参校诸本并无异文。

⑥ 龙，马王堆帛书《六十四卦》及《二三子问》引同，《衷》凡两见，一作龙，一作蠪。丁释："蠪读作龙。"阜阳汉简作蠪。战，马王堆帛书《六十四卦》同，《衷》凡两见，皆引作单。野，马王堆帛书《六十四卦》于释、张释作野，陈释作埜（《二三子问》；《衷》凡两见，陈释一作埜，一作呼）。阜阳汉简作野同（丁释称阜本作埜）。《九经考异》："野，古文作埜。"于，《说文》"於"字段玉裁注："此字盖古文之后出者，此字既出，则又于於为古今字。《释诂》《毛传》，郑注经皆云：亏，於也。凡经多用于，凡传多用於。"《集解》、开成石经、《本义》《要义》与底本同。**新案**：《说文》无埜字，《玉篇》以埜为古文野。参校诸本并无异文。

⑦ 马王堆帛书《六十四卦》及《二三子问》引其作亓。丁释："亓即丌字，丌同其。"阜阳汉简、《集解》、开成石经、《本义》《要义》与底本同。**新案**：参校诸本并无异文。

⑧ 《要义》同。《正字》："卑，监本误早。"《校勘记》："岳本、闽、毛本同，监本卑误早。"**新案**：抚本、天禄琳琅本、建本、纂图互注本、岳本、古本、伏见版活字、正运活字本、元印十行本、国图十行本、北大十行本、文物局十行本、"央图"十行本、永乐本、闽本、毛本、殿本、阮本同，监本其字漫漶，无从判断是卑还是早。

故战于野。①

《象》曰：龙战于野，其道穷也。

[疏]②《正义》曰："龙战于野，其血玄黄"者，以阳谓之龙，上六是阴之至极，阴盛似阳，故称龙焉。盛而不已，固阳之地，阳所不堪，故阳气之龙与之交战，即《说卦》云"战乎乾"是也。战于卦外，故曰"于野"。③ 阴阳相伤，故"其血玄黄"。

注"阴之"至"战于野" 《正义》曰："盛而不已，固阳之地"者，固为占固，④阴去则阳来，阴乃盛而不去，占固此阳所生之地，⑤故阳气之龙与之交战。

用六，⑥利永贞。

注云：用六之利，利永贞也。⑦

《象》曰："用六，永贞"，以大终也。

注云：能以永贞，大终者也。

[疏]⑧《正义》曰："用六，利永贞"者，此坤之六爻总辞也。言坤之所用，用此众爻之六，六是柔顺，不可纯柔，故利在永贞。永，长也；贞，正也。言长能贞正也。

《象》曰"以大终"者，⑨释永贞之义，既能用此柔顺，长守贞正，所以广大而

---

① 敦煌本《易注》下有也字。《要义》与底本同。《考文》："下〈古本〉二本有也。"《校勘记》引《考文》云云。**新案**：抚本、天禄琳琅本、建本、纂图互注本、岳本、伏见版活字本、正运活字本、元印十行本、国图十行本、北大十行本、文物局十行本、"央图"十行本、永乐本、闽本、监本、毛本、殿本、阮本同，古本下有也字。

② 《要义》同。**新案**：上六爻辞及《小象》之《正义》，各本所出位置有所不同，内容分合并无不同。单疏本、八行本《正义》归总置其末，先释经、传文（八行本不标示起止；单疏本标示起止："上六龙战"至"道穷也"），后释注文（单疏本和八行本标示起止同：注"阴之"至"战于野"）。十行本归总置于爻辞和《小象》之间，分释经、注文：标示经文起止："上六"至"其血玄黄"（删省提示语"'龙战于野，其血玄黄'者"九字），标示注文起止：注"盛而不已"。

③ 《要义》同。海保以为"诸本并脱战字。《校勘记》阙"。**新案**：单疏本、京大本、陈本、元印十行本、长泽十行本、国图十行本、北大十行本、文物局十行本、"央图"十行本、永乐本、闽本、监本、毛本、殿本（曰误固）、阮本同，静嘉堂本、广大本、海保本、京文研本、嘉业堂本于上有战字。

④ 《正字》："为当谓字误。"《拾补》《校勘记》皆引《正字》云云。**新案**：参校诸本并无异文。

⑤ 《正字》："生当主误。"《拾补》引《正字》云云。**新案**：参校诸本并无异文。

⑥ 马王堆帛书《六十四卦》用作逈。丁释："逈读作用；或读为通，备说。"**新案**：参校诸本并无异文。

⑦ 敦煌本《易注》下无也字。**新案**：参校诸本并无异文。

⑧ 用六爻辞及《小象》之《正义》所出位置及其内容分合，各本颇有异同。单疏本、八行本《正义》归总置其末，释经、传文（八行本不标示起止；单疏本标示起止："用六"至"大终也"）。十行本分解为两个内容单元（"用六，利永贞"和《象》曰至"以大终也"），割裂单疏本《正义》分置各单元之末（首单元释经文，不标示起止；二单元释传文，不标示起止）。

⑨ 单疏本、京大本、京文研本、嘉业堂本、陈本、钱本、殿本同，元印十行本、国图十行本、北大十行本、文物局十行本、"央图"十行本、永乐本、闽本、监本、毛本、阮本皆无"《象》曰"二字。

终也。若不用永贞，则是柔而又圆，①即前注云"求安难矣"。此"永贞"，即坤卦之下"安贞吉"是也。

　　《文言》曰：坤，至柔而动也刚，②至静而德方。③
　　注云：动之方正，④不为邪也。柔而又圆，消之道也。其德至静，德必方也。后得主而有常，⑤含万物而化光。坤道其顺乎，承天而时行。

---

①　单疏本、京大本、陈本、元印十行本、国图十行本、北大十行本、文物局十行本、"央图"十行本、永乐本、闽本、监本、毛本、殿本、阮本同，静嘉堂本、广大本、京文研本、嘉业堂本脱是字。

②　《释文》出文"坤至柔"，"本或有'《文言》曰'者"。《释文考证》："今注疏本有'文言曰'。"《集解》亦在"坤至柔"绝句，有"《文言》曰"。开成石经、金泽文库本《群书治要》亦有"《文言》曰"。《五经异文》："陆德明本无'《文言》曰'三字。"《九经古义》："《九家易》曰：'坤一变而成震，阴动出阳，故动也刚。'宋时临安僧昙莹云：'动者，谓爻之变也，坤不动则已，动则阳刚见焉。在初为复，在二为师，在三为谦，自是以往，皆刚也。'洪景庐以其言为善，而不知汉《易》已有是说矣。"《本义辨证》："《释文》无此三字，唐石经有之，盖后人所加。"《校勘记》："石经、岳本、闽、监、毛本同。"又引《释文》云云。新案：《经典释文·序录》著录荀爽《九家集注》十卷，"不知何人所集，称荀爽者，以为主故也。其序有荀爽、京房、马融、郑玄、宋衷、虞翻、陆绩、姚信、翟子玄。子玄不详何人，为《易义》。注内又有张氏、朱氏，并不详何人"。《隋志》和旧、新《唐志》亦著录《九家易》十卷，书名分别作《周易荀爽九家注》和《荀氏九家集解》。参校诸本并无异文，皆有"《文言》曰"。

③　《集证》所录《文言》德下有也字，注云："自'其唯圣人乎'至此，唐本衍一字，可知汉石经本无'德也方'之也字。"《集解》与底本同。开成石经德下旁添也字。《唐石经考异》："凡旁添之字，多不足据，盖宋以后人所为。"《唐石经考正》："按每经添注各字，有显系本文者，有见《释文》别本者，亦有今不可考，疑古有所本者，大抵上石后重加雠校人所正定，亦有唐以后好事者妄注者，必非一人一时为之。或疑宋晁氏据蜀石经增添，则大不然。盖晁氏所举蜀石经增多各字，今固未尝尽添也。"《唐石经校文》："（德）下旁增也字，各本无。"《唐石经校讹》："石经德下旁增也字。按旁增字并后人所为，多不可信也。"《本义》与底本同。殿本《考证》："石经德字下旁注一也字。"《校勘记》："岳本、闽、监、毛本同，石经德下旁添也字。按旁添字并后人妄增，不可信。"马校："按唐石经添有也字，若依上文'坤，至柔而动也刚'例之，此文宜有也字，较合文例。唐石经书写时遗也字，乃添于字旁。或因字小而磨损，或因后人刻经时，疑为衍字，乃删去之。"新案：此句熹平石经无残石，当如屈氏所云，并无也字；开成石经旁添也字，显系后人臆增，以求上下句工整。马校非是。参校诸本并无异文。

④　《考文》出文"动之方直"，"（古本）三本、足利本、宋板直作正"。《正字》："正误直，从卢本校。"《校勘记》出文与《考文》同，"闽、监、毛本同，岳本、宋本、古本、足利本直作正。瞿校："（国图十行本）正不误直。孟校建本作正同，"岳、十行本正作直，阮无校"。新案：抚本、天禄琳琅本、建本、纂图互注本、岳本、古本、伏见版活字本、正运活字本、陈本、元印十行本、国图十行本、永乐本同，北大十行本、文物局十行本、"央图"十行本、闽本、监本、毛本、殿本、阮本正误直。

⑤　敦煌本《易注》、《集解》、开成石经同。《程传》："主字下脱利字。"《本义》与底本同，引《程传》云云。《正字》引《程传》云云。《本义辨证》："余氏苞舒曰：程子以主利为一句，朱子因之，遂以《文言》'后得主'为阙文。然《象传》'后顺得常'与'后得主而有常'意正一律，似未见其为阙文也。"《证异》："程子曰：主下脱利字。朱子从之，郑汝谐、王申子、胡一桂、胡炳文、董楷、梁寅、陆仁锡、林希元、程竹山同。余苞（舒）云云。陆时位曰：朱子考亭云：当有利字，武断之过。毛奇龄曰：程、朱增此字，曲全主利之说。"《订文》称《程传》《本义》"误读经破句"。新案：参校诸本并无异文。

[疏]①《正义》曰：此一节是第一节，明坤之德也。自"积善之家"以下是第二节也，分释六爻之义。"坤，至柔而动也刚"者，六爻皆阴，②是至柔也。体虽至柔而运动也刚，柔而积渐，乃至坚刚，则上云"履霜坚冰"是也。③又地能生物，④初虽柔弱，后至坚刚而成就。"至静而德方"者，地体不动，是至静；生物不邪，是德能方正。

"后得主而有常"者，阴主卑退，⑤若在事之后，不为物先，即得主也。此阴之恒理，故云"有常"。"含万物而化光"者，⑥自明《象》辞"含弘光大"，言含养万物而德化光大也。"坤道其顺乎，承天而时行"者，言坤道柔顺，承奉于天，以量时而行，即不敢为物之先，⑦恒相时而动。

积善之家，⑧必有余庆；积不善之家，必有余殃。臣弑其君，⑨子弑其父，非一朝

---

① 《文言》此节《正义》所出位置及其内容分合，各本颇有异同。单疏本、八行本《正义》归总置其末，释传文（八行本不标示起止；单疏本标示起止："《文言》"至"时行"）。十行本分解为两个内容单元（"《文言》"至"至静而德方"和"后得主而有常"至"承天而时行"），割裂单疏本《正义》分置各单元之末，释传文，皆不标示起止。

② 向校以为单疏本作又误。**新案**：京大本、京文研本、嘉业堂本、陈本、元印十行本、国图十行本、北大十行本、文物局十行本、"央图"十行本、永乐本、闽本、监本、毛本、殿本、阮本同，单疏本爻误又。

③ 单疏本、陈本、元印十行本、国图十行本、北大十行本、文物局十行本、"央图"十行本、永乐本、闽本、监本、毛本、殿本、阮本同，静嘉堂本、广大本、京大本、京文研本、嘉业堂本冰下有至字。

④ 向校以为单疏本作爻误。京大本、京文研本、嘉业堂本、陈本、元印十行本、国图十行本、北大十行本、文物局十行本、"央图"十行本、永乐本、闽本、监本、毛本、殿本、阮本同，单疏本又误爻。

⑤ 单疏本、京大本、京文研本、嘉业堂本、元印十行本、国图十行本、北大十行本、文物局十行本、"央图"十行本、永乐本、闽本、监本、毛本、殿本、阮本同，陈本主误王。

⑥ 京大本、京文研本、嘉业堂本、陈本、元印十行本、国图十行本、北大十行本、文物局十行本、"央图"十行本、永乐本、闽本、监本、毛本、殿本、阮本同，单疏本含误舍。

⑦ 向校、马校、野间皆以为单疏本物作如误。**新案**：广大本、京大本、京文研本、嘉业堂本、陈本、元印十行本、国图十行本、北大十行本、文物局十行本、"央图"十行本、永乐本、闽本、监本、毛本、殿本、阮本同，单疏本物误如。

⑧ 《集解》、开成石经、《本义》及金泽文库本《群书治要》皆同。《校勘记》："一本之作三，非也。"**新案**：参校诸本并无异文。

⑨ 《说文》"弑"字段玉裁注："经传杀、弑二字转写既多讹乱，音家又或拘泥，中无定见，多有杀读弑者。"熹平石经弑作试。下同。**敦煌本《易注》**弑作煞。《释文》："臣弑，式志反，本或作杀，音同。下同。"《集解》、开成石经、《本义》与底本同。《异文释》："《释文》云云。《公羊》隐公四年传注云：'弑者，杀也。'《左氏》隐四年经《释文》：'弑，本又作杀。'《汉·五行志》注云：'杀亦读曰弑。'古字通。"**新案**：参校诸本并无异文。

一夕之故,①其所由来者渐矣,②由辩之不早辩也。③《易》曰"履霜,坚冰至",盖言顺也。④

[疏]⑤《正义》曰:此一节明初六爻辞也。"积善之家,必有余庆;积不善之家,必有余殃"者,欲明初六其恶有渐,故先明其所行善恶,事由久而积渐,故致

---

① 熹平石经下有也字。《集解》、开成石经、《本义》与底本同。**新案**:参校诸本并无异文。

② 敦煌本《易注》同。《集解》脱其字(据李富孙《周易集解校异》,影宋本亦脱其字。曹元弼《周易集解补释》不脱)。开成石经、《本义》与底本同。马校:"毛本二由字作繇。"**新案**:马校不确。抚本、天禄琳琅本、建本、纂图互注本、岳本、古本、伏见版活字本、正运活字本、陈本、元印十行本、国图十行本、北大十行本、文物局十行本、"央图"十行本、永乐本、闽本、监本、殿本、阮本同,毛本由作繇(下句及疏文亦同),避明讳。繇、繇,异体字。

③ 敦煌本《易注》二辩字皆作辨。《释文》:"由辩,如字。马云:'别也。'荀作变。"《集解》、开成石经与底本同。《唐石经考异补》:"两由字毛本作繇,当是避明讳。"《唐石经校文》:"毛本由作繇,避明讳。后文由字,毛本又统作由。"《音训》:"晁氏曰:按辩,古文变字。"《本义》二辩字皆作辨。《五经异文》:"辩,京作变,或作辨,非。陆绩作'由辩之不早也'。"《九经考异》:"京本作'由变之不早也'。陆绩作'由辩之不早也'。"《校勘记》:"石经、岳本、闽、监本同,毛本由作繇。"又引《释文》云云。《周易校字》以为作变"不合文义"。徐堂《周易考异》:"《公羊》闵公元年传曰'季子至而不变伐',何休曰:'而不变正其真伪。'惠栋曰:'案变即辩也,犹言不探其情。古变、辩通。'堂按《荀子·天论篇》曰'无用之辩',《韩诗外传》二作'无用之变'。《广雅·释言》:'辩,变也。'故荀慈明本作变。"《异文释》:"《释文》云云。《潜夫论》引同,早作蚤。案《礼运》'大夫死宗庙谓之变',注云:'变当为辩。'《孟子》'则不辩礼义而受之',《音义》引丁云:'辨,本作变。'于义当为辨,二字有别。《广雅》曰:'辩,变也。'《楚辞·九辩》注云:'辩者,变也。'是辩、变意通。荀即随义异字。《尚书》'于变时雍',汉孔宙碑作于下,亦音相近。晁氏云:'辩,古文变字。'晁氏之称古文,多未可据。早作蚤,古字假借。惠氏曰:'初失位,变之早,则无是祸矣。'"宋翔凤《周易考异》:"按荀作变者,乃荀氏读正之字,故不与诸家古同。"《周易解故》:"《释文》云云。案《礼运》郑注:'变当为辩,声之误也。'古辩、变通。"马校:"按以辩作变,汉石经皆如此。"**新案**:辩、辩同源,通变。熹平石经残石并无此句,马氏称汉石经辩作变盖据其他残石而言。抚本、天禄琳琅本、建本、纂图互注本、岳本、伏见版活字本、正运活字本、陈本、元印十行本、国图十行本、北大十行本、文物局十行本、"央图"十行本、永乐本、闽本、监本、毛本、殿本、阮本同,古本辩作辨(下文注同)。

④ 敦煌本《易注》同。《释文》:"言顺,如字。"《集解》、开成石经、《本义》与底本同,《本义》:"古字顺、慎通用。按此当作慎,言当辩之于微也。"《本义辨证》:"'盖言顺也',《本义》读为慎,义亦可通。然以《象传》参之,仍当如字读之。《象》曰'驯致其道,至坚冰也',九家注曰:'驯犹顺也,言阳顺阴之性,成坚冰矣。'乱臣贼子岂一朝一夕之故哉?亦由顺其性而致之者也。《象》言驯,《文言》言顺,义并相通,不必读为慎。古顺、驯通,《尚书》'五品不逊',逊训为顺,《史记》又作驯。《春秋繁露》曰:'《易》曰:履霜坚冰至,盖言逊也。'顺读为逊,逊读为驯,义皆同故也。"《正义》引《本义》云云。《证异》:"顺,杨万里曰当作驯。朱子云云。廉案:荀爽及程子诸儒皆作顺训,与慎义异。"《异文释》:"《春秋繁露》引作'逊也'。案《书》'五品不逊',《说文》引作愻,云:'顺也。'伪孔传训同。《诗》'诒厥孙谋',笺云:'孙,顺也。'《聘礼·记》《内则》《学记》《缁衣》注皆同。古多以孙为孙顺字,后别作逊,亦皆音近义同。惠氏曰:逊犹驯也,驯犹顺也,古文通用。"《订文》:"《本义》云云。钱氏大昕云:驯与顺,古文相通。《象传》之'驯致'与《文言》之顺,其义一也。《尚书》'五品不逊',先儒训为顺,而《史记》引作'五品不驯',是驯、顺本一字矣。汉人书乾坤字皆作巛,驯、顺、训并从乾巛之巛得声,顺与驯义同而音亦相近,不当破顺为慎也。案《春秋繁露·基义篇》引《易》曰'履霜坚冰,盖言逊也',以逊易顺,则古本之作顺明矣。"**新案**:王树枏所引钱说见于《潜研堂集》卷四《答问一·易》,系节引。顺、驯,同源词,顺通慎。参校诸本并无异文。

⑤ 《要义》"《正义》曰"上标示起止:"积善"至"言顺也"。**新案**:单疏本、八行本和十行本《文言》此节《正义》所出位置及其内容分合全同,均置其末,释经文(八行本不标示起止;单疏本标示起止:"积善"至"言顺也";十行本标示起止:"积善之家"至"盖言顺也")。

后之吉凶。"其所由来者渐矣"者,言弑君弑父,非一朝一夕率然而起,其祸患所从来者积渐久远矣。"由辩之不早辩"者,①臣子所以久包祸心,由君父欲辩明之事不早分辩故也。此戒君父防臣子之恶。②"盖言顺"者,言此"履霜,坚冰至",盖言顺习阴恶之道,积微而不已,乃致此弑害。③称"盖"者,是疑之辞。凡万事之起,皆从小至大,从微至著,故上文善恶并言,④今独言弑君、弑父有渐者,以阴主柔顺,积柔不已,乃终至祸乱,⑤故特于坤之初六言之,欲戒其防柔弱之初,又阴为弑害,⑥故寄此以明义。

直,其正也;⑦方,其义也。君子敬以直内,义以方外,敬义立而德不孤。⑧"直方大,不习无不利",则不疑其所行也。⑨

---

① 单疏本、京大本、京文研本、嘉业堂本、陈本、元印十行本、国图十行本、北大十行本、文物局十行本、"央图"十行本、闽本、监本、毛本、殿本、阮本同,永乐本脱之字。

② 《集解》引孔颖达曰:"臣子所以久包祸心,由君父不早辩明故也。此文诫君父防臣子之恶也。"李富孙《校异》:"案资州所引王注、孔疏,颇多窜易。"新案:参校诸本并无异文。

③ 《要义》同。刘校以为阮本脱乃字。新案:核之阮本并无脱文,其余参校诸本亦无异文。

④ 《要义》同。《正字》:"故疑衍字。"新案:单疏本、京大本、京文研本、嘉业堂本、陈本、元印十行本、北大十行本、文物局十行本、"央图"十行本、永乐本、闽本、监本、毛本、殿本、阮本同,国图十行本恶误燕。

⑤ 《要义》同。新案:单疏本、广大本、京大本、京文研本、嘉业堂本、陈本、元印十行本、国图十行本、北大十行本、文物局十行本、"央图"十行本、永乐本、闽本、监本、毛本、殿本、阮本同,静嘉堂本脱乃字。

⑥ 卢校:"弑,当作贼。"新案:参校诸本并无异文。

⑦ 敦煌本《易注》、《集解》、开成石经、《本义》同。邹浩《道乡集》卷三二《杂说》:"'直其正也',当作'直其敬也',音近易讹,多如此者。直其敬也,方其义也,敬以直内,义以方外,敬义立而德不孤,则所谓大也。"冯椅《厚斋易学》卷四八《易外传》第十六:"刘器之曰:'君子敬以直内',敬当作政。《深衣篇》云'直其政',政者,正也,古当通用。敬与政文相似,故传之者讹尔,未知孰是。"《五经异文》:"《礼记》作'直其政,方其义也'。"《九经考异》:"邹志完曰:正当作敬。刘器之改'正以直内',非也。《礼·深衣》曰'直其政',政乃敬之讹。敬讹为政,政又讹为正耳。"《证异》:"俞琰云:或曰《礼记》云'直其政'政乃敬之讹,敬讹为政,政又转而为正。(案惠栋云:正当为敬字之误。毛奇龄云:案古文变换处多不拘此,不必穿凿。)俞琰曰:刘元城尝改'敬以直内'为'正以直内',不知言敬则正在其中。"《订文》:"《礼·深衣》作'直其政',郑注云:政或为正。正、政同字。邹志完云云。今亦疑敬为政之讹字。"新案:政从正得声可通假,至于读作敬则恐未必然。翟氏所引惠氏说见于惠栋《周易述》卷一九《文言传》,俞氏说见于俞琰《周易集说》卷二七。参校诸本并无异文。

⑧ 《集解》、开成石经、《本义》同。新案:抚本、天禄琳琅本、建本、纂图互注本、岳本、古本、伏见版活字本、正运活字本、陈本、元印十行本、国图十行本、北大十行本、文物局十行本、"央图"十行本、闽本、监本、毛本、殿本、阮本同,永乐本孤误狐。

⑨ 熹平石经、敦煌本《易注》同,上无"《易》曰"二字,下有也字。《释文》出文"直方大,不习无不利,则不疑其所行"(无也字),"张璠本此上有'《易》曰',众家皆无"。抱经堂本《释文》同。孟校建本《释文》同,"阮本此误也,岳本删节不见,卢本作此"。《集解》、开成石经、《本义》与底本同。《五经异文》:"张伦本直上有'《易》曰'二字。"《九经考异》说同。《校勘记》:"石经、岳本、闽、监、毛本同。"又引《释文》云云。《周易校字》:"《尔雅·释言》:'疑、休,庋也。'《说文》:'惑也。'徐氏错曰:'止不通也。'则疑有疑惑、疑阻二义。《小象》中后义尤多,小畜与载叶,恐古或通碍也。"《订文》:"孔氏广森读疑为碍。"新案:孔广森、王瓢说当有之,疑读为碍。参校诸本并无异文(日本国会图书馆藏室町中后期写本《周易》直上有"《易》曰"二字。宣贤活字本疑作发)。

［疏］①《正义》曰：此一节释六二爻辞。"直其正"者，经称"直"是其正也。"方其义"者，经称"方"是其义也。义者，宜也，於事得宜，②故曰"义"。"君子敬以直内"者，覆释"直其正"也。言君子用敬以直内，内谓心也，用此恭敬以直内心。③"义以方外"者，用此义事以方正外物，言君子法地正直而生万物，皆得所宜，各以方正，④然即前云"直其正也，方其义也"。下云"义以方外"，⑤即此应云"正以直内"，改云"敬以直内"者，⑥欲见正则能敬，⑦故变"正"为"敬"也。"敬义立而德不孤"者，身有敬义以接于人，则人亦敬义以应之，是德不孤也。直则不邪，正则谦恭，义则与物无竞，⑧方则凝重不躁，既不习无不利，则所行不须疑虑，故曰"即不疑其所行"。⑨

---

① 单疏本、八行本和十行本《文言》此节《正义》所出位置及其内容分合全同，均置其末，释经文（八行本不标示起止；单疏本标示起止："直其正"至"疑其所行"；十行本标示起止："直其正也"至"所行也"）。

② 《考文》出文"故事得宜"，"（宋板）故作於"。《正字》出文与《考文》同，"故事疑於事误"。《校勘记》出文与《考文》同，"闽、监、毛本同，钱本、宋本故作於"。马校以为作於于义较长。**新案**：单疏本、静嘉堂本、京大本、京文研本、嘉业堂本、陈本、钱本、元印十行本（断版）、长泽十行本、永乐本、殿本同，国图十行本、北大十行本、文物局十行本、"央图"十行本、闽本、监本、毛本、阮本於误故。

③ 《考文》出文"以直内理"，"（宋板）理作心"。《校勘记》出文与《考文》同，"闽、监、毛本同，钱本、宋本理作心"。马校："按内理，非也。今据上文'言君[子]用敬以直内，内谓心也'证之，当作内心，是也。"**新案**：单疏本、京大本、京文研本、嘉业堂本、陈本、钱本、元印十行本（残泐）、永乐本、殿本同，国图十行本、北大十行本、文物局十行本、"央图"十行本、闽本、监本、毛本、阮本心误理。

④ 《考文》出文"名以方正"，"（宋板）名作各"。《正字》出文与《考文》同，"名疑各字误"。《校勘记》出文与《考文》同，"闽、监、毛本同，钱本、宋本名作各，是也"。马校以为作各非也，乃形似之误。**新案**：《校勘记》是而马校非也。单疏本、京大本、京文研本、嘉业堂本、陈本、钱本、殿本同，元印十行本、国图十行本、北大十行本、文物局十行本、"央图"十行本、永乐本、闽本、监本、毛本、阮本各误名。

⑤ 《考文》出文"既云义以方外"，"（宋板）既作下"。［谨按］："下字诸本阙，亦属强补。"《正字》出文与《考文》同，"监本既字阙"。《校勘记》出文与《考文》同，"十行本、闽、监本缺既字，毛本如此。钱本、宋本作下，是也"。马校："按依文意，即谓上已云'直其正也'，下又云'义以方外'也，依此当作（下）是也。"**新案**：单疏本、京大本、京文研本、嘉业堂本、陈本、钱本、永乐本、殿本、阮本同，元印十行本、国图十行本下误二，北大十行本、文物局十行本、"央图"十行本、监本为空格，闽本为墨钉，毛本下误既。

⑥ 整理本《校勘记》出文"改云'敬以直正'者"，"补：案正当作内"。马校："按经文证之，当作内，作正者，乃涉上下文而误也。"**新案**：单疏本、京大本、京文研本、嘉业堂本、陈本、元印十行本、国图十行本、永乐本、闽本、监本、毛本、殿本同，北大十行本、文物局十行本、"央图"十行本、阮本内误正。

⑦ **卢校**："当作'敬则能正'，且仍旧。"新按：参校诸本并无异文。

⑧ 京大本、京文研本、嘉业堂本、陈本、元印十行本、国图十行本、北大十行本、文物局十行本、"央图"十行本、永乐本、闽本、监本、毛本、殿本、阮本同（无或作无），单疏本无误元。

⑨ 《考文》出文"故曰不疑其所行"，"（宋板）曰下有即字"。卢校："钱、宋即，当作则。"《校勘记》出文与《考文》同，"闽、监、毛本同，钱本、宋本曰下有即字"。瞿校："（国图十行本）即字不脱。"**新案**：单疏本、京大本、京文研本、嘉业堂本、陈本、钱本、元印十行本、国图十行本、永乐本同，北大十行本、文物局十行本、"央图"十行本、闽本、监本、毛本、殿本、阮本脱即字。

阴虽有美含之以从王事，①弗敢成也。地道也，妻道也，臣道也。地道无成，而代有终也。

[疏]②《正义》曰：此此一节明六三爻辞，③言"阴虽有美含之以从王事"者，释"含章可贞"之义也。言六三之阴，虽有美道包含之德，若或从王事，④不敢为主先成之也。"地道也，妻道也，臣道也"者，欲明坤道处卑，待唱乃和，故历言此三事，皆卑应于尊、下顺于上也。⑤"地道无成，而代有终"者，其地道卑柔，无敢先唱成物，必待阳始先唱，而后代阳有终也。

天地变化，草木蕃；⑥天地闭，贤人隐。《易》曰"括囊，无咎，无誉"，盖⑦言谨也。⑧

[疏]⑨《正义》曰：此一节明六四爻辞。"天地变化"，谓二气交通，生养万物，故草木蕃滋。"天地闭，贤人隐"者，谓二气不相交通，天地否闭，贤人潜隐。天地通则草木蕃，明天地闭草木不蕃；"天地闭，贤人隐"，明天地通则贤人出，⑩

---

① 熹平石经以上有而字，《集解》、开成石经、《本义》与底本同。《证异》："宋衷作'含之以从王事'。(句。朱震同。张振渊曰：当以'含之以从王事'为句，若依胡云峰以'阴虽有美含之'为句，则'以从王事'上反费转折。查慎行同。项安世曰：以'含之'连下文读者，非。廉案：诸儒俱以'含之'绝句。)"**新案**：参校诸本并无异文。

② 单疏本、八行本和十行本《文言》此节《正义》所出位置及其内容分合全同，均置其末，释经文(八行本不标示起止；单疏本标示起止："阴虽有美"至"代有终"；十行本标示起止："阴虽有美"至"有终也")。

③ 《正字》："六三误六二"。《校勘记》："闽本同，监、毛本三误二。"**新案**：单疏本、京大本、京文研本、嘉业堂本、陈本、钱本、元印十行本、国图十行本、北大十行本、文物局十行本、"央图"十行本、永乐本、闽本、殿本、阮本同，监本、毛本三误二。又，底本足利八行本误衍此字，陈本同，其余参校本皆不误。

④ 《考文》出文"苟或从王事"，"(宋板)苟作若"。《校勘记》出文与《考文》同，"闽、监、毛本同"。又引《考文》云云。马校："按苟、若意同，不妨文意。"**新案**：单疏本、京大本、京文研本、嘉业堂本、陈本、元印十行本、永乐本同，国图十行本若字处漫漶不可辨，北大十行本、文物局十行本、"央图"十行本、闽本、监本、毛本、殿本、阮本若作苟。

⑤ 单疏本、京大本、京文研本、嘉业堂本、陈本、元印十行本、国图十行本、北大十行本、文物局十行本、"央图"十行本、永乐本、闽本、监本、毛本、殿本、阮本同，钱本顺误应。

⑥ 《集解》、开成石经、《本义》同。《考文·补遗》："下(古本)二本有茂字。"《校勘记》："石经、岳本、闽、监、毛本同。古本下有茂字，不必从。"马校："按依上文'天地变化'例之，宜有茂字。"**新案**：马校恐非是。化、蕃阴阳对转，且蕃与隐音亦近，疑《考文》所据古本茂字乃后人臆增，且我们所参校之古本和日本国会图书馆藏室町中后期写本皆无茂字。其余参校诸本亦无异文。

⑦ 《集证》："自'从王事'至此，唐本及今本并衍一字。"《集解》、开成石经、《本义》与底本同。**新案**：参校诸本并无异文。

⑧ 熹平石经、《集解》、开成石经、《本义》同。《考文》："(古本)一本无也字。"《校勘记》："石经、岳本、闽、监、毛本同。"又引《考文》云云。马校："按当有也字，不可从。下文'嫌于无阳也'，古本亦无也字。"**新案**：参校诸本并无异文。

⑨ 单疏本、八行本和十行本《文言》此节《正义》所出位置及其内容分合全同，均置其末，释经文(八行本不标示起止；单疏本标示起止："天地变"至"言谨也"；十行本标示起止："天地变化"至"盖言谨也")。

⑩ 单疏本、京大本、京文研本、嘉业堂本、陈本、元印十行本、国图十行本、永乐本、闽本、监本、毛本、殿本、阮本同，北大十行本、文物局十行本、"央图"十行本地误也。

《周易·坤卦》经传注疏校勘记（下）　17

互而相通，①此乃"括囊，无咎"，故"贤人隐"属"天地闭"也。"盖言谨"者，谨谓谨慎，盖言贤人君子于此之时须谨慎也。

君子黄中通理，②正位居体，美在其中，③而畅于四支，④发于事业，美之至也。

[疏]⑤《正义》曰：此一节明六五爻辞也。"黄中通理"者，以黄居中，兼四方之色，奉承臣职，是通晓物理也。"正位居体"者，居中得正，是"正位"也；处上体之中，是"居体"也。黄中通理，是"美在其中"。有美在于中，必通畅于外，故云"畅于四支"。四支犹人手足，比于四方物务也。外内俱善，能宣发于事业。所营谓之事，事成谓之业，美莫过之，故云"美之至也"。

阴疑于阳必战，⑥

注云：辩之不早，疑盛乃动，故必战。⑦

──────────

① 单疏本、京大本、京文研本、陈本、元印十行本、国图十行本、北大十行本、文物局十行本、"央图"十行本、永乐本、闽本、监本、毛本、阮本同，嘉业堂本互误反，殿本而误文。

② 《证异》："王申子以'君子黄中'。（句，云：'通理'二字即《小象》'文在中'之意，非连'黄中'为句。）"

③ 熹平石经无其字，《集解》、开成石经、《本义》与底本同。**新案**：参校诸本并无异文。

④ 《说文》"畼"字段玉裁注："今之畅，盖即此字之隶变……盖皆义之相反而相生者也。"熹平石经畅作畼（释文据《集证》，《集存》释作畼）。敦煌本《易注》、《集解》、开成石经、《本义》与底本同。《易书诗礼四经正字考》："畼即'畅于四支'之畅。《说文》无畅字，田部：'畼，不生也。'段大令云云。廖按：不与丕同音，故古多用不为丕。丕，大也，不生犹言大生也。艸部：'萼，艸茂也。'言艸木畼茂也。畼从易声。勿部：'易，开也。'义取开展，知畼训读作丕生也。"**新案**：畅即畼之隶变。参校诸本并无异文。

⑤ 《要义》"《正义》曰"上标示起止："君子黄"至"之至也"。**新案**：单疏本、八行本和十行本《文言》此节《正义》所出位置及其内容分合全同，均置其末，释经文（八行本不标示起止；单疏本标示起止："君子黄"至"之至也"；十行本标示起止："君子"至"美之至也"）。

⑥ 敦煌本《易注》同。《释文》："阴疑，如字。荀、虞、姚信、蜀才本作凝。"《集解》与底本同，引孟喜曰："阴乃上薄，疑似于阳，必与阳战也。"《音训》："晁氏曰：按疑，古文凝字。"开成石经、《本义》与底本同。《本义辨证》："半农先生《易说》曰：'阴疑于阳'，疑之言拟也。《本义》云'疑谓钧敌而无小大之差也'，似亦读为拟。"《证异》称惠栋从凝。《校勘记》："石经、岳本、闽、监、毛本同。"又引《释文》云云。《周易校字》："当读作儗，荀、虞、姚信、蜀才作凝，非。"徐堂《周易考异》："堂案疑、凝古字通用。《毛诗·桑柔篇》'靡所止疑'，王应麟《诗考》云：'疑，《齐诗》作凝。《荀子·解蔽篇》曰'而无所疑止之'，杨倞注：'疑或为凝。'惠氏《周易述》曰：'阴凝阳自午始，故《象》曰：'履霜坚冰，阴始凝也'。战者，接也。建亥之月，乾之本位，故十月而與乾接也。'又曰："《集解》引孟喜云云，则孟《易》作疑不作凝。虞仲翔自云'五世传孟氏《易》'，《释文》谓虞本作凝，则其书不尽本于孟氏也。"《异文释》："《释文》云云。案《诗》'靡所止疑'，王氏《诗考》引《齐诗》作止凝，《正义》云：'疑音凝。《说文》：'凝，水坚也。'疑读为凝，故荀、虞诸家本作凝。《中庸》'至道不凝'，《释文》云：'凝，本又作疑。'盖凝与疑亦声近形似而易乱耳。晁氏云'疑，古文凝'，恐亦非。"宋翔风《周易考异》："《音义》云云。按李鼎祚《集解》引孟喜云云，则孟氏本作疑。荀爽读为凝，《说文》凝字为冰，冰字为仌，隶书出，乃有凝字，而以冰为仌。荀、虞并据隶读也。"《订文》："《释文》云云。案孟喜云云。据此则疑为今文，凝为古文。"**新案**：疑可通凝，通拟，此句似作拟于义为长。参校诸本并无异文。

⑦ 《考文》："下（古本）二本有也字。"《校勘记》引《考文》云云。**新案**：抚本、天禄琳琅本、建本、纂图互注本、岳本、伏见版活字本、正运活字本、陈本、元印十行本、国图十行本、北大十行本、文物局十行本、"央图"十行本、永乐本、闽本、监本、毛本、殿本、阮本同，古本下有也字。

为其嫌于无阳也，①

① 《释文》："嫌，户谦反。注同。郑作谦，荀、虞、陆、董作兼。"**抱经堂本**《释文》及《音训》《音略》引谦作溓，兼作嗛。《释文考证》："案王应麟《玉海》郑氏《周易》云：'溓读如群公慊之慊。古书篆作立心，与水相近，读者失之，故作溓。慊，杂也。'谓古书篆本作立心之慊，因与水傍溓相近，故误作溓。明监本《诗·正义》亦如此。惠氏栋慊、溓交误，据本本，不可从。《诗·正义》谓'慊于无阳'，为心边兼，郑从水边兼，言义当作慊，郑经误作慊也。"《集解》与底本同（据朱睦𢸨聚乐堂本。卢见曾雅雨堂本、周孝垓枕经楼本及曹元弼《周易集解补释》嫌作兼），引《九家易》曰："阴阳合居，故曰嫌阳。谓上六坤行至亥，下有伏乾，阳者变化，以喻龙马。"**开成石经**与底本同。《音训》："晁氏曰：九家作兼，云'阴阳合居'，故曰兼。'坤行至亥，下有伏乾'，阴阳变化。"《本义》与底本同。《五经异文》："郑作慊，《释文》作谦，荀、虞、陆、董并作嗛，或作溓，非。"《九经考异》引陈氏说，但称"嫌，郑作谦"。《本义辨证》："古文《易》曰：'为其兼于阳也。'九家注云云。王弼本曰'嫌于阳'，注谓'嫌于非阳'，并无无阳之说。盖唐以后乱之。"《考文·补遗》："（古本）无也字。"《证异》称惠栋作兼，云："俗作嫌。"《校勘记》："石经、岳本、闽、监、毛本同，古本无也字。《释文》云云（兼作嗛）。〇按'郑作谦'当云'郑作溓'，说详《释文》。"《周易校字》引《释文》云云（与抱经堂本同），又引惠栋《本义辨证》云云，"愚案溓郑读作慊，慊，意不满也，彼训杂，非。通作嗛，《说文》训口有所衔，又与歉同。《穀梁》襄二十四年'穀不升谓之嗛'，注：'嗛，不足貌。'则嗛于阳者，谓不足于阳也。古文省兼，乃古字假借。九家以'阴阳合居，故曰兼阳'训之，失其旨矣。然其闲不得有无字，则一也，当从荀、虞。"**徐堂**《周易考异》："《释文》云云（作谦同，兼作嗛）。《集解》作'为其兼于阳也'，引《九家易》云云。又案《诗·采薇·正义》引《文言》曰'为其慊于无阳也，故称龙焉'，郑注云云。是郑本作慊，而读为溓，《释文》谦字是溓字之讹。又案《九家易》曰'阴阳合居，故曰兼阳'，《释文》云'荀、虞、陆、董嫌作嗛'，则嗛字亦讹，当作兼。"《异文释》："《释文》云云（与抱经堂本同）。《集解》引荀注作'为其兼于阳'，《汉上易》引郑同。晁氏《易》云：'九家作兼。'案古本皆作兼，或作慊，王弼乃改作嫌。《说文》云：'慊，疑也。'则与嫌字后一义同。《坊记》注云：'慊或为嫌。'郑读为溓，溓，杂也，与兼义略同。《荀子·荣辱》注云：'嗛与慊同。'诸条皆以字形相似而异。《九家易》：'阴阳合居，故曰兼。'（原注：旧作嫌，误。）《汉上》引郑无无字，其义正合。"**宋翔凤**《周易考异》："《音训》云云（与抱经堂本同）。按郑作溓者，是郑所读也。云'荀、虞、陆、董作嗛'，嗛字当是慊字之误。嗛字通谦，谦于无阳，于义鲜合。《集解》引孟喜曰：'阴乃上薄，疑似于阳。'又引《九家易》曰：'阴阳合居，故曰嫌。'《说文》：'慊，疑也。'又云：'嫌，不平于心也。一曰疑也。'则慊、嫌音义相通，从心当为正字。《古文易》上既作疑，下自作慊，疑之与慊，转相为注。孟氏古文也，荀、虞传古文者也。而'阴疑于阳'，荀、虞疑作凝，则两家之改读也。按两家为凝，当本郑义。郑既读慊为溓，《说文》'溓，薄冰也'，溓与凝义亦相成。《文选·寡妇赋》'水溓溓以微凝'，注引《说文》'溓溓，薄冰也'，盖冰薄则与水相杂，故郑注云'溓，杂也'。《周易音义》引郑本多不备，疑之作凝，当同荀、虞。《诗·采薇·正义》引《易》郑注曰：'溓读如群公慊之慊。古书篆作立心，与水相近，读者失之，故作溓。慊，杂也。'按当作'慊，读如群公溓之溓'；又当作'读者失之，故作慊'。凡书篆作立心者，与水相近，故读古文者误水为心，作慊'。写《诗疏》者互易其字。'群公溓'者，《公羊》文十三年传云'群公廪'，何注云：'廪者，连新于陈上，财令半相连尔。'廪与溓声相近，故何、郑本互异。穀连新于陈上，与薄冰之在水上似之，故亦为溓。若更作从心之慊，则义复难通。《公羊疏》云：'廪谓全是故穀，但在上少有新穀，财得相连而已。故谓廪廪者，希少之名，是以郑注廪读如"群公廪"是也。'详疏所引，即郑《易》注而不作溓者，据何以改郑，然希少是溓义，廪无希少之义也。又按坤上六'龙战于野'，《集解》引荀曰：'消息之位，坤在于亥，下有伏乾，为其兼于阳，故称龙也。'则荀又读慊为兼。又孟云'疑似于阳'，则无字当衍。"《订文》："……是荀本亦无无字。《释文》谓荀《易》作嗛，而《集解》则引荀注兼。作兼者，九家本也，兼为慊之省文，而慊与嗛、嫌古皆通用。"**新案**：据《毛诗·采薇·正义》，知其所据《文言》已作嫌，郑注以为当作慊，读者失之而作溓《释文》称郑作谦，恐非；抱经堂本《释文》改作溓），故郑氏云"嫌读如群公慊之慊"（阮元《毛诗注疏校勘记》："嫌当慊，二慊字皆当作溓。"）。又据王念孙《广雅疏证》卷三"歉，少也"条，歉、嗛、𠯀、慊等"并字异而义同"。其说甚是。除此之外，上文提及的溓、嫌、谦等字，皆从兼旁得声，当可通假，皆有不足之义。又，《集解》聚乐堂本与底本同，雅雨堂本、枕经楼本及曹元弼《补释》无无字。《集解》所引《九家易》和上文上六爻辞荀爽注，以及（转下页）

注云：为其嫌于非阳而战。①
故称龙焉；犹未离其类也，
　　注云：犹未失其阴类，为阳所灭。②
故称血焉。
　　注云：犹与阳战而相伤，故称血。③
夫玄黄者，天地之杂也，④**天玄而地黄。**

　　[疏]⑤《正义》曰：此一节明上六爻辞。"阴疑于阳必战"者，阴盛为阳所疑，阳乃发动，欲除去此阴；⑥阴既强盛，不肯退避，故必战也。

　　"为其嫌于无阳，故称龙焉"者，上六阴盛似阳为嫌，纯阴非阳，⑦故称"龙"以明之。

　　"犹未离其类也，故称血焉"者，言上六虽阴盛似阳，然犹未能离其阴类，⑧

（接上页）《汉上易传》所引郑本亦同。惠栋以为唐前并无无阳之说，唐以后窜入无字。张惠言亦以为无无字得之（《湖海楼丛书》本《周易郑注》）。参校诸本并无异文。

① 敦煌本《易注》同。《考文》："下（古本）三本、足利本共有也字。"《校勘记》："岳本、闽、监、毛本同。"又引《考文》云云。**新案**：抚本、天禄琳琅本、建本、纂图互注本、岳本、伏见版活字本、陈本、元印十行本、国图十行本、北大十行本、文物局十行本、"央图"十行本、永乐本、闽本、监本、毛本、殿本、阮本同，古本（脱于字）、宣贤活字本、正运活字本下有也字。

② 敦煌本《易注》下有也字。**举正**出文失作去，灭下有也字，"去字误作失字。谨按：注中去字本解经文离字，言上六虽阴盛似阳，尚未去离阴之体类，义在去离，非在失却。又秦隶书以前去字多作无字，转写笔误，理亦可知。"《考文》："下（古本）二本有也。"殿本《考证》引《举正》云云。《校勘记》引《考文》云云。**新案**：抚本、天禄琳琅本、建本、纂图互注本、岳本、伏见版活字本、正运活字本、陈本、元印十行本、国图十行本、北大十行本、文物局十行本、"央图"十行本、永乐本、闽本、监本、毛本、殿本、阮本同，古本下有也字。

③ 敦煌本《易注》下有焉字。《考文》："下（古本）三本有也。"《校勘记》引《考文》云云。**新案**：抚本、天禄琳琅本、建本、纂图互注本、岳本、伏见版活字本、正运活字本、陈本、元印十行本、国图十行本、北大十行本、文物局十行本、"央图"十行本、永乐本、闽本、监本、毛本、殿本、阮本同，古本下有也字。

④ 《仪礼·士冠礼》郑注引作"杂色"。《说文》"杂"字段玉裁注："此篆盖本从衣襍，故篆者以木移左衣下，作襍。久之改襍为佳，而仍作杂也。"《集解》、开成石经、《本义》与底本同。《考文》："（古本）三本杂下有色字。"《证异》："襍，惠栋作襍。"《校勘记》："石经、岳本、闽、监、毛本同。"又引《考文》云云。**马校**："按天玄地黄，本指色而言，疑当是。"**新案**：抚本、天禄琳琅本、建本、纂图互注本、岳本、伏见版活字本、正运活字本、陈本、元印十行本、国图十行本、北大十行本、文物局十行本、"央图"十行本、永乐本、闽本、监本、毛本、殿本、阮本同，古本杂下有色字。

⑤ 《要义》《正义》曰上标示起止："阴疑于"至"地黄"。**新案**：《文言》此节《正义》所出位置及其内容分合，各本颇有异同。单疏本、八行本《正义》归总置其末，释传文（八行本不标示起止；单疏本标示起止："阴疑于"至"地黄"）。十行本分解为四个内容单元（"阴疑于阳必战""为其嫌于无阳，故称龙焉""犹未离其类也，故称血焉"和"夫玄黄者"至"天玄而地黄"），割裂单疏本《正义》分置各单元之末，释传文，皆不标示起止（分别删省提示语"'为其嫌于无阳，故称龙焉'者"十一字、"'犹未离其类也，故称血焉'者"十一字、"'夫玄黄者，天地之杂也，天玄而地黄'者"十五字）。

⑥ 《要义》欲作故。**新案**：参校诸本并无异文。

⑦ 殿本句读原作"上六阴盛，似阳为嫌，纯阴非阳"，疑误。

⑧ 《要义》同。《正字》："阴，监本误阳。"《校勘记》出文"然犹未能离其阳类"，"闽、监本同，毛本阳作阴"。瞿校："（国图十行本）阴不误阳。"**海保本称《校勘记》阴误阳**。**马校**："按依注'犹未失其阴类'证之，作阴是也。"**新案**：单疏本、海保本、京大本、京文研本、嘉业堂本、陈本、元印十行本、国图十行本、永乐本、毛本、殿本同，北大十行本、文物局十行本、"央图"十行本、闽本、监本、阮本阴误阳。

故为阳所伤,而见灭也。①

"夫玄黄者,天地之杂也,天玄而地黄"者,释"其血玄黄"之义。庄氏云："上六之爻,兼有天地杂气,所以上六被伤,其血玄黄也。② 天色玄,地色黄,故血有天地之色。"今辅嗣注云"犹与阳战而相伤",是言阴阳俱伤也。恐庄氏之言非王之本意,今所不取也。

---

① 《要义》见作成。《考文》出文"而见血也","血作灭"。[谨按]："正、嘉二本灭作成,万历本改作血,崇祯本从之也。"《校勘记》出文"而见成也","闽本同,钱本、宋本成作灭,监、毛本作血"。马校："按以上之注文'犹未失其阴类,为阳所灭'证之,作灭是也。"**新案**：单疏本、京大本、京文研本、嘉业堂本、陈本、钱本、元印十行本、永乐本同,国图十行本、北大十行本、文物局十行本、"央图"十行本、闽本、阮本灭误成,监本、毛本、殿本灭误血。

② **卢校**：也字旁注者字,"钱者"。**新案**：单疏本、京大本、京文研本、嘉业堂本、陈本、元印十行本、国图十行本、北大十行本、文物局十行本、"央图"十行本、永乐本、闽本、监本、毛本、殿本、阮本同,钱本也误者。

《五经异义》引古《毛诗》说考

孙巧智[*]

【内容提要】 郑玄笺《诗》之后形成的《毛诗故训传》经注本是现今唯一可见《毛传》版本,而《五经异义》所引古《毛诗》说,正是窥探郑玄笺《诗》之前《毛传》文本面貌和传习实践的一个窗口。本文通过对《五经异义》所引古《毛诗》说与今本《毛传》的逐条分析和对比发现,《异义》对《毛诗》说的征引存在传文和师说并举的现象,因此,其与今本《毛传》不同之处乃后代师说,而非《毛传》异文。这些师说不仅在具体诗句的释义上遵循《毛传》,还继承了《毛传》"文献互证"的说诗之法,是《诗经》学史中不可或缺的一环。

【关键词】《毛诗故训传》《五经异义》 师说

《汉书·艺文志》载:"《毛诗》二十九卷,《毛诗故训传》三十卷。"[①]此乃经、传别行之本。后郑玄笺《诗》,发明《毛传》,更下己意,合序、经、传、笺四部分为一体,成为通行千年之经注本。[②] 此经注本体例、文字相对固定,而此前之版本文字与师说异同,遂湮没不闻。

郑玄之前《毛诗》相关著作,《后汉书·儒林传》云:"初,九江谢曼卿善《毛诗》,乃为其训。(东海卫)宏从曼卿受学,因作《毛诗序》,善得风、雅之旨……中兴后,郑众、贾逵传《毛诗》。后马融作《毛诗传》,郑玄作《毛诗笺》。"[③]此外,

---

[*] 本文作者为北京大学中文系古典文献专业2018级博士研究生。
① 《汉书》卷三〇,北京:中华书局,1962年,第1708页。
② 汉初经、传别行,其后经传合编,但未详始于何人。《毛诗正义》云:"然则后汉以来始就经为注,未审《诗》引经附传是谁为之。"(《毛诗正义》[十三经注疏繁体标点本]卷一,北京:北京大学出版社,2000年,第4页)段玉裁则认为始于郑玄,其《毛诗故训传定本小笺题辞》云:"传之与经杂厕放于何时?盖郑君笺诗时所为也。"(《续修四库全书》第64册《毛诗故训传定本》,第58页)虽然《毛诗》引经附传不确定是何人所为,但"郑之笺当元在经传之下"(《毛诗正义》[十三经注疏繁体标点本]卷一,第4页)应该是没有问题的,无论这一经传合编本是否由他本人发明制作。也就是说,郑玄单笺本可能在历史上从未流行过,郑笺始终是以序、经、传、笺四位一体的《毛诗》二十卷经注本的形式被阅读流传的。在此之后的二十卷本,如《隋书·经籍志》著录的王肃注、王肃郑玄合注、谢沈注、江熙注等,都是在此"毛诗传笺"本的基础上形成的,只是对笺文的去取程度有所不同而已。而现存白文本如唐石经、敦煌写本等,也都是"毛诗传笺"本去掉传、笺的产物。
③ 《后汉书》卷七九下,北京:中华书局,1965年,第2575页。

贾逵又别有二书，其一为奉汉章帝之令所撰之《诗异同》，①其二为《毛诗杂义难》，十卷，梁时犹存，至唐则亡。马融注《毛诗》之本亦十卷，隋唐已缺，而上帙仅存焉。②郑笺通行，乃成定本，而馀皆不传。清代辑佚之风盛行，马国翰据《水经注》《经典释文》及《毛诗正义》所引马融佚说之存者，凡十二条，辑为《毛诗马氏注》一卷，收入《玉函山房辑佚书》。其后王仁俊采郑玄《周礼注》中郑众引《诗》说义之语辑为《毛诗先郑义》一卷，凡十一条；又从《风俗通义·祀典》中采得贾逵释"灵星"一条为《毛诗贾氏义》一卷，收入《玉函山房辑佚书续编》。

此外，在东汉许慎所著的《五经异义》中还保留有数条古《毛诗》之说，是研究早期《毛诗》传说情况的珍贵资料，但长期以来却不受重视。前文所云清人辑本，虽有存亡续绝之功，然而它们或摘自他书，别有侧重，或存录时有所选择，与《毛传》几无重叠，体现不出与《毛传》的直接承袭关系，从中可见经师说解的个人特征，却不足以管窥经注本之前的《毛传》面貌。而许慎《五经异义》所引古《毛诗》说，既明家法，观点具有普遍性，又与今本《毛传》之文多有对应，对探究郑玄笺《诗》之前的《毛传》传习与流变情况有独特价值。

本文即以《五经异义》所引古《毛诗》说为研究对象，逐一对比它们与今本《毛传》在文本内容与释《诗》方法上的异同，并进一步结合《五经异义》的引用特点，判定所引《毛诗》说的性质，重新发掘其在《诗经》学史研究上的价值。

一、《五经异义》体例

许慎，字叔重。少博学经籍，马融常推敬之，时人为之语曰"五经无双许叔重"。曾学于贾逵，其子许冲《上说文解字表》云："臣父故太尉南阁祭酒慎，本从逵受古学。"③东汉章帝建初八年（83）曾诏选高才生受学，④许慎之学于贾逵，盖在此时。

《后汉书·许慎传》载："初，慎以《五经》传说臧否不同，于是撰为《五经异义》，又作《说文解字》十四篇，皆传于世。"⑤许慎作《五经异义》以辨《五经》今古

---

① 《后汉书·贾逵传》云："逵数为帝言《古文尚书》与经传《尔雅》诂训相应，诏令撰欧阳、大小夏侯《尚书》、古文同异。逵集为三卷，帝善之。复令撰齐、鲁、韩《诗》与毛氏异同。并作《周官解故》。"（《后汉书》卷三六，第1239页）
② 《经典释文·序录》载："《毛诗》马融注十卷。无下帙。"（〔隋〕陆德明《经典释文》，上海：上海古籍出版社，2013年，第39页）
③ 〔汉〕许慎《说文解字》（大字本），北京：中华书局，2013年，第1255、1256页。
④ 《后汉书·章帝纪》载建初八年《诏》曰："五经剖判，去圣弥远，章句遗辞，乖疑难正，恐先师微言将遂废绝，非所以重稽古，求道真也。其令群儒选高才生，受学《左氏》《穀梁春秋》《古文尚书》《毛诗》，以扶微学，广异义焉。"（《后汉书》卷三，第145页）
⑤ 《后汉书》卷七九下，第2588页。

传说异同,后郑玄驳之,为《驳许慎五经异义》,事见《郑玄传》。《隋书·经籍志》著录《五经异义》十卷,云:"后汉太尉祭酒许慎撰。"① 这应当是许慎原著的单行本,而郑玄驳文或自始即附在许氏书内,即《旧唐书·经籍志》所载"《五经异义》十卷,许慎撰,郑玄驳",②《新唐书·艺文志》所载"《许慎五经异义》十卷,郑玄驳"。③ 今二书皆不传,但其内容由于被唐疏征引而有所保留,后人据以为辑佚疏证之作,其中较为知名的是清陈寿祺所撰《五经异义疏证》(上中下三卷)与皮锡瑞《驳五经异义疏证》(十卷),二书各有所长。

根据唐疏所存《五经异义》之文,可大致推知其体例:首先,全书分为若干篇,每篇围绕一小主题展开,如"第五田税""第八疂制"等;其次,每一主题之下,胪列众说,并常以"今""古"二字冠于一说之上,其顺序则通常先今后古;最后,加以"谨案",表明自己的取舍和看法。

其所引经今文学说有:今《易》孟京说,今《尚书》欧阳、夏侯说,今《诗》韩、鲁、齐说,今《礼》戴说,今《春秋》公羊、穀梁说,今《孝经》说,今《论语》说。经古文学说有:古《尚书》说,古《毛诗》说,古《周礼》说,古《春秋》左氏说,古《孝经》说。此外还有学者之说,多为西汉名儒,如董仲舒、韦玄成、匡衡、尹更始等,兹不一一列举。以上所列经古文学说,除"古《毛诗》说"外,皆有古文本。《尚书》古文有孔壁、河间二本,《汉志》载"《尚书古文经》四十六卷。为五十七篇"。④《周礼》唯有河间古文本,《汉志》载"《周官经》六篇,《周官传》四篇",⑤ 不言古,王国维《汉时古文本诸经传考》解释称:"凡《汉志》言古文,皆以与今学相别……《周官经》无今学,自毋庸冠以古文二字。"⑥《左传》古文藏于秘府,《汉书·刘歆传》云:"歆校秘书,见《古文春秋左氏传》,大好之。"⑦《孝经》古文有孔壁本,《汉志》载"《孝经古孔氏》一篇,二十二章",⑧ 又有昭帝时鲁国三老进献本(许冲《上说文解字表》)。《毛诗》是否有古文本,如今尚存争议;围绕《毛诗》展开的解说是否为古文说,则不仅涉及有无古文本的问题,还直接关系到对汉代今古文经学的认识和判断。但无论这两个问题的真实情况如何,在许慎看来,《五经异义》所引《诗》毛说为古文学说无疑。

明确了《五经异义》的体例和许慎对《毛诗》说的定位之后,再来对《五经异义》所引的各条《毛诗》说进行逐一分析。

---

① 《隋书》卷三二,北京:中华书局,1973年,第937页。
② 《旧唐书》卷四六,北京:中华书局,1975年,第1982页。
③ 《新唐书》卷五七,北京:中华书局,1975年,第1445页。
④ 《汉书》卷三〇,第1705页。
⑤ 同上书,第1709页。
⑥ 〔清〕王国维《王国维手定观堂集林》,杭州:浙江教育出版社,2014年,第173页。
⑦ 《汉书》卷三六,第1967页。
⑧ 《汉书》卷三〇,第1718页。

二、《五经异义》所引古《毛诗》说逐条分析

《五经异义》引古《毛诗》说凡九条，将其与今本《毛诗故训传》传文进行比较，得文字相同者四条，含义相同者三条，无对应者两条。①

（一）文字相同

1. 《异义》：今《诗》韩、鲁说：驺虞，天子掌鸟兽官。古《毛诗》说：驺虞，义兽，白虎黑文，食自死之肉，不食生物，人君有至信之德则应之。《周南》终《麟趾②》，《召南》终《驺虞》，具称嗟叹之，皆兽名。谨按：古《山海经》《邹书》云"驺虞，兽"，说与《毛诗》同。　　《周礼·钟师职》贾疏

按：《召南·驺虞》"于嗟乎驺虞"毛传云："驺虞，义兽也，白虎黑文，不食生物，有至信之德则应之。"许慎所引，则多出"食自死之肉""人君"七字。"食自死之肉"为"不食生物"之解说，"人君"则是据《诗序》补充的主语。《诗大序》云："《鹊巢》《驺虞》之德，诸侯之风也。"《驺虞》序云："仁如驺虞，则王道成也。"其后"周南至兽名"云云，语气与传不类，当为后人阐发之语。

又"壹发五豝"毛传云："虞人翼五豝，以待公之发。"皮锡瑞以为此传与前文矛盾，云："传云'虞人翼五豝，以待公之发'，虞人即驺虞也，下忽缀以'驺虞，义兽'云云，与上文不相承，良由牵合古书，欲创新义。上'虞人'字不及追改，葛龚故奏，贻笑后人。此乃毛传一大瑕。许、郑诸公为古文所压，不复考其本末，取毛传所据者转以证毛，舍三家古义而从之，其亦惑矣。"③或云后人羼入。④许慎所引虽无之，然而其意在于辨析"驺虞"含义，故传文不必句句征引；"虞人"之"虞"也不必来自于"驺虞"之"虞"，或述王官而已。此传与贾谊《新书·礼》同，其文曰："虞人翼五豝以待一发，所以复中也。"⑤然而与毛传不同的是，贾谊以为此"虞人"即"驺虞"之"虞"，谓"驺者，天子之囿也；虞者，囿之司兽者也"。

2. 《异义》载《礼》戴、《诗》毛氏二说。谨按云：经无明文，且殷、商或异。《秦风·驷驖》孔疏

---

① 所用《五经异义》异文皆来自唐疏，陈寿祺《五经异义疏证》与皮锡瑞《驳五经异义疏证》二书间有参考。
② 原作"止"，"止"乃古"趾"字，今《毛诗》作"趾"，据改以便读。
③ 〔清〕王先谦撰，吴格点校：《诗三家义集疏》卷二，北京：中华书局，1987年，第122页。
④ 赵茂林《〈毛传〉成书及定型考论》，载《诗经研究丛刊》第24辑，北京：学苑出版社，2013年，第187页。
⑤ 〔汉〕贾谊撰，阎振益、钟夏校注：《新书校注》卷六，北京：中华书局，2000年，第215页。

按：此孔疏无明引《异义》所载《礼》戴、《诗》毛氏二说，但于引《异义》之前已先言之，且并载《韩诗内传》之说。《礼》戴说即《大戴礼·保傅》所云"在衡为鸾，在轼为和"，①与《韩诗》说同；《毛诗》说则为《小雅·蓼萧》"和鸾雍雍"之传"在轼曰和，在镳曰鸾"。由许慎按语可知，戴说与毛说异，今本正如此。

毛传"镳"字并非"衡"字之误，《小雅·庭燎》"鸾声将将"传云："将将，鸾镳声也。"毛以"鸾镳"释"鸾"字，若不以为鸾在镳，则不必增出"镳"字。实际上，毛传将"鸾镳"与"鸾刀"看作同样的结构，鸾刀为"刀有鸾者"（《小雅·信南山》传），则鸾镳为"镳有鸾者"，即所谓"置鸾于镳"（《秦风·驷驖》笺），而其作此释义的依据或正为《驷驖》"辀车鸾镳"之语。刘向《说苑》云："鸾设于镳，和设于轼。马动而鸾鸣，鸾鸣而和应，行之节也。"②后句全同《保傅》，前句却与毛合。

3. "盟牲所用"。许慎据《韩诗》云："天子诸侯以牛豕，大夫以犬，庶人以鸡。"又云："《毛诗》说：君以豕，臣以犬，民以鸡。"又《左传》云："郑伯使卒出豵，行出犬鸡，以诅射颍考叔者。"又云："卫伯姬盟孔悝以豭。" 《礼记·曲礼下》孔疏

按：《小雅·何人斯》"出此三物，以诅尔斯"毛传云："三物，豕、犬、鸡也。民不相信则盟诅之。君以豕，臣以犬，民以鸡。"许慎节引之，以辨盟牲所用而已。此毛传与《韩诗》说同，应当都出自隐公十一年《左传》"郑伯使卒出豵，行出犬鸡，以诅射颍考叔者"这段话。

《何人斯》毛传较许慎所引多出"民不相信则盟诅之"一句，出自《周礼·司盟职》，原文为："盟万民之犯命者，诅其不信者。"孔疏云："定本'民不相信则诅之'，无'盟'字。"《诗经》"以诅尔斯"与《周礼》"诅其不信者"，皆无"盟"字。且《周礼》分盟、诅而言之，可知二者有别，故郑玄驳许慎云："《诗》说及郑伯使卒及行所出，皆谓诅耳，小于盟也。"③孙诒让《十三经注疏校记》又据郑玄之说，认为"毛传本无'盟'字，定本是也"。④ 虽然从字面上看，毛传似乎以无"盟"字为佳，但是，它既然以"相信"对应《周礼》中的"信"字，那么也有可能以"盟诅"对应《周礼》中的"诅"字，并同时解释《诗经》经文中的"诅"字。盟、诅二事，可能如郑玄所说存在着大、小的区别，但说到底，二者是对同一事件从两个立场所作出的不同描述：结盟己方，诅咒敌方；正面而言发誓，反面而言赌咒。而且，从许慎所举《左传》两个例子来看，他并没有对盟与诅进行区分，而且《异义》

---

① 〔清〕孔广森撰，王丰先点校：《大戴礼记补注》卷三，北京：中华书局，2013年，第75页。
② 〔汉〕刘向撰，向宗鲁校证：《说苑校证》卷一六，北京：中华书局，1987年，第384页。
③ 《毛诗正义》（十三经注疏繁体标点本）卷一二，第894页。
④ 〔清〕孙诒让撰，雪克辑校：《十三经注疏校记·毛诗正义校记》卷一二，北京：中华书局，2009年，第54页。

"礼约盟不"主题下引古《春秋左氏》说云："凡国有疑,盟诅其不信者。"①与毛传之义同。因此,孙诒让的这条校勘意见,似乎理由仍显不足。

4.《异义》:《公羊》说:天子三,诸侯二。天子有灵台以观天文,有时台以观四时施化,有囿台观鸟兽鱼鳖。诸侯当有时台、囿台。诸侯卑,不得观天文,无灵台。皆在国之东南二十五里。东南少阳用事,万物著见。用二十五里者,吉行五十里,朝行暮反也。《韩诗》说:辟雍者,天子之学,圆如璧,壅之以水,示圆,言辟,取辟有德;不言辟水言辟雍者,取其雍和也,所以教天下春射秋飨,尊事三老五更。在南方七里之内,立明堂于中,五经之文所藏处。盖以茅草,取其絜清也。《左氏》说:天子灵台在太庙之中,壅之灵沼,谓之辟雍。诸侯有观台,亦在庙中,皆以望嘉祥也。《毛诗》说:灵台不足。按:不足二字疑误。以监视。灵者,精也。神之精明称灵。故称台曰灵台,称囿曰灵囿,称沼曰灵沼。谨案:《公羊传》、《左氏》,说皆无明文,说各有以,无以正之。　　《大雅·灵台》孔疏

按:许慎所引"神之精明称灵"一句,与《大雅·灵台》之传文字全同。前文"灵台"至"精也"、后文"故称"云云,乃据毛传而发的解释之语。毛传云:"灵囿,言灵道行于囿也。"又云:"灵沼,言灵道行于沼也。"可见灵台、灵沼、灵囿之"灵"为一,皆取于"神之精明者",与许慎所引相合。"故称"云云,显为说者语气。

(二)含义相同

1.《异义·罍制》:《韩诗》说:金罍,大夫器也。天子以玉,诸侯、大夫皆以金,士以梓。《毛诗》说:金罍,酒器也,诸臣之所酢;人君以黄金饰;尊大一硕,金饰龟目,盖刻为云雷之象。谨案:《韩诗》说"天子以玉",经无明文。谓之罍者,取象云雷博施,如人君下及诸臣。　　《周南·卷耳》孔疏

按:《诗经》"罍"字三见,《周南·卷耳》"我姑酌彼金罍"毛传云:"人君黄金罍。"《小雅·蓼莪》"瓶之罄矣,维罍之耻"毛传云:"瓶小而罍大。"《大雅·泂酌》"可以濯罍"毛传云:"罍,祭器。"此释"金罍",当为《卷耳》之传。

许慎所引,较今本内容多出不少,前者"金罍,酒器也,诸臣之所酢",据《周礼》为说。《周礼》中罍有三种,一曰大罍,《周礼·鬯人职》:"凡祭祀,社壝用大罍。"此祭社所用盛鬯之瓦罍也。二曰山罍,《周礼·司尊彝职》:"凡四时之间祀,追享、朝享,祼用虎彝、蜼彝,皆有舟;其朝践用两大尊,其再献用两山尊。皆有罍,诸臣之所昨也。"此山尊即山罍,亦《礼记·明堂位》所谓"夏后氏之尊"。三曰罍,即"皆有罍,诸臣之所昨也"之罍,诸臣自酢之用,即《毛诗》说之

---

① 《礼记正义》(十三经注疏繁体标点本),北京:北京大学出版社,2000年,第165页。

所出。郑玄以为此金罍飨燕所用,与《毛诗》说并不矛盾,因为大罍、山罍皆为太古之器,非平常可用之物。所谓"自酢"者,以示王尊,不敢相敌也。

所多于后者,其"尊大一硕,金饰龟目,盖刻为云雷之象"之文,述罍之容量、外形,而《毛传》无言名物如此详细者,可知非传文,当为师说。《毛诗音义》:"罍,酒樽也。《韩诗》云:天子以玉饰,诸侯、大夫皆以黄金饰,士以梓。《礼记》云:夏曰山罍。其形似壶,容一斛,刻而画之,为云雷之形。"①引《韩诗》与许氏略异。《周礼·考工记》有梓人,为饮器,"凡试梓饮器",知饮器必有以木为之者。韩云"士以梓",毛云"刻",皆谓金罍乃木胎金饰,义同。"其形似壶"云云,或即师说。阮谌《礼图》亦云"大一斛"。②罍,或从木作樏,《说文·木部》:"樏,龟目酒尊,刻木作云雷象,象施不穷也。"③从《毛诗》说。

2.《异义》:《公羊》说:乐《万》舞以鸿羽,取其劲轻,一举千里。《诗》毛说:《万》以翟羽。《韩诗》说:以夷狄大鸟羽。谨案:《诗》云:"右手秉翟。"《尔雅》说:"翟,鸟名,雉属也。"知翟羽舞也。　　　　《邶风·简兮》孔疏

按:《邶风·简兮》"方将《万》舞"毛传云:"以干羽为《万》舞,用之宗庙山川,故言于四方。"又"右手秉翟"传云:"翟,翟羽也。"与许慎所引"《万》以翟羽"义同。

舞的种类有很多,《周礼·乐师职》云:"乐师掌国学之政以教国子小舞。凡舞有帗舞,有羽舞,有皇舞,有旄舞,有干舞,有人舞。"是根据舞者所执舞具进行的划分。而简单来说,又可笼统分为武舞和文舞两类。有干、戈者属于武舞,武舞亦用戚,《礼记·祭统》所谓"君执干戚就舞位",《礼记·明堂位》所谓"朱干玉戚,冕而舞《大武》"者。干、戚虽然可以用于舞蹈,但毕竟还是兵器,所以统一由司兵掌管,《周礼·司兵职》云:"祭祀授舞者兵。"纯用羽、龠者为文舞,《周礼·龠师职》:"龠师掌教国子舞羽龡龠,祭祀则鼓羽龠之舞,宾客飨食则亦如之。"舞者手执羽、龠而舞,龠还同时用于音乐伴奏。羽龠之授受于司干。

《万》舞用羽、龠,除《简兮》"左手执龠,右手秉翟"可作为证据之外,《春秋》宣公八年"《万》入,去龠"、隐公五年《左传》"考仲子之宫,将《万》焉。公问羽数于众仲"亦是其证,此无疑义。而《万》舞所用之羽为何鸟之羽,诸家说法却有不同。古翟、狄二字相通,此处《韩诗》说"以夷狄大鸟羽",段玉裁推测《韩诗》"翟"作"狄",并云:"《韩诗》说'以夷狄大鸟羽',此泥于字,而不知六书之假借。"④今《礼记·乐记》亦用"狄"字,云:"比音而乐之,及干、戚、羽、旄,谓之

---

① 《经典释文》,第 208 页。
② 《毛诗正义》(十三经注疏繁体标点本)卷一,第 47 页。
③ 《说文解字》(大字本),第 466 页。
④ 〔清〕段玉裁《古文尚书撰异》卷三,《续修四库全书》第 46 册,第 97 页。

乐。"又云："干、戚、旄、狄以舞之。""羽"、"狄"二字相对应,正所谓"羽"用"狄"者。

其实准确来讲,《万》舞并非纯用羽、龠,而是以干、戚为主,兼用羽、龠,应属于武舞。许慎引文云"《万》以翟羽",今本《毛传》则云"以干羽为《万》舞","干"字并非衍文。《万》用干戚,虽经无明文,但《公羊传》亦称如此,当有所据,宣公八年《公羊传》"壬午犹绎。《万》入去龠"传云："《万》者何？干舞也。龠者何？龠舞也。"且《简兮》前文"有力如虎,执辔如组",正说明《万》舞兼文武两面。庄公二十八年《左传》亦云："楚令尹子元欲蛊文夫人,为馆于其宫侧而振《万》焉。夫人闻之泣曰：'先君以是舞也习戎备也,今令尹不寻诸仇雠而于未亡人之侧,不亦异乎？'"以《万》舞习戎备,则《万》为武舞无疑矣。

3.《异义·天子驾数》：《易》孟京、《春秋公羊》说：天子驾六。《毛诗》按：隐公元年《公羊传》徐疏引《异义》"《毛诗》"说前有"古"字。说：天子至大夫同驾四,按：隐公元年《公羊传》徐疏引《异义》下有"皆有四方之事"六字。士驾二。《诗》云"四骐彭彭",武王所乘；"龙旂承祀,六辔耳耳",鲁僖所乘；"四牡骈骈,周道倭迟",大夫所乘。谨案：《礼·王度记》曰："天子驾六,诸侯与卿同驾四,大夫驾三,士驾二,庶人驾一。"说与《易》《春秋》同。① 　　《鄘风·干旄》孔疏

按：许慎所引"天子至大夫同驾四,士驾二"者,今本无之。此句言天子至士之驾数,当是传习者的梗概总结之言。而就引《诗》考察,"四骐彭彭"出自《大雅·大明》,今本"四"作"驷"。驷,四马也。《大明》序云："文王有明德,故天复命武王也。"而"驷骐彭彭"正是描写牧野之战武王伐纣的场景,认为是"武王所乘",并不为错。由此亦可知天子驾四也。"龙旂承祀,六辔耳耳"出《鲁颂·閟宫》,其序云："颂僖公能复周公之宇也。"前文"周公之孙,庄公之子",毛传云"谓僖公也",与许慎引文相合。诸侯驾四,诗文多矣,谨以《召南·鹊巢》为例以明之。《鹊巢》"之子于归,百两御之",《毛传》云："百两,百乘也。诸侯之子嫁于诸侯,送御皆百乘。""四牡骈骈,周道倭迟"出《小雅·四牡》,序云："劳使臣之来也。有功而见知,则说矣。"与《左传》《国语》相合。② 毛传于首句后又云："文王率诸侯,抚叛国,而朝聘乎纣,故周公作乐,以歌文王之道,为后世

---

① 隐公元年《公羊传》徐疏所引与《干旄》孔疏差异较大,其云："《异义》：古《毛诗》说云：天子至大夫同驾四,皆有四方之事。士驾二也。《诗》云'四骐彭彭',武王所乘；'龙旂承祀,六辔耳耳',鲁僖所乘；'四牡骈骈,周道倭迟',大夫所乘。《书传》云：士乘饰车两马；庶人单马,木车是也。"又云："彼谨案亦从《公羊》说,即引《王度记》云'天子驾六龙。诸侯与卿驾四。大夫驾三'以合之。郑驳云：《易经》'时乘六龙'者,谓阴阳六爻上下耳,岂故为礼制？《王度记》云'今天子驾六'者,自是汉法,与古异；'大夫驾三'者,于经未以言之者是也。"(《春秋公羊传注疏》[十三经注疏繁体标点本]卷一,北京：北京大学出版社,2000年,第24页)

② 襄公四年《左传》："《四牡》,君所以劳使臣也。"《国语·鲁语下》："《四牡》,君之所以章使臣之勤也。"

法。"这并不是说《四牡》之诗写文王朝纣,与《诗序》有所矛盾,而是如笺所言"使臣以王事往来于其职"之义。是以知"四牡骓骓"为大夫之车。是大夫亦驾四也。士驾二,则《诗经》无文。《仪礼·士丧礼》云:"公赗玄𫄸束,马两。"此两马即为士制。

(三) 无对应

1.《异义·爵制》:按:"爵制"二字据《周礼·梓人》贾疏补。今《韩诗》说:一升曰爵,爵,尽也,足也;二升曰觚,觚,寡也,饮当寡少;三升曰觯,觯,适也,饮当自适也;四升曰角,角,触也,不能自适,触罪过也;五升曰散,散,讪也,饮不能自节,为人所谤讪也。总名曰爵,其实曰觞。觞者,饷也。觥亦五升,所以罚不敬。觥,廓也,所以著明之貌。君子有过,廓然明著。非所以饷,不得名觞。古《周礼》说:"爵一升,觚三①升,献以爵而酬以觚,一献而三酬,则一豆矣。食一豆肉,饮一豆酒,中人之食。"《毛诗》说:觥大七升。谨案:《周礼》云:"一献三酬当一豆。"若觚二升,不满一豆。又觥罚不过一,一饮而七升为过多,当谓五升。按:四字据成公十四年《左传》孔疏补。　　《礼记·礼器》孔疏

按:《诗经》"觥"字四见,《周南·卷耳》"我姑酌彼兕觥",毛传云:"兕觥,角爵也。"《豳风·七月》"称彼兕觥",毛传:"觥,所以誓众也。"《小雅·桑扈》《周颂·丝衣》"兕觥其觩"无传。"觥大七升"出处不明,《卷耳》孔疏引东汉阮谌《礼图》云:"觥大七升,以兕角为之。先师说云:刻木为之,形似兕角。"②前一说与《毛诗》说合。

2.《异义》:古《诗》毛说以"龙旂承祀"为郊祀。　　《毛诗·鲁颂·閟宫》孔疏

按:"龙旂承祀"为《鲁颂·閟宫》之文。以之为郊祀者,今本无明言。《异义》所引此说与礼相合。《周礼·司常职》云:"日月为常,交龙为旂。"《诗经》仅言"龙旂",《礼记》则并言之。《礼记·明堂位》云:"鲁君孟春乘大路,载弧韣,旂十有二旒,日月之章,祀帝于郊,配以后稷,天子之礼也。"《礼记·郊特牲》云:"旂十有二旒,龙章而设日月,以象天也。天垂象,圣人则之,郊所以明天道也。"可知祭天之旂兼龙与日月之章。因此,《毛诗说》以为鲁僖公"龙旂承祀"为祭天之郊祀一说,并无问题。

---

① 原作"二",据《考工记·梓人职》改。《说文·角部》云:"觚,乡饮酒之爵也。一曰觞。受三升者谓之觚。"由此可知许慎从《周礼》"觚三升"之说,并以此推测觯为四升,故《说文·角部》云:"觯,乡饮酒角也。《礼》曰:一人洗,举觯。觯受四升。"

② 《毛诗正义》(十三经注疏繁体标点本)卷一,第48页。

三、《五经异义》所引古《毛诗》说性质

前文可见，《五经异义》所引古《毛诗》说，与今本《毛诗故训传》传文在文字上并不完全相同，但这并不意味着郑玄笺《诗》对《毛传》的文本内容进行了大的改动。《异义》所引与今本《毛传》相同者，乃直接引用传文；而内容有所超出者，除去无对应的两条之外，其余七条都承袭《毛传》而来，应视为汉代经师对《毛传》的研习成果。

《异义》这种征引《毛诗》说时传文与师说相互混杂的现象，可称为"传、说并存"。传、说之间有时并没有明确的界限，只能依据与传世文献的比对而发现；有时却可以根据前后连接词与行文语气判断出来。如"驺虞"条"《周南》终《麟趾》，《召南》终《驺虞》，具称嗟叹之，皆兽名"，传文简约，往往只叙结论，省其依据，此条"具""是"二字，显为后人解说断案之辞。再如"天子驾数"条引《诗》之语，"灵台"条"故称"云云，皆是如此。而"蠱制"条"尊大一硕"云云，对名物的解释过于细致，与《毛传》体例格式不统一，也是师说无疑。

传、说并存，并不是《五经异义》在征引《毛诗》说时才出现的个别现象，它也普遍存在于对其他学说的征引过程中，以《公羊》说为例，有实出《公羊传》者，有出于《公羊》后学者。

《异义》第五《田税》云："今《春秋公羊》说：十一而税，过于十一，大桀、小桀；减于十一，大貊、小貊；十一税，天子之正。十一行而颂声作。"①此称"今《春秋公羊》说"，而实出于《公羊传》。宣公十五年《公羊传》云："什一者天下之中正也。多乎什一，大桀、小桀；寡乎什一，大貊、小貊；什一者，天下之中正也。什一行而颂声作矣。"又有出于《公羊》后学者，如前文"《万》舞用羽"例，引《公羊》说云："乐《万》舞以鸿羽，取其劲轻，一举千里。"此说不见于《公羊传》，却同于何休《春秋公羊经传解诂》，其云："羽者，鸿羽也。所以象文德之风化疾也。"②何休所言盖为公羊师说，有所承续也。又如《异义》："妻甲，夫乙殴母，甲见乙殴母而杀乙。《公羊》说：甲为姑讨夫，犹武王为天诛纣。"虽不见于《解诂》，但明显是学者说理的语气。当然，也有极少数明确标明传、说不同来源者。如《五经异义》曰："今《春秋公羊》说：宗庙筮而不卜。《传》曰：禘祫不卜。"③僖公三十一年《公羊传》："禘尝不卜。"文辞稍异，可能是《太平御览》在转引过程中产生了异文。

---

① 《周礼注疏》（十三经注疏繁体标点本）卷一三，第398、399页。
② 《春秋公羊传注疏》（十三经注疏繁体标点本）卷三，第59页。
③ 〔宋〕李昉等编：《太平御览》（《日本宫内厅书陵部藏宋元版汉籍选刊》影印本）卷五二八《礼仪部七》，上海：上海古籍出版社，2013年，第57页。

《五经异义》引师说而泯灭姓氏出处,有许慎自身的原因,如《礼记·王制》孔疏引《异义》"《左氏》说:山林之地,九夫为度"云云,与襄二十五年《左传》孔疏引贾逵注说赋税差品同,可知许慎所引《左氏》说即贾逵说;也有后书转引省并的缘故,如《周礼·大宗伯》贾疏引《异义》"古《尚书》说:六宗,天地神之尊者"云云,在《礼记·祭法》孔疏中则多出了"贾逵等云"四字,可见贾疏在转引《异义》时对原文进行了删节,将经师之名隐去了。

既然《五经异义》在引用古《毛诗》说时存在传、说并存的现象,那么其超出今本《毛诗故训传》传文之外的师说部分,就不能作为今本《毛传》的佚文看待,而且这些师说大多以经、传为本,说不破传,正可以从侧面证明,郑玄笺《诗》前后《毛传》的文本内容没有发生大的变动,而是保持了一定的稳定性。

四、《五经异义》所引古《毛诗》说之经学史意义

《毛诗》自起于河间以来,一直在民间流传,直到王莽执政,平帝即位,才得以立于学官,然而却旋立旋废。东汉章帝建初八年,诏选高才生受学《左氏》《穀梁春秋》《古文尚书》《毛诗》,以扶微学,广异义,其后安帝延光二年(123)、灵帝光和三年(180),也都有过因为精通《毛诗》而被擢任的事件。可见,虽然《毛诗》之学最终也没能进入官学系统,但它的影响还是确确实实地扩大开来了,从偏居一隅扩展到了中央学术圈,学员人数不断增加。在这一过程中,《毛诗》与其他经典的互动变得更加密切,也反过来为《毛诗》自身的发展注入了活力。《五经异义》所引《毛诗》说,正可以作为这一时期《毛诗》传习实践的一个缩影,从中可以看到汉代经师在阐释一部经典时的具体操作方法。

经、传本身的文字有限,《诗经》仅三百余篇,《毛传》也不足三万字,相对地,从中生发出来的经学问题,却是日积月累、生生不息的。有限的文本如何解决无限的问题,是每一位经学家都不得不面对的挑战,要应对这一挑战,不仅需要对本经的经、传进行深入的阅读和思考,也离不开与他经的对读和互证。从前文所举的几个有限的例子其实已经可以看出,《毛传》对《诗经》的解释并非空穴来风,而是有着深刻的经文和他书根据。如"鸾和所在"条,《毛传》以为"在镳曰鸾",正是本于《秦风·驷驖》"辀车鸾镳",又将之与《小雅·信南山》"执其鸾刀"之"鸾刀"进行结构比附而得出的结论;再如"盟牲所用"条,则是基于隐公十一年《左传》所记载的史实而加以概括归纳的结果。

汉代经师对《毛诗》的研习,就继承了《毛传》的这一解经思路,所不同的是,《毛传》对《诗经》的阐释以经文为基础,而师说的发挥则更要在以经文为本的同时依循传文已有的观点,说不破传。以"驺虞"条为例,师说"食自死之肉",对传文"不食生物"进行补充说明,而"《周南》终《麟趾》,《召南》终《驺虞》,

俱称嗟叹之",则又从《诗经》的各篇次序上为传文"驺虞为兽"这一判断确定了依据。

《毛传》如果已有解释,自然要依循传文,若遇到《毛传》未明言的问题,第一解决方案自然是对经文的精读和归纳,"天子驾数"条正是这一思路的典型例证,通过对诗中四马之车乘车对象的排比,来确定"天子至大夫同驾四"的标准,而士驾车之制却于《诗经》经文找不到对应。在这种经文缺乏明确佐证之时,就需要参考其他文献,《周礼》《仪礼》和《礼记》三书,正是其中最重要的对读资料,《士昏礼》云"乘墨车,从车二乘",墨车是四匹马拉的漆车,大夫所乘,士昏礼用之,乃是"摄盛",由此可见士平日所乘之车应低于墨车,又据《士丧礼》"公赗玄纁束,马两"可知,"士驾二"也。又如"龙旂承祀"条,由"龙旂"一词入手,将此次祭祀与《明堂位》《郊特牲》所记对应起来,从而判断其为郊天之祀。

这种"文献互证"的做法,由于有着明确的文本依据,增强了论证的说服力,是进行经学解释的有效方法。《毛诗》经师以此法释《诗》的实践,上承《毛传》,下启郑笺,是《诗经》学史中不可或缺的一环,而他们对礼学文献的偏爱,既与经师自身的学术背景和知识积累密切相关,也是诗、礼之学内部贯通性的自然要求,这对于我们今天研读《诗经》和理解《毛传》,仍然具有启发意义。

综上所述,许慎在《五经异义》中标明出于"古《毛诗》说"的内容,既有《毛诗故训传》的直接引文,也有《毛诗》后学的发挥之说,因此,它们与今本《毛传》的不同之处,并不能作为郑玄笺《诗》之前的《毛传》异文看待。这些借助《五经异义》而保留下来的古《毛诗》说,是继承和发展《毛诗故训传》的生动例证,其价值不仅在于回答了特定的经学问题,更在于展示了汉代经师在传承一家学说时的具体实践,为当代经学传承提供了学习反思的空间和思路。

吐鲁番《尔雅注》写本残卷考论*

瞿林江**

【内容提要】 吐鲁番交河故城、高昌故城出土的郭璞《尔雅注》写本残卷，现存德国国家图书馆，由 U.560r、Ch/U.6779r、Ch/U.7111、U.564a-c 四种残卷组成，且分属三人或同一人三个时段书写，但由于为同一卷轴，且内容相对集中、连贯，故不得不视为同一文本系统的抄录本。且从书法风格、避讳字以及《音释》推断，其最早当为中唐时期的写本。今将之与阮刻本《尔雅注疏》中的经注部分对校后，发现此写本不仅使用了一些当时的俗字、异体字，还保存了大量《经典释文·尔雅音义》《玉篇》等书中所列之异文，多为汉代以来通行的今文文字，这和清代严元照、臧庸等人推断《尔雅》为今文经学的观点是一致的，且提供了直接的文本依据。同时，此写本还可以校正阮本的许多讹误，其中多有此写本独有而他本所无者。如其他写本一样，此本亦难免有所讹脱，只是脱文较为显著，而书写者笔误相对较少。

【关键词】 吐鲁番 尔雅 郭璞 写本

新疆天山脚下的吐鲁番盆地位于河西走廊西端，最早为姑（车）师人的故乡，自汉武帝西征以来，就不断有汉人军事移民进入。魏晋以降，中原板荡，更掀起了汉人避乱西域的高潮。人口的流动，必然带来文化的碰撞，汉民族的文化典籍就是在此时得以传入该地区，并流传开来。可以说，在整个南北朝，乃至隋唐时期，吐鲁番地区都是华夏文明继承与发扬的重要区域。元明以后，随着全国疆域版图的扩展，以及政治、经济中心的东迁，吐鲁番地区连同整个西部均沦为内陆边陲，人烟稀少，经济萧条，文化活动也渐趋寝息，而佛洞、故城、墓葬中的古代汉文文献，作为研究华夏文明不可缺少的重要材料，却被保存了下来。清末民初，随着大量外国探险队的到来，这些幸存的古代写本陆续被发掘出来，并分藏于世界各地。本文即以交河、高昌故城出土，现藏德国国家图

---

* 本文是 2017 年国家社科基金后期资助项目"《尔雅注疏》汇校"（项目号：17FZW002）阶段性成果。

** 本文作者为陕西师范大学文学院副教授。

书馆的郭璞《尔雅注》写本残卷为对象,论述其流传始末及文献学价值,以就正于方家。

一、写本流传始末与版本特征

20世纪初,由格伦威德尔(Albert Grünwedel,1856—1935)和勒寇克(Albert von Le Coq,1860—1930)率队组成的德国"普鲁士皇家吐鲁番考察队"前后四次前往吐鲁番考察,搜集整理文物、文献,其中第二次,即1904至1905年间,在吐鲁番交河故城遗址编号"19,Nr.7"中发掘出《尔雅》残本(后来编号为U.560r),编号"14f"中发掘出郭璞《尔雅注》残卷(后来编号为Ch/U.6779r),编号"14"中发掘出郭璞《尔雅注》残卷(后来编号为Ch/U.7111),在高昌故城遗址编号"85"中发掘出郭璞《尔雅注》残卷(后来编号为U.564a-c)。

交河故城位于今吐鲁番市以西十三公里的一座岛形台地上,因河水分流绕城下,故称"交河",最早是西域三十六国之一"车师前国"的都城;而高昌故城位于今吐鲁番市东面约四十公里的乡镇附近,最早为西汉王朝所建。史载,北凉沮渠安周八年(450),交河城被攻破,"车师前国"灭亡,吐鲁番盆地的政治、经济、文化的中心遂由交河城完全转移到高昌城。其后,高昌国相继称王,社会相对稳定。唐贞观十四年(640),大将侯君集灭高昌国,设西州,治所在高昌城,下辖五县中即有交河,吐鲁番地区的经济、文化也因此达到鼎盛。九世纪后,由于连年战火,高昌城逐渐衰落,元末时彻底废弃。

此四种残卷运回德国后,被分别编号,第二次世界大战后入藏东德科学院历史与考古中央研究所,又被重新编号。两德统一后,归德国国家图书馆东方部所有。由于它们均书写在纸张的背面,而正面均为回鹘语医学文献(因此被编入回鹘文献中),且磨损严重,残缺不全,故一直鲜为人知。1996年,荣新江老师入德访学,方陆续发现这些残卷,传入国内。[①] 2017年,王启涛老师据荣老师著录与国际敦煌项目(IDP)所收图版录文并校注,[②]惠及学林。然时至今日,仍有许多问题需要进一步深入探讨与研究。

---

① 荣新江《柏林通讯》,《学术集林》第十卷,上海:上海远东出版社,1997年;《德国"吐鲁番收集品"中的汉文典籍与文书》,《华学》第三辑,北京:紫禁城出版社,1998年;《吐鲁番文书总目》(欧美收藏卷),武汉:武汉大学出版社,2007年,第521页。

② 王启涛《吐鲁番文献合集·儒家经典卷》,成都:巴蜀书社,2017年,第606—639页。

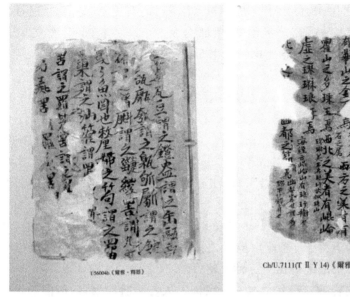
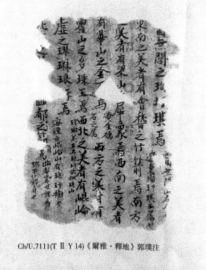

图 1 吐鲁番地区交河故城出土的郭璞《尔雅》写本残本,现藏德国国家图书馆

U.560r(TⅡY19,Nr.7),即 U.56001b－13b,册子本,共计 13 叶,每叶 22cm×15.5cm,6 至 8 行不等,共 84 行,每行 12 字左右。若按编号末三位调整为 04b、03b、07b、10b、09b、06b、05b、01b、13b、02b、12b、11b、08b,则内容相对连贯,上起《释器》"竹豆谓之笾"之"之笾"二字,下讫《释天》"月阳"二字。从书法、纸质等因素判断,应该是同一写本分裂的结果。以《尔雅》经文为主,间有四条郭注(见 08b),可见其所据之底本为郭璞注本,只是在抄写的过程中略去了大部分的郭注而已,这和唐石经《尔雅》只刻经文却题"郭璞注"的做法是一致的。荣新江老师名之为"汉语《尔雅·释器至释天》(郭璞注)"是比较准确的,而王启涛老师只题"《尔雅·释器》""《尔雅·释器～释乐》""《尔雅·释天》"等,而不言及"郭璞注",略显欠妥。

该册子本《尔雅注》书法匀称,以行楷为主,自成一体,"祑""襟""祋""衿"等部首从衤,而"祥""祀"等部首从礻,"埙"之"口"写作"厶","穀"少左中之短横,诸如此等,表现出一定的随意性,均为古写本中常见之书写形式。避讳字有"簴"(缺末笔,① 见 U.56013b 第 6 行,盖避唐太祖李虎讳)与"渊"(转写作"㲾",见 U.56008b 第 1 行,盖避唐高祖李渊讳)。又该册子本中有两条《音释》(见 13b),即"片同""劝同"与今所见之《尔雅音释》"辨片""蠢眷"形式相同,故其书写年代亦不会早于《经典释文》的成书年代。

---

① 唐石经此字虽误作"笾",但与他处"虎"或含"虎"部件一样亦缺末笔。王启涛释读误缺末两笔"几"(《吐鲁番文献合集·儒家经典卷》,第 617 页),且未指出为避讳字。

Ch/U.6779r(TⅡY14f)，21.7cm×16cm，8行，内容上起《释天》"正月为陬"，下讫《释天》"扶摇谓"。虽然郭注部分文字显著增多，但经文紧接U.56008b，且书法笔迹相同，当为同一人书写。避讳字有"纯"(缺末笔，见第4行郭注，盖避唐宪宗李纯讳)。

U.564a-c(TⅡD85)分成三段，内容在 Ch/U.6779r 之后。其中 a：9.2cm×15.7cm，7行，内容上起《释天》末"错革鸟曰旟"郭注"此谓"二字，下讫《释地》"鲁有大"；b：9.5cm×15.5cm，7行，内容紧接a，上起《释地》"陓，宋有孟诸"，下讫《释地》"八陵"；c：14cm×15.2cm，6行，内容上起《释地》"山之文皮焉"，下起《释地》"西方有比肩兽焉"。郭注亦相对完整，但书法笔迹不如前两种工整，当为另一初学书者书写。

Ch/U.7111(TⅡY14)，21.1cm×15cm，6行，内容紧贴 U.564c 之上，起自《释地》"医无闾"，下终于《释地》"幽都之筋角焉"郭注"谓多野牛筋角也"。郭注亦相对完整，但书法笔迹比前三种工整，显然又别为一人书写。

总而言之，此四种残卷虽然分属三人或同一人三个时段书写，但由于卷轴同一，且内容相对集中、连贯，故我们不得不将其视为同一文本的抄录本。且从书法风格、避讳字以及《音释》推断，其最早当为中唐时期的写本。

二、写本的版本价值

为了进一步探讨此残卷的版本价值，今将之与阮刻本《尔雅注疏》中的经注部分对校，可以发现此写本保存了大量《经典释文·尔雅音义》或《玉篇》等书中所列之异文，今列表如下：

编号	行	写本	阮本	校记
04b	一	鐙	登	《释文》："登，本又作鐙。"①
04b	二	甗	康	《释文》："康，孙、郭如字，《字书》《埤苍》作甗，音同。"
04b	二	锭	定	《释文》："定，多佞反，或作锭，郭云锄属，李云锄别名。"
04b	四	釐	嫠	《释文》："嫠，字亦作釐，杜注《左传》云'寡妇为嫠'。"

---

① 黄焯《经典释文汇校》，北京：中华书局，2006年，第872页。又阮校云："《公食大夫礼》注：'瓦豆谓之鐙。'《公羊传》桓四年'一曰干豆'何注：'豆，祭器名，状如鐙。'《礼记·祭统》'夫人荐豆执校，执鐙'注：'鐙，豆下跗也。'然则鐙本豆跗之名，因通名瓦豆为鐙矣。又《说文》'鐙，锭也，从金登声'徐铉曰：'今俗别作灯，非是。'合之郭注云'即膏登'，知汉以来《尔雅》字皆作'鐙'。《诗·生民》'于豆于登'毛传：'瓦曰登，荐大羹。'盖古文作'登'，今文作'鐙'。郭云'膏登'，字必当从金，膏鐙即油灯，此说非。"（〔清〕阮元校刻《十三经注疏·尔雅注疏》，北京：中华书局，1980年，第2603页中栏）

续表

编号	行	写本	阮本	校记
04b	六	菟	兔	《释文》："兔，又作菟，同土故反。"
03b	三	牒	業	《释文》："牒，音業，本或作業。"①
07b	三	幞	襆	《玉篇》："幞，裳削幅也，亦作襆。"单疏本作"幞"。
10b	一	糷	糷	《玉篇》："糷，饭相着，亦作糷。"
09b	一	穅	康	《释文》："康，《说文》作穅，或省禾。"《玉篇》"穅，俗穅字"。
06b	四	版	钣	《释文》："钣，音版，本亦作版。"
05b	二	筚	毕	《释文》："毕，如字，李本作筚，同。"
01b	一	瑄	宣	《释文》："宣，如字，本或作瑄，音同。"②
01b	三	壹	一	《礼记·文王世子》释文："壹，本亦作一。"
13b	七	鍾	鐘	《释文》："鍾，《说文》作'鐘'，云'乐器也'，《字林》同。以此'鍾'为酒器，今经典通为乐器。"
02b	五	脩	修	《释文》："修，如字，本作脩。"③
02b	五	蹇	謇	《释文》："謇，本或作謇，或作蹇字，非。"④
11b	二	太	大	"大""太"古今字。⑤
11b	三	彊	强	《释文》："强，本或作彊，字音同。"
08b	五	脩	修	《释文》："修，本亦作脩。"单疏本"三月得丙则曰脩痾"。
79r	四	于	於	两字通用，然"于"为古文，"於"为今文。

---

① 黄焯云："《说文》无'牒'字，《诗·大雅·灵台》、《周颂·有瞽》正义、《广韵》三十三'業'并引作'業'。"（《经典释文汇校》，第873页）

② 阮校云："《经义杂记》曰：'《汉书·郊祀志》"有司奉瑄玉"孟康注用《尔雅》字作"瑄"，《艺文类聚》引此作"瑄"。《说文·玉部》云"珣，医无闾之珣玗琪，《周书》所谓夷玉也。从玉旬声，一曰玉器，读若宣"，知《尔雅》"宣"当作"珣"。今作"宣"，是借用同声字，本或"宣"旁加玉，误甚。'按注引《汉书》'瑄玉'以证经之宣璧，是经作'宣'，注作'瑄'也。《释文》云：'宣，本或作瑄。'是有援注以改经者。"（《十三经注疏·尔雅注疏》，第2605页中栏）

③ 阮校云："按《华严经音义》卷上云：'《广雅》"修，长也，本作脩"者，谓干脯。'又卷下云：'《玉篇》修饰、修长，字皆从彡。'今本《玉篇》《广雅》皆不然，此为修长，义当从彡。《释文》、唐石经皆作'修'，系正字之仅存者。"（《十三经注疏·尔雅注疏》，第2606页中栏）

④ 黄焯云："《说文》无'謇'，'謇'即'蹇'之变，陆以作'蹇'非，恐未然也，《北堂书钞》一百八、《初学记》'乐'下引作'謇'。"（《经典释文汇校》，第878页）

⑤ 今宋元刊本均作"太"，源于唐石经，然阮校云："唐石经'太'字一点，后人增添。《释文》：'大岁，音泰，下放此。'"（《十三经注疏·尔雅注疏》，第2611页下栏）

续表

编号	行	写本	阮本	校记
79r	六	飙	凯	《释文》:"飙,又作凯。"①
64a	二	旗	旂	《释文》:"旂,本又作旗。"

从中可见,除个别外,今本《尔雅》多改从古文,而此写本则多从今文。

现代学者一般认为:《尔雅》的成书年代当在战国末年,后世特别是西汉儒者有所增补。② 这就意味着在西汉今文经学大兴的时代里,《尔雅》亦是今文经学主导下的产物。清代严元照曾说:

> 《尔雅》与《说文》不尽合,《说文·系部》以"赓"为古"续"字,《尔雅》则云"赓,续也";"嵩"字,《说文》所无,据韦氏《国语注》知古通用"崇"字,而《尔雅》则云"嵩,崇高也",故曰:《说文》,古文家学;《尔雅》,今文家学。③

臧庸亦曾就《尔雅》今古文问题与段玉裁论辩道:

> 尊校《尔雅》以《释训》"'徒御不惊',辇者也"为当作"'徒御不警',徒,辇者也",以《黍苗》正义为据。铺堂以作"徒御不警"者为《毛诗》,作"徒御不惊"者为《三家诗》。今《毛诗·车攻》作"惊",而《七经孟子考文》载古本经传皆作"警",又《正义》释经曰"徒行挽辇者,与车上御马者,岂不警戒乎?言以相警戒也",此尤足为本作不"警"之证,自唐石经以下作"惊"者,讹也。《尔雅》今文,本《三家诗》当作"不惊",自唐石经及宋、元本皆作"惊",《车攻》《黍苗》正义引《释训》文,莫不尽然,知《尔雅》无有作"警"者矣。④

而在臧庸为阮元撰写的《尔雅注疏校勘记》中,更是多次提及《尔雅》及郭璞注《尔雅》多从今文之观点。只是现存《尔雅》版本均以唐石经为圭臬,石经以前无从考述,唯有陆德明《经典释文》可供参考罢了。然陆氏明言"今依郭本为正",而文中所出字头多已改从古文,与唐石经相符,故卓识如段玉裁者亦误以为《尔雅》与《说文》一样为古文经学之书。今此写本的发现,无疑为严元照、

---

① 王树枏云:"《释文》释'飙'字,不言注有异同,盖经注皆作'飙'也,作'飙'者三家今文,今本则皆依《毛诗》改作'凯'。"(《尔雅郭注佚存补订》卷八,《续修四库全书》本)
② 周祖谟《尔雅校笺序》,南京:江苏古籍出版社,1984年,第1页;徐朝华《尔雅今注前言》,天津:南开大学出版社,1987年,第7页;何九盈《中国古代语言学史》,广州:广东教育出版社,2000年,第19—27页;胡奇光、方环海《尔雅译注前言》,上海:上海古籍出版社,2004年,第4页等。
③ 〔清〕钱林《文献征存录》卷九《严元照》,《续修四库全书》,第540册,第400页下栏。
④ 〔清〕臧庸《与段若膺明府论校尔雅书》,丁蔼霞《臧庸及"拜经堂文集"整理研究》,北京:中国社会科学出版社,2017年,第123页。文字、标点有所校正。

臧庸之说提供了最为直接的根据,而这也是此残本版本价值之所在。

三、写本的校勘价值

今通行之阮元刻本《尔雅注疏》经注部分所据为清顾广圻翻刻之明吴元恭本,而吴元恭本翻刻自南宋光宗刻本,其校勘价值不及宋十行本,更不如宋国子监本。宋监本又源于五代监本,至今台北故宫博物院尚存南宋孝宗时翻刻的五代监本《尔雅》,而五代监本的经文即源于唐石经。《尔雅》从汉代以来均以今文形式流传于世,至《释文》与唐石经时,则多有据古文经改动今文的现象,加上唐石经无郭注,故五代监本刊刻时据写本补足,因此后世流传的《尔雅》版本古今文杂糅,实难不误。此残本除了能证明汉唐之时社会上流传的《尔雅》版本多为今文外,从校勘上说还可根据前人校勘成果以校正阮本的一些讹误,其中多有此写本独有的校勘价值,今一并列表如下:

编号	行	写本	阮本	校记
07b	二	帗	袡	阮校:"旧本《尔雅》从巾,不从衣也。"①
13b	六	簠	簋	阮校:"按'簠'是也,从竹虗声,作'簋'非。"②
12b	六	气	时	作"气"是。③
08b	三	次也	次	有"也"字是。④
08b	三	终也	终	有"也"字是,⑤敦煌本亦有。
79r	四	云也	云	有"也"字是。
79r	五	名也	名	有"也"字是,敦煌本亦有。
79r	五	能通	详通者	敦煌本作"能详通者",谏侯:"夺一'能'字,读着就嫌不顺。"⑥

---

① 《十三经注疏·尔雅注疏》,第 2604 页中栏。周祖谟云:"原本《玉篇》'徽'下引作'徽','绤'下引作'袡',《文选·思玄赋》注引作'帗',是旧本传写各有不同。案从巾从衣,义实相通,'帗'或作'袡',犹'襜'或作'襝',阮氏但凭《说文》,未免拘泥。《诗·豳风·东山》曰'亲结其缡',毛传曰'缡,妇人之袡也',字即作'袡'。"(《尔雅校笺》,第 239、240 页)
② 《十三经注疏·尔雅注疏》,第 2606 页上栏。
③ 《吐鲁番文献合集·儒家经典卷》误释读为"时"。阮校云:"《文选·新刻漏铭》注引作'四气和为通正',按此犹上文'四气和谓之玉烛'也。《论衡·是应篇》引《尔雅》曰'四气和为景星',邢疏引《尸子》则云'四气和为通正',又《尸子》《论衡》、《文选》注、《白帖》卷一皆作'四气',与同。唐石经上作'四气',此作'四时'盖非。"(《十三经注疏·尔雅注疏》,第 2611 页中栏)
④ 王树枏云:"希麟《音义》引郭注云'取岁星行一次也',《御览》卷一七引曰'岁取岁星行一次也',今据补'也'字。"(《尔雅郭注佚存补订》卷八,《续修四库全书》本)
⑤ 王树枏云:"希麟《音义》引郭注'取四时一终也',《御览》引同,据补'也'字。"(《尔雅郭注佚存补订》卷八,《续修四库全书》本)
⑥ 谏侯《唐写本郭璞注尔雅校记》,《图书月刊》,1946 年第 5 期,第 3 页。

续表

编号	行	写本	阮本	校记
79r	五	论也	论	有"也"字是,敦煌本亦有。
79r	七	风也	风	有"也"字是,敦煌本亦有。
79r	七	曰	云	作"曰"是,①敦煌本亦作"曰"。
79r	七	□也	凉	有"也"字是。
79r	八	曰	云	作"曰"是,敦煌本亦作"曰"。
64a	一	所云	云	周祖谟:"今本脱'所'字。"②敦煌本亦作"所云"。
64a	一	载鸣	鸣	周祖谟:"今本脱'载'字。"③敦煌本作"戴鸣"。
64a	二	是也	——	作"是也"是。敦煌本作"是"。④
64a	六	海也	海	《太平御览》引作"海也"是,敦煌本亦作"海也"。
64b	六	大阜曰陵	——	各本均无此四字,唯邢疏有"陵,大阜也"四字。
64b	七	坟大防也	——	宋十行本、宋监本、巾箱本、雪窗本、吴本、蜀本等作"坟大防",敦煌本下亦有"也"字是。
111	一	属也	属	慧琳《音义》引郭云"玉属也"是,敦煌本亦有"也"字。
111	六	树也	树	有"也"是,敦煌本作"树焉"。
111	七	名也	名	有"也"是。
111	七	角也	角	有"也"是,敦煌本亦有。
64c	四	——	水中	《史记·封禅书》索隐引无。⑤
64c	四	今江	江	《史记·封禅书》索隐引有"今"是,敦煌本亦有。
64c	四	人	又	作"人"字是。⑥

---

① 周祖谟云:"郭注引《诗》《书》《左传》《公羊传》《礼记》等经书,例称'曰',不称'云'。今本或作'诗曰',或作'诗云',体例颇不一致,当为传写之失,唐本犹未紊乱。"(《尔雅校笺》,第254页)

② 《尔雅校笺》,第270页。

③ 《尔雅校笺》,第270页。

④ 王启涛说:"刊本无'是也'二字,'是也'完全是为了凑数以占满空格。"(《吐鲁番文献合集·儒家经典卷》,第624页)非也,敦煌本有"是"字,且有"是也"二字为郭注引书通例。

⑤ 郝懿行云:"'今水中所在有之'七字,当据《索隐》删去之。比目鱼今出日照,故《封禅书》谓出东海,非水中所在皆有也。"(〔清〕郝懿行撰,王其和、吴庆峰、张金霞点校:《尔雅义疏》,北京:中华书局,2017年,第616、617页)

⑥ 阮校云:"单疏本'又'字剜改,盖本作'人'字,《史记·封禅书》索隐可证。"(《十三经注疏·尔雅注疏》,第2621页上栏)

续表

编号	行	写本	阮本	校记
64c	四	鱼也	鱼	有"也"是,敦煌本亦有。①
64c	四	山海经也	——	敦煌本作"山海经云",周祖谟:"当据补。"②

所谓"敦煌本"者,即现藏法国国家图书馆之敦煌六朝写本(编号:P2661和P3735),民国时期化名"谏侯"者校勘此本后说:"卷子本可说是最近古、最无翻刻误讹的一种。……我们(除)非见到郭氏手稿本,否则就得以此为最近古最善之本,无怪王重民先生要誉之为希世之珍了。"③今以之与此残本内容重合者参之,发现二者相同处甚多,其中最引人注意的即是郭注末尾"也"字,此二本多有保留,而宋元刊本多刊落,无此二本,则郭注之原貌不得见矣。

王启涛说:"此件文书……其注为郭璞注,但与刊本郭璞注相比,互有详略。在宋邢昺疏中,反而可以看出与吐鲁番写本吻合和继承的地方。"④其实也未必。北宋初年,以唐石经为圭臬的五代监本已广为流传,而唐以来之抄写本已然式微,邢昺作疏俨然以监本为准,两者同属一个体系,说"邢疏与吐鲁番写本有相合的地方"尚属实言,而说邢疏继承吐鲁番写本则荒谬矣。

四、写本之讹脱

正如其他写本一样,此写本亦难免有所讹脱,如:

编号	行	写本	阮本	校记
04b	三	谓九	谓之九	有"之"是。
04b	五	谓罩	谓之罩	有"之"是。
04b	七	谓羉	谓之羉	有"之"是。
03b	六	砦	眦	阮校:"元本'眦'作'砦',误。"⑤

---

① 王启涛说:"刊本郭注无'也'字,所以不排除吐鲁番写本的'也'也是临时所加,是凑数的,目的是用来填充空白处。"(《吐鲁番文献合集·儒家经典卷》,第624页)恐非也,敦煌本亦有"也"字,且有末尾"也"字为郭注通例,而今本多有刊落。
② 周祖谟云:"案《山海经·西山经》云'崇吾之山有鸟焉,其状如凫,而一翼一目,相得乃飞,名曰蛮蛮',郭璞注云'比翼鸟也,色青赤,不比不能飞,《尔雅》作鹣鹣是也'。"(《尔雅校笺》,第278页)
③ 《唐写本郭璞注尔雅校记》,第6页。
④ 《吐鲁番文献合集·儒家经典卷》,第623页。
⑤ 《十三经注疏·尔雅注疏》,第2604页中栏。

续表

编号	行	写本	阮本	校记
07b	六	谓革	谓之革	有"之"是。①
07b	六	斂谓	斂谓之	有"之"是。
10b	一	谓糷	谓之糷	有"之"是。②
10b	三	斳	斳	"斳"盖笔误。
09b	一	谓醯	谓之醯	有"之"是。③
09b	三	鈛	釱	"釱"是。王启涛云:"写本'戈''弋'常常不分。"
09b	四	谓鬻	谓之鬻	有"之"是。
09b	六	谓虡	谓之虡	有"之"是。
06b	三	谓镣	谓之镣	有"之"是。
06b	四	钖	锡	"锡"非,《诗》笺"眉上曰钖,刻金饰之,今当卢也。"④
06b	四	甈	鹄	"甈"当"甑"之讹,"甑""鹄"同。
06b	六	象谓	象谓之	有"之"是。
05b	五	谓铣	谓之铣	有"之"是。
05b	六	玉谓	玉者谓	有"者"是。
01b	五	抵	柢	王启涛:"写本'木''扌'不分。"
01b	六	谓簁	谓之簁	有"之"是。⑤
02b	一	谓笭	谓之笭	有"之"是。
02b	二	产	篎	此本"篎大钥谓之"五字并脱
02b	六	攲	攲	《正字通》:"攲,攲字之讹。"《说文》:"攲,从支吾声。"
02b	六	兆鼓	鼖	作"鼖"是。
12b	二	冬夏	夏	"冬"字衍。
12b	七	穀	谷	穀,为"穀"之讹,《广韵》"穀,俗谷字"。
12b	七	为之	为	"之"字衍。
12b	七	鑯	饑	当作"饑"。
11b	一	菓	果	《金石文字辨异》:"果,作菓,亦讹体。"

① 王启涛录文误将"之"字补上。(《吐鲁番文献合集·儒家经典卷》,第612页)
② 王启涛录文误将"之"字补上。(《吐鲁番文献合集·儒家经典卷》,第613页)
③ 王启涛录文误将"之"字补上。(《吐鲁番文献合集·儒家经典卷》,第613页)
④ 王启涛录文误释读为"锡"字。(《吐鲁番文献合集·儒家经典卷》,第614页)
⑤ 王启涛录文误将"之"字补上。(《吐鲁番文献合集·儒家经典卷》,第616页)

续表

编号	行	写本	阮本	校记
11b	五	戤	黔	阮校:"'黔'误从戈,今订正。"
11b	六	岁	岁阳	有"阳"字是。
08b	一	渊	大渊	有"大"字是。
08b	三	行	星行	有"星"字是。
79r	四	是	是也	有"也"字是。
64a	一	令剌	合剥	郝懿行:"'合'字未安,汪氏中校定本据《隋书·礼仪五》作'全'字是矣。"①
64a	三	河也	河	宋刊《释文》引郭亦无"也"字。
64a	三	南	河南	有"河"是。
64a	四	河西	西河	周祖谟:"作'河西'者,盖因正文而误。"②
64b	六	所	所在	有"在"是。
111	六	玨	玨	"玨"是。③
111	六	珠	珠也	有"也"是。
111	六	云	曰	作"曰"是。
64c	一	代山	岱	"岱"是。
64c	四	乃行	乃得行	《史记·封禅书》索隐引亦有"得",是。

可见其中又以"之"字的删落为代表的脱文最为显著,而书写者不经意的笔误则相对较少,这又从另一个角度说明此写本所据底本是比较可靠的。除此外,此写本尚有不少俗字、异体字,今录于下,供读者参考。

编号	行	写本	阮本	校记
09b	三	圂弃	圂弆	《重订直音篇》"圂,圂同上",《龙龛手鉴》"弃,或作弆"。
09b	四	柳	足	王启涛:"柳,'足'之变体字。"
13b	四	柳	柳	柳,乃"柳"之异体,见《偏类碑别字·木部》。
13b	五	皷	鼓	皷,为"鼓"之俗字,见《类篇·鼓部》。

---

① 《尔雅义疏》,第597页。
② 《尔雅校笺》,第271、272页。
③ 王启涛录文误释读为"玨"字,且误置于第五行中。(《吐鲁番文献合集·儒家经典卷》,第627页)

续表

编号	行	写本	阮本	校记
11b	二	逢	逢	《干禄字书·平声》："逢、逢，上俗下正。"
11b	六	窫	寅	"窫"为"寅"字变体，见《偏类碑别字》。①
11b	八	協	协	"協"为"协"之俗字，见《敦煌俗字谱》。
79r	三	国	國	《正字通》："国，俗國字。"
79r	七	凉	涼	"凉"为"涼"之异体，见《重订直音篇》。
64a	二	礼	禮	"礼"为"禮"之古字。
64a	三	㝛州	冀州	"㝛"见《偏类碑别字》，"州"见《汉隶字源》。

综上所述，吐鲁番出土的郭璞《尔雅注》写本残卷虽存在一些讹脱现象，但其在校勘方面的价值是不容置疑的。又因其保存了唐以前《尔雅注》以今文为主的文本形态，为我们研读、整理《尔雅》提供了鲜活的版本实物，其价值更在校勘之上。清同治间，独山莫友芝幸获唐写本《说文·木部》残卷，曾国藩题诗感叹道"插架森森多于笋，世上何曾见唐本"，如今先在敦煌地区发现六朝写本《尔雅注》，后又于吐鲁番地区发现此唐写本《尔雅注》，学人俱拥此二本，则幸运远超乾嘉以来诸学者矣！

---

① 王启涛误释读为"窗"。(《吐鲁番文献合集·儒家经典卷》，第 619 页)

孙承泽本、黄易本《汉石经残字》题跋发覆[*]

高明峰[**]

【内容提要】 孙承泽本和黄易本《汉石经残字》，属清代流行的两种宋拓本，今入藏故宫博物院，其价值尚有未发之覆。孙承泽本《汉石经残字》先后有孙承泽、朱彝尊、林佶、张燕昌、翁方纲、王念孙、王引之、孙星衍等人题跋或题诗；黄易本先后有黄易、翁方纲、赵之谦、万航等人题跋或题诗。这些题跋清晰反映了拓本的递藏源流，使其真实性得到有力佐证；这些题跋对石经文本作了考释，包括石经的来源与经文的文字，后者涉及文字异同的比对，文字含义的训释，文字书体的考察，文字摹刻的记录等，有助于读者深入认识拓本之价值；这些题跋中有多篇未收入各家著述或相关典籍，有的虽已收入，但文字颇有删节、改动，具有辑补佚文遗篇的文献价值。

【关键词】 孙承泽　黄易　《汉石经残字》　题跋　价值

汉石经即熹平石经，又称一字石经、一体石经，系东汉末年蔡邕等奉诏为正定经文，以隶书一体写成，自汉灵帝熹平四年(175)始，至光和六年(183)刊成，刻石立于洛阳太学，不久即毁于战乱。宋代以来陆续有残石出土，洪适、石邦哲等据以重刻，拓本亦不绝如缕。孙承泽本和黄易本，及阮元文选楼本《汉石经残字》，并属清代流行的三种宋拓本。除文选楼本民国年间由上海有正书局影印行世，稍有流传外，孙承泽本和黄易本皆入藏故宫博物院，世人难得一见，故而影响甚微。2010年，《紫禁城》杂志发表了秦明《黄易的访碑图与碑刻鉴藏——熹平石经残石》，对黄易本的来历作了介绍，并披露了题跋图片。伴随着公私馆藏数字化和公开化的潮流，世人也能在故宫博物院的官网上浏览孙承泽本的相关图片。但这些只是初步揭开其神秘面纱，其内容与价值仍有未发之覆。本文对此二本题跋加以考释，着重揭示其独有的学术价值，以就正于方家。

---

[*] 本文为国家社科基金后期资助项目"江藩集笺注"(项目号：18FZW032)、教育部重大课题攻关项目"扬州学派文献整理与研究"(项目号：14JZD035)阶段性成果。

[**] 本文作者为辽宁师范大学古籍整理研究所副教授。

纵观孙承泽本、黄易本《汉石经残字》题跋，①其价值主要有三个方面：一是表明递藏源流，二是考释石经文本，三是辑补遗文佚篇。

一

孙承泽本《汉石经残字》先后有孙承泽、朱彝尊、林佶、张燕昌、翁方纲、王念孙、王引之、孙星衍等人题跋或题诗。据此，可考知是本由孙承泽藏，朱彝尊、林佶、张燕昌等人题跋其上，并经王鸿绪转归孙星衍，翁方纲、王念孙、王引之、孙星衍等人复题跋或题诗其上。

孙承泽（1593—1676），字耳北，号北海，又号退谷，顺天府上林苑（今北京大兴）人。入清任兵部侍郎。富收藏，精书画鉴别，著有《研山斋集》《庚子消夏记》等。其跋文云：

> 蔡邕鸿都石经②立于熹平四年，当时观者车马填隘。未三年兵火乱离，已失其半。后迁于邺，迁于洛，复迁于长安，遂致荡然。至唐开元时，仅存墨本耳。宋初开地唐御史府，得石经十余石。又嘉祐中居民治地，得碎石，洗视乃石经。此本盖彼时所拓也。虽所存无几，然先正典刑具在，已是鲁灵光矣。戊戌八月六日辰刻研山斋手记。（钤"孙承泽记录""研山斋"阳文方印）

据此可知，顺治十五年戊戌（1658）八月六日，此本由孙承泽收藏。后有朱彝尊、林佶、张燕昌题跋其上。据跋文落款，可知朱跋作于康熙二十四年乙丑（1685）十一月，张跋作于乾隆四十三年戊戌（1778）。

其后，此本归王鸿绪所有。按王鸿绪（1645—1723），字季友，号俨斋，又号横云山人，华亭人。精鉴赏，富收藏，官工部、户部尚书，有《横云山人集》等。至嘉庆十一年丙寅（1806），此本又转归孙星衍。按孙星衍（1753—1818），字渊如，号伯渊，阳湖（今江苏武进）人，有《尚书今古文注疏》《寰宇访碑录》等。关于这一递藏过程，星衍跋文言之甚详：

> 家退谷所藏砚山斋熹平石经拓本，《尚书·盘庚》篇六行，《论语·为政》篇十二行，后有朱竹垞、林吉人题跋。顾氏蔼吉并见之，取残字入《隶释》。顾亭林、何义门皆见之。后为华亭王鸿绪所得，即是此本。嘉庆丙寅年，余得于历下……

---

① 孙承泽、黄易本《汉石经残字》均入藏故宫博物院，以下所引二本题跋，除特别说明外，均据此。

② 据考，自唐代以来，就有人将熹平石经误称作鸿都石经。事实上，熹平石经始刻于熹平四年（175），而鸿都门学之设立，则在光和元年（178），且专习辞赋书画。

在嘉庆丙寅年星衍得到此拓本之后,翁方纲、王念孙、王引之等纷纷题跋或题诗其上。

可以稍作补充的是,王鸿绪离世后,此本由其后人收藏,乾隆年间归曾孙王显曾。黄易《汉石经残字跋》云:"孙氏砚山斋所藏止《尚书》《论语》一百字,何焯以为越州石氏重摹本,向归华亭王司农,今在给谏显曾处。"翁方纲跋黄易本《汉石经残字》亦云:"吾乡孙退谷研山斋所藏《汉石经残字》,今在松江王周谟侍御处。"按王显曾,字周谟,华亭人。乾隆二十五年(1760)进士,由翰林累擢给事中。

至于此本之后的去向,叶昌炽《语石》指出:"今海内存残字两本,一为北平研山斋孙氏藏本,一为钱梅溪所得双钩本,同治初,两本皆归川沙沈韵初孝廉,今其家售于湖北万观察航。"①即在同治初年,此本转归沈树镛(字韵初),又归万航。其后,略如张彦生先生所言,此本与黄易本"同归端方,又归衡永。近黄本由衡氏家归北京文物商店送故宫收藏,孙氏拓本佚"。② 今是本封面题"宋拓汉石经 孙退谷本 寸园酒仙氏藏",寸园酒仙氏即指完颜衡永(号寸园主人、酒仙氏)。然此本并非已佚,今仍存于故宫博物院。

再看黄易本《汉石经残字》。按黄易(1744—1802),字大易,号小松、秋盦,又号秋影庵主、散花滩人,浙江钱塘人。擅篆刻,与丁敬都并称"丁黄",为"西泠八家"之一。此本除三纸拓片外,另有《诗境轩赏碑图》(含有黄易题记,翁方纲题诗)、题签(翁方纲、黄易、赵之谦)、黄易像(含题记)、万中立像(含题记)、石经龛图(含题记)、翁方纲题字、黄易跋、翁方纲跋与题诗,翁方纲录孙承泽本朱彝尊、林佶跋语等。

黄易跋云:

> 宋洪氏《隶释》汉石经残字数千余,孙氏砚山斋所藏止《尚书》《论语》一百字……易于乾隆丁酉七月入都,董大理元镜云,向得石经三段,宋纸拓本,装为一页,夹书册中。久未寓目,易坚请弗已,始检出慨赠。纸墨浑古,非近代时所拓。……《为政》篇钤蒙古文艺印,翁阁学辨曰"通经",是此拓为元人藏本。

据此,可知此本为元人藏本,乾隆丁酉(1777)黄易从董元镜处获得。黄氏所言"慨赠"可能并非实情,翁方纲跋孙承泽本《汉石经残字》云:"乾隆丁酉秋,钱塘黄秋盦于京师购得《汉石经残字》。"王昶《金石萃编·石经残字》附王氏按语,更是言之确凿:"孙氏砚山斋本(笔者按:王昶误认,当指黄易本)后流传今

---

① 叶昌炽撰,王其祎点校:《语石》卷三,沈阳:辽宁教育出版社,1998年,第74页。
② 张彦生《善本碑帖录》,北京:中华书局,1984年,第31页。

户部郎中董君元镜所,黄君见而借之。会董方嫁女,贫甚,黄为置奁具直白金数十两,董君无以偿,遂举石经归之。董汉军正黄旗人,工分书,尝预修《西清古鉴》。先任大理寺评事,为昶属官。故道其颠末如此。"①

可以补充的是,在董元镜之前,此本曾为扬州玲珑山馆马曰璐、马曰琯兄弟所藏。江藩《汉石经残字跋》云:"熹平石经予所见者三本:一为孙退谷藏本,旧藏华亭王氏,今归孙渊如先生;一为吾郡玲珑山馆马氏藏本,后归黄氏小松;一为蔡松原所藏本,伯元文选楼珍秘即此本也。"②

此本册页中附《诗镜轩赏碑图》,上有黄易题记和翁方纲题诗。黄易题记云:"乾隆丁酉八月就选入都,董户部石芝云,曩得汉熹平石经《尚书》《论语》残字三段,装为一页,置书册间,久寻不得,余屡求弗已,石芝检出见赠。携至翁学士覃溪先生诗境轩,与三五同志快观,莫不羡神物之难遘也。"诚可谓一时盛事。

此本另有翁方纲多篇题跋及题诗,写作时间在乾隆丁酉或乙巳(1785)年。另有翁方纲、黄易、赵之谦三人题签及识记,据赵之谦(字㧑叔)识记所云:"此本乃浙中黄氏小蓬莱阁旧藏。同治癸亥均初同年得于都下,甲子元日示其于会稽赵之谦并属题签。"可知此本于同治二年癸亥(1863)归沈树镛(字均初)所有。再据此册页中万航(字中立)《黄易像题记》云:

乾隆四十二年丁酉,黄秋盦先生三十六岁得汉石经遗字时小像。后二百三十载,光绪廿有三年丁酉,此册归我某岩精庐,因倩沈君重摹,以志景仰。梅岩学人万中立。(钤"万中立考藏题志"阳文方印)

则可知在光绪二十三年丁酉(1897),此本又转归万航所有。其后,此本递藏即如上引张彦生所言,"归端方,又归衡永",再由衡氏家归北京文物商店,入藏故宫博物院。

综上所述,孙承泽本、黄易本《汉石经残字》之题跋清晰展示了二本的递藏源流,使拓本的真实性、可靠性得到了有力的佐证。清末学者杨守敬曾将之与钱泳、李亨特刻本相对照,指出:

世传汉石经旧拓本,有孙退谷研山斋藏本、黄小松小蓬莱阁藏本。咸丰间(笔者按:当作"同治初"),二本皆为南汇沈树镛所得。近日汉阳万氏以三千金购之。此本旧藏蔡松原,复归阮文达,又归南湖渔者,今藏陶斋制府处。南皮张相国以孙、黄二本合刻于湖北存古学堂,复借此本刻之。按石经重刻本以金匮钱泳所得双钩本存字最多,李亨特又刻之绍兴府学。

---

① 王昶《金石萃编》卷一六,嘉庆十年刻同治十一年钱宝传等补刻本,第47页。
② 见阮元文选楼本《汉石经残字》,民国间上海有正书局影印。

然皆无前人题识,不知所本。今存古学堂本所刻,题跋俱全,固可信也。①

古学堂刻本所据之孙承泽本、黄易本及阮元文选楼本,题跋俱全,原原本本,足令后人信从。②

二

孙承泽本、黄易本《汉石经残字》皆收录汉石经残字拓页三纸,包括《尚书·盘庚》一段,《论语·尧曰》《为政》各一段。就文字而言,二本差异只在黄易本《盘庚》篇无"凶德绥绩"一行四字,其余版式、内容完全相同。二本之题跋识记,除了指明其递藏源流以外,另一突出的价值就在于对文本进行考释。考释内容主要在以下两个方面:

(一) 考论文本的来源

文本来自何处,或者说拓本依据的底本为何,这是赏鉴拓本时首先要面对的问题。据典籍记载,熹平石经刊刻后不久即毁于战火,至唐贞观初魏征收聚石经,已十不存一。北宋以来,陆续有残石出土,时人据之加以拓印或翻刻,当时据以翻刻者主要有三家:洪适刻于蓬莱阁,石邦哲刻于越州,胡元质③刻于成都。对于清代出现的孙承泽本、黄易本《汉石经残字》,人们在考察其来源时,往往追溯到宋代。

关于孙承泽本,孙氏以为是宋拓本,其跋云:"蔡邕鸿都石经立于熹平四年……宋初开地唐御史府,得石经十余石。又嘉祐中居民治地,得碎石,洗视乃石经。此本盖彼时所拓也……"孙星衍认为是越州石氏重摹本,其跋文指出:"何氏以为越州帖本,退谷别认是洛阳原石,识考互有异同。余目残拓本四新,无字处石皆刓缺,非从碎石拓得,若越州重摹本,不但不连属,残文以成帖

---

① 杨守敬《汉石经残字跋》,见阮元文选楼本《汉石经残字》。
② 笔者另撰有《文选楼本〈汉石经残字〉题跋考释》(待刊),可参阅。
③ 或以为胡宗愈刻,或以为元质与宗愈为一人,均误。按:胡宗愈(1029—1094),字完夫,北宋晋陵(今江苏常州)人。仁宗嘉祐四年(1059)进士,官给事中、吏部尚书等。曾于元祐五年(1090)任成都知府一年。胡元质(1127—1189),字长文,南宋长洲(今江苏苏州)人。绍兴十八年(1148)进士。官秘书省正字、给事中、建康知府等,颇有政绩,以正奉大夫、敷文阁学士致仕,封吴郡侯。曾于淳熙二年(1175)至七年间,任四川制置使,知成都府。著有《左氏摘奇》《成都古今丁记》等。于成都重刻汉石经者为胡元质,有其自撰《石经跋》(或作《重刻石经记》)及同时人宇文绍奕《石经跋》为证。南宋范成大《石经始末记》亦载之甚明,其云:"锦官西楼有胡元质所镌石经数板,盖公得五代时坠于一二故家,残圭裂璧亦可宝也。凡蔡中郎石经四千二百七十字有奇,及古文篆盘三体石经遗字八百一十九。"后人却因元质与宗愈皆官给事中、成都知府,且宗愈亦曾作石经堂以贮母昭裔所刻后蜀石经,遂混为一谈或张冠李戴。顾炎武《金石文字记》、顾蔼吉《隶辨》均误作胡宗愈;而朱彝尊《经义考》著录《胡氏重刻汉石经》,引录元质《记》、宇文绍奕《跋》,诚确凿可据。

幅。事隔久远,既无实证,难以定之……"此二家之说,皆以为此本出自宋拓,区别在于所据底本为洛阳原石抑或越州刻石。翁方纲则以为越州重摹本即是洪氏之本,其跋黄易本《汉石经残字》指出:

> 何义门云孙退谷所藏汉石经是越州石氏摹本,愚案《隶续》云:"稽山石邦哲熙明聚碑颇富,今亡矣,假之其子祖礼,故能成书于越。"又案越州石氏刻帖之目见于《宝刻丛编》,汉石经在焉。其摹刻岁月虽不可考,大约与洪氏蓬莱之刻其时当不相远。又适在越州,则恐即是洪氏之本耳。乙巳腊月摹此以示秋盦鉴之,因识。北平翁方纲。(钤"翁方纲""覃溪"阴文方印)

将黄易本与孙承泽本相比,"经文较孙氏本悉合,唯《盘庚》一段右边裁损,少'凶德绥绩'四字耳"(黄易《汉石经残字跋》),正如翁方纲跋黄易本《汉石经残字》所指出的,"要之孙氏(指孙承泽)所得即此拓本之字,则灼然无疑者也"。故而对黄易本文本来源,人们也存在与孙承泽本相近的看法。黄易跋文则认为"纸墨浑古,非近代时所拓""或以为熹平原石,或以为宋人重摹。案:重刻石经诸家有越州石氏本、成都胡氏本、洪氏蓬莱阁本、靖江王府本。此不知是何本,然世传止此,即同祖石观矣"。

综上所述,孙承泽本与黄易本经文悉合,当源出一家。黄易本又经元人所藏,结合汉石经流传情况,可断为宋人拓本。至于所据为熹平原石抑或宋人刻石,则缺乏确凿证据,难以断定。相对而言,黄易所言"世传止此,即同祖石观"之说,较为通达。张彦生先生"见黄易本,用新出汉石经拓本比较,与汉原石拓本石理石花刻法均合,为汉原石所拓无疑"。① 可证清人从文本入手,结合史实推定出自熹平原石或宋人重摹,持论可谓审慎严谨。

(二) 考释经文的文字

石经文字的考释,包括与传世纸本经籍文字的异同、文字的含义、文字的书体、文字的摹刻等等。

熹平石经之刊刻,本有校定经文的意义,《后汉书·蔡邕传》载:"邕以经籍去圣久远……奏求正定六经文字。灵帝许之,邕乃自书丹于碑,使工镌刻立于太学门外。于是后儒晚学咸取正焉。及碑始立,其观视及摹写者,车乘日千余两,填塞街陌。"故而《汉石经残字》与传世纸本经籍的文字异同,成为人们关注的焦点。与通行经籍相比较,《尚书·盘庚》"不其或稽",石经作"不其或迪";《论语·为政》"人焉廋哉",石经无"哉"字,"孝乎惟孝",石经作"孝于惟孝"。

---

① 张彦生《善本碑帖录》,第31页。

孙承泽、黄易本《汉石经残字》题跋对此文字差异，均有说明。如关于"孝乎惟孝"，朱彝尊题跋言之甚详：

　　《论语》引《书》云："孝乎惟孝。"包咸注曰："孝乎惟孝，美大孝之辞。"《古文尚书》脱"孝乎"字，以"惟孝"二字属下读，而"施于"作"克施"。说经者每以滋疑。今观鸿都石本"乎"乃作"于"。然则"孝于惟孝""友于兄弟""施于有政"，三句句法正相同也。康熙二十四年畅月重观，是日大雪。秀水朱彝尊书。（钤"秀水朱彝尊锡鬯"阳文方印）

　　该跋比较拓本与纸质经籍，指出文字异同，并对"孝于惟孝"的句法作了说明，可谓信而有征。他如翁方纲在跋黄易本《汉石经残字》中亦指出："今见此本，乃为释然，毋论孝于之'于'及廒下无'哉'字，与洪、董合也。"翁方纲在跋孙承泽本《汉石经残字》中，还结合钱泳发现的双钩本《汉石经残字》及洪适《隶释》，指出有关的文字差异：

　　其后九年，钱君又得《论语·学而篇》卅八字，"意予之与"，"抑"作"意"，正与洪氏《隶释》合。此段尤为古雅。叩诸钱君其所从来，则在敝簏故纸中，有徐树丕印。徐字武子，明末长洲人，工分隶，其必从汉识原石摹得者耶？此《学而篇》卅八字，钱君手勒于片石。前数年黄秋盦借此石于济宁友廨拓之。今或已仍归于钱君斋矣。

　　洪氏《隶释》云《公羊》《论语》后有堂溪典马日碑姓名。又云《论语》碑有左立二人姓名。又云左立诸人亦必同时挥毫者。今余所见残本，《论语》碑末有"博士臣左立"，其下仅微露"郎"字耳。

　　由于熹平石经反映的是东汉经籍的面貌，故具有极高的文字勘正价值，正如孙星衍在孙承泽本《汉石经残字》题诗中所云：

　　奔藏佳拓证经本，此刻后得如珠联。般庚今文鲁论句，针砭俗学讹相沿。

　　不其或迪孝惟孝，片语可抵经文全。洛阳碑石傥复出，鲁王壁简应重诠。

　　与比较文字异同相关联的，是对文字进行考释。尤其是"孝于惟孝"的考释，成为讨论的热点，除了上引朱彝尊外，王念孙、翁方纲等均有论述。翁方纲跋孙承泽本《汉石经残字》指出：

　　经字与今板本异者，虽前人有论及者，愚皆未敢深论。惟"孝于惟孝"，前有竹垞跋，后有石臞跋。窃思唐人以前皆未尝以"惟孝"属下读也，阎石诗援"礼乎礼，醇乎醇"句，是其类已。然此石经残字内即有"肆乎其肆"语，正足相证，奚烦他述乎？十一日翁方纲又书。（钤"覃溪"阳文方印）

尤其是王念孙的考释，旁征博引，洋洋洒洒，令人叹服。此篇《跋孙承泽本汉石经残字》未见于王氏著述，故不惮辞费，引述如下：

渊如观察得孙氏退谷研山斋所藏汉石经残字《尚书·盘庚》篇凡六行，《论语·为政》《尧曰》二篇凡十二行，其《盘庚》篇比之翁阁学摹刻本多一行，乃"凶德绥绩"四字。"绥"字左畔残缺，"绩"字则只存右畔，此即何氏屺瞻所云越州石氏摹本，洵人间至宝也。

其《尚书》《论语》字与今异者，诸家论之已详，惟说"孝于惟孝"句，尚有未安，且皇侃《义疏》已失其指。案《释文》云"孝于，如字，一本作孝乎"，皇侃《疏》及山井鼎《论语考文》所载古本、足利本皆作"孝于"，足与石经相证矣。但训"于"为"於"，而与"友于兄弟"一例解之，则不可。皇《疏》云："于，於也。惟孝谓惟令尽於孝也。"又云："友于兄弟，是善於兄弟。则孝于惟孝，是善於父母也。父母既云孝于惟孝，则兄弟亦宜云友于惟友，所以互见之也。"此侃不得其解而为之辞耳。孝于父母，岂得言"孝于惟孝"乎？《释文》于读"如"字，亦与皇《疏》同误。今案于即乎字也。《吕氏春秋·审应》篇魏昭王谓田诎曰："然则先生圣于？"高注云："于，乎也。"《庄子·人间世》篇："不为社者且几有翦乎？"《释文》云："'乎'，本又作'于'。"《周穆王》篇："王乃叹曰：'於于！'"《释文》云："'于'，又作'乎'。"是"乎"与"于"古同声而通用。《北魏中书令郑义碑》"其细已甚矣而能久于"，"于"即"乎"字。是北魏时"乎"字尚通作"于"。"于"与"乎"通，故一本作"乎"。晋夏侯湛《昆弟诰》、潘岳《闲居赋序》并云"孝乎惟孝"，与一本同也。"孝乎惟孝"者，重美之辞，犹《孝经》言圣人之德无以加于孝也。故包咸《章句》云："孝于惟孝，美孝之辞。"（《论语考文》所载古本、足利学校本如此，今本则作"孝乎惟孝，美大孝之辞"。）友于兄弟，善於兄弟也。然则两"于"字之不同义审矣。即友于兄弟，亦可训为友乎兄弟。然同训为"乎"，而"友乎兄弟"之"乎"与"孝乎惟孝"之"乎"当必有辨也。嘉庆十一年季冬之廿四日，高邮王念孙书。（钤"字怀祖号石臞"阳文方印）

王念孙对该本《汉石经残字》作了高度评价，并考辨了"孝于惟孝"句的文字与释义。今阮元校刻《十三经注疏》本《论语·为政》"孝乎惟孝"，石经作"孝于惟孝"。王念孙广征载籍，指出皇侃《论语义疏》及山井鼎《论语考文》所载古本、足利本皆作"孝于"，足与石经相证；复指摘前人训"于"为"於"，而与"友于兄弟"一例解之之谬误。王氏认为："于"即"乎"字，"于""乎"同声而通用；"孝于惟孝"（或"孝乎惟孝"）乃重美之辞，此处之"于"（或"乎"），与"友于兄弟"（或"友乎兄弟"）之"于"（或"乎"）并非同义，不可混为一谈。可谓论证博洽，足成一家之言。

此外，题跋还涉及文字的书体。时人多认为《汉石经残字》拓本足以反映蔡邕书体，如林佶跋孙承泽本指出："碑刻至东京始盛，而石经为蔡中郎书，尤为当时所贵，但未久而已坏。开元时拓本已为天府之珍，况后此数十百年者乎？不意今日得见此一百廿七字也。昔人遇虎贲之似中郎者，犹为加敬，使典型在望，其快何如耶？"朱彝尊跋孙承泽本认为汉石经虽存字无多，然兼有汉隶之方整、流丽、奇古，可"悟中郎用笔之妙"。尤其是翁方纲跋黄易本，还结合新见的汉石经残字，来讨论文字的大小，其云：

今年四月陈吉士崇本以所得汉石经残字来视，凡六十七字，《尚书》《鲁诗》《仪礼》《公羊》《论语》皆具。字径汉尺二寸外，波势亦遒。既手摹之矣，然心疑中郎石经字不应如此之大。今见此本，乃为释然。毋论"孝于"之"于"及"廙"下无"哉"字与洪、董合也。今日客或有以小字疑者，不知赵明诚已言蔡中郎小字八分矣，且若使字至二寸外，则六经文字将至数百碑，十丈之堂所不能容矣。此又不待辨而自明者也。九月一日方纲。（钤"覃溪"阳文方印）

清代出现了一些新的汉石经残字拓本，来历不明，真伪难断。翁氏以黄易本为据，结合赵明诚所论，又揆诸情理，认为石经文字不应大于二寸。

另外，题跋还涉及石经文字的摹刻。黄易购得《汉石经残字》后，翁方纲曾手摹，并嘱张燕昌刻印于斋壁；翁氏又手摹钱泳所得双钩本《汉石经残字》，并刻于南昌县学舍壁。张燕昌题记孙承泽本云："汉石经宋时已难得，今又越数百年，而犹得见此数行，宜翁学士珍如凤毛麟角矣。遂为选工重摹于石，其转折顿挫余颇订正一二也。"翁方纲跋孙承泽本述之尤详，引录于下：

乾隆丁酉秋，钱塘黄秋盦于京师购得汉石经残字《尚书·盘庚》篇五行，《论语·为政》篇八行，《尧曰》篇四行，方纲手摹之，属海盐张芑堂燕昌为勒石于斋壁，因以小蓬莱阁书扁。而秋盦先世贞父先生有小蓬莱阁之号，予亦为秋盦书此扁，洵墨缘之合矣。其后三年，始闻吾乡孙退谷所藏本今在华亭王氏，遂托友人钩摹其本以见寄，即此本。《盘庚》篇多"凶德绥绩"四字者也。后四年，又见如皋姜氏重摹退谷本。又后年从金匮钱楳溪泳摹得《尚书·洪范》篇十行，《君奭》篇二行，《诗·魏风》八行，《唐风》四行，《仪礼·大射礼》七行，《聘礼》六行，《公羊传》三行，又《论语·为政》篇八行，《微子》篇八行，《尧曰》篇四行，又《论语》篇末识语三行，因摹镌于江西南昌县学舍之壁，而钱君亦摹镌于会稽郡学。是年，黄秋盦闻钱君有会稽之刻，亦属钱君摹勒此《盘庚》《论语》三段于会稽蓬莱，重践洪景伯之旧盟。

钱君又于吴郡刘氏斋壁缩摹此诸经残字，尤称精善。以视前此予初从秋盦本属芑堂勒于吾斋壁,芑堂虽精研旬日之久,然其上石刻仍出工匠之手,不若钱君手自镌刻,是会稽蓬莱钱君重勒之本胜于吾斋远矣。渊如观察今购得君家砚山旧物,宜致书钱君索其摹于会稽之本附装于后,不当附装入小斋初刻之本耳。四月十日方纲又书。(钤"方纲"阴文方印)

翁方纲在跋文中,将先后两次摹写刻石之举娓娓道来,对摹刻于斋壁之黄易本《汉石经残字》不如钱泳所刻精善,耿耿于怀。今黄易本《汉石经残字》册页中还有翁方纲摹写"凶德绥绩"四字的底稿。于斯不难想见,作为清代金石学大家的翁方纲,其对金石有着何等的热衷与执着!值得一提的是,此跋文未见翁氏著述收录,可供辑佚。

三

孙承泽本、黄易本《汉石经残字》题跋除了表明递藏源流、考释石经文本以外,还有重要的辑补遗文佚篇的价值。

这些题跋,有的并未收入各家著述和相关典籍,如上文提及并引述的林佶、张燕昌、翁方纲、王念孙等题于孙承泽本的跋文,以及万航《黄易像题记》等,为避免重复,不再征引。有的虽收入各家著述和相关典籍,却经过了删节或改写。如朱彝尊跋文,引述如下:

汉隶凡三种,一种方整,《尹宙》《鲁峻》《武荣》《郑固》《衡方》《刘熊》《白石神君》诸碑是已;一种流丽,《韩敕》《曹全》《史晨》《乙瑛》《张表》诸碑是已;一种奇古,《夏承》《戚伯著》诸碑是已。鸿都石经存字无多,而三者兼有之,盖悟中郎用笔之妙。

《论语》引《书》云:"孝乎惟孝。"包咸注曰:"孝乎惟孝,美大孝之辞。"《古文尚书》脱"孝乎"字,以"惟孝"二字属下读,而"施于"作"克施"。说经者每以滋疑。今观鸿都石本"乎"乃作"于"。然则孝于惟孝,友于兄弟,施于有政,三句句法正相同也。康熙二十四年畅月重观,是日大雪。秀水朱彝尊书。(钤"秀水朱彝尊锡鬯"阳文方印)

此跋文收录于朱彝尊《曝书亭集》,题作《跋蔡中郎鸿都石经残字》,引述如下:

中郎石经初非三体书法,而杨衒之、刘芳、窦蒙、苏望、方匋、欧阳棐、董逌等皆误读范史《儒林传》。惟张缵谓以三体参校其文,而书丹于碑,则定为隶。其说独得之。今观宛平孙氏所藏《尚书》《论语》残字,平生积疑为之顿释。《论语》:"《书》云'孝乎惟孝'。"包咸注云:"孝乎惟孝,美大孝之辞。"今石本"乎"乃作"于",然则"孝于惟孝""友于兄弟""施于有政",句法正相同也。①

两相比照，可见帖本跋文"康熙二十四年畅月"云云，已被删去，导致难知其作年；另外，关于鸿都石经兼具汉隶三体的解说，在《跋蔡中郎鸿都石经残字》作了改写，已完全是另一副面目，倒是在另一篇《跋汉华山碑》中有些相近的表述，其云：

> 汉隶凡三种，一种方整，《鸿都石经》《尹宙》《鲁峻》《武荣》《郑固》《衡方》《刘熊》《白石神君》诸碑是已；一种流丽，《韩敕》《曹全》《史晨》《乙瑛》《张表》《张迁》《孔彪》《孔伷》诸碑是已；一种奇古，《夏承》《戚伯著》诸碑是已。惟《延熹华山碑》，正变乖合，靡所不有，兼三者之长，当为汉隶第一品……②

然此处所言《延熹华山碑》兼具三者之长，而《鸿都石经》书体方整，与上引帖本跋文所言《鸿都石经》兼具三体，也难以等同视之。

再如翁方纲跋黄易本《汉石经残字》，虽已收入翁方纲撰、何溱辑《苏斋题跋》中，然亦多有不同。两相对照，帖本跋文"今此半字，据姜所刻者，用隶书摹。其三字据吴所录者，用楷书摹。'德'字与'乃'字平，故并摹'乃''家'二字，以定其位置"一段，《苏斋题跋》收录时删去，就难以考见翁方纲在所摹黄易本《汉石经残字》上摹写"凶德绥绩"四字的具体情形。此外，帖本跋文在落款"北平翁方纲"前尚有"乙巳腊月，摹此以示秋盦鉴之，因识"十四字，《苏斋题跋》收录时亦予删除，由此就难知跋文作年。

再如孙承泽跋文，前文已有征引。该跋文又收入孙氏《庚子销夏记》卷五，题作《蔡邕石经残字》，引述如下：

> 东汉书学以中郎为最，而石经犹其得意之作，故当为两汉之冠。按鸿都石经立于熹平四年，当时观者车马填溢。未三十年兵火乱离，已失其半。后迁于邺，迁于洛，复迁于长安，遂致荡然。至唐开元时，仅存墨本耳。宋初开地唐御史府，得石经十余石。又嘉祐中居民治地，得碎石，洗视乃石经。此本盖彼时所拓也。虽所存仅百十余字，然先正典刑具存，真希世之珍也。予装之砚山斋秘笈中。③

经比照可知，收入《庚子销夏记》时，帖本跋文"戊戌八月六日辰刻研山斋手记"一句被删除，自然导致作年无考；增加了"东汉书学以中郎为最，而石经

---

① 〔清〕朱彝尊《曝书亭集》卷第四十七《跋蔡中郎鸿都石经残字》，影印文渊阁《四库全书》本，第12—13页。
② 同上书，卷第四十七《跋汉华山碑》，第13页。
③ 孙承泽《庚子销夏记》卷五《蔡邕石经残字》，影印文渊阁《四库全书》本，第3页。

犹其得意之作,故当为两汉之冠"数语,则说明了对石经书体的评价;结尾增一句"予装之砚山斋秘笈中",则表明了孙氏对此拓本的收藏处理。另外,"未三年兵火乱离"一句,改作"未三十年兵火离乱"。揆诸史实,汉献帝初平元年(190),董卓焚烧洛阳宫庙迁都长安,石经半遭损毁,时距熹平四年(175)近二十年,则疑作"未三十年兵火离乱"为近是。至于帖本跋文"虽所存无几,然先正典刑具在,已是鲁灵光矣"数语,改作"虽所存仅百十余字,然先正典刑具存,真希世之珍也",差别不大,可忽略不计。

综上所述,孙承泽本《汉石经残字》先后有孙承泽、朱彝尊、林佶、张燕昌、翁方纲、王念孙、王引之、孙星衍等人题跋或题诗;黄易本先后有黄易、翁方纲、赵之谦、万航等人题跋或题诗。这些题跋清晰地反映了两种拓本的递藏源流,使其真实性得到有力佐证;这些题跋对石经文本作了考释,包括石经的来源与经文的文字,后者涉及文字异同的比对、文字含义的训释、文字书体的考察、文字摹刻的记录等,为读者认识拓本之价值提供了重要参考;这些题跋中多篇未收入各家著述或相关典籍,有的虽已收入,但文字多有删节、改动,由此显示出这些题跋又具有辑补佚文遗篇的文献价值。

北京大学图书馆藏和刻本《扁鹊仓公传》版本价值考论

赵 昱[*]

【内容提要】 北京大学图书馆藏日本嘉永二年存诚药室影刻宋本《扁鹊仓公传》一册，系以南宋黄善夫刊《史记》三家注合刻本为底本的《扁鹊仓公列传》单卷别行。本文在版本叙录的基础上，重点考察了影刻本与底本之间的文字改动情况，并结合日本近世医学文化史的发展，对它的刊刻背景进行了梳理分析。

【关键词】 《扁鹊仓公传》 《史记》版本 和刻本 校勘 汉方医学

一、《扁鹊仓公传》版本叙录

北京大学图书馆藏日本嘉永二年（1849，当清道光二十九年）存诚药室影刻宋本《扁鹊仓公传》一部，一函一册，原为李盛铎旧藏（索书号：LX/8213）。扉页牌记：中间大字篆书"扁鹊仓公传"；右"嘉永己酉影宋本"，左"存诚药室刊"，皆楷书。

是书半叶十行，行十八字，小注双行行二十三字；左右双边，白口，双鱼尾，版心刻"史记列传四十五"及页码。左栏外书耳刻"扁鹊仓公传"五字。首行小题"扁鹊仓公列传第四十五"在上，大题"史记一百五"在下。二、三、四行低五格小字书《史记索隐》和《史记正义》的题解内容。五行起为正文，顶格书，裴骃《史记集解》、司马贞《史记索隐》、张守节《史记正义》的文字散入正文各句之下。首页右下钤"吉田文库"朱文长印（图1）。

末页首行小题"太史公自序第七十"在上，大题"史记一百三十"在下，版心刻"史记自序七十"，只录"扁鹊言医，为方者宗，守数精明；后世修序，弗能易也，而仓公可谓近之矣。作《扁鹊仓公列传》第四十五"一段。六行起有丹波元坚识语："右《史记·扁鹊仓公列传》一卷及《太史公自序》中一条，<u>从米泽侯奕世所藏南宋建安黄善夫刊本影摹开雕</u>，以备医家讲习。嘉永二年九月江户丹波元坚识。"（图2）

---

[*] 本文作者为武汉大学文学院特聘副研究员。

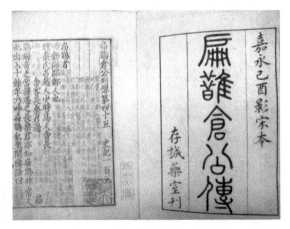

图 1

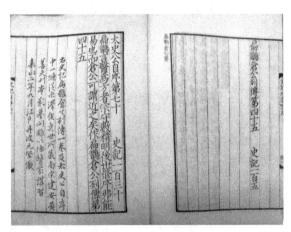

图 2

由上述牌记、行款、体例、跋文可知，这部《扁鹊仓公传》实为《史记》卷一〇五《扁鹊仓公列传》的单行本，底本为南宋建安黄善夫刊本。黄善夫本《史记》是今日能够见到的最早的三家注合刻本，存世二部，一全一残。全本一百三十卷，"最初藏于日本妙心寺的南化玄兴（1538—1604，妙心寺邻花院的创始人）处，后经直江兼续（1560—1619）转入米泽上杉家"，[①] 今藏日本国立历史民俗博物馆，东京汲古书院曾于1998年影印出版；残本七十二卷（卷一至一二、卷一九至卷三〇、卷三九至卷六七、卷七三至卷九〇、卷一三〇），原为狩古楞斋求古楼旧物，后回传中国，散归张元济、潘宗周、傅增湘诸家，今藏于中国国家图书馆。因此，国内既无黄善夫本《史记》全帙（卷一〇五恰在缺数之中），则李盛

---

① 安平秋、张玉春《南宋黄善夫刊〈史记〉三家注合刻本版本系统考论》，《北京大学中国古文献研究中心集刊（第二辑）》，北京：北京燕山出版社，2001年，第152页。

铎旧藏的这部和刻影宋单行本,虽然仅是《扁鹊仓公传》一卷,却能够在一定程度上呈现宋刻本相应部分的版式风格与文字面貌;同时,牌记、跋语中的相关信息,亦为书籍史与社会文化史层面的刊刻背景考察提供了有益的线索。

二、《扁鹊仓公传》异文析论

《史记》三家注合刻本,现存最早者为南宋建安黄善夫刊本,然而其中粗疏讹错之处极多。20世纪30年代,张元济先生主持《百衲本二十四史》的印行工作,《史记》所据底本即"宋庆元建安黄善夫刊本";①但在实际操作过程中,对于底本存在的误、脱、衍、倒等现象,多据他本径改而未作说明,所以百衲本《史记》已非黄善夫本原貌。不过好在当时曾另撰校勘记,揭示了底本用字及改动情况,可供参阅。

黄善夫本之后,现存第二个《史记》三家注合刻本是元至元二十五年(1288)彭寅翁刊本,亦出于坊间,并且这两者"应属于一个大的版本系统","存在着直接的相承关系",甚至彭寅翁本的底本可能就是黄善夫本。②彭寅翁本全帙,日本宫内厅书陵部和天理大学天理图书馆各藏一部:日本宫内厅书陵部藏本原为枫山文库旧藏,仅缺10页;天理图书馆藏本原为崇兰馆旧藏,亦有少量缺页。③时至今日,彭寅翁本虽然在文字内容上不可避免地存在着种种问题,但也因为时代久远、流传稀少而见重于世,成为《史记》研究界长期关注的一个重点。

现在回到这部和刻本《扁鹊仓公传》,既然它是"从米泽侯奕世所藏南宋建安黄善夫刊本影摹开雕",那么是否就如通常所说的"影刻本"一般原样影描,甚至忠实地保留了底本的错误;还是增入了刊刻者有意识的校正,形成了一个新的本子?为了弄清实际情形,兹将此本与黄善夫本(以下简称"黄本")中的《扁鹊仓公列传》整卷通校,并参酌彭寅翁本(以下简称"彭本")的此卷文字内容及张元济《百衲本二十四史校勘记·〈史记〉校勘记》(以下简称"《校勘记》")的相关成果,列表异文如次:④

---

① 《〈百衲本二十四史〉版本述要》、《〈百衲本二十四史〉版本一览》(之二、三),见《张元济全集》第九卷,北京:商务印书馆,2010年,第608、615、617页。
② 张兴吉《元刻〈史记〉彭寅翁本研究》,南京:凤凰出版社,2006年,第93、98页。
③ 同上书,第58—59、64—65页。
④ 黄善夫本,见影印日本国立历史民俗博物馆藏《史记》(第十册),[日]水泽利忠、尾崎康、小泽贤二解题,东京:汲古书院,1998年,第285—416页;彭寅翁本,见《日本宫内厅书陵部藏宋元版汉籍选刊》第36册,上海:上海古籍出版社,2012年,第407—459页;张元济《百衲本二十四史校勘记·〈史记〉校勘记》,王绍曾等整理,北京:商务印书馆,1997年,第306—310页。

序号	和刻本（括号内为所在页码）	黄本	彭本	《校勘记》
1	《索隐》"王**劭**云"(1a)	勔	勔	殿本[①]作"劭"
2	《索隐》"盖承取露及竹木上**水取**之以和药"(1b)	取水	取水	殿本作"水取"
3	《索隐》"在定**顷**二公之时"(2a)	须	须	殿本作"顷"
4	《正义》"贾逵云**川**阜曰魁也"(3a)	月	月	殿本作"川"
5	《索隐》"案**傅**玄云"(3a)	传(傳)	传(傳)	殿本作"傅"
6	《索隐》"下**又音跌**"(3b)	又音跌	及音跌	——
7	《索隐》"**镵**音仕咸反"(3b)	谗(讒)	镵	殿本作"镵"
8	《索隐》"音**束**注反"(4)	东(東)	东(東)	——
9	《正义》"大肠之原出于**合**谷"(4a)	全	全	——
10	"诀脉结**筋**"(4a)	筯	筯	殿本作"筋"
11	"熨**两脐**下"(6a)	雨脐	雨脐	殿本作"两胁(脇)"
12	《索隐》"并越人当时有**此方也**"(6b)	此方者也	此方者也	——
13	《正义》"女东**反**"(10a)	也	也	殿本作"反"
14	《正义》"分别三**关境**界"(10b)	门镜	门镜	——
15	《正义》"《龙鱼**河**图》云"(14b)	反	反	殿本作"河"
16	"不加悍药及**镵**石"(22a)	谗(讒)	谗(讒)	殿本作"镵"
17	《索隐》"瘖者失**音**也"(22b)	瘖	瘖	殿本作"音"
18	《正义》"横**屈**"(27b)	尺	尺	——
19	《正义》"八**分**合之一"(28a)	寸半	寸半	——
20	《正义》"此**经**从胃至肠而数之"(28a)	径	径	——
21	《正义》"肝神六童子三**女子也**"(28b)	世子也	世子也	殿本作"女子三"
22	《正义》"又名**䐃**也"(29b)	瞋	瞋	——
23	《正义》"从手至头长**五**尺"(29b)	三	三	——
24	《正义》"阴阳出**入**"(30b)	人	人	殿本作"入"

通览表格中的各本异文可见，和刻本《扁鹊仓公传》在影刻黄善夫本《史

---

① 即乾隆间武英殿刻三家注本《史记》，武英殿本《二十四史》"为世最所通行者"，因而张元济先生取之作为主要参校本。见《〈史记〉校勘记整理说明》，《百衲本二十四史校勘记·〈史记〉校勘记》，第1页；《〈百衲本二十四史〉前序》，《张元济全集》第九卷，第619页。

记·扁鹊仓公列传》的同时，主动地订正了底本的一些误字。例如：王劭为北朝入隋之史家，傅玄为西晋文学家、史学家，《史记索隐》曾称引二家之说，①"勋""传（傳）"二字皆形近而误（例1、例5）；正文"五藏之输"，《史记索隐》用"束注"反切为"输"字注音——"输""束"均为古书母字，可用为反切上字，"东（東）"字形近而误（例8）；合谷为穴位名，在手背侧虎口处，当第一掌骨与第二掌骨间陷中，属手阳明大肠经，因而"大肠之原出于合谷"与医理相合，"全"字形近而误（例9）；《史记正义》"手三阳之脉""五六合三丈"，小字注"一手有三阳，两手为六阳，故云五六三丈"，则"六"为六阳，"五"为五尺，合三丈，作"五"是，"三"字形近而误（例23），等等。而之所以要进行这样的文字改动工作，是因为多纪氏家族的丹波元坚希望借此提供一个更加准确的版本，"以备医家讲习"之用。只不过，上述列表中的这些订正并非彻底、完善——一方面存在着改后仍误的现象，另一方面也还有失检之处。

首先是改后仍误者。例如"贾逵云川阜曰魁也"，《国语》韦昭注引作"小阜曰魁"，段玉裁《说文解字注》仍之，意即小土丘，与"陵"相对（"大阜曰陵"）；至《文选·海赋》李善注引作"川阜曰魁"，《史记正义》亦同。而"川"与"小"字形相近，"月"与"川"字形又相近，黄、彭二本遂辗转讹作"月阜"（例4）。②又如"熨两脐下"，《校勘记》引殿本作"两胁（脇）"，即身体两侧肋骨处，意为熨烫身体两侧以使温暖之气进入体内，从而调和阴阳；黄本和彭本作"雨脐"显误，和刻本改为"两脐"，仍旧于义未通（例11）。

其次是失检者。例如，《正义》"杨玄孙云肠为阴五藏募皆在腹"（4b），核下文"背为阳，五藏俞皆在背，故云俞皆在阳"，"腹"与"背"、"阴"与"阳"对举，则上文当为"腹为阴，五藏募皆在腹，故云募皆在阴"，"肠（腸）"字形近而误；且这段话为解说《八十一难经》"阴病行阳，阳病行阴，故令募在阴、俞在阳"而作，据衢本《郡斋读书志》卷一五，有《吕杨注八十一难经》五卷，吴吕广注，唐杨玄操演，③则作"操"是，"孙（孫）"与"操"草书字形相近而误。④和刻本文字与所据底本（即黄本）相同，然而彭本"肠"作"腹"，《校勘记》引殿本作"杨玄操"，皆不误。又如，《正义》"不如一缇萦也"（9a），实为班固《咏史》五言诗末句，无"也"是；黄本与和刻本皆误，彭本、殿本（《校勘记》引）皆不误。

综上所述，和刻本虽为"影宋"，但并非黄善夫本的文字原貌，它已经过了

---

① 应三玉《〈史记〉三家注研究》，南京：凤凰出版社，2008年，第111、198页。
② 《史记》点校本作"小阜"，北京：中华书局，1959年，第9册，第2787页。
③ 〔宋〕晁公武撰，孙猛校证：《郡斋读书志校证》，上海：上海古籍出版社，2011年，第704页。
④ 〔日〕藤原佐世《日本国见在书目录》著录《黄帝八十一难经》下署"杨玄操撰"，或可提供又一佐证，见《丛书集成初编》本，北京：中华书局，1991年，第74页。《史记》点校本作"操"，见第9册，第2790页。

一定的校改，属于后出转精之本，所以进行校勘工作时绝不能简单地认定其等同于宋刻，拿来使用；至于黄善夫本和彭寅翁本，它们之间因存在着直接的承继关系，又同出于福建坊刻，刊行过程中产生的错误比比皆是，中日研究《史记》的学者对此多有论及，而和刻本《扁鹊仓公传》通过与黄善夫本的比对及彭寅翁本的参校，其文字校改的优长和疏失也一并显示出来。可以说，各个版本具体的文献价值，正是在这种内容异同比较继而分析致误之由的基础上得以最终清晰呈现。

三、《扁鹊仓公传》的刊刻背景与文献意义

据书前牌记与文末跋语，这部和刻影宋本《扁鹊仓公传》由存诚药室于日本嘉永二年刊行，主其事者为幕末医家丹波元坚。

丹波元坚（1795—1857），姓多纪，字亦柔，号茝庭。天保二年（1831，当清道光十一年）起供职医学馆。后擢奥医师，受法眼位，称乐真院。十四年，献百部医书，毕生为古医书的校勘、刊行做了大量工作。安政四年卒。多纪家族的祖先是东汉灵帝五世孙阿智王，为避乱，于应神天皇时归化日本。因世居丹波国，遂以为姓。10世纪时，丹波康赖位居医博士，撰著《医心方》，此后世代为医。至丹波元孝时又更姓多纪。江户时代后期，丹波元简（1755—1810，元孝孙）、丹波元胤（1789—1827，元简三子）、丹波元坚（元简五子）父子三人在医学考证学方面成就最为突出。

日本江户时代的朱子学派、阳明学派和古学派之后，折衷学派兴起。顾名思义，"折衷"就是要力图超越此前各派的对立抗争，希望实现融会贯通，回归经典本旨。与此同时，由于受到清代考据学的深刻影响，"一些秉承折衷立场的学者（无论是儒者、医家，还是在其他学术领域中），……在学术上表现出更加注重古典的实证研究，甚至唯考证是务，于是便有了所谓的考证派"。[①] 日本古代，"儒"与"医"始终关系密切，到了江户时代便形成这样一个重要文化现象——"既有高度儒学素养，又有精湛医术的'儒医'群体的出现"。[②] 因此当考据之学具体而及医学领域时，便是汉方医学体系下的医学考证学派的诞生。这一学派学者的工作，主要是"直接或间接地吸收中国及日本考证学的营养，广泛参考历代注释，深入研究医学古籍，并进一步详细考证，加入自己的见解"，[③]代表人物则包括多纪氏家族、伊泽兰轩、涩江全善、森立之等。为了更好

---

① 廖育群《扶桑汉方的春晖秋色——日本传统医学与文化》，上海：上海交通大学出版社，2013年，第260—261页。
② 杨海峥《日本〈史记〉研究论稿》，北京：中华书局，2017年，第142页。
③ 杨晶鑫《近世日本汉方医学变迁研究》，长春：吉林大学出版社，2010年，第138页。

地从事医学考证,他们尤为关注宋元版及旧钞古医书。而《扁鹊仓公列传》虽然不是严格意义上的医典药方,但却是最早的医者传记,且其中不乏针药之例,所以也受到了相应的重视。这便是丹波元坚选取南宋黄善夫本《史记》作为底本,单独影刻《扁鹊仓公列传》这一卷并且有意识地改动底本讹误的时代背景。

今检李盛铎旧藏中的存诚药室刊本,除《扁鹊仓公传》之外,还有《扁鹊仓公传汇考》二卷、《扁鹊仓公列传考异》一卷、《扁鹊传备参》一卷、《金匮玉函要略述义》二卷、《伤寒论》十卷、《伤寒论述义》五卷、《药治通义》十二卷等。其中,刊刻于嘉永二年的《扁鹊仓公传》《扁鹊仓公传汇考》,以及刊刻于嘉永三年的《扁鹊仓公列传考异》《扁鹊传备参》,共同属于江户医学馆所刊《扁鹊仓公传》四种"稀观书",[1]堪称江户时代晚期日本汉方医学考证学派影刻、研究《史记·扁鹊仓公列传》的最高水平之作;甚至,这批汉方医学考证学派学者对于《扁鹊仓公列传》解读、注释、分析的一系列研究成就,更远远超过了同时期的中国清代学者。[2] 而这些内容丰富、品质珍贵的和刻医籍版本后来都归于李盛铎木犀轩插架,其实也从一个侧面反映了李氏作为民国大藏书家的目光如炬。

明治维新(1868,当清同治七年)以后,西方近代科技、思想、学术影响所及,日本政府开始全面推行西洋医学。在这一形势下,传统汉方医学日渐式微,各种中医古籍也束之高阁,其时距离存诚药室刊刻《扁鹊仓公传》等书尚不过二十余年光景。等到 19 世纪 70 年代末至 80 年代初,随着清廷驻日公使馆的建立,黎庶昌、杨守敬等使馆工作人员才首先在东京的上杉氏宅邸中见到了"宋版三史"——南宋黄善夫刊《史记》《汉书》《后汉书》,并将这一消息传达给中国国内的学者。[3] 因此从这两层意义上看,这部影宋本《扁鹊仓公传》既是诞生于江户时代末期的和刻成果,代表着日本汉方医学考证学派的学术取向,同时又在清末学者真正了解到日藏南宋黄善夫《史记》三家注合刻本之前就已问世,更比张元济先生的百衲本《史记》早了八十多年。可以说,它在版本学、书籍史、文化史三个方面都有着不容忽视的价值。

---

[1] 杨海峥《日本〈史记〉研究论稿》,第 168 页。
[2] 同上书,第 145—146 页。
[3] 陈捷《日本米泽藩旧藏宋版三史与近代中日文化交流》,见其《人物往来与书籍流转》,北京:中华书局,2012 年,第 460—461 页。

北宋新昌石待旦事迹考辨

陈启远[*]

【内容提要】 北宋新昌石待旦因其义学之举,向为乡人所传颂。而关于石待旦生平的记载,传世石氏家谱及方志中多有夸大失实之处,后人信从误说且有增益。本文征之以时人记述和后世可靠材料,考述石待旦的真实生平事迹,兼及宋初新昌石氏转型为文化世家的策略;继而梳理、考辨由宋至清历代方志中对石待旦"事迹"的逐步增益,还原其事迹"层累造成"的过程;并具体考究后世流传的石氏事迹中三处不实记载的形成原因,试图通过对故事流布和再创造过程的分析,探讨文本背后折射出的士人心态。

【关键词】 石待旦 方志 宗谱 层累造成 接受史

宋代新昌石氏家族虽在政治上并不特别显赫,但家族中"登科者常不绝",[①]是"宋代士族中以科举入仕人数最多的家族之一",[②]在教育上颇有可称道之处。而宋初建室藏书、开创石溪义塾的石待旦,被看作石氏家族事业的奠基者,然其原始而可靠的墓志铭、行状皆已不存,石氏家族的成员又无一有文集传世。今传石待旦事迹多有不实处,如《绍兴通史》称"石待旦于宋太宗咸平年间登进士第,但他无意仕途,隐居家乡石溪山水之间,创设石溪义塾","另有文彦博、吕公著、杜衍、韩绛四人也出于石待旦门下";[③]《浙江省教育志》在宝元二年(1039)下称该年"范仲淹调任越州知州,在州治卧龙山西岗建稽山书院,聘石待旦为山长";[④]《中国私家藏书史》记"石待旦,字季平,天禧三年(1019)进士,隐居石溪,创堂贮书,号万卷堂,又为义学三区,成名者众多";[⑤]《中国书院

---

[*] 本文作者为北京大学中文系古典文献专业博士研究生。
[①] 〔宋〕苏颂《苏魏公文集》卷五五《朝议大夫致仕石君墓碣铭》,北京:中华书局,1988年,第835页。
[②] 陶晋生《北宋士族·家族·婚姻·生活》第十一章《教育与兴盛——新昌石氏》,台北:历史语言研究所,2001年,第295页。
[③] 李永鑫主编:《绍兴通史》第3卷,杭州:浙江人民出版社,2012年,第491页。
[④] 浙江省教育志编纂委员会编纂:《浙江省教育志》,杭州:浙江大学出版社,2004年,第170页。
[⑤] 范凤书《中国私家藏书史》,郑州:大象出版社,2001年,第105页。

史》云"石字季平,越州(治所在今绍兴)新昌人,天禧三年(1019)进士。他隐居于新昌石溪山水之间,建万卷堂贮书,筑传心阁讲学",并称"范仲淹聘其为稽山书院山长"。① 甚至《宋人传记资料索引》《中国历代登科总录》等学术性工具书也不加辨析地相信"石待旦为天禧三年进士"之说。笔者有鉴于此,故多方搜集资料,撰此小文,以各方记述中的只鳞片爪,勾勒出石待旦真实可信的生平经历,还原当时石氏家族光大门楣的良苦用心,并对不实事迹的流传展开分析,讨论其中蕴含的深层原因。因学识所限,不免讹误,不当之处,尚祈方家指正。

一、石待旦生平考述

新昌石氏颇注意对家族资料的搜集与整理,自北宋末年石公弼第一次编修,②迄及今日,其间多次组织了对宗谱的重修和补充。现存最早的新昌石氏宗谱为清乾隆五十年(1785)所修撰的《南明石氏宗谱》,③据该谱卷一"世系"部分所载,新昌石氏为汉石奋之后,石奋八世孙从京兆迁青州,十五世孙随晋元帝南渡迁丹阳,其后又从丹阳迁会稽。唐开成二年(837),三十五世孙石元遂迁居新昌,为新昌石氏之始祖。这一家族在唐末五代默默无闻,入宋以后却凭借科第上的成功很快崛起,有宋三百年间绵延不绝,衣冠不替。《宗谱》中对石氏在宋代的繁盛多有记述,也保存了相当多的宋代文献,但已多有失真之嫌,不可尽信。石待旦作为石氏在宋代起家的重要人物,《宗谱》可谓极尽描绘之能事,该谱卷一即收录了题北宋蔡居厚所撰《四十世祖待旦公墓志铭》(以下简称《待旦公墓志铭》),详载待旦生平,摘录其文如下:

> 朝奉郎、充徽猷阁待制、知陈州军州事、提举本州州学事、兼提举牧马事、兼管内劝农使、赐紫金鱼袋、开府石待旦,字季评,越州新昌人。其先始自青社,汉万石君之后。至唐检校太保讳元遂者始居新昌,遂占新昌籍,为新昌大族。高祖讳昉,仕唐镇东军节度使,加赠柱国、太保,配安定胡氏,赠越国夫人;曾祖讳渝,仕吴越王太子宾客兼吏部尚书,配盛氏、王氏,俱赠夫人;祖讳延俸,仕吴越殿前都虞候、司空右丞,配王氏,赠夫人;父讳湦,字择贤,登宋咸平乡第,仕大理评事,配范氏,赠恭人。

---

① 李国钧主编:《中国书院史》,长沙:湖南教育出版社,1994年,第45页。
② 现存诸本新昌石氏宗谱所载原序均称其族修谱始于石公弼,南宋《嘉泰会稽志》卷六即据"公弼《家谱》"载石昉墓前柘树生特枝的故事,可证石公弼确曾编纂宗谱。
③ 本文所引《南明石氏宗谱》(以下简称《宗谱》),据《中国国家图书馆藏早期稀见家谱丛刊》影印清乾隆五十年(1785)庆云祠木活字本《南明石氏宗谱》。

公自幼志趣不群……既长,讲攻子史,尤精于吟。时咸平改元,以词科取士,公以诗词应科,与弟待聘同登乡第,而上应未捷。父择贤谓公曰"建禅祠于故址,开义学于石溪,吾愿也"。公忻然领之……天禧三年,公登进士第,仕开府仪同三司、刑部尚书,赏罚明允,进治安十二策条陈……

其后王钦若用事,天书、土木之事并起,公则高隐不仕……于是爱石溪山水之秀,建义塾三区……自号为石城先生,躬自设教,延明道程夫子典塾事。四方受业者皆饮食缝纫之,若韩、吕、文、杜诸公后先入相,田柴、刘器之辈登显要者七十余人,取乡荐者不可胜举……范文正公守越,苏文正公守杭,欧阳文忠公相继守郡,极尊礼之,称石城先生。后以子孙贵,累封加赠上柱国、金紫光禄大夫。配钱塘孔氏,赠文安郡太夫人。生五子:元之知常州,赠银青光禄大夫;亚之太常博士;温之知抚州,封福清县开国男;修之不仕;秀之光禄丞……先生生于雍熙二年九月初八日,卒于庆历二年七月二十日,享年五十七岁……合葬于五山乡石溪金紫山,有翁仲,晏殊记,韩正有碑文……①

细读此文,即可发现其中多有前后矛盾之处。如开头待旦之署衔,列朝奉郎于首,次及职名、差遣、章服及散官,似乎朝奉郎即是石待旦之本官,然北宋前期朝奉郎为文散官二十九阶之第十四阶,显然与位列文散官首阶的开府仪同三司不可能同时授予一人。元丰改制后朝奉郎确实成为寄禄官名,但文中称待旦于仁宗庆历二年(1042)去世,且据《宋会要辑稿·职官》七之九,徽猷阁待制一职,徽宗大观二年(1108)二月始设,待旦既卒于仁宗朝,何能署此二衔?此外,文中称待旦"延明道程夫子典塾事",据程颐《明道先生行状》,②程颢生于仁宗明道元年(1032),至《墓志》中所载待旦卒年亦不过十岁出头,显然不可能有"典塾事"的事迹。又,此志题蔡居厚撰,居厚为哲宗绍圣元年(1094)进士,③曾仕至户部侍郎,卒于徽宗朝,对本朝人物当较为熟悉,而文中称"苏文正公守杭,欧阳文忠公相继守郡"云云,实则宋代无赠谥"文正"的苏姓大臣,苏轼在哲宗朝曾知杭州,然其迟至南宋高宗时方追谥"文忠",而欧阳修亦不曾到浙东一带任职,④即便蔡居厚确曾撰写待旦之墓志,至少这些记述也当非原作之所有。文中云"登宋咸平乡第"而不称国朝、圣代或我宋,不似宋人行文之口吻。可见这篇所谓的"《墓志铭》",有大量后人加工的痕迹,掺杂了许多攀附夸大的内

---

① 〔清〕石右军等纂:《南明石氏宗谱》卷一,《中国国家图书馆藏早期稀见家谱丛刊》本,北京:线装书局,2002年。
② 〔宋〕程颢、程颐撰,王孝鱼点校:《二程集》第二集《河南程氏文集》卷一一,程颐《明道先生行状》,北京:中华书局,1981年,第630页—638页。
③ 〔清〕谢旻等监修:《(雍正)江西通志》卷四九,《中国方志丛书》本,台北:成文出版社,1989年。
④ 参严杰《欧阳修年谱》,南京:南京出版社,1993年。

容,亦绝非石待旦墓志的原始面貌,不可直接作为石待旦可靠的生平资料使用。

然而,《待旦公墓志铭》并非全无价值,经过考辨,我们仍可发掘出其中蕴含的可靠信息。首先,石待旦之生卒年仅见载于此文,而其标举之年份亦合乎宋人的相关记述。石秀之为石待旦幼子,其婿韦骧颇有文名,所著《钱塘韦先生文集》卷一六有《祭故长寿太君文》,撰于仁宗嘉祐八年(1063),长寿太君即待旦妻孔氏,祭文中称"岁逾七十,人鲜克就,在于夫人,不百不寿",①可知孔氏去世时当为七十多岁,约生于太宗雍熙元年(984)至淳化五年(994)间,《待旦公墓志铭》称待旦生于雍熙二年,相去不远;同卷又有《石奉议墓志》,系为石秀之而作,文中称秀之生于真宗天禧元年(1017),仁宗景祐五年(1038)登进士第,"越二考,丁父忧去官",②则待旦卒于仁宗庆历四年左右;同卷《德清县君胡氏墓志铭》称秀之妻胡氏,"十八嫁左奉议郎石公秀之……其既嫁六年,奉议公罹疾且遭外艰,夫人养侍而执舅之丧",③则胡氏年二十四岁时待旦去世,文中未言胡氏之生年,仅称其与秀之同卒于哲宗元祐八年(1093),然称胡氏在秀之罹疾后服侍他几五十年,可知其去世时当在七十四岁左右,据此推断出的待旦卒年亦在庆历四年左右,《待旦公墓志铭》称待旦卒于庆历二年,享年五十七岁,恰与上述推断相符。综上所述,石待旦之生卒年,可依从《待旦公墓志铭》之说,生于太宗雍熙二年,卒于仁宗庆历二年,身历太宗、真宗、仁宗三朝。

其次,石待旦之官衔,《待旦公墓志铭》所云颇为混乱,开头记待旦之系衔多有讹误,已见上文论述,兹不赘言。文中言待旦中进士第,"仕开府仪同三司、刑部尚书",为生前之仕履,而后文称待旦"以子孙贵,累封加赠上柱国、金紫光禄大夫",则又言死后之封赠。但"累封加赠"之金紫光禄大夫官阶反在开府仪同三司之下,前后不一。实际上,开府仪同三司为北宋前期文散官之首阶,系宰相官所带阶,核诸史书,均无石待旦之名,可见待旦其人并未身登显位。④ 然而,上引韦骧《石奉议墓志》称待旦"以子贵累赠金紫光禄大夫",《嘉泰会稽志》提到"石尚书墓在仙桂乡",⑤"尚书"下自注"待旦",而陆游为石待旦五世孙石奉德所作的《石君墓志铭》中亦称"五世祖开府仪同三司待旦",⑥可见《待旦公墓志铭》中关于石待旦官衔的记载也并非全出后人虚构,只是这些官

---

① 〔宋〕韦骧《钱塘韦先生文集》卷一六《祭故长寿太君文》,《武林往圣遗哲》本。
② 同上书,卷一六《石奉议墓志》。
③ 《钱塘韦先生文集》卷一六《德清县君胡氏墓志铭》。
④ 事实上,石待旦并未出仕,也未曾登进士第,详见下文论述。
⑤ 〔宋〕沈作宾修,〔宋〕施宿纂:《嘉泰会稽志》卷六,《中国方志丛书》本,台北:成文出版社,1983年。
⑥ 〔宋〕陆游《渭南文集》卷三七《石君墓志铭》,北京:中华书局,1976年,第2351页。

衔并非石待旦凭借个人努力所得到的职位,当是因为诸子入仕方享有的殊荣。

再次,关于石待旦诸子之情况,《待旦公墓志铭》也提供了较为可靠的资料。文中称待旦五子除修之外,馀子皆入仕,成化《新昌县志》①卷一二所载亦同,盖即取材于石氏宗谱。四子中元之、亚之为仁宗景祐元年进士,②温之、秀之为景祐五年进士;③韦骧《祭故长寿太君文》称孔氏"有子皆贤,接踵王庭,班班郎位,曳组垂缨",与之相合。详考入仕诸子仕履,元之曾知乌程县,④熙宁五年由太常少卿知袁州,⑤《嘉泰会稽志》卷一六提及"朝请大夫新昌石元之",⑥盖其曾仕至朝请大夫,同书卷六称"石银青墓在盛塘","银青"下注云"元之",⑦与《待旦公墓志铭》所称"元之赠银青光禄大夫"相契;据成化《县志》卷一一"官资",亚之曾任某县知县,后迁大理丞、殿中丞,同书卷一三则称其仕至太常博士,《待旦公墓志铭》亦称其为太常博士,宋人郑獬为其外祖母所撰《职方郎中鲍公夫人陈氏墓志铭》中称陈氏次女"归于故太常博士石亚之",⑧可证亚之官终太常博士;温之曾任衢州开化县令,⑨又以朝请大夫知抚州,⑩以朝议大夫知建昌军事,⑪《钱塘韦先生文集》卷一六有《祭故石朝议文》,韦骧于文中自称"侄婿",疑此石朝议即石温之;秀之仕履可参韦骧《石奉议墓志》所述,其中进士后授信州贵溪县主簿,嘉祐末授光禄丞,神宗登基改大理丞,元丰改制后换授宣德郎,哲宗即位转奉议郎,以左右别寄禄官后又为左奉议郎。

---

① 成化《新昌县志》(以下简称成化《县志》)由明李楫修,莫旦纂,本文所引据《上海图书馆藏稀见方志丛刊》第 106 册所收成化《新昌县志》。

② 此据成化《县志》卷一一,万历《绍兴府志》(以下简称万历《府志》)卷三三则称元之为天圣五年进士,亚之为庆历二年进士。

③ 成化《县志》卷一〇称温之、秀之为宝元元年进士,而韦骧《石奉议墓志》则称石秀之为景祐五年进士。景祐五年十一月改元宝元,《宋会要辑稿·选举》一之十载景祐五年正月十三日开贡举,宝元元年则未开贡举,可知此二人当为景祐五年榜进士,或如宋人周南所言,"是年既改宝元,作史者便以此五年为宝元元年"(《山房集》卷八)。

④ 〔宋〕谈钥《嘉泰吴兴志》卷一五,《中国方志丛书》本,台北:成文出版社,1983 年。

⑤ 〔明〕严嵩纂修:正德《袁州府志》卷六,《天一阁藏明代方志选刊》本,上海:上海古籍书店,1963 年。

⑥ 《嘉泰会稽志》卷一六。

⑦ 同上。

⑧ 〔宋〕郑獬《郧溪集》卷二二《职方郎中鲍公夫人陈氏墓志铭》,民国十二年(1923)沔阳卢氏慎始基斋刊《湖北先正遗书》本。

⑨ 〔明〕朱朝藩修,汪庆百纂:崇祯《开化县志》卷一《官师志》,《稀见中国地方志汇刊》本,北京:中国书店,1992 年。

⑩ 〔明〕林庭㭿修,周广纂:嘉靖《江西通志》卷一九,《中国方志丛书》本,台北:成文出版社,1989 年。

⑪ 〔清〕谢旻等监修:雍正《江西通志》卷四六。

石待旦四子入仕，均厕身朝官①之列，知此亦可释上文论及待旦赠官之由来。据《宋史·职官志》十"赠官"条，"宰相、三师、三公、王、尚书令、中书令、侍中、枢密使副、知院、同知院事、参知政事、宣徽使、签书同签书枢密院事、观文殿大学士、节度使，并赠三世。东宫三师、仆射、留守、节度使、三司使、观文殿学士、资政殿大学士，并赠二世。馀官或见任或致仕，并赠一世"，②石待旦的孙辈和曾孙辈中，均未曾出任符合赠二世或三世条件的高级职官，③故其赠官当来自于朝廷对其出仕四子的恩赏。除了《宋史·职官志》中所言及的"见任或致仕"时的常规封赠，宋代"文武臣僚自升朝以上，遇大礼皆得封赠父母妻等"，④因诸子在朝，每有登基、改元、大礼等，朝廷即援例赠待旦官阶，且"有兄弟同赠者，赠官加一等"。⑤故虽待旦四子官位均不十分显赫，然在韦骧撰写石秀之墓志时，石待旦已累封至金紫光禄大夫，其后在诸子相继过世前至寄禄官首阶之开府仪同三司。⑥《宋史·职官志》十又称，"两省官及待制、大卿监、诸卫上将军、观察使、正任防御使、遥郡观察使、景福殿使、客省使，若子见任或父曾任此官，并赠至三公止。父子官俱不至者，文臣赠至诸行尚书止"，⑦石待旦不曾入仕，诸子亦不曾出任两省官及待制、大卿监等职，尚书即为其封赠的顶点，《嘉泰会稽志》中所言尚书之赠官，当符合实情。⑧

因相关记载的缺乏，石待旦之生平事迹多已隐晦不传，唯其藏书、兴学二

---

① 元丰改制后，自寄禄官之二十五阶通直郎以上即为升朝官。待旦四子中，官阶最低的秀之官左奉议郎，为寄禄官之第二十四阶；亚之官太常博士，元丰改制后太常博士换为承议郎，为文臣寄禄官之第二十三阶；元之曾官至朝请大夫，为寄禄官之第十七阶；温之官朝议大夫，则为寄禄官之第十五阶，《建炎以来朝野杂记·甲集》卷一二"郡公不著开国字"条称"国朝封爵之制，阶至奉直大夫、职至权侍郎已上，遇郊封县开国男"，奉直大夫恰为寄禄官之第十六阶，开国男食邑亦在三百户至五百户间，《待旦公墓志铭》称温之封福清县开国男食邑三百户，当可信从。

② 《宋史》卷一七〇，《职官志》十，北京：中华书局，1977年，第4086—4097页。

③ 石氏家族成员众多，因篇幅所限，本文不能一一列举每人的官职，此结论则参考了笔者的硕士毕业论文《宋代新昌石氏家族研究》中的相关研究。

④ 〔宋〕佚名撰，刘琳等点校：《宋会要辑稿·帝系》七之二十九，上海：上海古籍出版社，2014年，第174页。

⑤ 《宋史》卷一七〇，《职官志》十，第4097页。

⑥ 元丰改制后，金紫光禄大夫为文臣寄禄官之第三阶，与开府仪同三司尚有两阶的距离。石秀之虽为石待旦之幼子，但并非其诸子中最后过世者。韦骧《钱塘韦先生文集》卷一六有《祭故石朝议文》，自称"侄婿"，则当是为秀之某位兄长所作，时在绍圣二年，晚于秀之去世之元祐八年。推测韦骧撰写石秀之墓志后，石待旦又经历两次追赠，或在一次封赠中因"有兄弟同赠"而加二官，最终赠官至开府仪同三司。

⑦ 《宋史》卷一七〇，《职官志》十，第4097页。

⑧ 在寄禄官的封赠上，并不因父子双方的官阶而设置上限，如刘攽《彭城集》卷二二载《通议大夫致仕李及之故父赠特进迈可特赠开府仪同三司制》，程俱《北山小集》卷二二载有《端明殿学士正议大夫致仕黄裳父赠金紫光禄大夫文庆赠特进制》，李及之父李迈可与黄裳父黄文庆均未实际出任官职，却被授予了最高两阶的寄禄官衔。因此，石待旦赠官至开府仪同三司当是可信的。

事一直广为人知，而石待旦之前的新昌石氏家族则事迹无闻，家族成员鲜有登仕者。《宗谱》中多处称待旦以上五世均为显宦，唯其父石渥隐居不仕，这些记载为成化《县志》和万历《新昌县志》①所采信，《万姓统谱》等书又转相承袭，学者陶晋生亦称"石氏在宋前曾仕吴越，子孙有入仕的基础"。② 然征诸史籍，并无任何关于石氏先世在唐末五代任职的记载，《宗谱》所云或有相当大伪饰夸张的部分。石渥除长子待旦外，另有待聘、待用、待举三子，苏颂《朝议大夫致仕石君墓碣铭》系为待用子牧之而作，文中称"曾祖延俸仕钱氏为某官，祖渥隐晦不仕"，③韦骧《石奉议墓志》则称石秀之"曾祖讳延俸，祖讳渥，皆不仕"，④一言"延俸仕钱氏为某官"，一言"延俸不仕"，未详孰是，然即便苏颂所言为真，据其上下文，延俸之官亦微不足道。笔者猜测石氏先祖或曾以文吏的身份参与地方基层行政，绝非累世簪缨的世家大族。而新昌石氏为提升家族地位，采用的是以科举入仕的方式，这自然依赖于文化素养的提高。从这样的角度来说，石待旦藏书兴学的举动克服了当时书籍缺少的困难，正如苏颂所言，"遘圣代右文，得以诗书教子弟"，可谓为石氏家族向文化世家的转型打下了坚实的基础，着实意义重大。

待旦、待聘、待用是否曾参加科举，暂无法确考，而待举"有志于学"并举进士第则明确可知，黄宽重讨论德兴张氏家族时，曾称"让年长的二个儿子经营产业，而专心培养年幼的三个儿子，读书应考"，"这样的安排殆为传统中国社会中小康之家耕读传家的策略"，⑤石氏待字辈也可能采用了这样的策略，兄长三人主持家业，让幼弟待举一人专心用功于举业。此外，《待旦公墓志铭》中提及石待旦之父石渥有"开义学于石溪"的愿望，尽管石渥是否曾采取具体行动，文中语焉不详，但笔者认为可以从中推测出，兴学崇文当是两代人的共同意志；而在待旦的同辈兄弟中，待用亦出力甚多，成化《县志》称他"治家富有，东南筑室聚书，延致师儒，以勖子弟"，同样出于教育子弟的目的，组织了藏书、办学的活动。成化《县志》又称待用"躬自俭约，仁于施与，姻族孤贫者，为之嫁娶"，⑥待举子衍之"与仲季义聚，亲族不翅千指，而无斗粟尺布之偏，雍雍者几

---

① 本文所引万历《新昌县志》（以下简称万历《县志》），据《天一阁藏明代方志选刊》本。
② 《北宋士族·家族·婚姻·生活》第十一章《教育与兴盛——新昌石氏》，第305页。
③ 《苏魏公文集》卷五五《朝议大夫致仕石君墓碣铭》，第835页。
④ 《钱塘韦先生文集》卷一六《石奉议墓志》。
⑤ 黄宽重《宋代的家族与社会》，北京：北京图书馆出版社，2009年，第190页。
⑥ 〔明〕李楫修，莫旦纂：成化《新昌县志》卷一三，《上海图书馆藏稀见方志丛刊》本，北京：国家图书馆出版社，2011年。

二十年",①及至北宋末年的石公弼仍"岁以三百斛给宗族之贫者",②石氏家族成员间颇存互相照顾之谊,藏书办学之事,或亦待旦、待用等有力者出面操持,实际则亦聚举族之力而为之。

二、层累造成的石待旦"事迹"

　　石待旦本人可靠的生平事迹,已见上文考述,时至今日,各种乡土教材以及教育史、藏书史与书院史的著作中也往往会提及石待旦的相关事迹,但却真伪掺杂,而夸大失实的内容反占据主流。笔者推敲其中的原因,发现在很长一段时间内,石待旦的事迹并未获得全国普遍性的赞誉和认可,但南宋以降,新昌县及绍兴府方志书写的脉络中向来为石待旦留有一席之地,浙江省志乃至全国总志亦间或据县志、府志言及待旦。而方志以外之待旦传记,均为抄撮方志中的相关记载而成。可以说,石待旦事迹依存于历代方志而流布,今人论及石待旦,往往直接或间接引用方志的材料,只是方志中所描绘的石待旦,历经数百年本地士人的润饰加工,加以采撷种种传说、故事,早已不复其本来面目。顾颉刚先生曾就中国上古史提出"层累地造成的中国古史"这一观点,认为"时代愈后,传说中的中心人物愈放愈大",③考察历代方志关于石待旦的记载,笔者发现在石待旦身上,也存在类似的现象,方志的时代愈后,则其描绘的待旦生平愈加具体,形象愈加丰满,自然也与其真实形象愈加偏离。因此,流传至今的石待旦"事迹"中有相当大一部分,是后世乡人有意无意构建出来的故事,有一个"层累造成"的过程,而并非北宋真实存在的新昌石待旦的亲身经历。有鉴于此,下文即依据由宋至清的历代方志,梳理石待旦"事迹"的演变史,考察后人是如何增益和虚构石待旦"事迹",而逐渐使其成为了本土文化记忆中的符号化人物。

　　方志中最早关于石待旦的记载见于南宋的《嘉泰会稽志》,该书卷一八"万卷堂"条称：

　　　　在新昌县石溪乡。先达石待旦始创堂贮书,又为义学三区,号上、中、下书堂,使学者迭升之。人以此勉励。成名者众。傍又置议善阁,占山水之胜。④

---

①《钱塘韦先生文集》卷一六,《永寿县君史氏墓志铭》。
②〔明〕田琯纂修：万历《新昌县志》卷一一,《天一阁藏明代方志选刊》本,上海：上海古籍书店,1964年。
③ 顾颉刚编：《古史辨》第一册,顾颉刚《与钱玄同先生论古史书》,上海：上海古籍出版社,1982年,第60页。
④《嘉泰会稽志》卷一八。

下又有小字注称"俗传旧有题名碑,韩玉汝撰,记杜祁公而下七十二人,皆由此登科。今无所考",《嘉泰会稽志》中记石待旦事迹唯藏书、办学二事,而在具体的办学成效上并无太多描述,仅含糊其辞地讲到"成名者众",所谓记"杜祁公而下七十二人皆由此登科"的韩缜撰题名碑,《嘉泰会稽志》的编纂者在句首加以"俗传"二字,认为是俚俗浅陋之谈,又在句末称"今无所考",虽未直接加以否定,但显然不太相信这一说法。

稍后于《嘉泰会稽志》的《舆地纪胜》亦有"万卷堂"的条目,称:

> 石待旦始创堂贮书,又为义学。旧传杜祁公而下七十二人出此登科。①

文字稍略于《嘉泰会稽志》,而内容则大体一致,又不言"题名碑",而仅称"旧传"云云,仍将其作为传闻之词。南宋绍兴地区方志另有《宝庆会稽续志》,然此书中未见关于石待旦的内容。

及至明中叶以前,方志中关于石待旦的记述仍不脱南宋二书之框架。如成于英宗天顺五年(1461)的《大明一统志》于"万卷堂"条下称:

> 在新昌县东南八里,宋石待旦建堂贮书,又为义学。旧传杜衍而下七十二人由此登科。②

此处盖袭用《舆地纪胜》中的内容,仅增书万卷堂之方位,石待旦之事迹则全无增益。

这一记述的框架在明代成化年间开始打破,成化《新昌》县志为当地编纂的第一部方志,成于明宪宗成化十三年(1477),为时任县儒学训导莫旦纂修。此书的修撰虽有前代档案、文献作为参考,但编纂者们显得有些"贪多务得",企图对方方面面的资料都搜罗齐备,而总的修撰时间却很短,"不期月而成",③故书中多轻信传闻而失于考证。该志卷一二《宋开府石城先生传》称:

> 石公讳待旦,字季平……先生天禧三年进士,志趣出群,高隐不仕,勇于为义。居石溪山水之间,建义塾三区,号上中下书院,身自设教。后礼明道先生主塾事,四方儒士愿受业者无所拒,皆饮食之,凡数百人。若文彦博、吕公著、杜衍、韩绛皆出其门,先后入相登显仕者七十二人,取乡荐者难以既举。四相以先生之文行闻于朝,上嘉之,赐十字为其子孙名,所谓待、之、景、公、昱、宗、孝、正、奕、祖者是也。范文正公、欧阳文忠公相继守郡,极尊礼之,称石城先生而不名。享年九十而卒,后以子贵赠开府仪

---

① 〔宋〕王象之编著,赵一生点校:《舆地纪胜》卷一〇,杭州:浙江古籍出版社,2012年,第380页。
② 〔明〕李贤等撰:《大明一统志》卷四五,西安:三秦出版社,1990年。
③ 成化《新昌县志》,黄璧《新昌县志后序》。

同三司、刑部尚书。葬于石溪。妻子孔氏赠文安郡太夫人。生五子：元之，知常州，赠银青光禄大夫；亚之，太常博士；温之，知抚州，封福清县开国男；秀之，光禄丞；修之，不仕。子孙传至命凡十六世衣冠绵绵不绝。宋宝祐四年，知县王世杰祠先生于学官。①

该传记远比之前方志中任何关于石待旦的记述都要详细，盖取材于石氏家谱和民间传闻，据前者补充了待旦的科第、赠官、子嗣、地方祭祀等信息，据后者增添了聘请程颢②典塾事的内容，所言"文、韩、吕、杜四相"皆出待旦之门，更远比"杜衍而下七十二人由此登科"的传闻更为具体而夸张，并称待旦在世时即因门下四相的推荐，为皇帝所表彰，赐十字为子孙名，范仲淹、欧阳修为地方官时尊礼待旦，均极具戏剧性，为前志所无。而《嘉泰会稽志》已载的筑万卷堂藏书一事，此处反而隐没不谈，或即因藏书过于文人气而缺乏谈资，为"俗传"者所不喜。

然而，成于嘉靖四十年（1561）的嘉靖《浙江通志》于"万卷堂"条却称：

> 在县东南八里，宋尚书石待旦建以贮书。又为义学。旧传杜衍而下七十二人由此登科。③

较之《明一统志》，《浙江通志》除点明石待旦的身份为尚书，别无所增，仍遵从《嘉泰会稽志》以来的叙事传统，数十年前成化《县志》已大力宣扬的石待旦"事迹"并未添入这一框架。这或许是因为上述"事迹"还仅仅流行于新昌一邑之地，或许是因为编纂者经过考辨后对此不予置信。总之，在成化《县志》问世后的一段时间内，成化《县志》中记载的诸多石待旦"事迹"并未得到广泛的认可。

关键的转变发生在万历年间。万历七年（1579），新的《新昌县志》告成，该志由时任新昌知县田琯主持编纂，乡绅吕光洵、潘晟、吕若愚等人均参与其中。万历《县志》的编纂者们对成化《县志》尤为不满，认为其"叙述虽详，词乏体要"，④又"厌其芜蔓失次"，⑤于是重为编辑，删繁就简，并对成化《县志》中的一些内容进行了订正。该志卷九《寓贤》下虽据成化《县志》所载四相来学故事录有文彦博、杜衍、韩绛、吕公著四人，然县志的编纂者却对此提出了质疑：

---

① 成化《新昌县志》卷一二。
② 上引《宋开府石城先生传》中所言"明道先生"即指程颢，《成化县志》中多次提及石待旦聘请程明道一事，卷首又有《四相侍讲图》，桌上石城先生、明道先生分坐左右，下从左到右分别标称为吕申公、韩康公、杜祁公、文潞公，另有《去思祠图》，祀曾在新昌、绍兴为官者或所谓寓贤，其中有"明道先生程纯公"。
③ 〔明〕胡宗宪修，薛应旂纂：嘉靖《浙江通志》，《天一阁藏明代方志选刊》本，上海：上海书店，1990年。
④ 万历《新昌县志》，吕光洵《重修新昌县志叙》。
⑤ 同上书，田琯《新昌县志略述》。

以上四相，按《旧志》载，石待旦开义塾于石溪，聘明道程先生为师，四方来学者众，而四相少时咸集讲下。今考《宋史》，文、杜生于明道之前，而伯淳、正叔皆尝友于韩、吕二公，则四相游新昌师明道之说，恐俗传或误，而《莫志》不察，遂记载而绘图之耳。今质诸吕公光洵，以为石待旦开义塾，身自设教而四相来学，其后又聘明道典塾，本不同时，《旧志》不考事之先后，是以谬耳，理或有然。愚意以为宋都汴京，而明道为河南人，当时石氏为显宦者众，或于京都与明道暨四公相为师友，后世或见其姓名文字有存于家，因而穿凿其说，亦未可知也。然邑人传袭已久，姑存之以俟博识者定议云。①

民间流传已久，又为成化《县志》收录的石待旦"事迹"中，四相来学和程颢讲学的内容，在人物年龄上存在极大的漏洞，万历《县志》进行一番简单的考证后指出"四相游新昌师明道之说，恐俗传或误"。对于致误之由，吕光洵和田琯分别给出了自己的解释，光洵或许更顾及乡人情面，称四相来学与明道典塾"本不同时"，则仍相信邑人所传四相、程颢与石待旦之义塾的关系，而田琯身为外地人士，自不必如此委婉，径称后世"穿凿其说"，认为明道与四相并无新昌之行。两相比较，自然是田说更合乎情理，万历《县志》最终定稿于田琯之手，似乎在石待旦事迹的叙述上能采取更为审慎的态度，然而，该书卷一一《石待旦传》云：

> 宋石待旦，字季平。其先京兆人。大父元遂检校太保，自会稽徙居新昌。待旦登进士，志气异常人，勇于为义，隐居石溪山水之间，首创义塾三区，以上中下为别，身自督教，衣廪之。四方来学者甚众，类皆当世名士，登显宦者接武。宰臣以其文行闻于朝，大加褒异。相传赐待之、景、公、问、宗、孝、正、奕、祖十字为其子孙名。范文正公守会稽，极尊礼之，称石城先生而不名。聘为稽山书院长。四方受业者不可纪，时传文、吕、杜、韩四公皆出其门。后以子贵赠开府仪同三司、刑部尚书。卒祀于学官。子五，元之、亚之、温之、秀之皆仕，修之不仕。②

相较于成化《县志》所载，此传依循《嘉泰会稽志》的说法，在四相来学的说法前加以"时传"二字，又删去程颢典塾一事。当然，《嘉泰会稽志》仅云"杜祁公而下"，此处则具体标明"文、吕、杜、韩四公"，已有不小的差异。更大的变化在于，成化《县志》仅提及范仲淹尊礼待旦，而万历《县志》却又提出范仲淹聘石待旦为稽山书院山长一说，为石待旦"事迹"增添了新的内容。

---
① 万历《新昌县志》卷九。
② 同上书，卷一一。

稍后，成于万历十四年的《绍兴府志》（下简称万历《府志》）卷四三《石待旦传》云：

> 石待旦字季平，新昌人。登进士，志操不凡，隐居石溪。首创义塾三区，以上中下为别，身自督教，衣廪之。所成就多为当代名臣。范仲淹知越州，聘为稽山书院山长，四方受业者甚众。后以子贵，赠开府仪同三司、刑部尚书。①

传后附纂者张元忭按语："《新昌志》人物类多浮夸，其言石先生创义塾是矣，而云聘明道为师，又云文、杜、韩、吕四相皆出其门，则无稽甚矣。是岂足为石先生荣哉？"张元忭绝不信从石待旦"事迹"中的四相故事，批驳成化《县志》中的"无稽之言"，连《嘉泰会稽志》中所云"杜祁公而下七十二人"也一并不予采用。但《府志》中仍对石溪义塾的教学成果给予了很高的评价，称"所成就多为当代名臣"，其实历史上真实的石溪义塾并未曾培养出众多"当代名臣"，《府志》不点出具体人名，语带含混，当为编纂者根据民间传说加以改写而成，较之其所批驳的成化《县志》并无实质上的改变，而首见于万历《县志》的稽山书院山长故事，也为《府志》所继承。此《石待旦传》系剪裁《嘉泰会稽志》和《万历县志》中的相关文字而成，又以"志操不凡""身自督教"等词对待旦生平加以概括，篇幅虽短，其中蕴含的信息却很丰富。至此，石待旦"事迹"已形成较为固定的框架。

此后方志记述石待旦事迹，大多以万历《府志》中的《石待旦传》为范本，并兼取成化《县志》中的四相故事，如乾隆《绍兴府志》卷五三称：

> 石待旦，字季平，新昌人。登进士，志操不凡，隐居石溪。首创义塾三区，以上中下为别。身自督教，衣廪之，所成就多为当代名臣。范仲淹知越州，聘为稽山书院山长。四方受业者甚众。后以子贵，赠开府仪同三司、刑部尚书。②

同书卷七九"四相潭"条则言：

> 在新昌县南七里之石溪。宋石待旦开义塾时，文彦博、杜衍、吕公著、韩绛皆来学，尝浴其中。③

此时的石待旦传记，在文本上已具有相当的稳定性，叙述的框架逐渐确

---

① 〔明〕萧良榦修，张元忭纂：万历《绍兴府志》卷四三，《中国方志丛书》本，台北：成文出版社，1983年。
② 〔清〕李亨特修，平恕纂：乾隆《绍兴府志》卷五三，《中国方志丛书》本，台北：成文出版社，1975年。
③ 同上书，卷七九，《中国方志丛书》本，台北：成文出版社，1975年。

立,然其所叙内容,则为历代"层累"之石待旦事迹,多有穿凿附会处。石待旦之"科第",《嘉泰会稽志》未载,成化《县志》首称石待旦为真宗天禧三年进士,此事颇可疑。苏颂《朝议大夫致仕石君墓碣铭》称"天圣中世父待举始擢进士第,官至秘书丞",①待举为仁宗天圣五年进士,若待旦天禧三年即中进士,则当自待旦言起。核《宝庆会稽续志》卷六所载宋代进士,其中并无石待旦之名。庆元二年绍兴府曾刻进士题名碑,虽进士碑因"六年以前登科记皆阙其乡里,故不可考"而断自"庆历六年","独载大中祥符元年杜衍一人",②但发起刻碑行动的正是石氏后人石朝英,若石待旦确曾中进士,石朝英完全可以确定待旦乡里,又怎会不将其姓名刻入碑中。且《宝庆会稽续志》中的记载,复经刘庶、张淏的搜集,又在题名碑所记的基础之上加以扩充,所补之人亦无石待旦。而韦骧《石奉议墓志》称待旦"抱道不仕","以子贵累赠金紫光禄大夫",暗示待旦未曾中进士。苏颂与石牧之为庆历二年同榜进士,韦骧为石待旦孙婿,两人对于石氏家族的情况均较为了解,不太可能漏书待旦科第,故石待旦之"不仕"当属实,而"中进士后隐居"一说则全出杜撰。

至于所谓"范仲淹聘待旦为稽山书院山长"的内容,亦纯属子虚乌有。宋元之际的陈著称,"过司马寓第如见涑水叟,由稽山书院如见晦庵公,东山则想谢太傅之雅量",③元人洪焱祖《一笑》诗末句云"淳熙使者祠堂冷,荒政文移墨尚新",④诗下自注称"文公救荒案牍具存稽山书院",可见宋元时人往往将稽山书院与朱熹相关联,似与范仲淹、石待旦全无干涉。核诸万历之前的方志,《明一统志》卷四五绍兴府下"稽山书院"条称"宋淳祐中马天骥建祠以祀朱文公,以公尝提举浙东常平。其后吴革请祠为书院,元吴衍为记",嘉靖《山阴县志》卷四亦云,"稽山书院在县治卧龙山西岗。宋儒徽国文公朱晦翁氏尝司本郡常平事,讲学敷政,以倡多士。三衢马天骥建祠祀之,其后九江吴革因请为稽山书院"。《山阴县志》卷四附吴衍《稽山书院记》,记中称"越卧龙山之阳,徽国文公晦庵先生祠,三衢马天骥之所建也,稽山书院则九江吴革因文公之祠请之也",正与上述记载相合。据《宝庆会稽续志》卷二,马天骥和吴革分别在理宗淳祐十年(1250)和宝祐二年(1254)任浙东提举常平仓事,可知稽山书院之建,在南宋理宗朝,非北宋中前期的范仲淹和石待旦所能及。

四相来学之故事,可以说相当牵强附会。且不论流传于世的四相诗文中从未提及求学石溪义塾一事,文彦博为汾州介休(今属山西)人,吕公著为寿州(今属安徽)人,又从小随父吕夷简在京师,韩绛原籍真定灵寿(今属河北),后

---

① 《苏魏公文集》卷五五《朝议大夫致仕石君墓碣铭》,第835页。
② 〔宋〕张淏纂修:《宝庆会稽续志》卷六,《宋元方志丛刊》本,北京:中华书局,1990年。
③ 〔宋〕陈著《本堂集》卷三二《送洵之越》,《景印文渊阁四库全书》本。
④ 〔元〕洪焱祖《杏庭摘稿》,《景印文渊阁四库全书》本。

迁居开封雍丘(今属河南),何至于千里迢迢赶赴新昌,拜当时毫无名气的石待旦为师?杜衍倒是越州山阴人,距新昌不远,然据欧阳修《太子太师致仕杜祁公墓志铭》①及《宋史》本传②,杜衍生于太宗太平兴国三年(978),真宗大中祥符元年(1008)即登进士,待旦少杜衍十岁左右,则其年未及二十,杜衍便已登科,绝无可能入待旦之门。至于程颢为待旦所聘的说法,万历《县志》卷九称,"文、杜生于明道之前,而伯淳、正叔皆尝友于韩吕二公",以为程颢晚于文、杜,而与韩、吕平辈相友,此说可从,且据程颐《明道先生行状》,程颢生平并未有新昌之行,岂有远程"遥控"主持石溪义塾之理?

《嘉泰会稽志》成书于宁宗嘉泰元年(1201),去北宋初不过两百年时间,编纂者所描写的石待旦仅为一"藏书、兴学"的先达,而明代诸方志却"后出转详",在石待旦身上加上了众多"光环"。万历《县志》和万历《府志》的编纂者虽极力辩驳俗传之非,却又均未详考待旦生平,还原其真实事迹,而在后代方志的纂修中,他们提出的质疑也并没有得到重视,仅程颢典塾事的内容被删去,而四相来学的部分却和他们增益的待旦掌稽山书院事共同留存下来。降及清代,石待旦的传记已完全定型,成为今日广为流传的石待旦"事迹"之蓝本,其内容往往由三部分组成:中进士隐居不仕,建义塾而四相来学,范仲淹聘请其为稽山书院山长。然而,这三部分内容均不可信从,当为后人根据传闻附益而成,与史实不符。

三、试析石待旦"不实事迹"的产生与传播

如上文所示,明代以后所传布的石待旦事迹,大体不实之处有三:一为称石待旦曾中进士,一为称范仲淹曾聘石待旦为稽山书院山长,一为关于文、杜、韩、吕四相及程明道分别来石溪义塾求学、讲课的传说,下文概称为石待旦之"不实事迹",分别加以论析。美国汉学家蔡涵墨(Charles Hartman)在《历史的严妆》中提出"文本考古学"这一方法论,强调研究者要通过精细的文本比对分析,来厘清同一历史事实是如何历经不同时代作者的叙述,而累积成今天我们所见到的历史形象的。关于石待旦事迹"层累式形成"的这一过程,同样可以运用"文本考古学"的方法探究石待旦"事迹"的接受史,观察关于石待旦的种种后起传闻是在怎样的背景下创造出来的,并在故事的内容和叙述方式上经历了怎样的变化,最终又因为怎样的原因被历代方志的编纂者们采纳,写入

---

① 〔宋〕欧阳修著,李逸安点校:《欧阳修全集》卷三一《太子太师致仕杜祁公墓志铭》,北京:中华书局,2001年,第466—472页。
② 《宋史》卷三一〇,《杜衍传》,第10189页。

石待旦的传记中,形成固定的文本形态。

(一)"石待旦曾中进士"之说形成的原因

石待旦中进士之说最早见于成化《县志》,而成化《县志》的这一记载又当是相信石氏宗谱所致。石氏后裔提出其祖待旦曾中进士的直接原因已不可考,或因误合他事为一,或因年代久远,口耳相传辗转致误,又或有意作伪。但不论如何,宋代虽开科取士人数远超前代,而科举之难仍如千军万马过独木桥,士人登第前后的地位截然不同。石氏家族中所传待旦"抱道不仕"之故事,登第的部分描绘其举业成功,以彰显其才学,而金榜题名后却毅然返乡开设义塾的后续情节,又突出石待旦志趣之高洁,其后裔借此故事以夸大待旦之学识、人品。

宋代新昌石氏"以文辞行谊起家",①登第者连绵不绝,似无必要伪造待旦之科第。而元明时期,新昌石氏在科第上的成绩已大不如前,或便有意无意地造作待旦天禧三年中进士一说,抬高乃祖地位以重振家声。据《宗谱》卷一所载,明代正统年间曾重修石氏族谱,笔者怀疑此说可能即在此时被写入宗谱,不久后莫旦又据宗谱而在成化《县志》中明确标称石待旦之科第,后世历代方志的编纂者转相沿袭而不加细考,遂使"石待旦为天禧三年进士"的不实事迹流传至今。

(二)"范仲淹聘石待旦为稽山书院山长"一说的兴起

石待旦与范仲淹并非毫无关联,陆游《石君墓志铭》称待旦"以学行为范文正公所礼",②据王瑞来先生考证,范仲淹知越州,在仁宗宝元二年(1039)至康定元年(1040)间,③此时石待旦仍在世,与范仲淹当有交游的机会。陆游所云,虽因系为待旦后人所作,不免掺杂溢美之词,但恐怕也并不尽是无稽之谈。

石待旦主持稽山书院一说,笔者怀疑与王守仁心学的兴起不无关涉。据嘉靖《山阴县志》所记,自宋理宗朝吴革因文公之祠请为稽山书院后,明初稽山书院曾一度荒废,至正德间方由知县张涣"改建于故址之西麓"。④ 故成化《县志》编纂之时,稽山书院仍处湮废之中,籍籍无名,编纂者们难以在其与石待旦间产生联想。正德十六年(1521)至嘉靖六年,王守仁居越六年,其间一直在稽

---

① 〔宋〕慕容彦逢《摘文堂集》卷一五《朝奉大夫致仕骁骑尉赐绯鱼袋石公墓志铭》,《常州先哲遗书》本。
② 《渭南文集》卷三七《石君墓志铭》,第2351页。
③ 王瑞来《天地间气——范仲淹研究》,太原:山西教育出版社,2015年,第114—115页。
④ 〔明〕许东望修,张天复纂:嘉靖《山阴县志》卷四,《〈绍兴丛书〉地方志从编》本,北京:中华书局,2006年。

山书院龙泉寺中天阁讲学,①"嘉靖三年知府南大吉增建明德堂、尊经阁",②守仁撰有《尊经阁记》,叙述其学术观点。而在隆万之际,阳明心学已颇盛行,万历十二年,明神宗以王守仁从祀孔庙,③甚至以官方身份认可其学术。绍兴为阳明故里,自然成为王学中心,在王学门人心中,稽山书院为阳明多年讲学聚徒、发明义理之地,又自然不可避免地将其神圣化。笔者猜测,在此时,绍兴当地的士人为抬高稽山书院之地位,有意淡去稽山书院原有的在学术上与王阳明心学针锋相对的朱熹的影响,将其历史上溯至范仲淹守越时,将宋代名臣范仲淹和当代的王守仁,借助稽山书院这一载体,跨过南宋的朱熹,直接联系起来。又因关于石待旦的记载中有"以学行为范文正公所礼"的内容,便从简单的叙述敷演出"范仲淹守越时尊礼石待旦,聘其主稽山书院"的完整故事情节。

万历《县志》《府志》均成书于万历初年,正值王学方炽之时。邑人吕光洵为万历《县志》之挂名总裁,实际编纂者田琯亦多次在书中提及曾就具体问题向光洵咨询,可见光洵的立场对全书的编纂影响极大。张元忭《南京工部尚书新昌吕公光洵行状》称光洵"自结发为学,学靡不优,而中治新建旨,再后与余姚钱刑部德洪、山阴王兵部畿、武进唐都院顺之三先生相切摩最力",④可谓私淑阳明。万历《县志》中亦多表彰阳明之学,如卷一一《潘日升传》即称其"入稽山书院与兄日章同游王阳明门,深究性命之学",并称赞日升"宗旨慕古,力于进取";张元忭少师从王畿,笃信王阳明之学,《明儒学案》将其列入浙中王门一系,故元忭所撰万历《府志》亦多受王学影响,卷四二《王守仁传》称阳明"以斯道为己任,以圣人为必至,平生无一时一念不在于学",传中涉及其龙场顿悟与所谓朱子晚年定论,所言亦均为正面评价。或许正是基于如此浓厚的王学色彩,万历《县志》和《府志》在叙述石待旦事迹时,随即联想到了此时已然复兴的稽山书院,便相信了此时流传开来的"范仲淹聘其为山长"之说,相比之下,成书稍前的嘉靖《山阴县志》⑤即较少受到王学影响,故仅老老实实地叙述稽山书院确切的由来,而言不及范仲淹与石待旦。

(三)"四相来学"故事之演变和定型

"四相来学"之说发源极早,万历初年时便称"邑人传袭已久",而其最初当

---

① 参王守仁弟子钱德洪编《阳明先生年谱》卷中。
② 嘉靖《山阴县志》卷四。
③ 《明史》卷一九五《王守仁传》,北京:中华书局,1974年,第5169页。
④ 〔明〕焦竑辑:《国朝献征录》卷五二,台北:台湾学生书局,1984年。
⑤ 《中国地方志联合目录》称该志为明嘉靖二十二年修,不确。志中多有嘉靖二十二年之后的年号,而所提及最晚之年号则为嘉靖四十五年。据乾隆《绍兴府志》,该志创修于嘉靖二十一年,始由时任知县许东望组织,实际编纂者则为张天复与柳文。嘉靖四十四年,时任知县杨家相续纂县志,当时赋闲在家的张天复又进行了增补。

发轫于民间口耳相传的故事,《嘉泰会稽志》和《舆地纪胜》所载"俗传"或"旧传"之说,即当为最开始口头流传时的故事版本。这一版本中仅言杜衍而不及其他,大概是因为北宋越州士人仕至宰相的仅杜衍一人,民众多喜具有戏剧性的故事,而对于名人的认识亦仅限于政治上的大人物,"衍尝位宰相,人皆知为越人也。"①"俗传"之人或许并不具备太高的文化修养,甚至不一定知晓杜衍曾做过宰相,仅有其为大官这样模糊的认识,而杜衍之名却为其所知,故最初所录"俗传"之言但云"杜衍而下",而无具体的官职、封爵等作为修饰。民间所传石待旦事迹,出于抬高先祖或乡贤的目的,攀附名人,便最先想到了同为越州人、又曾仕至宰相的杜衍。因此说见于南宋中期成书的《嘉泰会稽志》,笔者猜测这一四相故事的最初版本可能在北宋时即已出现。

  随后,这一民间广为流传的故事也开始被本地士人所接受,在他们的改编下,原本仅有杜衍一人的版本,也演变成了文、杜、韩、吕四相从游待旦之门的故事,传播的方式也从口头向文字转变。宁宗嘉泰三年,县人陈祖效仿石溪义塾,开设桂山西塾,理宗绍定四年(1231),陈祖从孙陈雷又继建桂山东塾,时人曾撰有多篇《桂山义塾记》,而在记中又往往叙及他们心目中四相求学石溪义塾的故事。时代最早的是宁宗嘉泰三年黄庭的《桂山西塾题名记》,②文中称石溪义塾原有韩缜所叙题名石,然"飞坏湮灭,不可复求。搜寻石刻,尚有考者,自咸平创始,后有公相四人",又具列四人姓名,为"文公彦博、杜公衍、吕公公著、韩公绛",下文甚至还称,范仲淹、苏轼也曾"求预名于其间"。记中所载题名石云云自然全不足信,而对四相故事的叙述已初见雏形。此黄庭为新昌人,《宝庆会稽续志》卷六载其为开禧元年(1205)进士,成化《县志》卷一三亦称黄庭"字晦叔,宋绍熙初补太学,开禧元年进士,授池州教授,授修职郎"。③ 黄庭之兄黄度曾仕至礼部尚书,其本人又以科第入仕,可称为新昌本地的"地方精英"。黄庭虽不一定就是四相故事的最初改编者,但北宋著名的文、杜、韩、吕四相求学于石待旦所办义塾的传说,应当就是在与黄庭身份类似、略懂本朝史事的新昌士人中最先流布开来的。同时,较之明清方志所载,黄庭叙述的四相故事,则处于较为"原始"的阶段,并未完全形成四相的框架,还在"犹豫"是否要将范仲淹、苏轼纳入待旦门下,或许即是最初流传于本地士人中的版本。

  其后又有淳祐五年陈卓所撰的《桂山东塾记》,④记中称"石仪同待旦咸平中创义学三区于邑之石溪……吕申公、杜祁公、文潞公、韩康公皆在焉","范文正公守越,苏文忠公守杭,又皆闻风而喜书之"。陈卓所听闻的四相故事已抛

---

① 《宝庆会稽续志》卷六。
② 成化《新昌县志》卷六。
③ 同上书,卷一三。
④ 同上书,卷六。

弃范、苏为待旦门人的想法,而专注于吕、杜、文、韩的四人框架。陈卓记文的主旨在于劝勉"吾党之士""当以申、祁、潞、康之学业自许",可见相传的石待旦与四相事迹在当时已成为具有一定知名度、勉励勤学的励志故事,文末署"淳祐五年二月既望,资政殿学士、正议大夫、提举临安府洞霄宫陈卓记,朝请大夫张即之书,少保、观文殿大学士、醴泉观使兼侍读、卫国公郑清之题盖"。陈卓、郑清之皆为宋末显宦。《宋史·陈卓传》称理宗端平二年(1235)陈卓为签书枢密院事,未几即丐祠归里,洪咨夔《平斋文集》卷一五有《端明殿学士正议大夫同签书枢密院事陈卓再上表辞免签书枢密院事恩命不允仍断来章批答》,而资政殿学士亦专授执政官之离任者,符合陈卓之身份;据《宋史·郑清之传》,端平三年授郑清之观文殿大学士、醴泉观使兼侍读,淳祐四年其为少保、观文殿大学士、醴泉观使兼侍读,进封卫国公,恰与文末所署两人官衔及时间吻合,此记当非出后人伪造。

关于桂山东塾,另有淳祐六年杨幼度、王持垕二记,杨《记》①称"国朝宅都京师,新昌盖僻县也,而石溪义学著名宇内","吕申公、韩康公、杜祁公、文潞公皆隶习焉",所言大体与陈卓相似,王《记》②云"桂山义塾仿自石溪,昔文潞公、杜祁公、吕申公、韩康公来游,后皆为宋名臣","范文正、苏文忠咸愿附于是",再次提及范、苏愿为待旦门人,则反而回到了四十多年前黄庭所述的版本,可见宋末的四相故事仍处于较不稳定的形态之中,还未形成完全固定的故事框架。据《南宋馆阁续录》,"杨幼度,字叔宪,台州天台县人,绍定二年黄朴榜进士出身",③雍正《浙江通志》卷一二七载其后仕至直秘书阁。王持垕为温州乐清人,其事迹见永乐《乐清县志》卷七《王持垕传》,"字载仲,在太学曾率六馆叩阍论史嵩之,士论推重。登淳祐第……似道败,始除大理少卿,未上而卒"。④杨、王二人及陈卓均非本县或本府出身,而又皆以科第入仕,具备一定的学术和政治地位,在为陈氏义塾所撰记文中,均不约而同地提及了四相从学石溪义塾的故事,可见四相故事在当时已为一部分身份较为显赫的外地士人所知晓,传播较为普遍了。

四相故事最终确立于理宗宝祐四年,此年时任知县王世杰在新昌创建先贤祠,祠中祀贤者凡十二人,文、杜、吕、韩四人即在其中。王世杰《先贤祠记》云"石城先生乃石氏鼻祖,设义学,自为师,其游学如杜祁公、文潞公、吕申公、

---

① 成化《新昌县志》卷六。
② 同上。
③ 〔宋〕佚名撰,张富祥点校:《南宋馆阁续录》卷九,北京:中华书局,1998年,第350页。
④ 〔明〕佚名纂:永乐《乐清县志》卷七,《天一阁藏明代方志选刊》本,上海:上海古籍书店,1981年。

韩康公皆一代伟人",①深信四相出自待旦门下。据成化《县志》,王世杰在任上极其重视文化事业,"治学教养,建祠创堂",悉心经营新昌县学,那么,他将四相列入本地先贤祠的举动,或许也同样带了几分发掘本地"文化资源"、推行教化的意味。王世杰相信四相来学的内容,自然可见此说当时流传之广、影响之深远,而他又通过立祠祭祀的方式,以官方身份认可了"四相来学"的真实性,使这一传说彻底进入邑人的知识谱系中,进一步推动了这一故事的传承。

值得注意的是,笔者目力所及,文、杜、吕、韩四人并称,似乎仅见于这一故事。北宋名臣辈出,为何偏偏是这四人,从"四相来学"的传说开始流布,便稳定地捆绑着成为故事中的主要人物呢?实际上,在这四人中,杜衍为真宗大中祥符元年进士,文彦博则于仁宗天圣五年登科,吕公著和韩绛均为仁宗庆历二年进士,杜衍长其余三人一辈,且最早被编排为石待旦的"弟子",笔者认为其进入这一传说,即因前述"衍尝位宰相,人皆知为越人也"之故。而文、吕、韩三人,则与石氏均有交谊。南宋初年的王之望为石待聘四世孙石延庆所作墓志铭中提到石待聘之子、石延庆之祖父石象之"盛年挂冠,自丞相潞国文公而下皆有诗送行",②据《宗谱》卷二所附石象之小传,知其于仁宗嘉祐五年辞官,③当时吕公著为天章阁待制、权知审刑院,韩绛为御史中丞,或许均在送行之列。文彦博的送行诗今已不存,《宗谱》卷一"诗歌词赋"则载有题石待聘所作《送吕公著归寿州》《送韩绛归雍丘》二诗,④笔者怀疑或许即为吕、韩二人为石象之所作的送行诗。⑤石待旦的子侄辈相继入仕后,与京中巨公名流多有交游,文、吕、韩很可能就是其中声名最显而交往又最密者,因此,笔者猜测恐怕正如明人田琯所云,"后世或见其姓名文字有存于家,因而穿凿其说",便将他们附会成石溪义塾中的求学者。

"延请程颢典塾事"的内容,流布相对比较有限,而其起源亦较晚。宋代均称石待旦"自为师",从未提及程颢讲课一事,盖程颢之名最初不为民众所知,而在宋末多次加封二程、宋元之际程朱理学影响散布民间之后,方有程颢部分的故事出现。笔者目前所见最早可能提及程明道前来讲课的当是元延祐戊午

---

① 成化《新昌县志》卷五。
② 〔宋〕王之望《汉滨集》卷一五《故左朝请郎石君墓志铭》,《湖北先正遗书》本。
③ 石象之生于真宗大中祥符六年,年四十八辞官,则当在仁宗嘉祐五年"挂冠"。然据申利《文彦博年谱》(郑州大学2006年硕士学位论文),文彦博已于嘉祐三年六月罢相,出判河南府,嘉祐五年二月改判大名府,怀疑文彦博在入京朝辞时曾有送行之举,或是王之望的记载有误。
④ 〔清〕石右军等纂:《南明石氏宗谱》卷一。
⑤ 石象之与吕、韩二人为同年进士,且诗中有"诗书自有膏粱味""心朋一去乐颜回"等句,似乎送别的对象有归隐之意,笔者猜测或许本为石象之辞官归隐时吕、韩所作之诗,一直留存在石氏家族内部。而在后来编纂族谱时,编纂者因受"四相来学"故事的影响,将上述两首诗当作吕、韩结束石溪义塾学业、返回家乡时新昌石氏成员的送别诗,同时又将作者改为与义学主持者石待旦同辈的石待聘。

(1318)章处厚所撰《石溪先生小传》,①章处厚为新昌当地人,传中称"濂溪周子、河南程子、横渠张子、考亭朱子、五峰胡氏","接踵开讲,载之方册",此处"河南程子"未言为程颢或程颐,尚语带含混,而成化《县志》中却已言之凿凿,坚信程颢典石溪义塾一事,因其间相关资料的缺乏,其中的演变过程恐怕已难以详考。

四、结　语

综上,明代以后方志所载待旦事迹代有增益,然其中多有后人附会处,今日所传石待旦之形象,即为流传过程"层累形成"的,不可轻信。据本文考证,石待旦,字季平,②越州新昌(今属浙江)人。生于太宗雍熙二年(985),卒于仁宗庆历二年(1042)。待旦在本县石溪乡筑堂贮书,号万卷堂,又建石溪义学,影响深远,为宋代新昌石氏家族在教育和文化上的成功奠定了基础。待旦五子:元之、亚之、温之、秀之、修之,除修之外,馀子皆以科第入仕,后因子孙显贵累赠至开府仪同三司、刑部尚书。

在相当长的一段时间内,本地的方志是述诸文字的石待旦事迹的唯一记述者和传播者,而历代方志的编纂者在继承前代方志所记述的石待旦"事迹"的同时,又往往因受广为流传的民间俗传影响,不断添油加醋,在最终的历史叙事中,形成"层累式的石待旦形象"。及清代,石待旦的"传记"已由三件"不实之事"构成:待旦中进士后隐居兴办义塾,范仲淹守越聘待旦为稽山书院山长,文、杜、吕、韩四相赴石溪义塾求学。

法国学者菲斯泰尔·德·古朗士(Fustel de Coulanges)曾言"历史伴随文本而生",历史学的要义,不仅在于笔下所记之"事",亦在于如何下笔去"叙"。石待旦种种夸大其词的故事的产生与演变,亦即所谓其"不实事迹接受史",与不同版本的故事文本背后潜藏的士人心态密切相关。具体而言,伪造待旦科第或许是石氏后裔家道中衰后出于抬高乃祖地位的考虑;"范仲淹聘待旦为稽山书院山长"一说可能因为王守仁于稽山书院讲学而兴起;而四相来学这一内容的形成和传播则稍稍异于前两者,最初只是流行于民间的俚俗故事,后来逐渐为地方精英所接受并加以改编,又影响了外地士人的认知,最终借助方志这一载体,向更广大的地域传播。

---

①　成化《新昌县志》卷六。
②　成化《县志》、《万历》县志、万历《府志》及《宗谱》卷二世系部分所附待旦小传均称石待旦字季平,唯《待旦公墓志铭》中称其字为"季评"。

朱熹与科举关系探析

顾歆艺*

【内容提要】 朱熹与科举的显著联系是《四书集注》成为元明清科举考试的依据,但历史事实和细节却要复杂丰富得多。本文深入相关文献史料,通过考察朱熹短暂而顺利的科举历程,展现他得益于科举却不为科举所缚、一心向学的成才之路和基本人生态度。对于硕学大儒朱熹来说,在不违背常理、未脱离历史局限的前提下,他对待科举的态度比常人显得更加公允和超脱,这使他能更清楚地看到当时违背经旨、荒疏读书、逐利夺志等科举弊端,并进行无情批判。在处理科举与教育关系的问题上,朱熹深入思考,主动作为,《学校贡举私议》一文是他科举改革主张的集中反映。由于历史原因,朱熹的科举主张在当时未能实施和形成实际影响,但却指示了元明清科举发展的方向。后世因四书、八股文与科举制度的紧密结合所产生的不可调和的矛盾及种种弊端,是与朱熹科举教育思想的初衷相违背的。

【关键词】 朱熹 科举 教育 影响

论及元明清科举制度,常会出现朱熹的名字,自然是其《四书章句集注》在中国封建社会后期成为科举考试必备书,是最为重要的考试内容和依据的缘故。[1] 但如果我们因此而将后代科举制度以及由此产生的种种弊端归咎于朱熹,则有失公允。随着对科举制度的深入研究,已有学者陆续注意到这一点。然而,仅仅说明朱熹本人并不热衷于科举,还远远不能满足我们对朱熹与科举关系的好奇。倘若我们对文献资料进行全面深入地挖掘,便会发现其中的复杂性和趣味性,也会逐渐认识到这一问题实际上已大大超出科举史研究所能涵盖的范围。

---

* 本文作者为北京大学中文系、北京大学中国古文献研究中心副教授。
[1] 参见拙文《论科举、四书、八股文的相互制动作用》,《北京大学中国古文献研究中心集刊第三辑》,北京:北京大学出版社,2002年,第143页。

一、朱熹的科举历程及值得关注的问题

朱熹科举的历程是短暂的,也是极其顺利的。与他同时代的一般士人相比,朱熹十分幸运。关于宋代登科者的平均年龄,有学者对传世的《绍兴十八年同年小录》和《宝祐四年登科录》做过统计,发现两书所载登科者平均中第年龄分别为35.64岁和35.66岁①。又据学者研究统计,"《夷坚志》是部研究宋代社会生活的重要资料,书中明确记载了16位中第者的登科年龄,平均高达37.22岁。在这16人中,年龄在30岁以下者仅7人,占43.75%;年龄在30岁以上者多达9人,占56.25%。其中登科年龄最大的是湖州张德远,高达77岁。这在宋代并非绝无仅有的个例,不足为奇"。② 而朱熹十九岁进士及第,况且他是在不到一年的时间里就走完从初级的乡贡到最高级别的殿试这一完整的科举考试历程,可谓少年得志。

据束景南《朱熹年谱长编》所载,绍兴十七年丁卯(1147),朱熹十八岁,"八月,举建州乡贡"③。朱熹本人记述:"熹本以诸生应举干禄,于绍兴十七年请到文解,得试礼部,叨预奏名,滥缀末第。"④宋人李方子《紫阳年谱》曰:"绍兴十七年,年十八,中建宁乡举。考官蔡兹谓人曰:'吾取中一后生,三策皆欲为朝廷措置大事,他日必非常人!'"⑤这后生便是朱熹。

绍兴十八年戊辰,朱熹十九岁。二月,在临安参加省试,中举。朱熹后来回忆当年省试情景说:"戊辰年省试出'刚中而应',或云:'此句凡七出。'某将《象辞》暗地默数,只有五个。其人坚执。某又再诵再数,只与说:'记不得,只记得五出,且随某所记行文。'已而出院检本,果五出耳。"⑥又《南宋馆阁续录》卷九亦载:"(朱熹)绍兴十八年王佐榜同进士出身,治《易》。"⑦说明朱熹省试的经义考试内容是《周易》,并且因为自己读书记忆准确且坚持己见从而取得了好成绩。

---

① 李弘祺《宋代教育散论》,台北:东升出版事业有限公司,1980年,第56页。
② 参见张邦炜《宋代的"榜下择婿"之风》一文,载于《宋代婚姻家族史论》,北京:人民出版社,2003年,第80页。
③ 束景南《朱熹年谱长编》(增订本)卷上,上海:华东师范大学出版社,2014年,第107页。
④ 〔宋〕朱熹撰,朱杰人、严佐之、刘永翔主编:《朱子全书(修订本)》第21册,《晦庵先生朱文公文集》卷二二《申建宁府状一》,上海:上海古籍出版社;合肥:安徽教育出版社,2010年,第979页。以下所引朱熹著作均依此《朱子全书》。
⑤ 〔宋〕李幼武《名臣言行录外集》卷一二,《四库全书》文渊阁本。〔清〕王懋竑撰,何忠礼点校《朱熹年谱》卷一,北京:中华书局,1998年,第6页,亦转引类似语。
⑥ 《朱子语类》卷一〇四,《朱子全书》第17册,第3442页。
⑦ 〔宋〕陈骙 佚名撰,张富祥点校《南宋馆阁录 续录》卷九,北京:中华书局,1998年,第381页。

四月，朱熹通过殿试考试，中第五甲第九十人，赐同进士出身。《绍兴十八年同年小录》对此有较为可靠而详细的记录。① "四月初三日，御试策一道"；"四月十七日，皇帝御集英殿唱名，赐状元王佐以下及第出身、同出身共三百三十人，释褐"；"四月二十六日，依令赐钱一千七百贯；四月二十九日，朝谢；五月初二日，就法慧寺拜黄甲，叙同年；五月初五日，赴国子监谒谢先圣先师邹国公；五月日，②立题名石刻于礼部贡院，赐状元王佐等闻喜宴于礼部贡院。"具体到朱熹，此书记载："（五甲）第九十人朱熹，字元晦，小名沈郎，小字季延。年十九，九月十五日生。外氏祝偏侍下，第五二。兄弟无。一举。娶刘氏。曾祖绚，故，不仕。祖森，故，赠承事郎。父松，故，任左承议郎。本贯建州建阳县群玉乡三桂里，自为户。"朱熹的排名相当靠后，是五等里的最后一等，330人中的第278名。据《四库全书总目》提要介绍，宋代同年小录之类的书，当时应不在少数，而后世多不传，传世的仅《宝祐四年登科录》和此《绍兴十八年同年小录》，原因是前者有文天祥、谢枋得等人为世所重，后者则完全是因为朱熹名列其中，以至于明代弘治年间会稽人王鉴于紫阳书院刊刻此书时，竟将《绍兴十八年同年小录》易名为《朱子同年录》，这自然不符合此类典籍的命名体例。如果要换另一书名的话，也只能叫《王佐榜进士题名录》。故四库提要认为："以朱子传是书可也，以朱子冠是书而黜特选之大魁、进缀名之末甲，则不可；以朱子重是书可也，以朱子名是书而削帝王之年号、题儒者之尊称，则尤不可。"③绍兴十八年与朱熹同时中第的名人还有尤袤，位居第三甲第三十七人。尤袤时年二十二岁，也是少年得志，后来他与朱熹有着长期的友好交往。

如上所述，朱熹的科举历程顺利而简单，他在后来谈及这一对大多数人来说堪称难忘而值得炫耀的人生重要转折点时，却轻描淡写，显得那么漫不经心：

> 某年十五六时，亦尝留心于此（禅学）。一日在病翁所会一僧，与之语，其僧只相应和了说，也不说是不是，却与刘说，某也理会得个昭昭灵灵底禅。刘后说与某，某遂疑此僧更有要妙处在，遂去扣问他，见他说得也煞好。及去赴试时，便用他意思去胡说。是时文字不似而今细密，由人粗说，试官为某说动了，遂得举。④

---

① 下文均引自〔宋〕佚名《绍兴十八年同年小录》，《四库全书》文渊阁本。
② "月""日"二字，《四库全书》文渊阁本连缀在一起，而台湾"中央图书馆"所藏明刊本则在此处留出两个空格。后者处理甚为恰当，据上文可知，"月""日"间应缺表示日子的两个字。
③ 《四库全书总目》卷五七，北京：中华书局，1965年，第519页。
④ 《朱子语类》卷一〇四，第3437页。

因问举业,先生笑曰:"某少年时只做得十五六篇义,后来只是如此发举及第。人但不可不会作文字,及其得,也只是如此。"①

按照朱熹的说法,他年纪轻轻顺利地登科及第,只不过是自己随便考考、胡乱说说、恰巧正中考官下怀的结果,不是什么了不起的事情。他考前时文也写得不多,知道怎么写这种东西也就可以了。但是,如果我们深入考察朱熹中举前后的情况,就会发现,所有的一切都不是偶然发生的。

首先,朱熹天资聪慧,好学深思,自幼就表现出对学问和人生不同寻常的兴趣和热情。朱熹回来回忆:"某自五六岁便烦恼道:'天地四边之外,是什么物事?'见人说四方无边,某思量也须有个尽处。如这壁相似,壁后也须有什么物事。其时思量得几乎成病。"②他很早就读书向学,并慨然有做圣人之志。如"某少时读《四书》,甚辛苦","某自卯角读《论》《孟》,自后欲一本文字高似《论》《孟》者,竟无之","某十数岁时读《孟子》言'圣人与我同类'者,喜不可言,以为圣人亦易做,今方觉得难"③等等,就是很好的证明。

其次,朱熹具备良好的家庭教育条件。其父朱松,字乔年,号韦斋,政和八年(1118)同上舍出身,官至吏部员外郎。朱松与李侗(延平)一起师事杨时的高足罗从彦,李侗后来成为对朱熹影响巨大的老师。朱松本人诗文俱佳,在当时颇负盛名。朱熹兄弟三人,两位兄长在朱熹童年时相继夭亡。所以对朱松来说,朱熹成为他可以寄托希望的唯一子嗣。朱松对朱熹疼爱有加,勤于教育。朱熹五岁上学,朱松写有《送五二郎(朱熹)读书诗》,勉励他勤学上进:"尔去事斋居,操持好在初。故乡无厚业,旧箧有残书。夜寝灯迟灭,晨兴发早梳。诗囊应令满,酒盏固宜疏。貘羁宁似犬,龙化本由鱼。鼎荐缘中实,钟鸣应体虚。洞洞春天发,悠悠白日除。成家全赖汝,逝此莫踌躇。"④聪颖早慧的朱熹也时时令朱松感到惊喜与安慰。另外,朱熹父辈不俗的科举考试业绩,从另一方面给了朱熹上进的激励。朱松兄弟三人,除本人"未冠,繇郡学贡京师。以政和八年同上舍出身,授迪功郎、建州政和县尉"⑤之外,朱熹的二叔朱柽,字大年,"中武举,功官承信郎";⑥三叔朱槔,字逢年,"为建州贡元"。⑦

此外,朱熹具有严于律己、刻苦上进的优良品格。特别是他在父亲去世、家庭遭遇重大变故之时,更加发愤图强,这可以说是他在科举之路上取得满意

---

① 《朱子语类》卷一〇七,第3502页。
② 同上书,第3129页。
③ 以上均见《朱子语类》卷一〇四,第3427页。
④ 《重刊朱韦斋集》卷四,转引自《朱熹年谱长编》(增订本)卷上,第31页。
⑤ 《晦庵先生朱文公文集》卷九七《皇考朱公行状》,第4506页。
⑥ 《朱熹年谱长编(增订本)》卷上引紫阳保堂本《朱氏宗谱·婺源茶院朱氏系图》,第12页。
⑦ 同上书,卷上引《新安月潭朱氏族谱》卷一之《新安朱氏世系》,第13页。

成绩的直接动力。据《朱熹年谱长编》所载,绍兴十三年(1143)三月,朱松卒。时朱熹十四岁。朱松临终时"以家事托刘子羽,命朱熹禀学于武夷三先生:籍溪胡宪、白水刘勉之、屏山刘子翚,往父事之"。"刘子羽为朱熹母子筑室于崇安五夫里屏山之下、潭溪之上"。朱熹在潭溪居住期间,入刘氏家塾读书,同时也受教于武夷三先生。三先生既向朱熹传授二程理学思想,培养他清高淡泊、傲然出世的品格,向他灌输反战主和的政治观念,同时三先生也对朱熹有着科举入仕的期许。特别是刘子翚,对朱熹影响更大。他为朱熹取字"元晦",①鼓励朱熹上进。朱熹《跋家藏刘病翁遗帖》曰:"熹蚤以童子获侍左右,先生始亦但以举子见期。"②刘子翚不仅有对朱熹科举仕途的殷切期望,而且还在行动上帮助朱熹应对科举考试。朱熹后来回忆:"温公省试,作《民受天地之中以生论》,……某旧时这般文字及《了斋集》之类,尽用子细看过。其有论此等去处,尽拈出看。少年被病翁监看,他不许人看,要人读。其有议论好处,被他监读,煞吃功夫。"③刘子翚规定朱熹对科举范文只许读不许看,正是为应举而学作程文的办法。

　　自绍兴十三年朱松去世,至绍兴十七年朱熹赴建州秋举,大约五年时间内,朱熹孤儿寡母寓居潭溪,生活十分清贫,母子相依为命,互相鼓励。朱熹有《寿母生朝》诗,其一曰:"……家贫儿痴但深藏,五年不出门庭荒。灶陉十日九不炀,岂办甘脆陈壶觞!低头包羞汗如浆,老人此心久已忘。一笑谓汝庸何伤,人间荣耀岂可常?惟有道义思无疆,勉励汝节弥坚刚……"④朱熹也曾致书三叔朱槔,述说异乡寄寓之艰辛。⑤ 在这样的家境之下,少年朱熹愈加发愤努力,刻苦进取,自然会产生通过科举改变自身命运和家庭处境的想法。朱熹后来常回忆起这段时间集中刻苦读书的情况,并对弟子每每提及:"某是自十六七时下功夫读书,彼时四畔皆无津涯,只自恁地硬着力去做。至今日虽不足道,但当时也是吃了许多辛苦,读了书。"⑥

　　有史料表明,少年朱熹在当时艰苦的环境下,受吕大临《中庸解》及《孟子》"自暴自弃章"的启发和激励,意识到自己不应自暴自弃,而要发愤进取,作有一篇《不自弃文》。虽然此文今天并不见于朱熹文集,但有一系列文献资料可与之呼应。如"某年十五六时,读《中庸》'人一己百,人十己千'一章,因见吕与叔解得此段痛快,读之未尝不竦然警厉奋发"。⑦ 又如朱熹《乞进德劄子》:"臣

---

① 〔宋〕刘子翚《屏山集》卷六《字朱熹祝词》,《四库全书》文渊阁本。
② 《晦庵先生朱文公文集》卷八四,第3966页。
③ 《朱子语类》卷一三〇,第4044页。
④ 《晦庵先生朱文公文集》卷二,第297页。
⑤ 〔宋〕朱槔《玉澜集》之《自作挽歌辞》有"天涯念孤侄,携母依诸刘。书来话悲辛,心往形辄留"诗句,《四库全书》文渊阁本。
⑥ 《朱子语类》卷一〇四,第3429页。
⑦ 同上书,卷四,第194页。

闻《中庸》有言：'人一能之，己百之；人十能之，己千之。果能此道，虽愚必明，虽柔必强。'……臣少时读书，偶于此语深有省焉，奋厉感慨，不能自已。自此为学，方有寸进。"①而朱熹《不自弃文》曰："有格致体物以律其文章，有课式程试以梯其富贵。达则以是道为卿为相，穷则以是道为师为友。……为人孙者，当思祖德之勤劳；为人子者，当念父功之刻苦。孜孜汲汲，以成其事；兢兢业业，以立其志。……士其业者，必至于登名；农其业者，必至于积粟；工其业者，必至于作巧；商其业者，必至于盈资。若是，则于身不弃，于人无愧，祖父不失其贻谋，子孙不沦于困辱，永保其身，不亦宜乎！"②这里，朱熹明言"士其业者，必至于登名"，表明他认为读书人人生价值的实现，获取功名是一个重要标志，也是为人子者的责任。至少在当时的朱熹看来，"课式程试以梯其富贵"，并不是要加以排斥的事情。

这里有一个值得我们特别关注的情况，就是朱熹青少年时代与其年长后对待科举的态度是有细微差别的。虽然朱熹在后来的著述言谈之中每每表明自己轻视科举的态度，但应该看到，那些都是朱熹功成名就、思想成熟之后的言论。事实上，一个人在不同年龄、不同处境之下，其心态和言论会有一些差异和变化。因此，我们同样尊重和相信朱熹年轻时的言行，体会他当时的生活状态，理解他追求功名的举动。其实科举仕进是中国封建社会多数读书人无法逃避的人生之路，朱熹自然也不例外。

对朱熹科举历程做进一步的分析，我们还可以发现一些有趣的、值得深思的问题。比如，朱熹在科举考试中所体现的思想观念，与人们所熟知的理学家朱熹的思想并不一致。儒学大师朱熹科举的学问根底竟然是《周易》的王弼之学和佛教的禅宗，③而这些都不是纯粹正宗的儒学，甚至可以说是儒学的对立面。按照朱熹本人的说法，禅宗思想是他科举考试的敲门砖，而在他后来的学术生涯中，朱熹极力要做的一件事情却是划清自己与佛、道的界线，在批判吸收佛教思想精华的基础上，重新挖掘儒家思想的精妙之处，树立中华本土儒家思想的权威。但科举应试期间的朱熹，还正沉迷于玄妙的佛学之中。他向道谦禅师问学，此后又出入佛老十余年。《佛祖历代通载》卷三〇所录尤焴《题大慧语录》云："(朱文公)十八岁请举，时从刘屏山。屏山意其必留心举业，暨搜其箧，只《大慧语录》一帙尔。次年登科。……焴早得于潘子善丈云尔。"④尤焴是朱熹同年相知尤袤之孙，而潘子善(时举)是朱熹的高足，这一记载出自他们之口，应较可靠。就是说，朱熹在其思想尚未成熟之际，即已参加了科举考试

---

① 《晦庵先生朱文公文集》卷一四，第675页。
② 〔明〕朱培《文公大全集补遗》卷八，转引自束景南《朱熹年谱长编》(增订本)卷上，第86页。
③ 参见王凤《试谈王弼易学的特点及其对朱熹的影响》一文，《中国哲学史》，2006年第3期。
④ 转引自《朱熹年谱长编(增订本)》卷上，第87页。

且高高中第,走完了他科举入仕的人生历程。

再如,从朱熹口述"戊辰年省试出'刚中而应'"题①的考试细节之中,我们可以深切地体会到,年轻的朱熹不仅读书扎实,记忆力好,而且还勇于坚持己见,不人云亦云。这正是追求真理、从事学术研究所需的难能可贵的品质。朱熹后来的学术生涯和学术实践也充分证明了这一点。

另外一个值得讨论的问题是,朱熹在科举考试中所表现的个人气节,是一个谜。②朱熹参与科举活动的绍兴年间,正是"绍兴和议"之后宋高宗、秦桧的投降政策控制朝廷内外的时期,这也波及科举考试。士大夫如想金榜题名,就必须附会投降路线而丧失士人气节。绍兴十八年朱熹殿试策的内容已不得而知,但状元王佐等人的殿试策有存。王佐殿试策曰:"王羲之言'隆中兴之业,政以道胜宽和为本',盖议当时不务息民保国,而欲以兵取胜也。杜牧有言'上策莫如自治',盖议当时不计地势,不审攻守,而徒务为浪战也。况陛下今日任用真儒,修明治具,足以铺张对天之宏休,扬厉无前之伟绩,则光武之治,不足深羡。"③状元王佐大唱主和反战论调,迎合阿谀高宗、秦桧等投降派。朱熹是同榜进士,我们可以推测,他大概也不会太与朝廷唱反调,否则便无法登科。但从他非常靠后的录取名次来看,或许朱熹主和的违心之论说得并不那么严重,又或许他表现出了主战的意愿。而我们也不得不注意一个事实,即此时的朱熹年方十九,思想学术还远远没有成熟,在没有确凿史料的情况下推断他"失节""虚伪",都未免言之过重。

科举之路的顺坦成为朱熹后来成就卓著的有利条件之一。可以说,正因为他早早登科及第,才能有更多时间和精力致力于思想学术的研究。加之他刻苦好学,勤于思考,寿命较长,就具备了成为大学者的得天独厚的条件。朱熹在晚年回顾自己经历时,也颇感幸运,他对弟子说:"某当初讲学,也岂意到这里?幸而天假之年,许多道理在这里,今年颇觉胜似去年,去年胜似前年。"④朱熹意识到寿命对一位学者的重要性,却未提及尽早摆脱科举束缚、充分争取自由思考、自主掌握学习权利的幸运。其实后者对一位学者来说也是相当重要的。我们将朱熹和他交往密切的同时代几位杰出学者如吕祖谦、陆九渊、陈亮等人相比,就会发现及早科考中第对他来说是一件多么幸运的事情。朱熹生于高宗建炎四年(1130),卒于宁宗庆元六年(1200),享年七十一岁,高宗绍兴十八年(1148)十九岁中进士;吕祖谦生于绍兴七年(1137),卒于孝宗淳熙八年(1181),享年四十五岁,孝宗隆兴元年(1163)二十七岁中进士;陆九渊生于

---

① 《朱子语类》卷一〇四,第3442页。见前述。
② 王曾瑜《绍兴和议与士人气节》谈及这一问题,《中国史研究》,2001年第3期。
③ 〔宋〕佚名《绍兴十八年同年小录》,《四库全书》文渊阁本。
④ 《朱子语类》卷一〇四,第3441页。

绍兴九年(1139),卒于光宗绍熙四年(1193),享年五十五岁,孝宗乾道八年(1172)三十四岁中进士;陈亮生于绍兴十三年(1143),卒于庆元元年(1195),享年五十三岁,绍熙四年(1193)五十一岁中状元。如果我们计算他们从科举及第到卒年的时间,就会发现朱熹是52年,吕祖谦18年,陆九渊21年,陈亮2年,朱熹的优势明显可见。虽然一个人思想学术的发展不必等登科及第之后才全部开始,但毕竟应付科举考试要耗费相当的时间和精力,势必影响到真正的学术思想的深入研究和提高。

事实上,早早走完科举之路,对朱熹来说的确获益匪浅,脱却场屋的青年朱熹如鸟插双翅、虎入平川,尽情地在知识的广阔天地中徜徉。大量史料表明,朱熹二十岁时,也就是他在摆脱科举束缚的第二年,便开始进入狂热的读书期。二十岁是朱熹学问思想的转折之年,是一个分界线和里程碑。当然,朱熹这样狂热读书并非出自某种外在压力,而完全是一种渴求知识、好学深思的自觉行为。这在当时一般人看来是不可思议的,朱熹却全然不理会世俗的偏见。他说:"学者难得,都不肯自去着力读书。某登科后要读书,被人横截直截,某只是不管,一面自读。"①这时期朱熹读书有两个特点:一是阅读领域的扩大,二是思考深度的加强。除继续阅读儒家经典之外,他还开始读曾巩的文章。既学习曾巩之文的写作方法,也从中汲取曾巩的儒学思想。"熹未冠而读南丰先生之文,爱其词严而理正,居常诵习,以为人之为言,必当如此,乃为非苟作者。"②"余二十许时,便喜读南丰先生文,而窃慕效之。"③值得注意的是,曾巩那种严谨朴实、言之有物的文风,特别符合理学学术规范和学术风格,堪称朱熹理学思想的一种最佳表达方式。事实上,朱熹一直保持着这种文风,这是他学术研究的一个基础。他说:"人之文章,也只是三十岁以前气格都定,但有精与未精耳。……某四十以前尚要学人做文章,后来亦不暇及此矣。然而后来做底文字,便只是二十左右岁做底文字。"④另外,科举及第后的朱熹开始阅读他从前不太重视的历史类著作。"某自十五六时至二十岁,史书都不要看,但觉得闲是闲非没要紧,不难理会,大率才看得此等文字有味,毕竟粗心了。"⑤即便是对过去较为用心的儒家经典,朱熹及第后的阅读也更为深入和用心,因而领悟到一些过去所忽视的儒家思想的精髓。他说:"《孟子》若读得无统,也是费力。某从十七八岁读至二十岁,只逐句去理会,更不通透。二十岁已后,方知不可恁地读。元来许多长段都自首尾相照管,脉络相贯串,只恁地

---

① 《朱子语类》卷一〇四,第3433页。
② 《晦庵先生朱文公文集》卷八三《跋曾南丰帖》,第3918页。
③ 同上书,卷八四《跋曾南丰帖》,第3965页。
④ 《朱子语类》卷一三九,第4293页。
⑤ 同上书,卷一〇四,第3433页。

熟读,自见得意思。从此看《孟子》,觉得意思极通快,亦因悟作文之法。"①"读书须是以自家之心体验圣人之心。少间体验得熟,自家之心便是圣人之心。某自二十时看道理,便要看那里面。"②以上话语都可以看作朱熹对自己脱却场屋的二十岁时集中读书的深刻体会。

科举制度自产生之日起,其最终目的就是要通过一种相对公平的考察方式选拔封建社会的精英人才。一种制度在实施过程中,总会有利有弊,科举制度的弊端自然也无法避免。历代通过科举获取声名利禄的平庸之徒不在少数,但也不可否认,科举制也造就了一种积极向学的社会氛围,并遴选出不少聪颖俊逸之才,朱熹便是其中的佼佼者。朱熹的科考经历体现了科举制度的成功之处,他本人也是科举制度的受益者。

二、朱熹对待科举的基本态度

作为有宋一代鸿学硕儒,朱熹毕生精力主要集中在对典籍文献的整理诠释,对儒学思想的阐发探究以及对历史、政事、教育、文学等方面的关注上。相比之下,朱熹的注意力并不在科举方面,其专论科举的言论也不算多。朱熹《学校贡举私议》一文比较集中地阐述了他的科举及教育主张,下文将专门论及。除此之外,朱熹比较集中的关于科举的言论在《朱子语类》卷一〇九的《论取士》和卷一三的《力行》,此外一些书信中也有所涉及。

我们考察朱熹对待科举的基本态度,应注意两个问题:一是如前所述,要注意到朱熹思想成熟期与未成熟期的差别,区别青少年朱熹与成年朱熹对待科举的不同态度,充分关注朱熹对待科举的一般的、基本的态度。二是要听其言而观其行,应注意到朱熹在日常生活中对待亲友科举问题的态度。总体来说,朱熹认为人生目标是做一个道德完善的实现崇高理想的君子,力求达到儒家内圣外王的境界。内圣外王如果要选其一的话,首先是内圣,然后才是事功。他认为科举是选拔人才的一种工具,其目的是引导人们积极向学,但有时这一工具并未起到它应有的作用。另外,朱熹认为科举考试是一般人都要经历的人生历程,参与举业可以说是为家族的需求而尽的义务,但绝非人生的主要目标。科场得意固然好,科场失意也并不应该影响人生大目标的追求。所以朱熹说:"场屋之文,固知贤者未能免俗。然先有以立乎其大者,然后出而应之,则得失荣辱不能为吾累矣。"③又如朱熹和弟子论及"科举之学"时,"(弟子)

---

① 《朱子语类》卷一〇五,第3451页。
② 同上书,卷一二〇,第3774页。
③ 《晦庵先生朱文公文集》续集卷八《答毛朋寿》书,第4787页。

问:'若有大贤居今之时,不知当如何?'曰:'若是第一等人,它定不肯就。'又问:'先生少年省试报罢时如何?'曰:'某是时已自断定,若那番不过省,定不复应举矣。'"①可见在朱熹心目中,第一等人是决不会屈就于科举这类俗事而浪费很多时间的。虽然事实上并不存在朱熹落第的情况,但我们有理由相信他说这番话时是十分真诚的。

朱熹这种对待科举不甚以为然的基本态度,有其家学渊源的影响。朱熹的祖父朱森及父亲朱松对待科举及读书做人的态度,对朱熹有着深刻的影响,从中可以看出朱氏家学家风相继相承的脉络。朱森并未获取过功名,但他并不在意,而是淡泊名利,以德为尚,教育子女也是以道义为重,不慕虚名。朱松《先君行状》曰:"公少务学科举,既废,不复事进取。……胸中冲澹,视世之荣利泊然,若不足以干其心者。家人生产,未尝挂齿。子松游乡校,时时少得失,无所欣戚。家既素单,久而益急,或劝事生业,曰:'外物浮云尔,无庸有为也。使子贤,虽不荣,于我足;不然,适重为后日骄纵之资尔。'独见松从贤师友游,则喜见言色,其笃于道义而鄙外浮荣,盖天资云。"②朱松聪颖好学,科场得意,但并未妨碍他自行选择学习对象,洒脱而自由。朱熹《皇考朱公行状》曰:"未冠,繇郡学贡京师。以政和八年同上舍出身,授迪功郎、建州政和县尉。……公生有俊才,自为儿童时,出语已惊人。少长,游学校,为举子文,即清新洒落,无当时陈腐卑弱之气。及去场屋,始放意为诗文。"③朱松本人亦曰:"某少而苦贫,束发入乡校,从乡先生游,学为世俗所谓科举之文者,藐然儿童尔。又方汲汲进取,校得失于毫厘间。然独喜诵古人文章,每窃取其书玩之,矻矻而不知厌。乡先生呵而楚之,不为改也。于是时固已厌薄其学,以为无所用于世而无足尽心也。既冠,试礼部,始得谢去场屋。……复取六经诸史与夫近世宗公大儒之文,反复研覈,尽废人事,夜以继日者余十年。"④比起祖父朱森来,父亲朱松对朱熹的影响更大更直接,两人的性情及人生取向也更为相近。

朱熹对当时科举现状有不少批判之辞,究其原因,是因为科举制度推行相当长时间以来,其弊端已极为显著,所谓"科举之弊极矣"。⑤ 特别是对于重视并深究儒家经典义理的朱熹而言,如果说科举中词赋考试之弊端还可以忍受的话,那么歪曲经义、胡乱解释儒家经典的做法就是在侮辱圣人了,实在让人

---

① 《朱子语类》卷一〇七,第 3503 页。
② 〔宋〕朱松《韦斋集》卷一二,《四库全书》文渊阁本。
③ 《晦庵先生朱文公文集》卷九七,第 4506 页。
④ 《韦斋集》卷九《上谢参政书》,《四库全书》文渊阁本。
⑤ 《朱子语类》卷一〇九,第 3536 页。

忍无可忍。① 正是因为举子于经义并不遵循儒家经典原意,而是标新立异、信口胡言,已严重背离国家以经学取士的初衷而走向反面,所以朱熹评价说:"今人作经义,正是醉人说话。只是许多说话改头换面,说了又说,不成文字。"②当然,这里有应试者胡乱作经义的责任,更有命题者割裂文义乱出题目的责任。"今人为经义者,全不顾经文,务自立说,心粗胆大,敢为新奇诡异之论。方试官命此题,已欲其立奇说矣。又出题目定不肯依经文成片段,都是断章牵合,是甚么义理。……遂使后生辈违背经旨,争为新奇,迎合主司之意,长浮竞薄,终将若何,可虑可虑!"科举考试使得考官和考生都"违背经旨",致使"道术不一",这正是朱熹最为忧虑并深恶痛绝的。朱熹还指出其中的原因是考生和考官互不信任,互为"盗贼",又利欲熏心,才出现"今日学校科举不成法"的糟糕局面。③

  与科举相关联的是,朱熹对言之无物的时文也进行了毫不留情的批判。④他说:"如今时文,取者不问其能,应者亦不必其能,只是盈纸便可得。"⑤朱熹认为绍兴渡江之初的时文,有的还有些"气宇",而如今只有"衰气"了。"时文之弊已极,虽乡举又何尝有好文字脍炙人口?若是要取人才,那里将这几句冒头见得?只是胡说。今时文日趋于弱,日趋于巧小,将士人这志气都消削得尽。"⑥时文的空洞无物和纤细弱小,究其原因在于士人缺乏志气。

  从朱熹对待家人及朋友科举仕进的言谈行为中,可以更形象更真实地了解朱熹对待科举的态度。朱熹生活的时代,一般人都十分崇尚科举。追求科举及第、获取功名是读书人的人生目标,也是衡量一个人是否为贤才的标准,所谓"士大夫以此高下人物"。⑦ 达官显贵、名门巨贾在选择女婿时,更是将进士看作最为理想的人选,以至于形成宋代十分盛行的榜下择婿之风,⑧因为这是一条最便捷的获取或保持富贵荣耀的途径。相比之下,朱熹的做法可谓特立独行。淳熙九年(1183),朱熹将次女朱兑嫁与黄榦。朱熹看上黄榦的是他追求道学的崇高志向和甘于清苦、聪颖好学的美好品质。虽然当时朱熹本人

---

① 《朱子语类》卷一〇九,"今为经义者,又不若为词赋;词赋不过工于对偶,不敢如治经者之乱说也",第3532页。"今时文赋却无害理,经义大不便,分明是侮圣人之言",第3536页。
② 同上书,卷一〇九,第3531页。下同。
③ 同上书,卷一〇九,第3532页。
④ 参见朱瑞熙《朱熹对时文——八股文雏形的批判》一文,载于《疁城集》,上海:华东师范大学出版社,2001年,第23页。
⑤ 《朱子语类》卷一〇九,第3531页。
⑥ 同上书,卷一〇九,第3541页。
⑦ 〔宋〕周密撰,吴企明点校《癸辛杂识》前集《科举论》,北京:中华书局,1988年,第22页。
⑧ 参见张邦炜《宋代的"榜下择婿"之风》一文,载于《宋代婚姻家族史论》,北京:人民出版社,2003年,第62页。

已极负盛名,但黄榦不热衷于举业,朱熹也还是欣然与黄氏联姻。人们对朱熹这种异于常人的举动感到无法理解,却也获得好评。"潘瓜山曰:'文公语以道德性命之旨,言下领悟,遂厌科举之业,慨然有志于道,深观默养殆几十年。文公喜其用意清苦,遂妻以女。时文公声名已盛,公卿名家莫不攀慕,争欲以子弟求昏。公家清贫,门户衰冷,文公独属于公者,以吾道所在,欲有托也。'"①说的正是这段佳话。

朱熹对待黄榦的两个儿子即自己的外孙黄辂、黄辅关爱备至,寄予厚望,②尤其重视对他们的培养教育,但他的教育重点和最终目的并非着眼于科举仕进,而是健康快乐、奋发上进、学做好人。朱熹屡屡叮嘱黄榦:"二孙随众读书供课,早晚教诲之为幸。""二孙切烦严教督之,……只可着力学做好人,是自家本分事。平时所望于儿孙者不过如此,初不曾说要入太学、取科第也。"③这种态度在当时十分难得。

对待友人门人有关科举之事,朱熹几乎也持有同样的态度。其好友吕祖谦比较用心于科举,朱熹在给另一好友张栻的信中对此提出批评:"渠(吕祖谦)又为留意科举文字之久,出入苏氏父子波澜,新巧之外更求新巧,坏了心路,遂一向不以苏学为非,左遮右拦,阳挤阴助,此尤使人不满意。"④吕祖谦的确喜爱苏文,又留意科举,当时苏文为科举范本,吕祖谦在其所编《皇朝文鉴》《古文关键》等文章选本中给苏轼文留有最突出的位置。吕祖谦还编有《东莱标注三苏文集》五十九卷,此书标注本意,加以点抹,是他较早为举子练习时文而选编的一部三苏文章选本。朱熹对吕祖谦的这些做法很不以为然。再如,友人林用中(字择之)乾道四年(1168)赴秋试,朱熹题诗送别,其中一首云:"门外槐花似欲黄,高堂应望促归装。个中自有超然处,肯学儿曹一例忙?"⑤表现了朱熹对待科举的洒脱超然态度。

朱熹潇洒地对待科举,不把科举中第看作人生特别重要的一件事情,但这并不是说朱熹反对科举制度,拒绝科举考试。这种情况看似矛盾,实则不难理解。试想在以科举及第为人生目标和理想的古代社会,有多少读书人可以做到完全自觉自愿地逃离科举、超越科举?除非此人是脱离社会的方外之人,或能有幸得到祖上荫庇。所以,当朱熹之婿黄榦采取极端的罢举行动时,朱熹还

---

① 《朱熹年谱长编(增订本)》卷上引《勉斋先生黄文肃公年谱》,第758页。
② 《晦庵先生朱文公文集》续集卷一《答黄直卿》书:"此女得归德门,事贤者,固为甚幸。……辂孙骨相精神,长当有立。辅亦渐觉长进,可好看之。"第4656页。"辂孙不知记得外翁否?渠爱壁间狮子,今画一本与之,……愿他似此狮子,奋迅哮吼,令百兽脑裂也"。第4658页。
③ 以上见《晦庵先生朱文公文集 续集》卷一《答黄直卿》书,第4661、4662页。
④ 《晦庵先生朱文公文集》卷三一《与张敬夫》书四,第1334页。
⑤ 同上书,卷六《送林择之还乡赴选三首》其二,第415页。

是觉得不大妥当,认为没有必要这样倔强。他给黄榦写信说:"晦伯人来,得近问,知山中读书之乐,甚慰。但不应举之说终所未晓,朋友之贤者,亦莫不深以为疑,可更思之。固知试未必得,然以未必得之心随例一试,亦未为害也。"①"闻今岁便欲不应科举,何其勇也。然亲闻责望,此事恐未得自专。更入思虑,如何?"②也对他人述说了自己对黄榦此举的不解:"直卿罢举,不复可劝,殊不可晓。"③但我们应注意到,即使朱熹对黄榦罢举持反对意见,但作为长辈,其反对的态度也是极其缓和的,劝解也是不甚急迫的,而这对于当时大多数人来说,恐怕难以做到。

朱熹的三个儿子朱塾、朱埜、朱在,不仅在思想学术上未能继承朱熹衣钵,无甚成就,即便在科举功名上也无所建树。如朱熹长子朱塾(字受之),由于不好学,朱熹自己无法教育,于是遣送他远赴浙东,师从好友吕祖谦。④ 吕祖谦是当时德高望重的道学大家,同时也担任过朝廷主考官,创办丽泽书院授徒讲学,在科举方面甚有影响。朱熹遣子就学的举动不能不说有希冀儿子学业、举业两方面均有长进的愿望。从朱熹给吕祖谦的一系列书信中我们可以看到一位父亲对儿子教育和前途的拳拳之心。朱熹信中写道:"儿子久欲遣去,以此扰扰,未得行,谨令扣师席。此儿绝懒惰,既不知学,又不能随分刻苦作举子文。今不远千里以累高明,切望痛加鞭勒,俾稍知自厉。"⑤从朱熹话中可以察觉到,他对自己这个儿子是不抱太大希望的,认为他天分不高,成不了大器,顶多就是走走举业之路,因此朱熹也就只是关心儿子举子文做得是否有长进。朱熹又说:"儿子既蒙容受,感佩非常。不知能应程课、入规矩否?""儿子蒙教督甚至,举家感激不可言,但所做大义似未入律,闻亦已令专治此业,甚善。观其气质,似亦只做得举子学。""儿子久累教拊……更愿终赐,使随其资之高下有所成就,幸甚。固不敢大望之也。"⑥表明朱熹认为资质不高、难成大业的普通孩子只能走举业之路。此外,朱熹也曾令长子朱塾、次子朱埜师从蔡元定,在与蔡元定的书信往来中也表达了类似的态度,并且还对何种时文便于取胜有着自己的体会和判断:"两儿久欲遣去,因循至今,……大儿不免令读时文,然观近年一种浅切文字殊不佳,须寻得数十年前文字宽舒有议论者与看为佳。

---

① 《晦庵先生朱文公文集 续集》卷一《答黄直卿》书,第4655页。
② 同上书,卷一《答黄直卿书》,第4670页。
③ 《晦庵先生朱文公文集 续集》卷四上《答刘晦伯》,第4726页。
④ 同上书,卷八《与长子受之》:"盖若汝好学,在家足可读书作文,讲明义理,不待远离膝下,千里从师。汝既不能如此,即是自不好学,已无可望之理。然今遣汝者,恐汝在家沾于俗务,不得专意,又父子之间不欲昼夜督责,及无朋友闻见,故令汝一行。"第4790页。
⑤ 《晦庵先生朱文公文集》卷三三《答吕伯恭》书二十,第1440页。
⑥ 同上书,卷三三《答吕伯恭》书二十三,第1442页。《答吕伯恭》书二十七,第1446页。《答吕伯恭》书三十,第1449页。

虽不入时,无可奈何。要之,将来若能入场屋,得失又须有命,决不专在趋时也。"①凡此种种均表明,作为父亲的朱熹在对待儿子举业问题上是在竭力尽一份责任,但也并未强求儿子一定要获取功名。正如他自己所说:"科举是无可奈何,一以门户,一以父兄在上责望。"②

总之,朱熹对待科举的基本态度是不太看重甚至是轻视的,尤其对当时的科举时弊,更是持有强烈的批判态度。尽管如此,朱熹也尚未清高到逃避科举、否定自己及家人朋友获取功名的地步。这初看起来似乎矛盾,但实际上关乎一个人如何确立人生终极目标的问题。在朱熹看来,人首先要把立志的问题弄清楚,如果志于德,无论参加多少次科举考试都没关系。然而世人不能把握,往往被科举夺志,这正是科举最害人之处。因此他说:"科举累人不浅,人多为此所夺。但有父母在,仰事俯育,不得不资于此,故不可不勉尔。其实甚夺人志。"又说:"非是科举累人,自是人累科举。若高见远识之士,读圣贤之书,据吾所见而为文以应之,得失利害置之度外,虽日日应举,亦不累也。居今之世,使孔子复生,也不免应举,然岂能累孔子邪!"③针对一般人难以把握应在举业上所花费时间长短和所投入精力大小的问题,朱熹提出一个量化的分配原则,认为一个人顶多在举业上投入三分之一的时间和精力,再多就会出问题。他说:"士人先要分别科举与读书两件,孰轻孰重。若读书上有七分志,科举上有三分,犹自可;若科举七分,读书三分,将来必被它胜却,况此志全是科举。"④"问科举之业妨功。曰:'程先生有言:"不恐妨功,惟恐夺志。"若一月之间着十日事举业,亦有二十日修学。若被它移了志,则更无医处矣。'"⑤这是一些有意思的提法。

朱熹的辩友陆九渊对《论语》中"君子喻于义"章有精辟解说,我们可以把它看作朱熹之于科举基本态度的最佳注脚。淳熙八年(1181)二月,陆九渊应朱熹之邀在白鹿洞书院讲论"君子小人喻义利"章,朱熹大为赞叹,认为陆九渊的讲说深刻而切中时弊,请他书写下来并刻之于石,以为学者警诫。两人年谱及相关著述对此均有记述。朱熹《跋金溪陆主簿白鹿洞书堂讲义后》云:"(子静)所以发明敷畅,则又恳到明白,而皆有以切中学者隐微深锢之病,盖听者莫不悚然动心焉。熹犹惧其久而或忘之也,复请子静笔之于简而受藏之。凡我同志,与此反身而深察之,则庶乎其可以不迷于入德之方矣。"⑥那么,陆九渊的

---

① 《晦庵先生朱文公文集》卷四四《答蔡季通》书五,第1992页。
② 《朱子语类》卷一三九,第4315页。
③ 同上书,卷一三,第414、415页。
④ 同上书,卷一三,第411页。
⑤ 同上书,卷一三,第414页。
⑥ 《晦庵先生朱文公文集》卷八一,第3853页。

演讲是如何令朱熹觉得可以使人"不迷于入德之方"的？陆九渊《白鹿洞书院论语讲义》云：

> 子曰："君子喻于义，小人喻于利。"此章以义利判君子小人，辞旨晓白，然读之者苟不切己观省，亦恐未能有益也。某平日读此，不无所感：窃谓学者于此，当辨其志。人之所喻由其所习，所习由其所志。志乎义，则所习者必在于义，所习在义，斯喻于义矣。志乎利，则所习者必在于利，所习在利，斯喻于利矣。故学者之志不可不辨也。科举取士久矣，名儒钜公皆由此出。今为士者固不能免此。然场屋之得失，顾其技与有司好恶如何耳，非所以为君子小人之辨也。而今世以此相尚，使汩没于此而不能自拔，则终日从事者，虽曰圣贤之书，而要其志之所乡，则有与圣贤背而驰者矣。……诚能深思是身，不可使之为小人之归，其于利欲之习，怛焉为之痛心疾首，专志乎义而日勉焉，博学审问，慎思明辨而笃行之。由是而进于场屋，其文必皆道其平日之学、胸中之蕴，而不诡于圣人。……其得不谓之君子乎？①

这里，陆九渊将一个人的义利观与立志问题结合起来，并以科举取士为例说明之。如果一个人志于义而非志于利的话，即使他屡次出入场屋，其心中始终想着圣人之学，也是可以谓之君子的。反之，即使读了圣贤之书，但其立志在利，人生目标在于以科举获取功名利禄，是与圣贤之意相悖的，那就是小人。

三、朱熹的科举、教育主张及实际影响

朱熹重视人的道德修养，不赞成将毕生主要精力放在举业上，但他也并不主张废除科举制度，而认为科举取士不失为一种行之有效的选拔人才的方法，关键是要有一套完备的机制和一些好的办法。② 朱熹晚年，由于一个契机，他得以全面深入地思考了科举及教育问题，写下长文《学校贡举私议》。此前朱熹在朝时，关于取士，宰相赵汝愚欲行三舍法，陈傅良、叶适则欲行混补法。对这两种选拔人才的方法，朱熹均表示反对。他认为："为混补之说者固大谬，为三舍之说亦未为得也。未论其他，只州郡那里得许多钱谷养他。盖入学者既有舍法之利，又有科举之利，不入学者只有科举一途，这里便是不均。利之所在，人谁不趋。"③ 由此他又作进一步思考，针对当时科举时弊，全面提出了自己

---

① 〔宋〕陆九渊撰，钟哲点校：《陆九渊集》卷二三，北京：中华书局，1980年，第275页。
② 《朱子语类》卷一〇九："问：'今目科举之弊，使有可为之时，此法何如？'曰：'也废他不得，然亦须有个道理。'"第3536页。
③ 同上书，卷一〇九，第3533页。

对科举和教育问题的看法。

《学校贡举私议》是一篇深思熟虑的关于科举的总结性文章,朱熹本人非常看重它,不轻易与人,且认为以此法取士有助于将来出人才。《朱子语类》有如下记载,其一:"临别,先生留饭,坐间出示理会科举文字,大要欲均诸州解额,仍乞罢诗赋,专经学论策,条目井井,云:'且得士人读些书,三十年后恐有人出。'"①其二:"乙卯年,先生作《科举私议》一通,付过看。大概欲于三年前晓示,下次科场以某经、某子、某史试士人。如大义,每道只六百字,其余两场亦各不同。后次又预前以某年科场,别以某经、某子、某史试士人,盖欲其逐番精通也。过欲借录,不许。"朱熹说过:"某常欲作一科举法,今之诗赋实为无用,经义则未离于说经,但变其虚浮之格,如近古义,直述大义。"②这篇《学校贡举私议》就是朱熹一直想作的那个"科举法",主要想法是建议科举考试中废除无用的诗赋,专考经学策论,以选拔思想纯正的博学经世之才。此文虽然也涉及学校教育,但主要出发点还是在于科举制度的改革。

然而,尽管《学校贡举私议》堪称是朱熹集毕生经验而对科举问题所作的深入思考之作,但其成文时机却不太好,这大大影响了朱熹科举思想和主张在当时的实施和推广。此文作于宋宁宗庆元元年(乙卯年,1195),朱熹时年六十六岁,此年发生庆元党禁。此后直至庆元六年朱熹去世的这段时间里,以朱熹为首的道学家一直受到官方的严酷压制和贬斥,朱熹无论有多么合理的改革主张,都不可能有实施的机会。而且值得注意的是,这一时期的科举考试,反映出对以朱熹为主的道学家的排斥和打击。如有人借庆元二年春试的机会打着整饬场屋的旗号,上禁绝"伪学"之奏疏,并得到皇帝批准。"(庆元二年)二月,省闱知贡举叶翥、倪思、刘德秀奏论文弊,上言伪学之魁(指朱熹)以匹夫窃人主之柄,鼓动天下,故文风未能丕变。乞将《语录》之类,并行除毁。是科取士,稍涉义理,悉见黜落。六经、《语》《孟》《中庸》《大学》之书,为世大禁。"③三月,叶翥等人再次上奏,进而提出在太学、州学全面禁止朱熹的《语录》及其对儒家经典的训释。在此严酷氛围之中,朱熹的科举改革主张自然无人理会,不因此而被治罪已属大幸,所以只能是一个名副其实的"私议"。

朱熹的重要之作《学校贡举私议》由于庆元党禁而备受冷落,但却并非在历史上毫无影响。值得注意的是,这种影响是长远的、潜在的、有选择性的,却又是相当重要的。《学校贡举私议》的写作源于朱熹的两个基本认识,即对理想中的古代选举之法的向往和肯定,以及对当时科举流弊的不满和批判。朱

---

① 《朱子语类》卷一〇九,第3537页。下同。
② 同上书,第3538页。
③ 〔宋〕樵川樵叟《庆元党禁》,《丛书集成初编》本,第15页。这里所谓大禁的"六经、《语》《孟》《中庸》《大学》之书",当是朱熹及其学派的注释之书。

熹认为，古之士人"有定志而无外慕"，"惟惧德业之不修，而不忧爵禄之未至"，①有着正确的人生定位。与之相应，国家有"实用而不可阙"的完善的选举制度。而当今之世，"其所以教者，既不本于德行之实，而所谓艺者，又皆无用之空言"，故大有全面改革之必要。朱熹的科举改革主张涉及问题众多，有些是针对时弊的，有些则更具长远意义。概而言之，就是"均诸州之解额以定其志，立德行之科以厚其本，罢去词赋而分诸经、子史、时务之年以齐其业，又使治经者必守家法，命题者必依章句，答义者必贯通经文，条举众说而断以己意"。可见朱熹的着眼点在于革除当时士大夫心向利禄不重道德修养，以及学风轻浮不重实学的两大弊习。

兹将朱熹科举主张与后世科举制度关系重大者加以比较分析：

其一，朱熹认为，隋唐以来"专以文词取士，而尚德之举不复见"。要改变这种状况，就要从科目设立和考试内容两方面着手改革。于是他主张设立德行之科，罢诗赋而专经学论策。其实关于此类科举制度的改革措施，早在北宋王安石时即已意识到并已实施，至南宋又被朱熹重新提起。究其根本原因，是因为儒学在宋代的复兴。朱熹认为，诗赋是"空言"，于设教取士无益。尽管朱熹总体上否定王安石变法，但他认为王安石科举变革中的罢诗赋而用经义的做法是完全正确的，其错误之处只在于不应使天下学子专主王氏经义一家，而应博采众收。

如果我们继续往下考察科举历史的话，就会发现，朱熹这一主张几乎可以说是指示了元明清科举制度的发展方向，颇为符合后世的实际情况。在这一发展过程中，元代起到了承上启下的关键作用。

朱熹之后的宋代科举制度基本沿袭旧制。元代由于异族的入侵，包括科举在内的所有典章制度几乎都一度出现中断，在重新链接之后，一些新的特点便开始显现。南宋末期随着名儒赵复的北上，理学从南方广泛而深入地传到北方。②受赵复影响，元代北方逐渐形成了两个理学流派，一是以许衡为代表的"鲁斋学派"，一是以刘因为代表的静修学派。这两个学派在政治立场上区别明显。与刘因矜持自守、不肯仕元相反，许衡积极入世。正是由于许衡的不懈努力，朱子学在元朝终于形成强大声势和广泛影响，而许衡在科举制度上确立朱熹理学地位，其意义更为重大。许衡为元世祖忽必烈辅政，参与制订了包括科举规章制度在内的许多大政方针，《元史·选举志》记载，元世祖至元初期，许衡"议学校科举之法，罢诗赋，重经学，定为新制。事虽未及行，而选举之

---

① 《晦庵先生朱文公文集》卷六九《学校贡举私议》，第3355页。下文所引均据此。
② 《宋元学案》卷九〇《鲁斋学案》"隐君赵江汉先生复"黄百家案："自石晋燕、云十六州之割，北方之为异域也久矣，虽有宋诸儒叠出，声教不通。自赵江汉以南冠之囚，吾道入北，而姚枢、窦默、许衡、刘因之徒，得闻程朱之学以广其传，由是北方之学郁起。"北京：中华书局，1986年，第2995页。

制已立"。① 许衡制定的元代科举"新制",不同以往之处是突出了经学的地位,去掉了长期以来在科举考试中占重要位置的诗赋,使元朝的选士思想和科举政策定位于"取士以德行为本,试艺以经术为先"。② 许衡的科举主张在元仁宗皇庆二年(1313)关于科举改制的诏书中体现出来,而于仁宗延祐二年(1315)会试时正式实施。我们可以清楚地看到,许衡的科举新制正是体现了朱熹《学校贡举私议》的思想主张,它指示了后世科举发展的方向,对元明清科举制度均产生深远影响。此后,曾在科举考试中占有相当比重并产生巨大影响的词赋内容,一般就不再单独出现在科举考试之中。③ 而词赋用以考察士人才情智慧的功能则逐渐隐入八股文严格的形式之中。

其二,朱熹主张"其治经者必专家法",也就是说,科举考试的经义内容不能按照自己的意思随便乱说,要有所依傍,要出于某一家的解说。朱熹的这一观点初看起来颇为保守,但如果我们了解到当时的实际情况,就会发现朱熹此主张是有很强针对性的,是有感而发的。因为"近年以来,习俗苟偷,学无宗主,治经者不复读其经之本文与夫先儒之传注,但取近时科举中选之文讽颂模仿,择取经中可为题目之句以意扭捏,妄作主张,明知不是经意,但取便于行文,不暇恤也"。而诸经之中,尤以《春秋》为甚。更为糟糕的是,"主司不惟不知其谬,乃反以为工而置之高等"。这种情况真可以说是造成了对经学的戕害和对圣言的侮辱,"名为治经而实为经学之贼,号为作文而实为文字之妖",因此"不可坐视而不之正也"。朱熹还认为虽然汉儒各守家法师说,显得有些拘泥保守,但堪称风俗淳厚,要远远强于当今人的信口开河和仅重时文。朱熹的目的无非是想让士人真正阅读儒家经典,而不仅仅把经书当作科举考试的幌子。

朱熹对其"治经者必专家法"的主张作了进一步的解释,即"讨论诸经之说,各立家法,而皆以注疏为主"。这里的"注疏"包括他本人为《大学》《中庸》《论语》《孟子》所作的《集解》(即《四书章句集注》),也包括其他。

朱熹《四书章句集注》与科举制度的结合,不仅是科举史上的一件大事,也是影响整个元明清思想史和文化史的一个重要问题,自然值得我们特别关注。

元代在许衡的建议下制定了新的科举制度,规定并指示了元明清科举发展的方向。元仁宗皇庆二年下诏推行科举,规定"考试程式:蒙古、色目人,第一场经问五条,《大学》《论语》《孟子》《中庸》内设问,用朱氏章句集注。其义理

---

① 《元史》卷八一《选举志》一,北京:中华书局,1976年,第2018页。
② 同上书,第2015页。
③ 至于乾隆二十二年开始将乡、会试"易表、判为诗,永著为例"(法式善等撰《清秘述闻三种》之《清秘述闻》卷六,北京:中华书局,1982年,第198页)的做法,纯粹表明乾隆本人对诗歌的爱好。况且形式古板严格的试帖诗所起的作用也无法与唐宋科举考试中的词赋相提并论。

精明、文辞典雅者为中选。第二场策一道，以时务出题，限五百字以上。汉人、南人，第一场明经、经疑二问，《大学》《论语》《孟子》《中庸》内出题，并用朱氏章句集注，复以己意结之，限三百字以上；经义一道，各治一经。……第二场古赋诏诰章表内科一道。……第三场策一道"，①仁宗延祐二年会试实行。从此以后，朱熹《四书章句集注》便成为科举考试的主要依据。元代所制定的考试程式和考试内容基本为明清两代所沿用。

　　明清时期，《四书》在科举考试中的分量越来越重，占有独一无二、不可替代的特殊位置，其重要性远远超过五经，朱熹《四书章句集注》因此也得到最大程度的普及。总的看来，明代科举考试内容"专取四子书及《易》《书》《诗》《春秋》《礼记》五经命题试士"，②也就是以"四书""五经"为主。具体而言，明代乡、会试规程前后略有变化，明太祖洪武三年（1370）初设科举时规定："初场试经义二道，《四书》义一道；二场，论一道；三场，策一道。"《四书》是第一场的考试内容，但排在五经之后，不久这一情况就有所改变。洪武十七年（1384）颁布科举程式："初场试《四书》义三道，经义四道。《四书》主朱子《集注》，《易》主程《传》、朱子《本义》……二场试论一道，判五道，诏诰表内科一道。三场试经史时务策五道。"与以往不同的是，《四书》虽然仍排在考试首场，但它开始位于五经之前了，成为所有科举考试内容中最先考的部分，而且明确规定用朱熹《四书章句集注》作为考试依据。洪武十七年所制定的这一科举程式，"后遂以为永制"，一直延续到明代末期未曾更改。《四书》在明代绝大部分时间里是处于科举考试首场首考位置的，不仅如此，实际上《四书》及朱注很大程度就代表了科举考试的全部内容。顾炎武《日知录》"三场"之钱大昕注云："（明）乡、会试，虽分三场，实止一场。士子所诵习，主司所鉴别，不过四书文而已。"③

　　清代科举制度基本承袭明代，在考试内容和程式上虽有一些变动，但科举考试中《四书》及朱注的重要位置却没有改变，甚至得到进一步加强。如康熙二十四年（1685）开始，会试及顺天府乡试的《四书》题目均由皇帝亲自出题。④再如，乾隆朝将四书与五经分作两场考试，改变了此前首场四书、五经并考的一贯做法，这就更加突出了《四书》的重要性。⑤乾隆本人也承认首场考试《四

---

①　《元史》卷八一《选举志》一，第2019页。
②　《明史》卷七〇《选举志》二，北京：中华书局，1974年，第1693页。下同。
③　〔清〕顾炎武著，黄汝成集释：《日知录集释》卷一六《三场》，长沙：岳麓书社，1994年，第589页。
④　《清史稿》卷一〇八《选举志》三"文科"："二十四年，用给事中杨尔淑请，礼闱及顺天试《四书》题具钦命。"北京：中华书局，1977年，第3149页。
⑤　《钦定大清会典事例》卷三三一《礼部·贡举·命题规制》："（乾隆）二十一年（1756）谕：'嗣后乡试第一场，止试以《四书》文三篇，第二场经文四篇，第三场……。至会试……其第二场经文之外，加试表一道，即以明春会试为始。乡试以乾隆己卯科为始，著为例。'"《续修四库全书》据清光绪石印本影印本。

书》最为重要，并认为这样做是有道理的。他于乾隆九年(1744)下谕："从来科场取士，首重头场四书文三篇，士子之通与不通，总不出四书文之外。"①

朱熹《四书章句集注》在后代科举史上的地位和影响应该大大超出其本人的预期和想象，历史的车轮驶向何方，有时是无法预料，也是不以人的意志为转移的。但我们考察最初四书与科举制度结合的情况，依然可以清晰地看到朱熹本人的影响。朱熹《学校贡举私议》一文提到其《四书章句集注》应作为科举考试的依据之一，这种观点为朱子学传人许衡所继承并付诸实践。然而，我们也应该清楚地看到，朱熹绝不像后世庸儒所想象的那样，独树个人权威而排斥其他，相反他所考虑的科举考试的读书范围相当宽泛，主张经、子、史、时务四者并重而分年考试。在他看来，儒家经典固然重要，而"诸子之学，同出于圣人。各有所长而不能无所短，其长者固不可以不学，而其所短亦不可以不辨"。"至于诸史，则该古今兴亡治乱得失之变，时务之大者如礼乐制度、天文地理、兵谋刑法之属，亦皆当世所须而不可阙，皆不可以不之习也。"朱熹所列举的诸经有《易》《书》《诗》《周礼》《仪礼》、二戴《礼记》、《春秋》三传，兼《大学》《论语》《中庸》《孟子》；诸子有"荀、扬、王、韩、老、庄之属，及本朝诸家文字"；诸史有《左传》《国语》《史记》《汉书》《后汉书》《三国志》《晋书》《南北史》《新旧唐书》《五代史》《资治通鉴》等，还有一些典章制度内容。涉及面极其宽广。

即便仅就儒家经典而言，朱熹所列举的可作为科举考试依据的诸家注疏，也几乎囊括了所有宋学流派在内：

> 《易》则兼取胡瑗、石介、欧阳修、王安石、邵雍、程颐、张载、吕大临、杨时，《书》则兼取刘敞、王安石、苏轼、程颐、杨时、晁说之、叶梦得、吴棫、薛季宣、吕祖谦，《诗》则兼取欧阳修、苏轼、程颐、张载、王安石、吕大临、杨时、吕祖谦，《周礼》则刘敞、王安石、杨时，《仪礼》则刘敞，二戴《礼记》则刘敞、程颐、张载、吕大临，《春秋》则啖助、赵正、陆淳、孙明复、刘敞、程颐、胡安国，《大学》《论语》《中庸》《孟子》则又皆有《集解》(《四书集注》)等书，而苏轼、王雱、吴棫、胡寅等说亦可采。

且曰"以上诸家更加考定增损，如刘彝等说恐亦可取"。朱熹在这里提到的宋代学者学派如此之多，真是大大出乎人们意料。值得注意的是，朱熹对自己在政治上持否定态度的王安石，也谈到其四种可资依据的经书注疏。另外，在他所提及的全部科举考试依据的儒家经典之中，《语》《孟》《学》《庸》四书只是置于五经之后的几种经书，而没有像后代那样超乎五经之上。尤其是朱熹并未单单列举自己的《四书章句集注》，还列举了学术思想不尽相同的苏轼、王雱、

---

① 《钦定大清会典事例》卷三五一《礼部·贡举·复试》。

吴棫、胡寅等人之说,认为"亦可采"。朱熹非常明确地表示,士子治经所依据的传注,不可仅凭一家,"令应举人各占两家以上……答义则以本说为主旁通他说,以辨其是非"。可见朱熹不仅不墨守成规,而且博采众长,心胸相当开阔,这与后来特别是明清时期科举考试中专依朱熹《四书章句集注》的狭隘做法大相径庭。

诚然,综观以上朱熹的科举改革主张,我们也应看到,朱熹的某些设想是相当理想化的,实际做起来恐怕难度很大,可操作性不那么强。他要求考生掌握的知识量太大,期望值过高,大概很少有人能做到像饱学之士朱熹那样阅读如此多的书籍,涉及那么多的学问。后来的科举实践也证明了这一点,仅八股文本身就足以消耗一个人相当多的精力,以至于难以顾及其他,否则也不会出现明清之际不少读书人知识面极其狭窄的状况。①

与科举相关联的是朱熹对于教育的看法和改革主张,他认为教育的目的是使人增长知识,提高品德,而不是为了通过科举去追求利禄。无论是书院还是学校,都应如此。在《学校贡举私议》中,朱熹解释了他所理解的教育与科举的关系,他认为"古之太学主于教人而因以取士,故士之来者为义而不为利",而宋代自熙宁以来,"所谓太学者,但为声利之场,而掌其教事者,不过取其善为科举之文而尝隽于场屋者耳。……殊非国家之所以立学教人之本意也"。因此,当他看到同安县学的斋名涉及利禄时,便加以更正。"盖如'汇征'之名,乃学优而仕之事,非学者所宜先也,揭而名之,是以利禄诱人,岂教学者之意哉?今欲复四斋之旧,以'志道''据德''依仁''游艺'目之。"②对于书院而言,朱熹认为更当增强其学术性,要以培养士子的道德和学识为主要目的。绍熙五年(1194)六月,朱熹修复岳麓书院,亲往讲学,当他发现教官不得力时,甚为焦急。"先生至岳麓书院抽签子,请两士人讲《大学》,语意皆不分明。先生遽止之,乃谕诸生曰:'前人建书院,本以待四方士友相与讲学,非止为科举计。某自到官,甚欲与诸公相与讲明。一江之隔,又多不暇。意谓诸公必皆留意,今日所说反不如州学,又安用此赘疣。……学问自是人合理会底事,只如'明明德'一句,若理会得,自提省人多少?……不理会学问,与蚩蚩横目之氓何异?'"③正因为朱熹等人对待科举与学术、教育有一个正确的态度,不为利益所诱,才使得南宋以来书院得到空前长足的发展。

---

① 〔清〕袁枚著,顾学颉校点:《随园诗话》卷一二引徐灵胎《刺时文》曰:"读书人,最不齐,烂时文,烂如泥。……可知道三通、四史是何等文章?汉祖、唐宗是哪朝皇帝?"北京:人民文学出版社,1982年,第411页。
② 《晦庵先生朱文公集》卷七四《更同安县学四斋名》,第3565页。
③ 《朱子语类》卷一〇六,第3481页。"氓"字误为"泯",据他本改正。

四、结　语

通过对朱熹的科举经历、科举态度、科举主张及思想观念在钩沉爬梳史料基础上的分析，我们可以得到多方面的启示。概而言之，一是作为个体，每个人在科举考试制度下应该有什么样的人生目标和人生追求；一是作为国家，如何有效准确地选拔有用之才，怎样做到有利于社会健康稳定地发展。朱熹从传统儒家人生哲学观出发，认为人生理想应该是道德品质的不断完善和提高，是对真理的永无止境的追求，是内圣外王，努力达到人与天地所共有的至善之境。朱熹认为，科举制度如果作为国家行之有效的选拔人才的方法，是完全有存在必要的，但问题是，科举及第进而释褐入世的途径极易引发人们追求利禄的贪心，从而破坏一个人的进德之路。解决问题的方法是，个人必须要有明确立志的方向，摆正举业在人生中的位置，坦然面对科举考试得失。科举作为国家的选士制度，则要尽可能公平、公正、完善、严密，要通过制度上的相关规定，不断去除科举弊端，使科举制度起到一种引导人们积极向上、提高道德、丰富知识的良好作用。朱熹本人成功的科举经历和治学道路，即是他科举、教育思想的最佳诠释。而他所设计的理想化的科举考试制度和方法，从后来元明清科举制度的实际情况来看，虽然部分得以实现，但更大程度上被歪曲了，是一种"不正确的继承"，留给后人的是无尽的思考。

卢见曾、惠栋交游考论

周昕晖*

【内容提要】 卢见曾为清代名宦和重要学术赞助人,惠栋是清代汉学代表人物,二人交游也具有比较重要的学术史意义。乾隆十八年,卢见曾第二次担任两淮盐运使后,招惠栋入幕,二人之交游从此开始。连接卢、惠二人,有两条重要的纽带:其一,二人均与山左诗坛及出身山左的王士禛有深厚渊源;其二,二人有相似的学术倾向,即对汉学的认同。围绕这两条纽带,二人开展了合作:即《感旧集》《雅雨堂丛书》的刊刻,以及卢见曾整合山左诗坛的尝试和对汉学的表彰。

【关键词】 卢见曾 惠栋 王士禛 汉学 《雅雨堂丛书》

卢见曾(1690—1768),字抱孙,号雅雨,山东德州人,康熙六十年(1721)进士,乃有清名宦。惠栋(1697—1758),字定宇,号松崖,江苏元和人,是清代汉学发展初期的代表人物。惠栋晚年入卢见曾幕,协助其校刻《雅雨堂丛书》。惠栋离世后,其心血之作《周易述》,则由卢见曾倡议,付诸剞劂。卢、惠交游,对二人均有重要意义,在学术史上也是值得讨论的议题。①

本文以"与山左诗坛的关系"和"《雅雨堂丛书》的编刻"为线索,对卢、惠二人的交游进行考察,以期反映二人思想、学术之一斑。

一、惠栋入幕始末及幕中学术交流

(一) 惠栋的入幕及离幕

乾隆二年(1737),卢见曾初任两淮都转盐运使,不久即被劾落职,诏戍轮台。乾隆九年起谪,十八年再任两淮鹾使。卢氏好兴学造士,奖掖学者。再任

---

* 本文作者为北京大学中文系古典文献专业2017级博士。
① 有关惠栋在卢见曾幕府中活动的研究,如林存阳《乾嘉四大幕府研究》第一章"卢见曾幕府:汉学的崛起",中国社会科学出版社,2016年;曹江红《惠栋与卢见曾幕府研究》,《中国史研究》2012年第1期。

两淮盐运使期间,顾栋高、沈大成、王昶、戴震先后入其幕,惠栋入幕也在此时。

惠栋为管凤苞《读经笔记》所作序文云:"乾隆辛未、壬申间,先生屡至吴门,以其书示栋。"①则惠栋于乾隆十六、十七年间尚在苏州,知是卢氏乾隆十八年(癸酉)任两淮鹾使后招致幕府。又惠氏《秋灯夜读图序》云:"甲戌之岁,余馆德水卢使君衙斋,讲授之暇,篝灯撰著,每涉疑义,思索未通,恨无素心晨夕。"②知惠氏至晚在乾隆十九年(甲戌)已入卢幕。

沈大成《学福斋诗集》卷一四《丁丑正月十九日同松崖三兄初发广陵顺风扬帆顷济江喜而有作》,尾联曰"此去南徐沽酒美,与君烂醉向春风",③此时二人尚同在卢氏幕中,自扬州乘船前往镇江。此集同卷又有《对雪有怀松崖三兄同兰泉舍人作》,诗中云:"延伫思良友,别我遂逾月。"④据此集之编排次序,该诗当作于乾隆二十二年(丁丑)冬。兰泉即王昶,知一月前沈氏与惠栋、王昶作别,又据王昶《惠定宇先生墓志铭》"丙子、丁丑,先生与余又同客卢运使见曾所",⑤断定三人作别时,即乾隆二十二年(丁丑)冬,尚共在扬州卢幕。《学福斋诗集》卷十四又有《访惠松崖三兄》,⑥据诗集之编次,此时已在乾隆二十三年(戊寅)春,惠氏自扬州归,卧病家中,故有"来年曾与庞公约,即次先寻扬子居""入门未问维摩疾,且请先生近著书"之句。据此推知惠栋离开卢见曾幕府应在乾隆二十二年冬至二十三年春之间。

如从乾隆十八年算起,惠栋在卢见曾幕中四年有余。其间工作,应以学术活动为主,见下文详论;也有所谓"讲授"工作,与王昶入幕课卢见曾子孙,⑦当是一类。卢见曾为惠栋的晚年提供了物质保障,离开卢幕后数月,乾隆二十三年五月,惠栋卒于家中,年六十二。

(二) 幕中的学术情况

与惠栋同在幕中的著名学者,先后有顾栋高、沈大成、王昶、戴震等人,虽

---

① 〔清〕惠栋《松崖文钞》卷一《读经笔记序》,惠周惕、惠士奇、惠栋撰,漆永祥点校《东吴三惠诗文集》,台北:中国文哲研究所,2006年,第307页。
② 同上书,卷二《秋灯夜读图序》,《东吴三惠诗文集》,第323页。
③ 〔清〕沈大成《学福斋诗集》卷一四《丁丑正月十九日同松崖三兄初发广陵顺风扬帆顷济江喜而有作》,《清代诗文集汇编》第292册,上海:上海古籍出版社,2010年,第321页。
④ 同上书,卷一四《对雪有怀松崖三兄同兰泉舍人作》,第323页。
⑤ 〔清〕王昶《春融堂集》卷五五《惠定宇先生墓志铭》,《清代诗文集汇编》第358册,上海:上海古籍出版社,2010年,第543页。
⑥ 〔清〕沈大成《学福斋诗集》卷一四《访惠松崖三兄》,第325—326页。
⑦ 〔清〕严荣编《王述庵先生昶年谱》"乾隆二十二年丁丑"条下:"运使使其子及孙受业"。台北:台湾商务印书馆,1978年,第14页。

然他们中有的人与惠氏是旧日相识（如沈大成、王昶①）但却是在入卢见曾幕后，才进行了密切的学术交流。学者们在幕府中的交流和互相影响（尤其是惠栋给予戴震的影响），前人多有论及，故不赘言。兹以惠栋为中心，通过他与顾栋高、沈大成学术观点的异同，管窥卢见曾幕府中的学术情况。

顾栋高（1679—1759），江苏无锡人，与卢见曾同是康熙六十年进士，长惠栋近二十岁。卢氏初任两淮盐运使时曾延其课子，②再任两淮时顾氏复入其幕。顾、惠二人，未知此前相识与否。二人往来的记载，主要见于顾栋高《万卷楼文稿》。乾隆十九年，惠氏节录陈启源《毛诗稽古编》为一帙，以示顾氏。顾氏书其后，称此书"考核详而尽，其文郐而洁，博征远引，源委秩然，洵经中之杰"。然"遵《序》太过而攻击朱子太深"，③遂就其遵《序》攻朱之失而一一驳之。据王昶言，惠栋早藏有《毛诗稽古编》全本，曾于乾隆十三年示之。④沈大成论《稽古编》曰："其所论述洵为毛郑忠臣、紫阳诤子，卓然可传，有裨学者。往在广陵，亡友惠征君定宇亟称之。"⑤王昶则将此书与惠栋的著作相提并论，强调其汉学价值，"绍郑、荀、虞《易》学，惠定宇《易汉学》《周易述》称最；绍毛、郑《诗》学，是书称最"，则宜乎惠氏之亟称此书。而顾栋高作《毛诗订诂》，兼采毛郑与宋人说，其序云"有断宜从朱子者，非从功令起见也；有断宜从序说者，而非好与朱子立异也"，⑥是以顾、惠二人对《毛诗稽古编》的评价差异其来有自。由此看来，相较惠栋的宗汉，顾氏实有兼采汉宋的倾向，《书目答问》列顾氏为汉宋兼采经学家，盖得其实。⑦

与顾栋高相比，沈大成与惠栋在学术上则更加契合。惠氏自言："余弱冠，即知遵尚古学，年大来兼涉猎于艺术，反复研求于古与今之际，颇有省悟，积成卷帙，而求一殚见洽闻同志相赏者，四十年未睹一人，最后得吾友云间沈君学子，大喜过望"；"沈君与余不啻重规而迭矩，以此见同志之有人而吾道之不孤，为可喜也"。⑧

虽然顾栋高、惠栋二人对宋人《诗》说的态度有所差异，但在提倡汉学方法

---

① 惠栋、沈大成旧日相识，见惠栋《秋灯夜读图序》；惠栋与王昶之交往，见严荣编《王述庵先生昶年谱》"乾隆十三年戊辰"条下："五月见惠定宇秀才"，第8页。
② 〔清〕卢见曾《雅雨堂文集》卷一《五礼通考序》："余前任两淮，延顾君教子，数共晨夕。"道光二十年卢枢清雅堂刻本，卷一页13A。
③ 〔清〕顾栋高《书陈氏〈毛诗稽古编〉后》，《万卷楼文稿》第三本，国家图书馆编《国家图书馆藏钞稿本乾嘉名人别集丛刊》第一册，北京：国家图书馆出版社，2010年，第383—388页。
④ 〔清〕王昶《春融堂集》卷四三《跋稽古编》，第436页。
⑤ 〔清〕沈大成《学福斋集》卷二《张竹君诗说序》，《清代诗文集汇编》第292册，第21页。
⑥ 〔清〕顾栋高《毛诗订诂序》，见顾栋高《毛诗订诂》，光绪二十二年江苏书局刻本。
⑦ 范希曾编，瞿凤起校点：《书目答问补正》，上海：上海古籍出版社，1983年，第348页。
⑧ 〔清〕惠栋《松崖文钞》卷二《学福斋集序》，《东吴三惠诗文集》，第324—326页。

上，二人仍是在同一战壕。在示以《毛诗稽古编》节本之后数月，惠栋又请顾栋高为其《后汉书补注》作序，顾氏称其"援据博而考核精，一字不肯放过，亦一字不肯轻下，洵史志中绝无仅有之书也"。① 更有意味的是，顾栋高《万卷楼文稿》中有《惠征君松崖先生墓志铭》，②按其文意，乃是代卢见曾作。文中曰："无锡顾祭酒，于先生为同岁生，最推服先生，尝曰：'惠先生学，书有本源，当代一人而已。'"特意将"无锡顾祭酒"的评价写入墓志铭，恐是卢见曾授意。此时顾栋高方蒙赐国子监祭酒衔，声望正隆，卢氏此举，盖不无借重顾氏声名以推扬惠栋之意，亦可见三人在学术取向上有相同之处。

二、连接纽带之一：山左渊源与王士禛

今人对卢见曾、惠栋交游的关注，往往集中在学术上。但从家世和师承的角度来看，卢、惠均与清初山左诗人渊源颇深，追溯此渊源，可将二人联系起来。更为突出的是二人对王士禛的认同，在卢、惠于扬州的社会活动和书籍编刻中，渔洋的形象屡屡显现。

（一）卢、惠之山左渊源

德州卢氏明初徙德州左卫，卢见曾曾祖卢世滋，太学生；曾叔祖卢世㴶，天启五年(1625)进士，官至监察御史，入清后以原官征，不行，雅好诗文，世称德水先生，与钱谦益过从甚密，其杜诗研究被王士禛赞誉为"前唯山谷后钱卢"；祖父卢裕，邑庠生；父卢道悦，康熙九年进士，官至河南偃师知县，为名宦，亦有诗名。卢见曾生长于世代业儒之山左世家，其所从游多乡贤耆老，自幼即身处山左诗坛、文坛的浸润之中。

惠栋与山左的关系，要从其祖父惠周惕说起。惠周惕(1641—1697)，字元龙，号砚溪，康熙十七年征博学鸿词不起，康熙三十年成进士，终于密云知县任上。周惕长于古文词，少即从徐枋、王士禛、汪琬游，康熙八年，王士禛在淮上时，周惕拜入其门下。③ 康熙三十年成进士，时渔洋为副主考，惠栋于《渔洋山人自撰年谱》此年下注曰："栋先王父砚溪公，以是年成进士，榜后谒山人，甫就坐，山人谓曰：'闱中得君卷，张、陈、李三公皆欲拟第一，予独难之，因置第六。以数十年老门生，暗中摸索，反以予故不得元，岂非恨事？'叹息久之。盖先王

---

① 〔清〕顾栋高《后汉书补注序》，见惠栋《后汉书补注》，清嘉庆九年冯集梧刻本。
② 〔清〕顾栋高《惠征君松崖先生墓志铭》，《万卷楼文稿》第七本，国家图书馆编《国家图书馆藏钞稿本乾嘉名人别集丛刊》第二册，第252—256页。
③ 〔清〕王士禛《渔洋山人自撰年谱》"康熙八年己酉"条："淮安张弨力臣、长洲惠恕来执贽，惠后改名周惕，字符龙。"见〔清〕王士禛撰，孙言诚点校：《王士禛年谱》，北京：中华书局，1992年，第30页。

父于康熙八年执贽于山人，迄今已二十三年矣。"①惠周惕虽早拜入渔洋门下，但进入山左诗坛要等到康熙二十一年。前此，康熙十九年，德州田雯接替丁忧去官的刘果担任江南学政，康熙二十一年离职，惠周惕有《送学使田公归德州序》一文，文中自称"公门下客惠某"，②按此前田雯未曾官吴地，而惠周惕也从未离吴，田雯《答惠元龙即次来韵》有"庚申之岁见君面"句，则应是康熙十九年（庚申）田雯任江南学政时邀周惕入其幕下。二十一年田雯离任，惠周惕应其邀请同归德州，行及二载，于康熙二十三年离此北去。③ 惠周惕此二年诗歌见于两卷《峥嵘集》中，其间，田雯及其弟田霡、友人萧惟豫等山左文士对寓居的惠周惕颇为照顾，频繁有物相赠，且时时招饮，赋诗唱和，从《峥嵘集》所存诗中即可窥见一二。而惠周惕又为萧惟豫之母作寿序，为田霡作《乐园记》。据此《乐园记》，又可知田霡曾学文于周惕。④ 卢见曾云"余少受声调之传于同里田香城先生"，⑤香城即田霡之号。则卢氏学诗于田霡，田霡学文于惠周惕。而惠周惕另一往来密切的诗友萧惟豫，则是卢见曾的岳父。因有这种渊源，卢见曾、惠栋均对山左文坛有一种认同及归属，这也成为连接二人的纽带之一。

（二）卢、惠与王士禛

在卢见曾主持，惠栋校定的《雅雨堂丛书》中，共有四种笔记著作：《封氏闻见记》《唐摭言》《文昌杂录》《北梦琐言》，从这四种书背后我们看到同一个模糊的身影。

雅雨堂本《封氏闻见记》卢见曾序（下称"卢序"）曰："昔渔洋先生最爱《封氏闻见记》《唐摭言》二书，以为秘本可贵。"⑥雅雨堂本《唐摭言》卢序云："此书行世绝少，吾乡渔洋山人谓与《封氏闻见记》皆秘本可贵重者，特刊布以广其传。"⑦按王士禛《跋〈摭言〉足本》云："《摭言》足本十五卷，从朱竹垞翰林借钞，视《稗海》所刻多什之五。唐人说部，流传至今者绝少，此书洎《封氏闻见记》皆秘本，可贵重，当有好事者共表章之。"⑧王士禛此段跋语又见雅雨堂本《唐摭言》后，盖雅雨堂本即据王士禛抄本刊出。

雅雨堂本《文昌杂录》卢序曰："吾乡渔洋先生最喜说部，遇一僻秘，世所罕见者，往往于友人许展转借录，雠校评泊，储之池北书库，当时风流好事，辉映

---

① 〔清〕王士禛撰，孙言诚点校：《王士禛年谱》，第45页。
② 〔清〕惠周惕《送学使田公归德州序》，《东吴三惠诗文集》，第131页。
③ 见〔清〕惠周惕《岁暮杂感十首》序，《东吴三惠诗文集》，第41—42页。
④ 〔清〕惠周惕《乐园记》，《东吴三惠诗文集》，第142页。
⑤ 〔清〕卢见曾《雅雨堂文集》卷一《赵饴山先生声调谱序》，卷一页26A。
⑥ 〔唐〕封演《封氏闻见记》，乾隆二十一年雅雨堂刻本，序页1A。
⑦ 〔五代〕王定保《唐摭言》，乾隆二十一年雅雨堂刻本，序页1B。
⑧ 〔清〕王士禛《蚕尾文集》卷七，见《王士禛全集》，济南：齐鲁书社，2007年，第1908页。

朝野……曾撰《居易录》一书,凡官方迁擢,政事因革,逐日记载。叹其见闻周悉,可为史家取衷,但未知其书体例创自何人。及观宋单父庞氏《文昌杂录》,始知先生仿懋贤之书而为之,盖池北书库有此书也。"①按王士禛《跋〈文昌杂录〉》云:"《文昌杂录》,单父庞文英著。宋人说部之佳者。予家有写本。"②至于《北梦琐言》,卢见曾未交代此书与王士禛之关系,但遍检王氏著作,知其屡引《琐言》,亦可见其对此书之评判,则卢氏刊刻此书亦难言与王士禛无关。

通过雅雨堂本唐宋笔记四种,不难看到卢、惠二人背后王士禛的影子,从此入手,可进而探寻二人与王士禛的关系究竟如何。

卢见曾出身德州,与田雯兄弟乃是同里,但在卢氏平生文章中,作为一个重要符号屡屡出现的其实是王士禛。

从师承渊源来看,一方面,卢见曾的老师黄叔琳是渔洋康熙三十年取中的进士(惠周惕同年)。另一方面,卢氏在《赵饴山先生声调谱序》中云:"余少受声调之传于同里田香城先生,香城受之难兄山姜。而山姜则因谢方山以转扣于渔洋。"③是将自己的诗学渊源描述为"王士禛—谢重辉—田雯—田霡—卢见曾"这样一个路径。

除了师承渊源外,二人的经历具有很大的一致性。同样出身山左,居官扬州;都好交游,擅长诗文,在扬州期间,作为团体核心聚集了大批文人学者。从卢氏居官扬州时期的活动可以看出,他希望在主盟诗文这一点上和王渔洋先后辉映。

卢见曾与渔洋之关系既如上述,次论惠栋与渔洋之关系:

惠栋对先世与王士禛的渊源关系有极强的认同,他自称渔洋"小门生",为渔洋诗作注,成《渔洋山人精华录训纂》十卷,刊刻于惠氏红豆斋。士禛门人黄叔琳激赏之,以为"渔洋毛郑"。惠栋在一篇书跋中说:"故友长洲徐君夔,字龙友,为何丈义门高弟。性倜傥,诗才清丽。先君视学粤东,延之入幕,时雍正甲辰也。明年求,以病卒于高凉。身后遗书,疾革削胠,属友人为流布,无人应者。余感其遭命,因续成其所注《精华录》刻之。"④而在《渔洋山人精华录训纂凡例》中,惠栋云:"《精华录》向无注,故友徐君龙友夔尝注咏史小乐府一卷、近体诗六卷,余略加删润,尽采入《训纂》中。"⑤是惠氏较多地吸取了徐夔的注文,纳入自撰的《训纂》之中。惠栋又曾撰《渔洋山人年谱》一卷,后从黄叔琳处得

---

① 〔宋〕庞元英《文昌杂录》,乾隆二十一年雅雨堂刻本,序页1A。
② 〔清〕王士禛《蚕尾文集》卷七,见《王士禛全集》,第1916页。
③ 〔清〕卢见曾《雅雨堂文集》卷一《赵饴山先生声调谱序》,卷一页26A。
④ 〔清〕惠栋《清乾隆丙戌希燕氏录稿本李义山诗集笺注跋》,《东吴三惠诗文集》,第413页。
⑤ 〔清〕王士禛撰,〔清〕惠栋注:《渔洋山人精华录训纂》,《四库全书存目丛书》集部第225册,济南:齐鲁书社,1997年,第685页。

到《渔洋山人自撰年谱》一卷，于是以"所撰年谱补注于下，厘为上下二卷"，①并刻入红豆斋刻本《训纂》中。惠氏又有《渔洋山人精华录训纂补》，与《渔洋山人精华录训纂》同是半页十行，行二十一字，版心下方题"红豆斋"，但字体区别明显，应非同时刊刻。今按卢见曾《雅雨堂文集》卷二《渔洋山人精华录训纂序》云："惠子又有《补遗》一编，余为刻之，并黄北平夫子《传》一通，例得牵连书。乾隆丁丑八月。"②《训纂补》一书行款与《雅雨堂丛书》全同，字体亦似，且书前有黄叔琳撰《渔洋山人本传》一篇，知此《训纂补》当是惠栋晚年入幕后，卢氏为之刊刻，书口题"红豆斋"，盖为与前作相协。

惠栋一生以其家四世传经自矜，然其父祖皆长于诗，本人亦非不通诗。卢见曾云："南方佳人惠与沈，词坛鼎足三军成。韵争奇险角竞病，句斗涩苦联彭亨。"③又惠栋《南楼授诗图序》云："吾与沃田两人同志，同研经学诗，所得皆秘。"④知惠栋虽不以诗人自命，今亦鲜见其诗，然惠栋实非不能诗者。

与惠栋相似，卢见曾也做了与渔洋相关的书籍编纂工作。卢氏屡屡强调王士禛"诗坛盟主"的地位："渔洋以实大声宏之学，为海内执骚坛牛耳垂五十余年"，⑤"吾乡王渔洋司寇执骚坛牛耳提衡海内凡数十年"，⑥"新城王渔洋司寇方以诗学主盟中夏，海内工吟咏者争出其门，得其一言，声誉顿起"。⑦《感旧集》十六卷，是王渔洋所编诗歌选集，集中作者都是渔洋平生师友。乾隆十六年冬，卢氏在黄叔琳处得观此书，因集中人物事迹多有湮没者，于是邀请淄川人张元来其官署专门补写小传，⑧后由卢氏雅雨堂刊行。虽然此书卢见曾序、张元后序均写于乾隆十七年卢氏官长芦时，但刊刻应在其官扬州后。王昶《感旧集跋》云："雅雨运使既得此本于北平昆圃侍郎家，又文简曾孙孝肃贻一帙来，大概约略相同，而中多错乱。因请淄川张孝廉元整齐排次，并请惠定宇、沈学子两君助之……是集初从北平来，余尚在官梅亭幕舍，未几入都，又逾两年书成，刻以贻余。"⑨则惠栋、沈大成也曾参与修订此书，然王昶云"是集初从北平来，余尚在官梅亭幕舍"，"官梅亭幕舍"即卢氏扬州幕府。卢见曾得《感旧集》虽未必于十六年冬，但在十七年卢、张作序之前则无疑，王说恐有不确。

---

① 〔清〕王士禛撰，〔清〕惠栋注：《渔洋山人精华录训纂》，第690页。
② 〔清〕卢见曾《雅雨堂文集》卷二《渔洋山人精华录训纂序》，卷二页10A。
③ 〔清〕卢见曾《雅雨堂诗集》卷下《长歌行题董曲江内甥邗江归棹图小照》，道光二十年卢枢清雅堂刻本，卷下页7B。
④ 〔清〕惠栋《南楼授诗图序》，《东吴三惠诗文集》，第402页。
⑤ 〔清〕卢见曾《雅雨堂文集》卷二《山左诗钞序》，卷二页7A。
⑥ 同上书，卷二《赵秋谷先生诗序》，卷二页11A。
⑦ 同上书，卷一《重刻赵秋谷先生谈龙录并声调谱序》，卷一页28A。
⑧ 同上书，卷二《刻渔洋山人〈感旧集〉序》，卷二页6A。
⑨ 〔清〕王昶《春融堂集》卷四四《感旧集跋》，第447页。

除了表彰渔洋的地位和刊刻其书,卢氏还有意把他作为效仿的前辈,并希图继王渔洋之衣钵,成为重要文人团体的组织者与核心。康熙元年春,二十九岁的王士禛在扬州举行红桥修禊,《渔洋山人自撰年谱》"康熙元年"条云:"其春,与袁于令籜庵、诸名士杜于皇濬、邱季贞象随、蒋釜山阶、朱秋崖克生、张山阳养重、刘玉少梁嵩、陈伯玑允衡、陈其年维崧修禊红桥,有《红桥倡和集》。山人作《浣溪沙》三阕,所谓'绿杨城郭是扬州'是也。和者自茶村而下数君,江南北颇流传之。或有绘为图画者,于是过扬州者多问红桥矣。"①(据王士禛《红桥游记》,此次修禊当在"季夏之望"。)影响力更大的是两年后的第二次红桥修禊,《渔洋山人自撰年谱》"康熙三年"条:"春与林古度茂之、杜濬于皇、张纲孙祖望、孙枝蔚豹人诸名士修禊红桥,有《冶春》诗,诸君皆和。"②这次修禊所作的《冶春》诗,引发了大量的唱和,③具有跨地域和时间的影响。以至卢见曾在近百年后谈及此事,仍颇为歆羡。卢氏初官扬州时,作《扬州杂诗》十二首,第一首即追述渔洋红桥修禊事,云"一代清华盛事饶,冶春高燕各分镳"。④ 他初任两淮盐运使,就在红桥举行了诗歌集会。作于乾隆十七年六月的《刻〈渔洋山人感旧集〉序》云:"抑余官扬州日,忆平山红桥为先生修禊赋《冶春》之地,亦尝与诸名士觞咏其间,虽文采风流未足后先辉映,然当时高怀逸韵犹仿佛遇之于琴尊林壑之间。"⑤已经试图效仿和继承王士禛的"文采风流"。及至再官扬州,遂举行红桥"胜会"。王昶参加了这次盛大集会,其诗作的题目记录了其他出席者:张庚、陈撰、朱稻孙、金农、张四科、王藻、沈大成、陈章、董元度、惠栋、江昱等,⑥值得注意的是,似乎不以诗名的惠栋,也列席其中。

这次活动,卢见曾写了名为"红桥修禊"的组诗,其序云:

> 扬州红桥自渔洋先生《冶春》唱和以后,修禊遂为故事。然其时平山堂废,保障湖淤,篇章虽盛,游览者不能无遗憾焉。乾隆十六年辛未,圣驾南巡,始修平山堂御苑,而浚湖以通于蜀冈。岁次丁丑,再举巡狩之典,又浚迎恩河,潴水以入于湖。两岸园亭标胜景二十,保障湖曰拳石洞天,曰西园曲水,曰红桥揽胜,曰冶春诗社,曰长堤春柳,曰荷浦薰风,曰碧玉交流,曰四桥烟雨,曰春台明月,曰白塔晴云,曰三过留踪,曰蜀冈晚照,曰万

---

① 〔清〕王士禛撰,孙言诚点校:《王士禛年谱》,第 20 页。
② 同上书,第 23 页。
③ 此次红桥修禊及唱和的具体内容,参见朱则杰《王士禛"红桥修禊"考辨——兼谈结社、集会、唱和三者之关系》,《江苏大学学报(社会科学版)》,2015 年第 1 期。
④ 〔清〕卢见曾《雅雨堂诗集》卷上《扬州杂诗》,卷上页 5A。
⑤ 〔清〕卢见曾《雅雨堂文集》卷二《刻〈渔洋山人感旧集〉序》,卷二页 6B。
⑥ 〔清〕王昶《春融堂集》卷六《卢运使雅雨招同张补山庚、陈楞山撰、朱稼翁稻孙、金寿门农、张渔川四科、王载扬藻、沈学子大成、陈授衣章、董曲江元度及惠定宇、江宾谷诸君泛舟红桥,集江氏林亭观荷分得外字三十八韵》,第 66 页。

松叠翠,曰花屿双泉,曰双峰云栈,曰山亭野眺;迎恩河曰临水红霞,曰绿稻香来,曰竹楼小市,曰平冈艳雪,而红桥之观止矣。翠华甫过,上已方新,偶假余闲,随邀胜会,得诗四律。①

此次红桥修禊,举办在乾隆二十二年,乾隆南巡"翠华甫过"之后。序文中,虽然仍把王士禛《冶春》唱和当作红桥修禊的标杆,但认为"不能无遗憾",乾隆年间为皇帝南巡营造的"胜景二十",已优于渔洋当日"平山堂废,保障湖淤"之景。卢氏《红桥修禊》末一首之尾联云:"《冶春》旧调歌残后,格律诗坛试一更。"从序到诗,均透露出在卢的意识里,除了对渔洋红桥修禊的继承外,还有一种后胜于前的信心。从成果来看,卢氏修禊是相当成功的,"其时和修禊韵者其千余人,编次得三百余卷",或许达到了他心中的预期。

(三) 卢见曾整合山左诗坛的意图

卢见曾努力把自己塑造为渔洋继任者,这一点也体现在他编选山左诗歌的工作上。乾隆十八年春,卢氏开始征集清初以来的山左诗歌,在《山左诗钞序》中,他提及此事与王士禛之关系:"渔洋《感旧集》遍及海内之知交故旧,而于山左或缺略未备,先生尝以为憾。"②似乎带有接续和超越王士禛的意味。更进一步,他说"吾乡文献,及今不为搜辑,再更数十年,零落澌灭尽矣",③可见卢的目的是对清初山左诗坛进行尽可能全面的整理与总结。

总结工作的另一点是刊刻赵执信著作。赵执信是清初与王士禛在诗学上立异的山左诗人,其《谈龙录》本冯班之说而专攻渔洋,王士禛则在《分甘馀话》中直斥冯班,④《四库总目》以为"攻班所以攻执信也"。⑤卢氏在尊渔洋的同时,又刊刻了赵执信的《声调谱》《谈龙录》,并为其诗集刻本作序。与保存前贤著作相比,卢氏似乎有更深的意图。

清初山左诗坛,王士禛、田雯、赵执信均称大家,王、赵不和,已如上论。王、田二人关系虽尚属融洽,但论诗也有分歧。《清史稿》田雯本传云:"康熙中,士禛负海内重名,其论诗主风调。雯负其纵横排奡之气,欲以奇丽抗之。"⑥前文引卢见曾《赵饴山先生声调谱序》,已将德州田氏与渔洋联为一系,又试图调和赵执信与王士禛的分歧:"饴山《谈龙录》自序:'王阮亭司寇方以诗震动天下,闻古诗别有律调,往请问,司寇靳焉。余宛转窃得之。'是饴山声调之学实

---

① 〔清〕卢见曾《雅雨堂诗集》卷下《红桥修禊并序》,卷下页 10A—11A。
② 〔清〕卢见曾《雅雨堂文集》卷二《山左诗钞序》,卷二页 7A。
③ 同上书,卷二页 7B。
④ 见〔清〕王士禛《分甘馀话》,北京:中华书局,1989 年,第 37 页。
⑤ 〔清〕《四库全书总目》,北京:中华书局,1965 年,第 1057 页。
⑥ 赵尔巽等撰《清史稿》,北京:中华书局,1977 年,第 13330 页。

得之渔洋，与常熟冯氏自不相涉。"①将赵执信之学部分归结于王士禛。他又曾"约举先生《谈龙录》大旨持异于渔洋而未尝不同归者，弁之简端"，②且已有学者指出，雅雨堂本《谈龙录》并非全本，而是删去了底本中攻讦王士禛的内容。③观察卢的这些工作，他弥合王赵分歧、将清初山左诗学加以整合的意图就更为明显了。

与此同时，卢氏不断强调自己和前贤的关系。《书田香城先生自作墓志铭后》说："（田雯）以其所得于渔洋、山姜两先生者，口授而笔示焉"；④"余自初作诗，即奉先生（引者按：即赵执信）论诗之旨为依归"，⑤于是他自己就成为一个继承三人诗学的人物。加之他所做的编纂、刊刻工作，他自己作为山左诗坛总结者和继承者的形象就塑造出来了。

在卢见曾这一系列努力中，惠栋的身影是穿插其间的。他不仅编撰了《渔洋山人精华录训纂》，还参与了《感旧集》的整理，卢见曾联系王、田，弥合王、赵的《声调谱序》，似乎也出自他手。按惠栋《松崖文钞》卷二有《刻声调谱序》，应是代卢见曾所作，然与卢文对照，则有不同：田雯因谢重辉转叩渔洋一事，惠详卢略；而最要之处在于，惠文曰"益都赵饴山，亦讲声律，生平服膺冯氏，得其论著，叹为独绝，尝与渔洋言之，渔洋为之首肯"，⑥卢文则说"饴山声调之学实得之渔洋，与常熟冯氏自不相涉"，更可见卢氏在弥合王、赵分歧这一点上的用心。

由以上论述可见，"山左诗坛""王士禛"，是联系卢、惠二人的一种纽带，也是二人交往和合作的主题之一，在卢氏整合山左诗学的尝试中，惠栋起了重要的辅助作用。

三、连接纽带之二：雅雨堂刻书的相关问题

上文提到卢见曾主持的《雅雨堂丛书》，其中一部分书的校刻和惠栋有着密切的关系。《扬州画舫录》卷一〇"惠栋"条下云："公（引者按：即卢见曾）重其品。延之为校《乾凿度》《高氏战国策》《郑氏易》《郑司农集》《尚书大传》《李氏易传》《匡谬正俗》《封氏见闻记》《唐摭言》《文昌杂录》《北梦琐言》《感旧

---

① 〔清〕卢见曾《雅雨堂文集》卷一《赵饴山先生声调谱序》，卷一页26B。
② 同上书，卷二《赵秋谷先生诗序》，卷二页11A。
③ 参陈汝洁《雅雨堂本〈谈龙录〉删节因园本条目补正——兼论袁枚误解〈谈龙录〉的因由》，《山东理工大学学报（社会科学版）》，2011年第2期。
④ 〔清〕卢见曾《雅雨堂文集》卷四《书田香城先生自作墓志铭后》，卷四页17B。
⑤ 同上书，卷二《赵秋谷先生诗序》，卷二页11A。
⑥ 〔清〕惠栋《松崖文钞》卷一《刻声调谱序》，《东吴三惠诗文集》，第309页。

集》。"①除《感旧集》外,其余十一种(《郑氏易传》后附《易释文》,实是十二种)均刻于乾隆二十一年(丙子)。本节围绕《雅雨堂丛书》的校刊活动,探讨卢、惠二人的交往及影响。

(一)《雅雨堂丛书》与惠栋学术

乾隆丙子年(1756)所刻十二种书里,有《李氏易传》《尚书大传》《郑氏周易》《周易乾凿度》。分属《易》《书》两经,这两经也正是惠栋比较精熟而俱有名作传世的。在这几种书的校刻中,他的角色值得关注。

《李氏易传》即李鼎祚《周易集解》,保留了大量汉唐旧注,惠栋所董理此本是清代极重要的刊本,此后的版本多受其影响。但惠氏的校勘工作在其身后饱受非议,陈鳣《经籍跋文》云:"又有卢氏雅雨堂刻本,为惠定宇臆改百六十余处,与宋本校对,时多乖违。"②臧庸《拜经日记》乃至有"私改《周易集解》"一条,专攻惠栋。但也有学者通过对《周易集解》各本的校勘,指出惠栋改字是有原因的:"由于精研汉史,使其在汉代,尤其是东汉一代的典章制度文物有很深的了解,对汉代学人的用字习惯也有独特的认识,故其对《周易集解》中有关的内容能做出正确的判断和选择。可以说,惠栋对《周易集解》一书的校勘是以其深厚的汉代学术素养为基础的。"③可见雅雨堂本《周易集解》的完成,与惠栋孜孜以求的"汉学"有密切关系。惠氏晚年作《周易述》,恰好是在校勘《周易集解》前后。此书宗荀爽、虞翻,采汉魏旧注而自作新疏,与《周易集解》的整理相似,《周易述》也有改字的特点,由此可见《周易集解》的董理和《周易述》的撰著形成了一种相辅相成的关系。

《尚书大传》《郑氏周易》均是辑本,关注点仍是汉学。在校雅雨堂本《尚书大传》之前,惠栋应该辑过此书。国家图书馆今藏有《尚书大传》钞本一种,有三枚藏书印:"惠栋之印""松崖""红豆斋",即惠栋辑本;雅雨堂本《尚书大传》较此本内容为多。雅雨堂本《尚书大传》序称刊刻底本"得之吴中藏书家",④《四库总目》著录"《尚书大传》四卷《补遗》一卷 兵部侍郎纪昀家藏本",即雅雨堂本,提要谓之"扬州本",云"校以宋仁宗《洪范政鉴》所引郑注,一一符合,知非依托。案《洪范政鉴》世无传本,唯《永乐大典》载其全书"。⑤ 又《总目》著录"别本《尚书大传》三卷《补遗》一卷",乃孙之騄辑本,其提要曰:"近时宋本复

---

① 〔清〕李斗撰,汪北平、涂雨公点校:《扬州画舫录》,北京:中华书局,1960年,第203页。
② 〔清〕陈鳣《经籍跋文》,《续修四库全书》第923册,上海:上海古籍出版社,2002年,第657页。
③ 王丰先《关于〈周易集解〉的几个问题》,《儒家典籍与思想研究(第八辑)》,北京:北京大学出版社,2016年,第231页。
④ 〔清〕卢见曾《雅雨堂文集》卷一《尚书大传序》,卷一页10B。
⑤ 〔清〕《四库全书总目》,第105页。

出,扬州已有雕版。"①根据两篇提要之说,似是认为雅雨堂本据宋本刻成,按馆臣作提要之时距刻书时不过十余年,且纪昀为卢见曾之姻亲,其说或有所本。《郑氏周易》即王应麟所辑《周易》郑玄注,和《周易集解》的工作类似,是对汉儒旧说的保存整理。《尚书大传》和《郑氏周易》,在底本内容以外均进行了补辑,《周易》郑注明言是惠栋所增辑,《尚书大传》之补遗一卷盖亦出自惠栋之手。

《周易乾凿度》是丛书中唯一的纬书,但刊刻者将其看作先秦之书,希图借以理解《周易》。《刻周易乾凿度序》云:"成哀之纬,其辞驳;先秦之纬,其辞醇。《乾凿度》,先秦之书也,去圣未远,家法犹存,故郑康成汉代大儒而为之注,唐李鼎祚作《易传》,是时纬候具在,独取《乾凿度》,非以其醇耶?"②这里是从保存古人家法旧说的角度来理解《乾凿度》。《郑氏易传》后又附刻《经典释文》的《周易》部分,自然也是从保存旧注的角度出发。

总而言之,卢见曾主持、惠栋校定的《雅雨堂丛书》之经学部分,③在很大程度上体现了惠栋的学术旨趣,即围绕保存旧经注(尤其是汉儒经说)来工作,也就是他宗汉从古的观点。《尚书大传》的整理,惠氏在早年即投入过精力;《周易》部分更是比较成体系地刊行了旧注资料,这一部分对惠栋自己的学术研究——《周易述》的撰著有所帮助。

(二) 卢、惠的汉学旨趣

虽然《雅雨堂丛书》的校定工作主要由惠栋完成,但整个刊刻过程是卢见曾主导的,所以丛书的选目也体现了卢的学术兴趣,根据丛书选目与惠栋学术的契合程度,可知卢、惠二人分享着类似的学术旨趣。

作为清代汉学的大师,惠栋的观点广为人知:

> 汉人通经有家法,故有五经师。训诂之学,皆师所口授,其后乃著竹帛,所以汉经师之说,立于学官,与经并行。五经出于屋壁,多古字古言,非经师不能辨。经之义存乎训,识字审音,乃知其意,是故古训不可改也,经师不可废也。(惠栋《九经古义述首》)④

其要在重汉学、明家法、信从古字古解。

卢见曾虽不以个人学术知名,但并非没有学术兴趣。在五经中,他对《周

---

① 〔清〕《四库全书总目》,第118页。
② 〔清〕卢见曾《雅雨堂文集》卷一《刻周易乾凿度序》,卷一页9A。
③ 按:雅雨堂还刊刻了《大戴礼记》,主要校定者是戴震,但惠栋丁丑年离卢幕之前也参加过这部分工作,参《明万历程荣刻汉魏丛书本〈大戴礼记〉跋》,《东吴三惠诗文集》,第405页。
④ 〔清〕惠栋《松崖文钞》卷一《九经古义述首》,《东吴三惠诗文集》,第300页。

易》尤有研究，自言"余年五十一，遭投塞外，始学《易》"，①即乾隆五年奉诏戍轮台，此时开始研究《周易》，有《注〈易〉》诗云：

> 篝火研朱夜每深，敢将分寸负光阴。宽闲帝与消灾地，忧患天开学《易》心。鸿渐陆时终有用，鱼当贯义却难寻。杞中但有包瓜在，泥井何须问旧禽。②

知卢氏在谪戍其间确实对《周易》下过功夫，他对《周易》的兴趣也是《雅雨堂丛书》选入多种《易》学著作的原因之一。

卢见曾没有系统的学术著作传世，我们只能借由他为学术著作所作的序来了解其观点。卢氏为沈起元《周易孔义集说》作有序文，③顾栋高《万卷楼文稿》有同题文，④题曰"代同年卢雅雨"，则是顾氏之代作。但比较卢、顾二文，异大于同，唯批评汉京、焦阴阳灾异与宋邵雍先后天之说，及引干宝注以驳邵雍一节，是二文所共有。按惠栋在卢文后跋语中特别表彰据干宝驳邵雍一事，则此观点或许是卢氏所述，顾氏笔之于文而已。除了这部分以外，顾文唯"经孔子之十翼而《易》之道无余蕴矣"一句与卢文"道尽于孔子之十翼"合，其余皆泛泛而论，无甚价值。卢见曾在收到顾栋高代作文章后进行了部分修改乃至重写，卢氏所作的改动，提示了我们他的看法。改写后的文章最为突出的学术观点是强调十翼对解释《周易》的作用，即"以《彖传》释彖而乃得彖，以《象传》释象而乃得象，推之卦爻，无不皆然，恍然曰：道尽于孔子之十翼，但先儒之义不能尽合于孔子耳"，这与《刻周易乾凿度序》中对先秦旧说的重视是一致的。在跋语中，惠栋对这个观点表示赞赏，将其与汉儒联系起来，"以十翼解说二篇之义者，西汉费直、东汉荀爽。今所传之《易》乃费氏本，而其说不传，唯荀氏九家注犹存，颇得圣人之旨。虞翻论《易》，斥诸家为俗儒，独推荀氏"，而荀、虞，正是惠栋在《周易述》中主要宗尚的。按顾栋高精于《春秋》，但于《周易》没有较深研究，作此文时盖惠氏尚未入幕，否则以惠氏对《周易》之精熟及卢、惠二人观点之相契，代作之任当不属顾氏也。

《经义考序》一文也有类似的情况。卢见曾再任两淮盐运使，资助刊刻了

---

① 〔清〕卢见曾《雅雨堂文集》卷一《周易孔义集说序》，卷一页5A。
② 〔清〕卢见曾《出塞集》，国家图书馆藏本，页22A—B。
③ 〔清〕卢见曾《雅雨堂文集》卷一《周易孔义集说序》，卷一页5A—6B。今传学易堂刻本《周易孔义集说》不见此文。
④ 〔清〕顾栋高《周易孔义集说叙（代同年卢雅雨）》，《万卷楼文稿》第四本，国家图书馆编《国家图书馆藏钞稿本乾嘉名人别集丛刊》第一册，第528—530页。

朱彝尊《经义考》，并作序文。此序见《雅雨堂文集》[①]与《万卷楼文稿》[②]，盖亦顾氏代笔，两相对比，内容基本相同，我们也把这篇文章看作卢见曾学术观点的体现。其文曰：

> 通经当以近古者为信，譬如秦人谭幽冀事，比吴越间稍稍得其真。必先从记传始，记传之所不及，则衷诸两汉；两汉之所未备，则取诸义疏；义疏之所不可通，然后广以宋元明之说。勿信今而疑古，致有兔园册子、师心自用之诮。

这个看法和《周易孔义集说序》是一致的，把记传看作经解序列中最早且最可靠的部分。此文后同样有惠栋跋语，称"篇中'义理胜而家法亡'一语，道破前人之陋，为之称快。末幅言通经之法，真悬诸日月而不刊之论"。有趣的是，跋语的前半部分完全用《九经古义述首》中的文字，即上文所引"汉人通经有家法"至"经师不可废也"一段，只具体用字有变化。通过这两篇文章和文后的惠栋跋语，我们看到卢、惠二人学术观点的微妙关系。二人在总体方向上是相同的，即古训是从，只不过根据具体表述环境的差异，卢见曾上溯到先秦传记，而惠栋则更强调汉人经说而已。

惠栋病逝后，卢见曾为之刊刻《周易述》等《易》学著作八种四十卷，当不止出于与惠栋的私人感情及敬意，而更因为其共同的《易》学兴趣和类似的经学观点。

四、结　语

惠栋是清代汉学大师，卢见曾的扬州幕府是清代学人幕府的突出代表，二人都在清代汉学崛起过程中扮演着重要的角色。共同的山左渊源和相近的学术观点，构成二人交游的两条重要纽带，也是二人合作的共同事业的主题。二人合作的结晶，即《雅雨堂丛书》之刊刻，此丛书在学术史上有较大意义，且牵涉惠栋、戴震、卢文弨等重要学者及其学术，尚有待进一步探究。

[①]〔清〕卢见曾《雅雨堂文集》卷一《经义考序》，卷一页3A—4B。
[②]〔清〕顾栋高《经义考叙（代）》，《万卷楼文稿》第四本，国家图书馆编《国家图书馆藏钞稿本乾嘉名人别集丛刊》第一册，第526—528页。

从《观光纪游》看冈千仞与中国士人的交流[*]

杨海峥[**]

【内容提要】 冈千仞是日本江户至明治时期的著名汉学家。冈千仞于1884年来到中国,《观光纪游》是其记录中国之行的游记,内容多为冈千仞对当时中日两国政治和学术的思考,其中又以对时政的关注最多。冈千仞的政治立场和学术观点在其与二百余名中国官员及学者的交流中得以充分体现。

【关键词】 冈千仞　观光纪游　中日交流

一、冈千仞生平

冈千仞(1833—1914),幼名庆辅或启辅,字天爵,号鹿门,出生于东北仙台藩的一个下级武士家庭。早年就读于藩校养贤堂,习四书五经,后游学江户,改名为修,入昌平黉,受业于安积艮斋、古贺茶溪、佐藤一斋等,以宗阳明学自居。其汉文写作学习唐宋八大家,以意气豪壮见称,被日本汉学界称为"乃同甫之流",[①]将其与南宋陈亮相比。冈千仞在昌平黉前后长达九年,其间曾出任书生寮舍长,与同在昌平黉学习的重野安绎、中村正直、南摩羽峰、松本奎堂、松林饭山等成为好友。

幕府末年的日本与中国一样面临着西方要求开港的战争威胁,日本士人在应对危机的对策上,形成示弱开港和用强攘夷两派的对立。冈千仞在对外政策上主张用强。孝明天皇嘉永七年(1854)日本幕府与美国定通商条约时,冈千仞在昌平黉与同窗诸友联名上书,主张坚决抵抗外夷入侵。

冈千仞的"尊王攘夷"主张,与幕末仙台藩主张"佐幕开港"是相悖的,因而堵塞了他在本藩仕途的升迁。孝明天皇文久元年(1861),冈千仞离开了昌平黉,来往于江户、大阪间,与松本奎堂、松林饭山共同在大阪开设了双松冈塾,教授弟子。其间,和"尊王攘夷"志士清河八郎、本间精一等时相往来。孝明天

---

[*] 本文为国家社科基金项目"日本《史记》学文献汇编与研究"(项目号:18BZW107)阶段性成果。
[**] 本文作者为北京大学中文系、北京大学中国古文献研究中心教授。
① 《明治名家文评》,《明治人物逸话辞典》(上),东京堂昭和四十年(1970),第202页。

皇庆应二年（1866），他回到故乡仙台。明治政权建立时，以仙台藩为首的东北诸藩成立反对明治政权的奥羽列藩同盟，因冈千仞赞成尊王攘夷，遂上书劝说藩主归顺明治政权，因此被捕下狱。后奥羽同盟失败，仙台藩处于危急关头，冈千仞上书明治政府，建议迁徙奥羽诸藩开发北海道，以免废藩惩处。

明治五年（1872），冈千仞被聘为太政官，进入东京史局。明治十二年担任东京府书籍馆干事。这一年，他认识了来日本考察的晚清思想家王韬，并与之成为挚友。明治十三年，东京府书籍馆移交文部省管辖，冈千仞辞职，此后不再入仕。

明治初期，佐幕强藩出身的冈千仞仍不得志于当世。政治上的抱负伸展不开，冈氏遂专意于著书、翻译，他十分关心域外大势，译著颇多。

明治六年，冈千仞与河野通之共同翻译了美国格坚勃斯的《米利坚志》，共六卷。冈氏以汉文编撰西方政治、历史著作，工作模式及撰述体例与王韬的《普法战纪》不约而同，而他和王韬又有类似的"不得志"的经历，故二人能够互相引为知交。冈千仞迫切希望自己的工作获得中国学者的首肯，甚至在日本出兵台湾省，中日两国处于战争危机时，冈氏仍然殷切期盼自己的书能够让中土名流评阅。后经丁韪良为介，冈千仞请任教于京师同文馆的李善兰为此书作序。明治八年，李善兰序传回日本，冈氏深以为荣，谓："区区陋著犹辱支那名流鉴赏，不特陋著之荣，抑亦东洋艺文日盛之兆。"①

明治十年，冈千仞完成《法兰西志》的翻译，共三卷。翌年，中国驻日副使张斯桂、随员沈文荧分别为该书作序。明治十二年，汉学者竹添进鸿为琉球事件来华，他经由津海关道郑藻如递呈李鸿章的礼品中就有《法兰西志》一部。

在《观光纪游》中，冈氏曾向俞樾述说自己的"书史"之志，表达自己在政治主张不被采用的情况下，退而修史明志的心情：

> 访荫甫先生，辞别，且请反棹日，受教门下。先生忧法事，问何所归着。余曰："小人好谈当世，所呈法、米二志、《尊攘纪事》，是也。后悟此事有命，且天下之事，非一书生所能了，断然绝念于此，以温旧业为事。"先生欣然曰："书史为遣老之具，极是人生乐事。"②

在翻译之外，冈千仞著有《仙台史料》十八卷、《藏名山房文初集》六卷、《藏名山方杂著第二集》十九卷、《观光纪游》十卷、《观光游草〈附外四种〉》六卷等。

---

① 李善兰《〈米利坚志〉序》后附冈千仞跋语。[美]格坚勃斯著，[日]冈千仞、河野通之译《米利坚志》，日本东京博闻社，1875年。
② [日]冈千仞《观光纪游·观光续纪·观光游草》，北京：中华书局，2009年，第32页。下文所引《观光纪游》均为此版本。

二、冈千仞中国之旅的背景及始末

　　中国在鸦片战争中的失败,意味着日本古来效仿之偶像的坍塌。英国迫使清政府屈服,对日本朝野产生的影响是震撼性的。此时的日本同样面临着西力东渐的问题,日本对中国的认识,也开始从"隔海想象",向重视中西比较和实地检验的理性判断转变。1862—1867 年,幕府组织了四次对中国的实地考察,其中第一次派遣的"千岁丸"上海之行尤为重要。在实地考察中,日本上层知识分子对中国的仰慕和想象被现实粉碎,他们发现中国已成为与日本大同小异、某些方面甚至不如日本的老朽贫弱的国家。

　　冈千仞来华时,正值琉球事件和中法战事愈演愈烈,中日关系日趋紧张,中国官员、学者乃至普通百姓对日本人普遍持有怀疑和敌对态度。如《观光游记》中提到,盛宣怀认为日本和法虏相勾结,将乘机夺取台湾,"或曰贵国协谋法虏,将乘机略取台湾"。① 而冈千仞在街市游玩时,曾有稚童向他投掷瓜皮瓦石,"市人见余异服,簇拥,有投瓜皮瓦石者,犹我邦三十年前,欧人始来江户时"。②

　　冈千仞对中国始终保持着美好的想象和友善的态度,在《观光纪游》中,他说：

　　　　譬中土堂奥也,日本门户也,堂奥门户,相须为一家。日东之国于中土虎下二千年,所谓辅车相依者,岂有乘此危急,狡焉规利之心乎？今也安南归法,朝鲜惴惴仅免亡灭,中土同文邻国,稍有气力者,有一日东而已；中土将有为,其可与谋事者,有一日东而已。③

　　这是对中日唇齿关系的认可。冈氏在华期间,曾多次向中国官员献策,希望帮助中国转祸为福,转危为安。比如他向张焕纶提出,让李鸿章和醇、恭二位亲王出使域外,这样做,可以使亲王目睹域外之强盛,进而像日本明治维新一样,发展洋务,增强国力,在西方侵略的危机中转危为安。他说：

　　　　今中堂公奉醇恭二亲王,一周游域外,目击彼之致强盛,皆出讲格致之实学……则其奋然勃然,师帅百僚,淬励群司,谋所以转祸为福、翻危为安,果为如何？……此亦千岁不再来之机,亦唯在中堂公为二百年宗社、三千亿苍生,一出决大计、靖大难而已。④

---

① 《观光纪游》,第 137 页。
② 同上书,第 56 页。
③ 同上书,第 137 页。
④ 同上书,第 84 页。

日本江户锁国时期，只要有中国文人赴日，就会有一些日本汉学家赶到长崎和中国文人笔谈。有鉴于此，清政府在派遣第一批驻日使团时，选择的使馆成员也大都是著名文人。从黄遵宪致冈千仞的信札中可知，当时冈氏居住在东京芝爱岩下町，距永田町清公使馆不远。冈氏乐于了解国际大事，因此与当时的使团成员都有交往，结交了当时驻日使团成员何如璋、张斯桂、黄遵宪等人。冈千仞和黄遵宪时相过从，共同商讨诗文学问的记录甚多。冈氏十分倾慕黄氏的才学，每有著述，必请黄氏评阅。继任的驻日公使黎庶昌等也继承前任的传统，和冈氏有所交往。黎庶昌曾评价冈千仞："志在用世，百不遂一，其怀抱郁勃之气，充然不可诎止。其文若深谷高岩，时露巉崿。余读其文，悲其志，未尝不惜其穷老不遇，而无大力者为之援。"①

明治十二年，王韬受日本文人重野诚斋、栗本锄云的邀请到日本进行为期四个月的考察。此前，王韬的《普法战纪》已在日本的知识界引起很大反响，所以他到日本之后受到当地文人名士的热情款待和极度推崇。冈千仞就是在这个时候认识了王韬。王韬的《扶桑游记》记载他在日期间，冈千仞曾陪他在日本观光游览，介绍自己的朋友与王韬认识，并拿自己的文稿请王韬指正等。王韬在5月21日的日记中记载："鹿门性豪爽高亢，以友朋、文字为性命，务欲传其名于千秋而不使徒死，以为百年事业所系。故一生精神，悉注于是。文多激昂慷慨、深沉刻挚。呜呼！名之传不传，何预乎吾身？而千载而下，读其文而其人显显在目，则足以不朽矣。鹿门盖即此意也。日国人才，聚于东京，所见多不凡之士，而鹿门尤其矫矫者。"

王韬在归国之前邀请冈千仞有机会去中国看看，这为冈千仞日后决定去中国游历埋下了伏笔。明治十三年，冈千仞从东京府书籍馆辞职，此后便不出仕，这也为他的中国之行提供了时间条件。

明治十七年，冈千仞开始了向往已久的中国之旅，以王韬所在的上海为起点和中转站，途经苏州、杭州、北京、广东、香港，历时315天。归国后第二年，《观光纪游》出版。此书根据旅行的先后顺序，分为第一卷《航沪日记》（1884年5月29日—6月20日），第二卷、第三卷《苏杭日记》（1884年6月21日—8月20日），第四卷《沪上日记》（1884年8月21日—9月26日），第五卷、第六卷《燕京日记》（1884年9月27日—12月2日），第七卷《沪上再记》（1884年12月3日—1885年1月7日），第八卷、第九卷、第十卷《粤南日记》（1885年1月8日—4月18日）。

此书虽名为《观光纪游》，实际上对中国的自然风貌、地理概况、历史沿革方面涉及较少，而多为和中国学者、官员在学术、政治思想上的交流记录。

---

① 黎庶昌《题〈藏名山房文钞〉》，《拙尊园丛稿》，卷六，叶28。

2009年中华书局将冈千仞《观光纪游》《观光续纪》《观光游草》三本书合为一部出版。其中《观光续纪》内容不少与日本参谋本部编撰的《中国地志》（一至六卷）内容重复，而该地志又多源于《大清一统志》等中国文献，故没有《观光纪游》的参考价值高。《观光游草》为冈千仞旅行期间的诗词创作集，之前收入《砚癖斋诗钞》中，1887年在日本出版。

三、在西学东渐背景下冈千仞对待传统汉学的态度

（一）以儒学理论诠释欧美制度

冈千仞十分重视"格致之学"，强调"格致"和"正诚"是圣人所说"自治之本"。在与朱舜江的书信中，他说：

> 中土无人不曰自强，盖自强之本在自治。圣人说自治之本，曰格致，曰正诚。……盖或有之，仆未见其人也。其忽自治如斯，欲求自强之功，茫乎不可得也。①

冈氏认为自己把握了孔孟之道的真实内涵，他将"格致"比作"道问学"，将"正诚"比作"尊德性"，并认为欧洲的宗教在"修德性"的范围之内，而欧洲的政、刑、兵、农、工、商等实用性科学则为"格致之学"，冈氏称之为"格致实学"，并认为"三代圣人，率天下以诚正、格致之学，固不外于此"。②

冈氏还认为欧俗男女小学、中学、专科学校的制度，与三代大小学"礼乐射御书数"六艺之教类似，他将这些实学比作"开物成务"，认为"欧人凡百学源，出于汉土三代"，这样就把"学习欧美"的做法和三代之学、圣人之教联系了起来。这并非冈氏一人独有之观点，而是代表了一部分日本汉学家的看法，比如下面所引段落中就含有日人井上陈政的相同论点：

> 余曾谓欧俗，男女五岁入小学，讲习语言文字、图画、算数、体操、人生普通学科。至成童，愚鲁若贫穷者，就农商职工诸业，谋食，其颖脱者入中学，天文、地理、动物、植物，凡百物理所在，无所不讲穷。而后入各科专门学校，就实地而讲实事。其所以为学，无一非所以开物成务，以赞天地之化育。学成以后，以其所学，就其业，受其职。不论文武百官，大而农商，小而纺织，切而财利，巧而机械，各科技术，皆无不出于学。嗟乎！不亦备乎？虽然，此事三代已设大小学，教八岁童子，以礼、乐、射、御、书、数，三代所以成人才，固如此也。井上陈政论是事，曰欧人凡百学源，出于汉土

---

① 《观光纪游》，第136页。
② 同上书，第194页。

三代,而欧人既知其端,覃思研精,精益求精,长愈取长,遂至今日。谓之女娲断鳌补天,可也。《经》所谓"天工人其代之"者。是言得焉。①

冈千仞认为在他交往的中国士人中,很少有能真正实践孔孟之道、讲究"格致实学"的人。他认为大部分的中土士人都坚守"华夷之辨",对域外一无所知。如王梦薇(俞樾的弟子)曾非议日本学习欧美之事:"圣人之道,自有致富强之法,贵国不求于此,而求于彼,殆下乔木而入幽谷者。"②对此,冈千仞的批评一针见血:"呜呼!陆有轮车,海有轮船,网设电线,联络全世界之声息,宇内之变,至此而极矣。而犹墨守六经,不知富强为何事。一旦法虏滋扰,茫然不知所措手,皆为此论所误者。"③并进一步总结为:"中人病在不得外情。"④

在当时的时代背景下,冈千仞倡导学习欧美有其必然性和积极意义,但他将欧美文化制度上升到了"三代之制度"的高度,对欧美制度和文化的过度美化和理想化,使其落入另一个极端,而这也是其身处日本明治初期向欧美学习的时代潮流中极易产生的偏见。

(二) 考据无用论

《观光纪游》中记载了丁绍基(汀鹭)来访时和冈氏的对话。这段对话足以说明冈千仞对传统考据学的看法:

> 汀鹭曰:"余少时殚心举业,后始知金石考据为学问之本。自汉迄元,金石遗文,百方搜索,取备考证,大觉有得。考据、说文、金石、地理,此四学虽异门分户,其实一贯,离之则两伤。国朝诸贤,尤服阎若据[璩]、钱竹汀二家,著述万卷,不一袭先贤,皆有物之言。"余常谓清一代竟说金石,断碣败砖,所得几何?阎、钱万卷,一半无用之言,况舐余唾者乎?因举欧事,规切学弊,少有悟色。⑤

可见,冈千仞亦是从经世致用的角度来批判传统考据之学。其实在国家危难之际,所当为世人诟病者,并非考据之学本身,而是埋首于故纸堆中,不思救亡图存的态度和做法。这种看法不是他个人独有,《观光纪游》中记载了冈千仞的一名日本友人樱泉氏的类似观点:

> 樱泉往年游学中土,其论弊风,极为的切。曰:"金石、《说文》二学,宋明以前之所无。顾炎武、钱大昕诸家,以考证为学以来,竟出新意,务压宋

---

① 《观光纪游》,第194—195页。
② 同上书,第59页。
③④ 同上。
⑤ 同上书,第129页。

明,纷乱拉杂,其为无用,百倍宋儒。"①

四、冈千仞和中国士人的交流

(一) 冈千仞和王韬

　　王韬(1828—1897),字紫诠,清末思想家,政治家。1873年,王韬所作《普法战纪》单行本刊行,被日本岩仓使节团购回,受到日本汉学界重视。日本明治初年在洋学的冲击下,汉学备受压抑,而王韬的《普法战纪》是以传统史学体例纪事本末体编撰西方当代政治军事历史,受到当时日本汉学家的欢迎。在冈千仞与何野通之同译的汉文本《美利坚志》的"例言"中,冈千仞对王韬《普法战纪》的体例倍加赞赏:"近时洋学者,专事译述,刊行书不知数,而一书分前后数篇,零丁破碎,漫无体裁。是书虽仅仅四卷,自米国草昧至一千八百六十年,治乱大略,历历无遗,此所以与近时译书异其撰也。"

　　1879年,王韬应邀访日,其间和冈千仞交往密切。1884年,冈千仞开始了中国之旅,首站便是王韬所在的上海。在上海期间,几乎每天都会和王韬见面交流,以王韬为知己。在《观光纪游》中冈千仞提到:"余蹭蹬半生,晚得紫诠、经甫二人为海外知己,可以少自慰矣。"②

　　冈千仞数次向王韬言及中土之祸根在于六经毒和烟毒:

> 目下中土非一扫烟毒与六经毒,则不可为也。六经岂有毒乎?唯中人拘泥末义,墨守陈言,不复知西人研究实学,发明实理,非烂熟六经所能悉。孟子不言乎?尽信书,不如无书。六经有可信者,有不可信者。若不信其可信者,而信其不可信者,则六经之流毒,何异老庄之毒晋宋乎?③

　　冈千仞认为必一扫此二毒,然后可以振起中土元气。王韬更曰:"更有一毒,并贪毒为三毒。中土大小政事,成于贿赂。"④

　　对于烟毒,冈千仞认为必须坚决抵制,他对当时学者和官员们普遍沉迷于鸦片的现象作了详细的描述,"饭毕,温巾热汤,拭面擦手,踞床吃茶。更设烟具别室,二人对卧,且吃且话,此为常法",⑤并认为烟毒实乃中土之病源:

> 子弟至八九岁,必延师学举业。……已无衣食之忧,……专耗精神于

---

① 《观光纪游》,第201页。
② 同上书,第87页。
③ 同上书,第69页。
④ 同上书,第70页。
⑤ 同上书,第48页。

八股之学。及其累试不第,濔不平于酒色,颓然自放,不役心于世事,猖狂为达,放诞为豪,妄庸为贤,迂疏为高。或至溺洋烟,荡资产,卖子女,缩性命,不自悔焉。余来此累月,略得中土之病源,附记于此。①

王韬本人也嗜鸦片,他对于鸦片的看法代表了大部分中国士大夫官员们的看法:"洋烟何害?人故有以酒色致病至死者,以酒食之乐有甚于生者也。其死于烟毒,何异死于酒色?"②

《观光纪游》中,冈千仞曾评价王韬《弢园文录》:

> 其论海外大势,剀切确当,大快人心。余视紫翁溺毒烟,辄称病苦,以为非复前快人,何意腹中有如斯议论也!唯翁涉彼大体,未究彼学术,故间有论未透者。如论我邦,为徒学欧米皮毛,则是也。我邦免至今日,无他,以学得彼皮毛也。若夫神髓,岂一朝所学得乎?③

在冈千仞眼中,他所见的中国学者和官员多数是"不达外情"的迂腐之辈,而王韬对欧美了解较深。

(二) 冈千仞和俞樾

俞樾(1821—1907),字荫甫,号曲园。以治经、子、小学为主,其《群经平议》《诸子平议》《古书疑义举例》等在日本备受推崇。

冈千仞对俞樾推崇备至,《观光纪游》中多次提到:"今语文章大家者,皆曰'南俞北张'。"④"先生长考据,富学殖,文章著述,为一世之泰斗。尝撰《东瀛诗选》,故于我邦撰著无所不涉。"⑤"中土人物,大多浮华少实。仆历游六七省,足迹涉数万里,而所心折止曲园师一人。"⑥

冈千仞初访俞樾,俞樾不在,翌日俞樾回访冈千仞时,曾言及为学之方,认为:"文章一道,固无中东之分。然而论文讲学,须先认清门径。不用意于此,则工夫亦又误了。曩选贵国诗,虽未足以尽贵国之长,颇足以除贵国之短。从此问轨途,必无大疵病。经学须上法汉唐,至诗文,则不必拘泥。然而多读古书,则抒叙性灵,摹写景物,气味自别。"⑦

冈千仞请俞樾弟子王梦薇评价自己的《劫灰》《在吟》二集,王梦薇提及日

---

① 《观光纪游》,第46页。
② 同上书,第154页。
③ 同上书,第91页。
④ 同上书,第147页。
⑤ 同上书,第28页。
⑥ 同上书,第59页。
⑦ 同上书,第32页。

本学者在诗词上的通病,"造诣极深,唯有间不合律处,竟是东国通病。老师曲园亦屡言此事。若与中土作者游从时月,便自知其三昧"。①

在华期间,冈千仞曾请从俞樾门下受教,因行程匆促未果。

(三) 冈千仞和张裕钊

张裕钊(1823—1894),字廉卿,号濂亭,入曾国藩幕府,为"曾门四弟子"之一,晚清散文家、书法家。其书法独辟蹊径,融北碑南帖为一炉,创造了影响晚清书坛百年之久的"张体",被康有为誉为"千年以来无与比"。当时评论文章的大家,有"南俞北张"之说,"北张"即张裕钊。《观光纪游》称:"保定有张濂亭,传桐城文法,为当世耆宿。"

冈千仞初访张裕钊,张氏不在,翌日张裕钊回访冈千仞时,冈千仞向他请教作文之法。张曰:"姚姬传《古文类纂》,曾文正《经史百家杂钞》,古今文法尽此二书。姚撰精严,曾撰宏博,已有此二书,古文正范,不必他求。熟骈体,则文字富赡,李申耆(兆洛)《骈体文钞》,为佳撰。"②

冈千仞向张裕钊辞别,并询问当世泰斗名家,以备来日寻访,张氏为冈千仞推荐了汪士铎③、柯逢时④、周开锡⑤、查燕渚⑥、吴宝验⑦五人,张氏曰:"老夫无意仕进,不慕时名,故所知最少。金陵有老友汪梅村(士铎),年八十,品学俱优,君子人也。而韬晦寡交,比老夫更甚。武昌有柯逊庵(逢时)、周伯晋(开锡),为张香涛门生,后来俊秀。敝门生查冀甫(燕渚),官编修局,可与谈者。吴礼园(宝验)亦佳士,他日至武昌,必一访。"⑧

张裕钊曾在为冈千仞所作的序中谈及中国和日本的关系:"大旨曰:方今字内万国,角立争雄,而日域与中土,比壤地,同文字,真辅车相依者。"⑨与冈千仞对中日关系的看法一致。

(四) 冈千仞和余姚朱氏

《观光纪游·苏行日记》中记载了冈千仞拜访余姚朱氏后裔的情景:

明治十七年甲申十七日(光绪十年7月25日):

---

① 《观光纪游》,第77页。
② 同上书,第128页。
③ 汪士铎(1802—1889),字梅村,江苏江宁(今南京市)人。清末的历史地理学家。
④ 柯逢时(1845—1912),一作凤逊,字逊庵、懋修,号巽庵。别号息园,晚清著名官员、藏书家。
⑤ 周开锡(1808—1872)原名开铣,字绶珊,号受山,行三。左宗棠南路诸军总统,兼理民政。
⑥ 始末不详。
⑦ 始末不详。
⑧ 《观光纪游》,第130页。
⑨ 同上书,第130页。

抵余姚,访朱弢夫(朗然)。弢夫二十三世祖,曰启明,实为朱舜水兄。二子伯幡(鸿基)、树声(亢畤)出接,示家谱,附舜水小传。余记舜水常说邻接王文成庙,问之,果然。乃往拜文成庙。庙在龙泉山半腹,康熙帝匾曰"命世真才",配祀钱德洪、徐爱二人。徐爱三十三而卒,文成哭为"天亡我矣"。龙泉山,王荆公读书处,所谓"天下苍生望霖雨,不知龙在此中蟠"是也。其麓有朱氏奉先楼,安始祖以下族人神牌,肃穆之容,犹我王侯香火场。中土大族,皆有家庙,岁时会族人奠祭,犹是礼义之俗。

过朱荷田(铭),舜水族孙。伯幡曰:"家严在病床,贵客远来,不敢不见。"延堂上一见,年已六十许,谈皆慨家国者。闻李中堂出于罗惇衍门下,惇衍师事弢夫先人久香(兰)先生,故中堂过此,执弟子礼。伯幡兄弟置酒光禄堂。堂,久香先生待客之处。楼上望四明、会稽诸山,为绝佳。树声论时事不已,既而曰:"从光禄君,历游十三省,未尝接一有心人,不意今见海外名士,论及此等事也。"余劝东游,曰:"父老,不可远离。终养之日,必果是志。"更酌别室,见赠久香先生著书三种。①

朱氏是余姚名门望族,起始于北宋神宗时的朱廷碧。据清光绪二十五年刻《余姚县志》卷一四载:"朱廷碧,熙宁时拜兵部尚书,致政来姚,见双雁石仓之美而卜筑,遂世居焉。"其后世子孙中最著名的是明末的朱之瑜(1600—1682),字楚屿,又作鲁屿,号舜水。明末朝廷屡征不就,清兵入关后,参加反清复明活动。后东渡定居日本,在长崎、江户定期讲学,传播儒家思想。日本宽文五年(1665),朱舜水被水户藩主德川光国聘为宾师,被尊为"日本的孔夫子",备受日本朝野人士推重。著有《朱舜水集》。其学说特点是提倡"实理实学、学以致用",认为"学问之道,贵在实行,圣贤之学,俱在践履",他的学说在日本影响很大,被称为"水户学"。

冈千仞文中提到的"朱弢夫",名朗然(1834—1892),字开模,号弢夫。朱铭(1816—1888),字宓斋,号荷田。二人均为朱舜水族孙。冈千仞云:"余幼诵水户诸儒绪言,水户文学出于朱舜水。"②冈千仞拜访了水户学的故乡余姚,并和余姚朱氏的后人相谈甚欢、流连忘返,之后又拜谒王阳明之庙,由此亦可以看出,他的中国之旅也是一次文化上的朝圣之旅。

(五)冈千仞和李慈铭

李慈铭(1830—1894),字爱伯,号莼客,室名越缦堂,光绪六年进士。承乾嘉汉学之余绪,治经学、史学,也是著名的藏书家。其《越缦堂日记》与翁同龢

---

① 《观光纪游》,第44—45页。
② 同上书,第99页。

《翁同龢日记》、王闿运《湘绮楼日记》、叶昌炽《缘督庐日记》齐名,并称为"晚清四大日记"。

冈千仞访问李慈铭时,李氏仅问及日本的历史沿革情况。对此,冈千仞在《观光纪游》中云:"我邦学者,无不涉中土沿革,而中土学士,矇然我邦沿革。譬犹用兵,我瞭敌情,敌矇我情,非中土之得者。"①当时中国官员和学者中很多人认为日本学习欧美,抛弃自己的文化传统是错误的。冈千仞不止一次感叹中土士人不达外情,故步自封,在他眼中,李慈铭也属此类。

在第一次会谈之后,冈千仞两度拜访李慈铭未果。

(六) 冈千仞和李鸿章、盛宣怀、张焕纶、邵友濂

张焕纶(1846—1904),字经甫,号经堂,是近代小学教育的创始人。冈千仞在上海时接触最多的中国人,除了王韬,就是张焕纶。冈千仞曾说:"余蹭蹬半生,晚得紫诠、经甫二人为海外知己,可以少自慰矣。"②

冈千仞访问中国时期,正值中法战争打响之时。对于中国,冈千仞有唇齿相依的情感,他从未停止过对中国出路的探索,这也是冈千仞一游中国的主要目的,在和张焕纶对话中,他说:"己以疏狂,为当路所外,常思一游中土,见一有心之人,反复讨论,以求中土为西人所凌轹之故。"③张焕纶是冈千仞引以为知己的朋友,冈千仞对他知无不言,把自己苦思良久的计策告诉了张焕纶:

> 今也国事方急,中堂(李鸿章)盍奉醇邸若恭邸,使于法国,见大统领,诘责中土何所负法国而出赔偿,法国何所怨中土而寇鸡笼(基隆)、福州?就条理之所在,而究曲直之所归,则可不衅兵而领局也。……
> 奉醇邸若恭邸,特借亲王名号而已。亲王尊降皇帝一等,可与彼抗礼无让。若夫折冲樽俎,以辨彼此曲直,中堂公之任。且法人服我言,知所悔,则固善矣,若不服我言,则姑请休战,直赴普、英二国,说法人乘中土承大乱初收、上下困弊之余,无故构难,悍然逞虎狼之欲。不特为中国之巨患,抑又非英普之长策。法为普深仇,英亦不悦法人得志东洋,彼固思立功于中国,以势压法人。况中土命亲王陈国情,请其居间为谋,岂有坐视彼无故构难、鱼肉中土之惨乎?若彼不肯所言,则直航米国,见大统领,虚心问策所出,则米国强大,殆敌全欧,观中土窘穷,命亲王大臣,万里问策,不敢轻答,必开国会,问策国内绅董。盖米致强大无他,以新筑七千里铁道,盛开桑港通东洋之贸易也。故彼待中日二国,特为恳至,策投事变,为

---

① 《观光纪游》,第105页。
② 同上书,第87页。
③ 同上书,第84页。

英普之所不为，所以厚交中土也，必矣。此三者一得要契，则不伤一卒，而中法归好也。若夫凿斯池筑斯城与民致死不去，此忠臣义士百策共尽，进退维谷，而后所为。若是三者不一得其要契，此天事人事，一至此极者。于是，率天下之义士，鸣法虏之罪，委成败于天，大义之所在，致死无二。出今日之所为，未为晚矣。抑仆所畏，有大焉者。粤匪虽乱贼，要之中国人，彼兴此亡，所谓楚人失之，晋人得之者，无所得失也。今也凛乎坐漏船，偷一日之安，无出一伟策济目下之急，则分裂为五胡之割据，统一为蒙古之臣虏，唐虞三代，礼乐制度，文武周孔，文物典章，荡然扫地。代六经以新旧约书，代五教以十戒，代圣庙以礼拜堂，驱亿万直道之民行洗礼，拜十字架，犹今三印度奉英，安南奉法，此岂食其土之毛者所忍为乎？①

概括来说，冈千仞的计策是"请于朝，发重使，假特权，命若李、曾二公者，辅亲藩以行，直诣法廷，明是非曲直，法必听许。而亲藩习外邦事，归且有大裨益"。②从这段话可以看出，对于中法事变，冈千仞是主和派，他以自己对欧美的了解为基础，苦思良久，认为此计策可挽救中国于危难之中，并使中国转危为安、因祸得福：

窃以为凡事皆有机会，唯一二见几之士，乘扰乱之机，投风云之会，奏廓清之功，如敝邦承积弊之余，一扫立国三千年之陋习，建明治中兴之基也。然则法人开是变，天实降一大幸运于中土也。盖中土承平日久，国初良法美意，一变为徒文徒法，凡百弊害，无所不至。此殆天使有为豪杰之士，得一出施其力也。抑中土大病，在在上大臣，瞢于域外大势，知中土为礼乐文物之大邦，而不知域外礼乐文物之大邦，如中土，邻并相望。今中堂公奉醇恭二亲王，一周游域外，目击彼之致强盛，皆出讲格致之实学、开工艺、励政治、盛教化之余，文明之治、政法之懿、风俗之美、人材之良，非中土之所能及，则其奋然勃然，师帅百僚，淬励群司，谋所以转祸为福、翻危为安，果为如何？……此亦千岁不再来之机，亦唯在中堂公为二百年宗社、三千亿苍生，一出决大计、靖大难而已。③

冈千仞对于自己的计策信心十足，并将此告知与自己有来往的高官和朋友，强烈希望此计可以施行，以挽救当前的中法困局。张焕纶虽认可此策，但碍于身份，未能上报于当权之人。后来冈千仞游燕京，又将此策告于盛宣怀，盛是李鸿章的幕僚，遂将冈千仞的计策告知李鸿章。李鸿章"深感子志，唯中

---

① 《观光纪游》，第82—83页。
② 同上书，第89页。
③ 同上书，第84页。

土承百弊之后,皇族诸王徒自尊贵,且庙议确持拒绝,无可下手"。① 可见,冈千仞的计策虽然在理论上是可行的,但他忽略了当时错综复杂的政治环境,首先让醇、恭二亲王出使域外就是不可能的,而且当时的朝廷多数是主战派,所以李鸿章虽赞同此策亦无计可施。对此,冈千仞感慨道:"使中土果用余策,则天下之事未为难济也。顾天时未会,人事未至也欤?"②

(七) 冈千仞和文廷式

文廷式(1856—1904),字道希,是陈澧入室弟子,中国近代著名诗人、学者,积极致力于维新变法运动。冈千仞曾和文廷式就是否应当学习欧美展开过讨论。文廷式云:"贵国学欧米,以三千年礼义之邦,一旦弃其旧,不可痛惜乎?""欧米戎事精练,工艺巧妙,唯伦理纲常,东洋自有万古不可易者,不可一日弃我而取彼。"③冈千仞对文廷式的评价是"希道④有俊才,好论时事,反复究论,言言剀切,唯涉外事,茫在五里雾中。"⑤"此间所见士人,唯希道才起俊发,议论慷慨,尤用心家国之事,必为他日伟器"。⑥

其中,中土士人的"不达外情"是冈千仞在《观光纪游》中数次提及的"中土病源",他认为中土士人一味守旧:"《大学》一书,修己治人之道悉矣。而论其修己,则曰格致,曰诚正;论其治人,则曰新民,曰作新民,曰日日新。说新字,不一而足。而中人不讲格致之学,唯旧之守,余不知何谓。"⑦冈千仞强烈希望把日本的变法照搬到中国,认为这是当时的中国实现"转危为安"的有效途径。

(八) 冈千仞和杨守敬

杨守敬(1839—1915),清末民初历史地理学家、金石文字学家、目录版本学家、藏书家。著有《水经注疏》《日本访书志》等。杨守敬1880年出使日本,驻日期间购回了大量流失在日本的古籍,刻《古逸丛书》。他和冈千仞一起从日本回到中国,冈千仞在上海期间,经常和杨守敬结伴出行,二人关系密切。

《观光纪游·航沪日记》中,冈千仞数次提及杨守敬,或称"杨君",或称"惺悟"。由以下记录可以看出杨守敬购买古书不遗余力的态度,以及《古逸丛书》《日本访书志》的由来。

---

① 《观光纪游》,第99—100页。
② 同上书,第100页。
③ 同上书,第170页。
④ 当作"道希"。
⑤ 《观光纪游》第175页。
⑥ 同上书,第183页。
⑦ 同上书,第175页。

杨君有古书癖，历访心斋桥书肆，得宋版《尚书》，大悦，投五十元购取。①

杨君金石学，优为一家。东游以后，就好事家，搜索隋唐古书，考证同异，大有所得。曰："余官贵国四年，无涓滴补国，唯为黎公网罗古书，刻古逸丛书二十六种，购得隋唐逸书百余笥。此外参考古书，撰《日本访书录》二十卷。此皆宋元诸儒所未梦见，故虽囊橐索然，不少悔。"余示《松崎慊堂汇刻书目》，杨君悦甚，曰："访书材料，不可少此书。"②

杨守敬在书法上成就颇高，著有《楷法溯源》。主张书法要"变"，后人的书法与前贤的书法"笔笔求肖，字字求合，终门外汉也"。冈千仞在《观光纪游》中，亦记载杨守敬书法上的见解："惺悟杂陈在东所获古写经，把玩不置，曰：'此犹晋时笔法，宋元以下，无此真致。'"③

（九）冈千仞和陈乔森

陈乔森（1833—1905），原名陈桂林，清咸丰十一年举人，官至中宪大夫，后辞官回乡，执掌广东雷阳书院长达三十载，生徒众多。著有《海客诗文杂存》。冈千仞在广东和陈有过数面之缘，此前杨守敬曾向冈千仞提起此人，云："陈木公当世陈元龙，子游广东，宜记此言。"④

二人讨论南北之差异及北京是否适合作一国之都。冈千仞已经游览过北京，认为所见者和书上大有不同，书中所及，皆"不达中土大势"，他认为北京不宜为都。陈乔森举燕北地势为禹域中枢之说反驳，冈千仞继而论辩：

> 古人所论，大抵如先生言，三代汉唐时或然。方今世界一变，万国交通，试见英于伦敦，法于巴黎，米于华盛顿，皆开首府于全国最便利、最辐辏之地。故四方万国，争出其途，殷殷轰轰，势力百倍，日加繁盛。帝王都府，据形胜之势，待内外万国，固宜如斯也。今也北京，以地势则北鄙，以形胜则散地，以气候则高寒，以人户则寥落，以道程则辽远，决非帝王奠鼎之地。泥古而不通今，拘常而不知变，不可与论当世之事。……唯彼言新疆括蒙古、甘肃、伊犁诸地，不得不以燕京为中枢，此或一理，而不能拒俄并黑龙江两岸千百里，此亦在德而不在险者也欤？⑤

从此段话中可以看出，冈千仞对欧美了解颇深，对当时中国士人守旧自

---

① 《观光纪游》，第11页。
② 同上书，第13—14页。
③ 同上书，第29页。
④ 同上书，第172页。
⑤ 《观光纪游》，第171页。

封、不达外情之现状十分痛心,强烈希望中国也能如日本明治维新一样,打开国门,学习欧美的先进技术和治国理念,不可再将域外万国,一并摈斥为夷狄禽兽。

综上,《观光纪游》虽然是一部游记,但所记录的内容多是冈千仞对时局和学术的思考。在中国游历的一年中,冈千仞与二百余名中国官员、名绅学者有过交流,探讨中法战争、中土治乱之源等政治话题,并努力将自己的计策和理念传于他人。

冈千仞在书中屡次提及的问题有三:第一,六经毒和烟毒是中土病源,不可不除。第二,反复和中国官员、士绅讨论应对中法乱局的对策,主和不主战。第三,中土应当摈弃视他国为夷狄的思想,向欧美学习先进的技术和制度。仅仅在和俞樾、张濂亭会面的记录中,有探讨学术的记录。

冈千仞对于学习欧美的经济、政治制度具有十分强烈的热情,而这种热情是基于他作为汉学家的儒学理念。他认为欧美现今的教育制度正符合儒家"道问学、尊德性"之语:

> 孔孟所论,大中至正,唯后学孔孟者,纷纷扰扰,竟至今日。盖《大学》论学问,曰格致,曰诚正。诚正尊德性之谓,格致道问学之语,三代之学,不出此二者。今观欧俗,修德性以上属宗教,上自王侯下至士庶,誓救主,守十诫。此异我孔孟所论高尚难责于中人以下之谓。格致以下为学问,天地万物,就实际而讲实理。政、刑、兵、农、工、商凡百技艺,分为专门一科,就实地而讲实业,大异我涉猎万卷,夸该博,浮华诗文,博声名,幸富贵,无以补日用者。彼日赴旺盛,我日就衰绌,皆由彼此为学异其方矣。余固非是欧学而非汉学,私以为三代圣人,率天下以诚正、格致之学,固不外于此。①

处于明治维新历史时期的冈千仞用儒学理论去比附、诠释并盛赞欧美教育制度,在当时具有进步意义。

---

① 同上书,第194页。

略论宋代类书中的"材料序列"
——从《朝野佥载》宋代"节略本"说起

李 更*

【内容提要】 本文从《绀珠集》《类说》《白孔六帖》《海录碎事》《锦绣万花谷》《古今事文类聚》《古今合璧事类备要》七部类书所引《朝野佥载》入手,对相关文字重加梳理,尝试厘清其间承用关系,论证相关资料自成序列,而非同源,目前学界据以推断的《朝野佥载》"宋代节略本"不能由此落实。进而就宋代文化、出版业繁荣背景下,书籍特别是类书编纂的新特点、书籍间的复杂关系及给整理使用带来的微妙影响,试做讨论。

【关键词】 《朝野佥载》 节略本 《类说》《绀珠集》 南宋类书 材料序列

张鹫《朝野佥载》是一部久佚的唐代笔记,因其多载唐前期朝野史事,颇为后人所关注,明清学者已有辑佚,今则可见多种整理本。未尽之问题,亦时见探讨。如近年赵毓龙、胡胜《〈朝野佥载〉之"节略本"考略》(以下简称《考略》),依据宋代目录著录及类书称引情况,提出该书在宋代存在一个与今可见之"六卷本""一卷本""异源的又一个版本系统,其文字呈现出节略的特征";[1]赵庶洋《〈朝野佥载〉版本考述》(以下简称《考述》),则分"原本""节本""辑本"三个系统,对该书历史上曾经存在的版本情况加以分析梳理,有关"节本"亦得出相同结论。[2] 二文均注意到宋代多种古籍中存在相同或相近的节略文字这一"特异性现象",并由此入手探索该书在宋代的传播状态。无疑,留意同时代古籍中的引文及规律性,是相关文献研究逐渐深化的表现。然而,因对所涉宋代文献特别是类书间关联性估计不足,相关观点亦不无可商榷之处。

本文即由此入手,对宋代类书所引《朝野佥载》再作梳理,进一步剖析其文

---

* 本文作者为北京大学中文系、北京大学中国古文献研究中心副教授。
[1] 赵毓龙、胡胜《〈朝野佥载〉之"节略本"考略》,《文献》2012年第4期,第173—179页。
[2] 赵庶洋《〈朝野佥载〉版本考述》,《北京大学中国古文献研究中心集刊第十七辑》,北京:北京大学出版社,2018年,第188—207页。

字、内容异同的规律及成因,探讨所谓宋代"节略本"的实际情况。同时,也尝试厘清隐藏在《绀珠集》《类说》《孔氏六帖》《海录碎事》《锦绣万花谷》《古今事文类聚》《古今合璧事类备要》等颇有影响力的私修类书背后的材料承袭"脉络",以及给整理使用带来的微妙影响,或可供研究者参考。

一、《绀珠集》《类说》所引《朝野佥载》及其间渊源

《绀珠集》《类说》二书均对《朝野佥载》有较多引用,且内容文字相当接近,而与《太平广记》《说郛》所引有明显差异,是《考略》《考述》二文提出"二者共同源自《佥载》的某个传本"并进而论证这一宋代"节略本"面貌的主要基础。但"二书所录《佥载》文字之间无直接渊源关系,排除互相抄袭从而相同的可能"①之断语,却仅得自二书互有不载,及因四库馆臣旧说而来的"曾慥本人对文字的态度是比较严谨的"②先入之见,有简单化之嫌。

《绀珠集》《类说》是两部内容、体式非常接近的类书,二书均以"百家小说"为主要收录对象,亦均以书立目,不分门别类,在内容和文字上,二者有明显差异,也存在大量重叠及雷同。由于后者规模更大,流传更广,不论在南宋或今天,"视曾慥《类说》为略"③的《绀珠集》往往为其所掩,关注度不高。但二书之间的渊源,明代学者已有所留意,近年讨论更多,如关静《曾慥〈类说〉编纂及版本流传研究》、赵君楠《〈类说〉因袭〈绀珠集〉考略》即做了或典型个案、或全面系统的考察,笔者亦有多篇文章涉及,④兹不赘述。概言之,《绀珠集》是《类说》的重要材料来源之一,二书的雷同并非个别书目的偶然巧合,而是大面积存在的规律性现象。其重合部分,大体《类说》袭自《绀珠集》,相关书目中溢出《绀珠集》之文字或内容,或属编者先有其他途径的摘抄,或剿袭《绀珠集》后又以其他资料补充增益,情况不一。⑤

《朝野佥载》亦是其中典型。二书所载,在条目、内容、行文上虽有明显重合,亦有不容忽视的差异,颇见交错出入。这些出入,带给使用者"无直接渊源

---

① 赵庶洋《〈朝野佥载〉版本考述》,第192页。
② 赵毓龙、胡胜《〈朝野佥载〉之"节略本"考略》,第176页。
③ 〔宋〕陈振孙撰,徐小蛮、顾美华点校《直斋书录解题》卷一一,上海:上海古籍出版社,1987年,第332页。
④ 关静《曾慥〈类说〉编纂及版本流传研究》,北京大学硕士论文2015年;赵君楠《〈类说〉因袭〈绀珠集〉考略》,北京大学硕士论文2016年;李更《鸡跖集》三题》(《北京大学中国古文献研究中心集刊第十五辑》,北京大学出版社,2016年)、《〈类说〉本〈续博物志〉的前世今生》(《中国典籍与文化》第三期,2018年)、《〈绀珠集·诸集拾遗〉臆说》(北京大学中国古文献研究中心集刊第十七辑,北京大学出版社,2018年)等。
⑤ 详参赵君楠《〈类说〉因袭〈绀珠集〉考略》。

关系"的鲜明印象，今亦由此入手分析。

先看其同者。《考略》《考述》均指出在《绀珠集》全部68条、《类说》全部67条中，互见者达57条，《考述》还据通行本做出了"相差3字以内者合计有25条，已然占到互见条目总数的40%以上"的统计。而考察这些标目、文字全同或基本相同的条目，可见具有某些共同点。

以"狐蹲雉伏"为例。《绀珠集》《类说》均作：

> 狐蹲雉伏：郑愔狐蹲贵介，雉伏权门。①

《太平广记》卷一六九"知人一"之"张鷟"条引《朝野佥载》云：

> 唐娄师德，荥阳人也，为纳言。客问浮休子曰："娄纳言何如？"答曰："纳言直而温，宽而栗，外愚而内敏，表晦而里明。万顷之波，浑而不浊。百练之质，磨而不磷。可谓淑人君子，近代之名公者焉。"……又问："郑愔为选部侍郎，何如？"答曰："愔猖獗小子，狡猾庸人。浅学浮词，轻才薄德。狐蹲贵介，雉伏权门。前托俊臣，后附张易。折支德静之室，舐痔安乐之庭。鹁鸪栖于苇苕，鲂鳇游于沸鼎。既无雅量，终是凡材。以此求荣，得死为幸。"后果谋反伏诛。②

计八百余字，记述了张鷟对娄师德、狄仁杰、李昭德、来俊臣、武三思、魏元忠、李峤、徐有功、赵履温、郑愔十人的品评，也包括部分人物的结局，即张鷟看法的"应验"情况。显然，《绀珠集》《类说》的"狐蹲雉伏"取自其中对郑愔的评价，不仅无意于保留全部十人评价的梗概，亦不求记录郑愔性格、才学、行为的诸方面，所取仅是其中一个以动物为喻描写其在权贵面前奴颜媚态的对句，编者的着眼点显然在于其精练而传神的表达及在文章写作中的使用价值，至于张鷟如何品评大臣、郑愔如何做人做事，并不在编者留意的范围内，标目取"狐蹲雉伏"，条目正文虽表面上是主谓结构的陈述句，似陈述事实，但从与标目的关联衡量，实际只是用最简单的方式交代了这一表达的"关系人"和使用环境。

学者曾有关注的"孟青"也是如此，《绀珠集》《类说》均作：

> 孟青：侯思止谓决囚大棒为孟青。

而《太平广记》卷二六七"侯思止"条引《朝野佥载》作：

> 周侍御史侯思止，醴泉卖饼食人也。罗告，准例酬五品。于上前索御

---

① 〔宋〕佚名《绀珠集》卷三，明天顺七年刻本；〔宋〕曾慥《类说》卷四〇，明天启刻本。如无特别说明，本文所引《绀珠集》《类说》皆据此二本，下不一一注出。

② 《太平广记》卷一六九，北京：中华书局，1961年，第1235、1236页。本文所引《太平广记》皆据此本，仍其断句，另作标点。下不一一说明。

史,上曰:"卿不识字。"对曰:"獬豸岂识字?但为国触罪人而已。"遂授之。凡推勘,杀戮甚众,更无余语,唯谓囚徒曰:"不用你书言笔语,止还我白司马。若不肯来俊,即与你孟青。"横遭苦楚,非命者不可胜数。白司马者,北邙山白司马坂也。来俊者,中丞来俊臣也。孟青者,将军孟青棒也。后坐私畜锦,朝堂决杀之。①

无疑,如《考述》所云,"《广记》所引更加接近原本面貌,《绀珠集》《类说》的文字与原本面貌差距较大",②但这种差异的形成不在于对故事情节或叙述语言的压缩改易,而在于信息的提取。即前者所取仅"孟青"一语,可理解为一个名物,亦是"决囚大棒"的一种别样表达,"侯思止"亦非作为事件的主角,而仅以这一语汇"关系人"的身份被注出。从《太平广记》的叙述方式上,我们甚至可以怀疑,"决囚大棒"云云并非任何版本《朝野佥载》中曾经出现过的文字,而是来自类书编者对相关文字的理解。侯思止用以恫吓囚徒的语言,使用了缩脚(或云歇后)的修辞方式,即借用当时人所共知的地名、震撼天下的人与事件,隐去末字,以隐去之文传达实际意义。此处白司马后缩"坂"字(谐"扳"或"反")、来俊后缩"臣"字(谐"承")、孟青后缩"棒"字,③将诬陷、罗织、酷刑置于游戏口吻,更见其狠戾毒辣。类书编者对此是否有透彻领会今不可知,但对于"孟青"一语的指称,可谓作出了颠扑不破的说明,然而也只是来历和指称,若作为一个典故交代其来龙去脉,显然是不够的。《考述》所讨论的"白版侯"一条"截取原文有误",④"不取原文"或亦脱不了干系。

这样的语汇提取和说明方式,实为《绀珠集》之"普遍规律",其甚者如卷五《宣室志》有如下六条:

巴西侯:猿。

白额侯:虎。

沧浪君:狼。

钜鹿侯:鹿。

玄丘校尉:狐。

洞玄先生:龟也。昔张铤遇此六人焉。

该故事可见于《太平广记》卷四五二引《广异记》。情节曲折离奇,篇幅达千余字。《宣室志》已佚,《白孔六帖》卷九八、《锦绣万花谷》后集卷四〇、《古今

---

① 《太平广记》卷二六七,第2097页。
② 赵庶洋《〈朝野佥载〉版本考述》,第193页。
③ 参汪维辉《〈朝野佥载〉"侯思止"条解读》,《历史语言学研究(第六辑)》,北京:商务印书馆,2013年。
④ 赵庶洋《〈朝野佥载〉版本考述》,第194页。

事文类聚》后集卷三五均有"洞玄先生"条,为该故事片段,注出《宣室志》,或其中亦有类似故事,原文如何,则不可知。《绀珠集》前五条正文仅一字,给出相关动物名称,远短于作为标目的三至四字颇具文艺色彩的别称;仅第六条增加了上述别称来历的总括说明,亦不存任何情节,"知其然"而已。甚至从《太平广记》所载故事看,"六人"之外尚有"六雄将军"与"五豹将军",实乃八人。"遇此六人焉"不仅是《绀珠集》的概括,且很可能是《绀珠集》对自身条目的总括说明,而非故事信息的传达。

《绀珠集》所录诸书,依据之文本是原书还是某种节略本,甚至他书中的第二、第三手资料,今无可查证,甚至不能完全排除据多书汇集杂抄之可能。《考述》所及他书内容窜入的问题,在该书颇不少见,正本清源,尚有待更多的资料发现。然《郡斋读书志》著录此书云:"皇朝朱胜非编百家小说成此书。旧(序)说张燕公有绀珠,见之则能记事不忘,故以为名。"①其书与朱胜非是否有关虽属悬案,原序亦不可见,而其内容组织、提炼方式与"绀珠"之功用若合符节,正可谓书如其名。"绀珠"为记事之珠,记事乃为文章之用,则书为工具书,而非故事书。虽取自说部,但意在典故辞藻,而非情节猎奇,故其内容取舍、行文组织,既不在于故事脉络梗概,亦非精彩片段,而是"标目"的注脚和说明,原文简洁明了者不妨径取,反之则不求存旧。"名物藻绘"在条目中占比相当大,所载"故事"亦往往意在构建典故。这也是其与保留了更多说部色彩的《类说》之一大差异。赵君楠《〈类说〉因袭〈绀珠集〉考论》曾以"事"与"辞"概括《类说》《绀珠集》不同的着眼点,可谓得其要矣。②

在《绀珠集》与《类说》相重叠且伴有文字一致性的书目中,见于前者而不见于后者的往往是纯名物或极简略无情节的条目。即如《宣室志》,《绀珠集》全部21条中,14条在《类说》可见对应,部分条目文字全同,③无对应者仅前述六条与"流花宝爵",堪称典型。《朝野佥载》之大体情况亦然。

《绀珠集》有而《类说》不录者,有"獬豸""斫窗舍人""则天喜伪瑞""鸣靴鼻""手摸床棱""改忌日""草裹刺史""白鸡盏""方丈镜""辰车"十条,其中亦不乏类似的纯名物型条目,可以"方丈镜""辰车"二则与《太平广记》所引相对照:

---

① 〔宋〕晁公武撰,孙猛校证《郡斋读书志校证》卷一三,上海:上海古籍出版社,1990年,第595页。
② 参赵君楠《〈类说〉因袭〈绀珠集〉考论》第二章《貌合神离的〈类说〉与〈绀珠集〉》,该文从编纂宗旨、信息提取方式等多角度考察了二书的实质差异,颇多创获。
③ 《类说》之《宣室志》与《朝野佥载》情况相似,当有来自其他渠道的信息增益,兹不多述。

《绀珠集》		《太平广记》			
标目	正文	卷次	门类	标题	正文
方丈镜	王幼临造,并照人马。	231	器玩	唐中宗	唐中宗令扬州造方丈镜,铸铜为桂树,金花银叶,帝每常骑马自照,人马并在镜中。
辰车	十二辰车,如正南则午门开、人马出之类。	226	伎巧	十二辰车	则天如意中,海州进一匠,造十二辰车。回辕正南,则午门开,马头人出。四方回转,不爽毫厘。又作木火通,铁盏盛火,辗转不翻。

"方丈镜"特异之处在其大,可以"并照人马",在中古时期确为了不起的制作,《绀珠集》标目和正文极简洁地记录了其特点,而略去了这一制作的"发起人"、形制装饰诸细节。或许在编者眼中,匠师或实际操作者与这一器物更加不可分割,因而留下了"王幼临"这个今已无可查证的姓名。这也呈现了其与《太平广记》不同的录文视角。"辰车"类之,略去了时间、制作主体等信息,仅有对器物特征的简单表述,而以"……之类"作结,更可谓说明性文字的典型特征。这类条目不见于《类说》,或许正因其丝毫不具"故事性"。

相关研究也注意到了"节略本""可能是当时人出于诗文用典需要而对《金载》进行的精简压缩,以备记忆查用"①这一特点,但未更多地关注其来历。如前所述,这与《绀珠集》本身性质特点正相符合。而与此相应的,还有从原书同一则故事中可提取多个辞藻掌故,剥离出若干独立条目。②《考述》用以证明《说郛》本《朝野佥载》价值的"鹤鸣鸡树""鸠集凤池""驱驴宰相"三则就是如此。《说郛》相关条目为:

> 周凤阁侍郎杜景佺,文笔宏赡,知识高远,时在凤阁,时人号为鹤鸣鸡树。王及善才行庸猥,风神钝拙,为内使,时人号为鸠集凤池。俄迁文昌右相,无他政,但不许令史奴驴入台,王终日迫逐,无时暂舍,时人号为驱驴宰相。③

正如该文所说,张鹭以"鹤鸣鸡树""鸠集凤池"连类比对,而"驱驴宰相"则

---

① 赵庶洋《〈朝野佥载〉版本考述》,第195页。
② 此类情况下,《类说》有时也会同时保留《绀珠集》的旧有标目,注"见上""并见上"。此类条目于明抄本尚多见之,而天启刻本则删略殆尽,二书相关渊源亦逐渐掩盖。参朱静《曾慥〈类说〉编纂及版本流传研究》。其较典型者,如《赵后外传》,天启刻本仅存的位于"赤凤自为姊来"后的"紫玉九雏钗","合宫之舟"后的"留仙裙",天启刻本无但可见于抄本"伶玄自序"后的"通德拥髻",皆是《绀珠集》已有标目。
③ 《说郛》卷二,涵芬楼一百卷本。《说郛三种》,上海:上海古籍出版社,2012年。

是对王及善其人的补充说明。而《绀珠集》作:

> 鹤鸣鸡树:凤阁侍郎杜景俭文章知识并高远,时号鹤鸣鸡树。
> 鸠集凤池:王及善才行庸猥,为内史,号为鸠集凤池。
> 驱驴宰相:及善后为右相,无甚施设,唯不许吏辈将驴入堂,终日驱逐,号为驱驴宰相。

成为联排的三个条目,显然其留意处不在于可以构成"连类比对"的官场风景,而是可以借来形容人物风神品格的三个掌故,各自独立,也更便于记忆和灵活使用。类似情形在《绀珠集》可谓常态,而《类说》沿袭相关内容时,或仍其旧,即如前述三条;或出于保存故事完整性的考虑而将相关内容合并,如《绀珠集》"金刚舞夜叉歌""烹奴蒸婢",《说郛》本《朝野佥载》所载相应故事为:

> 隋末,深州诸葛昂性豪侠,渤海高瓒闻而造之,为设鸡豚而已。瓒小其用,明日大设,屈昂数十人,烹猪羊等长八尺,薄饼阔丈余,裹馅粗如庭柱,盆作酒盎行巡,自作金刚舞以送之。昂至后日,屈瓒屈客数百人,大设,车行酒,马行炙,挫碓斩脍,碾辘蒜齑,唱夜叉歌,狮子舞。瓒明日设,烹一奴子十余岁,呈其头颅手足,座客皆攫喉而吐之。昂后日报设,先令爱妾行酒,妾无故笑,昂叱下,须臾蒸此妾,坐银盘,仍饰以脂粉,衣以绫罗,遂擘腿肉以啖,瓒诸人皆掩目,昂于奶房间撮肥肉食之,尽饱而止。瓒羞之,夜遁而去。昂富,后遭离乱,狂贼来求金宝,无可给,缚于橡上炙杀之。①

《绀珠集》作:

> 金刚舞夜叉歌:隋诸葛昂、高瓒争为豪侈。昂屈瓒,串长八尺,饼阔丈余,馅粗如柱,酒行,自为金刚舞以送之。瓒复屈昂,以车行酒,马行肉,碓斩脍,碾蒜齑,自唱夜叉歌以送之。
> 烹奴蒸婢:瓒复屈昂,烹一小奴子为馔,食讫,呈其头颅。昂复屈瓒,以美妾行酒,怒而叱去,须臾盘中蒸此妾,头粉黛如其故。

从这场残酷的豪奢比拼的不同回合中提取出两组掌故,拆分颇显生硬。《类说》作:

> 金刚舞夜叉歌:隋诸葛昂、高瓒争为豪侈。昂屈瓒,串长八尺,饼阔丈余,馅粗如柱,酒行,自作金刚舞以送之。瓒复屈昂,以车行酒,马行肉,碓砟脍,碾齑蒜,自唱夜叉歌以送之。又煮一小奴子为馔,食讫呈其头颅。昂复蒸一奴。

---

① 《说郛》卷二,涵芬楼一百卷本。《说郛三种》,第29、30页。

诸葛昂、高瓒比拼豪奢的过程重归完整,但其文字仅是将《绀珠集》来自同一故事的两条拼合起来,不仅没有补充任何细节信息,且再有删略。

实际上,《绀珠集》多出之"獬豸":

> 武后时侍御史侯思止本卖饼人,以罗告授五品官。乞作御史,后曰:"卿不识字。"思止曰:"獬豸不识字,但能为国触奸人而已。"后悦,遂授之。

亦与"孟青"出于同一则记载,其行文,除将"上"改易为宋人更容易了解的"武后"外,仅稍有压缩,变动并不大,但对"獬豸"的提取,则缘于侯思止独特的使用角度赋予这个词汇的"不识字,但能为国触奸人"的特质,可以说较好地说明了这一用法的出典。在这则故事里,獬豸只是借用来做比喻的外物,并非主要人物或核心情节,《类说》之不取或与此相关。

从二书对应条目的文字差异看,绝大多数仅有细微的行文差别,《类说》往往省去条目开头的朝代信息"唐",亦偶有存者。但也有个别条目如"绿珠怨""玄衣素衿人报(传)敕",内容、文字有明显出入,可知《类说》除《绀珠集》外尚有其他来源。此类条目也恰可体现二书的不同取向。

"绿珠怨"所对应的故事,《太平广记》卷二六七"酷暴一"引《朝野佥载》题作"武承嗣",是今见情节最详者:

> 周补阙乔知之有婢碧玉姝艳,能歌舞,有文章。知之特幸,为之不婚。伪魏王武承嗣暂借教姬人妆梳,纳之,更不放还。知之乃作《绿珠怨》以寄之焉,其词曰:"石家金谷重新声,明珠十斛买娉婷。此日可怜偏自许,此时歌舞得人情。君家闺阁不曾观,好将歌舞借人看。意气雄豪非分理,骄矜势力横相干。辞君去君终不忍,徒劳掩袂伤铅粉。百年离恨在高楼,一代容颜为君尽。"碧玉得诗,饮泣不食三日,投井而死。承嗣出其尸,于裙带上得诗,大怒。乃讽罗织人告之,遂斩知之于南市,破家籍没。①

《绀珠集》作:

> 武后时,补阙乔知之有美妾名碧玉而善歌舞,武承嗣借教舞僮,纳之不还。知之作《绿珠怨》寄之,其末四句云:"辞君去君终不忍,徒劳掩泪伤铅粉。百年离恨在高楼,一旦容华为君尽。"碧玉得诗,饮泣而卒。承嗣闻之,遂杀知之。

但存梗概,乔知之对碧玉的感情、碧玉具体的死亡方式、武承嗣如何得诗、如何处置乔知之乃至其家族,相关细节及其间对特定时代的呈现,尽皆略去,《绿珠怨》诗亦仅录充满死亡暗示的"末四句"。所存文字是与标目"绿珠怨"密切关

---

① 《太平广记》,第2096页。

联的因与果,或者说,使用这一典故时不可不知的背景与意涵。《类说》则作:

> 乔知之有婢碧玉,武承嗣借教歌姬,纳之不还。知之作《绿珠怨》以寄曰:"石家金谷重新声,明珠十斛买娉婷。此日可怜君自许,此时歌舞得人情。君家闺阁未曾安,好将歌舞借人看。意气雄豪非分理,骄矜势力横相干。辞君去君终不忍,徒劳掩面伤铅粉。百年离恨在高楼,一旦容颜为君尽。"碧玉得诗,饮泪投井而死。承嗣于裙带上得诗,杀知之。

文字明显较《绀珠集》详细,而详校之,多出的是《绿珠怨》诗的前八句,以及"投井而死。承嗣于裙带上得诗"这一情节,其他除以"婢"易"妾",以"歌姬"易"舞僮"外,行文与《绀珠集》几乎一致,且更简略。很可能,这一条是据《绀珠集》摘录之后,又据与《太平广记》近似的文本作了增补。客观而言,四库馆臣云《类说》"未尝改窜一词"亦非空穴来风,此条承袭《绀珠集》的部分不改易其行文,增益处亦是《太平广记》相同的句子。"玄衣素衿人"条情形亦相似。

在《绀珠集》所无、或二书兼有但各自摘录互无关涉的书目及条目中,则常可见到与《绀珠集》截然不同的组织方式和行文风格,标目亦多是故事的核心人物或核心情节。

《类说》有而《绀珠集》未见者计十条,集中录于该书第五十七至六十六条。其中"占赦""雨候""三白"未能于其他引文中找到可供比较的文本,其他条目《太平广记》均有引录,且除"走马报"外,其余六条内容行文皆与之高度相似。情形如下:

	类说			太平广记	
序	标目	正文	卷	门类	标题
57	辛宏智	辛宏智诗云:"君为沙边草,逢春心剩生。妾如台上镜,得照始分明。"常定宗改"始"为转,遂争此诗。博士罗道宗判云:"始还宏智,转还定宗。"	259	嗤鄙二	常定宗	唐国子祭酒辛弘智诗云:"君为河边草,逢春心剩生。妾如台上镜,照得始分明。"同房学士常定宗为改始字为转字。遂争此诗,皆云我作。乃下牒。见博士罗道宗,判云:"昔五字定表,以理切称奇。今一言竞诗,取词多为主。诗归弘智,转还定宗。以状牒知,任为公验。"
61	麻胡恐小儿	后赵石勒将麻秋,性虓险,太原胡人也。有儿啼,母辄恐之"麻胡来",啼声绝。至今以为故事。	267	酷暴一	麻秋	后赵石勒将麻秋者,太原胡人也,植性虓险鸩毒。有儿啼,母辄恐之"麻胡来",啼声绝。至今以为故事。

续表

	类说		太平广记		
序	标目	正文	卷	门类	标题	
63	新妆诗	杨盈川侄女曰容华,为新妆诗曰:"宿鸟惊眠罢,房栊乘晓开。凤钗金作缕,鸾镜玉为台。妆以临池出,人疑月下来。自怜终不见,欲去复徘徊。"	271	妇人二·才妇	杨容华	杨盈川侄女曰容华,幼善属文。尝为新妆诗,好事者多传之。诗曰:"宿鸟惊眠罢,房栊乘晓开。凤钗金作缕,鸾镜玉为台。妆似临池出,人疑月下来。自怜终不见,欲去复徘徊。"
64	古墓铭	高流之为徐州刺史,河决水绕城,破一古墓。得铭曰:"死后三百年,背底生流泉。赖逢高流之,迁吾上高原。"流之造棺椁改葬之。	391	铭记一	高流之	后魏高流之,为徐州刺史。决潩沱河水绕城,破一古墓。得铭曰:"吾死后三百年,背底生流泉。赖逢高流之,迁吾上高原。"流之为造棺椁衣物。取其枢而改葬焉。
65	赐妒妻酒	兵部尚书任瓌,太宗赐宫女二人,皆国色。妻柳氏妒,烂二女发秃尽。上令赍胡饼酒赐,云:"饮之立死。尔后不妒,不须饮。若妒,即饮之。"柳氏拜敕曰:"妾与瓌结发夫妻,俱出微贱,遂至荣官。瓌今多内嬖,诚不如死。"饮尽,覆被睡。醒,了无他。故帝谓瓌曰:"人不畏死,不可以死恐。朕尚不能禁,卿其奈何?"其二女令别宅安置。	272	妇人三·妒妇	任瓌妻	唐初,兵部尚书任瓌,敕赐宫女二,女皆国色。妻妒。烂二女头发秃尽。太宗闻之。令上官赍金胡饼酒赐之,云:"饮之立死。瓌三品。合置姬媵。尔后不妒,不须饮之。若妒即饮。"柳氏拜敕讫,曰:"妾与瓌结发夫妻,俱出微贱,更相辅翼。遂致荣官。瓌今多内嬖。诚不如死。"遂饮尽。然非酖也。既睡醒。帝谓瓌曰:"其性如此。朕亦当畏之。"因诏二女。令别宅安置。

续表

类说			太平广记			
序	标目	正文	卷	门类	标题	
66	御史不还车脚钱	御史李审请禄米,送至宅。母遣量之,剩三石。问其故,令史曰:"御史例不概。"又问车脚钱几,又曰:"御史例不还脚钱。"母怒,送剩米及脚钱以责审,诸御史皆有惭色。	271	妇人二·贤妇	李畲母	监察御史李畲母清素贞洁。畲请禄米,送至宅。母遣量之,剩三石。问其故,令史曰:"御史例不概。"又问车脚钱几,又曰:"御史例不还脚车钱。"母怒,令送所剩米及脚钱以责畲。畲乃追仓官科罪,诸御史皆有惭色。

《类说》虽有所删节,及可见"环(環)"与"瑰(瓌)"、"审(審)"与"畲"之类讹字,但行文变化极小,近于"摘句",其文字甚至可以直接从《太平广记》的叙述中勾画出来。

同样的规律也体现在《类说》《绀珠集》均有录,但各自摘抄、互无关涉或少有关涉的条目。《绀珠集》之"点鬼簿""算博士"与《类说》之"点鬼簿算博士"即是。《太平广记》卷一九八"文章一"引《朝野佥载》题作"卢照邻":

  唐卢照邻字升之,范阳人。弱冠,拜邓王府典签,王府书记,一以委之。王有书十二车,照邻总披览,略能记忆。后为益州新都县尉,秩满,婆娑于蜀中,放旷诗酒。故世称王、杨、卢、骆。照邻闻之曰:"喜居王后。耻在骆前。"时杨之为文,好以古人姓名连用,如"张平子之略谈,陆士衡之所记""潘安仁宜其陋矣,仲长统何足知之",号为点鬼簿。骆宾王文好以数对,如"秦地重关一百二,汉家离宫三十六",时人号为算博士。如卢生之文,时人莫能评其得失矣。惜哉!不幸有冉畔之疾,著《幽忧子》以释愤焉。文集二十卷。①

《绀珠集》作:

  点鬼簿:杨炯文好用古人姓名,名点鬼簿。
  算博士:骆宾王文好以数对,名算博士。

仅记两个"掌故"之大概由来,至于如何"点鬼",如何用数,则无具体信息。而《类说》:

  点鬼簿算博士:卢照邻弱冠拜邓王府典签,王府书记一以委之。王有

---

① 《太平广记》,第1484页。

书十二车，邻披览，略能记忆。杨炯为文，好以古人姓名连用，如"张平子之谈略，陆士衡之所记""潘安仁宜其陋矣，仲长统何足知之"，号为点鬼簿。骆宾王文好以数对，如"秦地重关一百二，汉家离宫三十六"，时号算博士。如卢生之文，莫能评其得失，惜不幸有冉耕之疾，著《幽忧赋》以释愤焉。

虽以"点鬼簿算博士"为标目，但整则记事中，卢氏仍是叙述的主题人物，杨、骆实处陪衬地位，内容文字均与《绀珠集》大异其趣。而较之《太平广记》，虽略去了卢照邻在邓王府之后的经历及有关"初唐四杰"的"综述"，但行文几近直接删减，除杨炯之名，未加一词，语序不变，句式亦仍其旧，同样可以直接在《太平广记》中勾画出来。而从此条名实不符的情形看，颇有"喧宾夺主"之嫌的标目，不无承袭自《绀珠集》的嫌疑，或曾据《绀珠集》录入相关条目、尔后又据其他资料加以覆盖。

《类说》在《绀珠集》之外的摘抄增补，据何种版本、或何种资料，有几个来源，亦不可知，但其中不乏与《太平广记》文字高度一致者。应该说，这些部分或更能凸显《类说》"本身"的旨趣。

除以上规律性现象，一些偶然因素带来的细节出入，亦可助证明《类说》《绀珠集》二书不无渊源。如《类说》录于末条的"驱驴宰相"，与列于第九、第十条的"鹤鸣鸡树""鸠集凤池"出自同一则记事（详前），不仅相隔甚远，且主人公误为"王方庆"，表面看是内容的错乱，然从《绀珠集》的文本似可找到解释——在《绀珠集》，与"驱驴宰相"相次的，正是以"苏味道高爽，王方庆鲁钝"开头的"霜鹰冻蝇"一条，亦可谓"王及善"与"王方庆"的一次偶然性近距离接触。或许，《类说》此条乃是补录，故而与前条之联系未被注意，而抄录时又与后一条的主人公发生窜乱，即因《绀珠集》两条相邻而误。①

而某些看去匪夷所思的差异，也其来有自。如《绀珠集》"酒濯足"，在被若干数据库用作底本的文渊阁《四库全书》本（以下简称"四库本"）作：

> 马周微时入都，至新丰逆旅，遇贵公子饮酒，不顾周。周即市斗酒，独

---

① 按：此条二书尚有另两处明显异文：《绀珠集》"右相"，《类说》作"左丞"；《绀珠集》"施设"，《类说》作"他政"。《白孔六帖》卷九七同《绀珠集》，《说郛》则作"右相""他政"。相关故事《太平广记》卷二五八"嗤鄙一·王及善"引作："唐王及善才行庸猥，风神钝浊，为内史时人号为鸠集凤池。俄迁文昌右相，无他政，但不许令史之驴入台，终日追逐，无时暂舍。时人号驱驴宰相。出《朝野佥载》。"司马光《资治通鉴考异》卷一一（四部丛刊景宋刻本）则有："（圣历二年）八月，王及善为文昌左相，同三品。《新》纪、表及善同平章事。今从实录。《朝野佥载》曰：'王及善才行庸猥，风神钝浊，为内史时人号为鸠集凤池。俄迁文昌右相，无它政，但不许令史奴驴入台，终日追逐，无时暂舍。时人号驱驴宰相。此盖张文成恶及善，毁之耳。今从旧传。"可知《朝野佥载》早期文本当作"右相""他政"。疑《绀珠集》"施设"乃"他政"形讹，《类说》"左丞"亦"右相"之误。

饮之,余以濯足。

《类说》标目作"斗酒濯足",云：

> 马周初入京,至灞上逆旅,数公子饮酒不顾周,周市斗酒濯足,众异之。

不仅用词、行文与《绀珠集》有异,如"微时入都"与"初入京"之类,还存在涉及事件本身的情况,如地名"新丰"与"灞上","市斗酒"之后以"饮余"濯足或径以濯足的"重大"差异。而与《绀珠集》有承袭关系的《海录碎事》(相关论述详后)此条亦作：

> 酒濯足：马周初入京,至灞上逆旅,遇数公子饮酒,不顾周。周即市斗酒,倾以濯足,其众异之。《朝野佥载》①

与《类说》几乎一致,而不同于《绀珠集》。此故事《太平广记》两见,一在卷一六四"名贤·马周",出《谈宾录》,作：

> 马周西行长安,至新丰,宿于逆旅。主人唯供诸商贩而不顾周,遂命酒悠然独酌。主人翁深异之。②

两《唐书》马周本传略同,地点亦作"新丰",酒用于"独酌"而无"濯足"情节,但多了"一斗八升"的购酒量。一在卷二二四"相四·卖䭔媪",出《定命录》：

> 唐马周字宾王,少孤贫,明诗传,落魄不事产业,不为州里所重。……西至新丰,宿旅次,主人唯供设诸商贩人,而不顾周。周遂命酒一斗,独酌,所饮余者,便脱靴洗足。主人窃奇之。③

有喝剩的酒用以"濯足"这一吸引眼球的惊人之举。除"新丰"外,两种故事共同处还在于,其中并无"公子"出现,马周较劲的不过是旅舍主人与略有小钱的商贩而已,这也是其与《绀珠集》所载的同中之异。《朝野佥载》记录了怎样的故事,今固不可见,而"公子"云云,乃是《绀珠集》《类说》《海录碎事》所共有,标目既为"(斗)酒濯足","濯足"的情节自然也不会少。既云"新丰",且有"公子",又有"濯足",四库本《绀珠集》似乎杂糅了不同"版本"故事的细节。核之《绀珠集》传世版本,中国国家图书馆所藏两部、北京大学图书馆所藏一部明天顺刻本卷二第六页皆漫漶,且三本情况相似,北京大学图书馆藏本清晰度稍好而已(见下图)。其可辨识者,与《类说》《海录碎事》同样为"数公子"而非"贵公

---

① 〔宋〕叶廷珪《海录碎事》卷六,明万历二十六年刘凤刻本。
② 《太平广记》,第1192页。
③ 同上书,第1719页。

子";按行款計,此前當有十字而非四庫本之十二字;國家圖書館藏清抄本則此頁闕文頗多,大體亦與前述刻本一致,而條目末尾錄出"異之"二字,亦與《類說》《海錄碎事》同,而不見於四庫本《紺珠集》。《四庫全書考證》中雖未留下有關此則的校勘記錄,但可知其《紺珠集》底本為"刊本",因此有理由懷疑,《紺珠集》明天順刻本在板片漫漶後仍有大量印刷,四庫底本亦此類,此條文字或館臣據《太平廣記》所引《定命錄》一類材料為尚可辨識的"公子飲酒,不顧周。周即市斗酒"加上頭尾而成,補文後字數與天順刻本行款明顯抵牾,已背離該版本原貌,也不宜看作《紺珠集》固有之文字面貌。在這裏,最接近《紺珠集》原貌、適合用於校補的,其實正是《類說》等書所引。

图 1　北京大学图书馆藏明天顺刻本　　　图 2　中国国家图书馆藏清抄本

既然《類說》與《紺珠集》之間無法排除因襲關係,那麼二書雷同"唯一合理的解釋就是二者共同源自《金載》的某個傳本"①也就失去了根基。至於曾慥的治學方式或著述態度,亦有待深入探究。實則上述現象本身就已構成對傳統看法的嚴重質疑。更有甚者,四庫館臣據以說明曾氏著書"一字之際,猶詳慎不苟如此"的《邠侯家傳》,本就大量承用《紺珠集》,而改李繁"先公"之稱為"泌",亦《紺珠集》之舊。或許,對《類說》乃至曾慥本人,都需要在深入研究的基礎上重新評價。

二、相關筆記、類書所引《朝野僉載》的來源

《考略》《考述》二文論及"節略本",都注意到在《紺珠集》《類說》之外,還有時代相近的其他古籍引用《朝野僉載》且與二書內容、行文接近,並將相關現象用為論證之助。

---

① 趙庶洋《〈朝野僉載〉版本考述》,第192頁。

其中，《考略》据《云仙散录》"卷九收录《朝野佥载》7条。此7条与《类说》文字基本一致，而与《广记》《说郛》所收差异较大"来证明对"节略本"的引用在《类说》成书之前已经存在，"《类说》与《广记》《说郛》所据文字的差异，主要不是类书编纂剪裁过程中造成的，而是当时确实存在着这样一个节略的本子"。①泛而论之，此言并非全无道理，如前文所述，《类说》本《朝野佥载》的主要来源正是《绀珠集》这样一个"节略的本子"，也正因此具有了与《广记》《说郛》所收大为不同的面貌。然而，文章以《云仙散录》作为论据，吸取了余嘉锡《四库提要辨证》对该书时代、作者之伪的考辨成果，采用了"其成书当不迟于北宋"的观点，却忽略了九、十两卷二次作伪的问题，将其与前八卷同等看待。事实上，这两卷全部79条中，"共有六十三条钞自《类说》，但却讳而不言，只注出了原来的书名"，②今已经学者考实，成为不刊之论。出处为《朝野佥载》的7条无一例外皆在63条之列，自亦无助于证明"节略本"北宋时已为著书者所使用。

《考述》则指出："南宋时期成书的几部类书如《海录碎事》《古今合璧事类备要》《古今事文类聚》等书引用《佥载》也多有与《绀珠集》《类说》文字一致者。这几种类书的成书时间与陈振孙的时代大致相近，其引用文字又有陈振孙记录的'节略'本特征，其所据之本应当就是陈振孙见到的这个一卷'节略'本。"③这些南宋类书的情况又如何呢？无独有偶，它们也无一例外都与《绀珠集》或《类说》存在瓜葛。

为了更好地厘清相关问题，除《考略》所述三书，还引入同样存在关涉的《孔氏六帖》和《锦绣万花谷》。以下即以时间先后为序，对这五部书的情况逐一加以探讨。

（一）《孔氏六帖》所引《朝野佥载》

宋孔传仿白居易《六帖》为《后六帖》，亦称《孔氏六帖》（以下简称《孔帖》），今通行本为与《白氏六帖》合刊之《白孔六帖》，因两部分内容之前各有"白""孔"标记，尚可清楚分别。本文即据影印文渊阁《四库全书》本加以考察④。

若今本《白孔六帖》卷首所存韩驹序可靠，则《孔帖》"书成而当建炎、绍兴之际"，⑤作序时间亦不晚于韩驹去世的绍兴五年（1135），较《类说》成书之绍兴

---

① 赵毓龙、胡胜《〈朝野佥载〉之"节略本"考略》，第177页。
② （旧题）〔后唐〕冯贽《云仙杂记》，张力伟点校，北京：中华书局，1998年，《前言》第8页。
③ 赵庶洋《〈朝野佥载〉版本考述》，第193页。
④ 如无特别说明，本文所引《白孔六帖》皆据影印文渊阁《四库全书》本，下不一一注明。又按：据学者研究，《白孔六帖》之《孔帖》部分于条目有位置调整或删漏。是否涉及《朝野佥载》引文，因宋乾道本《孔氏六帖》主体藏于台北故宫博物院，尚未寓目，有待考证。参李文澜《〈白孔六帖〉校补札记》，《魏晋南北朝隋唐史资料》第三十辑，上海：上海古籍出版社，2014年，第246—263页。
⑤ 《白孔六帖原序》，《白孔六帖》卷首，影印文渊阁《四库全书》本。

六年、王宗哲刊行《绀珠集》之绍兴七年稍早，是目前所见相关资料有明显雷同的诸书中最早的。

今可见有明确标称之《朝野佥载》引文54条，其中与《绀珠集》文字相同或行文一致而稍略者28条。因《孔帖》与后续讨论诸书亦多有渊源，今详列于下：

孔帖			绀珠集	备注
卷	门类	标目		
2	雨	雨甲子	禾头生耳	《孔帖》末多一句
		黑猪渡河		《类说》"雨候"
7	陂	飞陂	飞坡	同
	昆明池	石鲸吼		
9	桥	初月出云长虹饮涧	初月出云长虹饮涧	同
13	器物	白版侯	白版侯	同
		白鸡盏	白鸡盏	同
		方丈镜	方丈镜	同
15	造酒	白鸡盏	白鸡盏	同
		鹤樽	鹤樽	同
17	贤妇	敏妻		
	妒	不可以死恐		《类说》"赐妒妻酒"，行文异
20	幼敏	神仙童子	神仙童子	同
21	丑妇人	悦丑		
23	姓氏	方相侄	方相侄	同
24	洒扫	急洒扫		
29	傲慢	圣贤不过五人	圣贤不过五人	同
30	隐语	舅得詹事	舅得詹事	同
	听	耳冷	耳冷不知有卿	同
41	威名	追集男女		
42	白版侯	白版侯	同	
	麒麟楦	麒麟楦	同	
43	藻鉴	霜鹰冻蝇	霜鹰冻蝇	同
		鹤鸣鸡树	鹤鸣鸡树	同
		题目人	题目人	同

续表

卷	孔帖 门类	孔帖 标目	绀珠集	备注
46	酷吏	讯囚名状	讯囚名状	同
48	赦	玄衣素衿人报赦	玄衣素衿人报赦	部分文字有差异
60	致仕	不伏致仕	不伏致仕	同
61	歌	绿珠怨	绿珠怨	同
65	葬	葬压龙角其棺必斫	葬压龙角其棺必斫	同
68	淫祀	狄梁公檄项羽庙		《孔帖》注:《朝野佥载》见《广记》
81	禾	禾头生耳	禾头生耳	《孔帖》仅"秋雨云云"一句
85	射	志射	志射	同
86	文辞	涩体	涩体	同
92	诡佞	鸣靴鼻	鸣靴鼻	同
93	愚	外愚而内敏		
94	鹤	鹤鸣鸡树	鹤鸣鸡树	同
	雉	雉伏权门	狐蹲雉伏	同
	鹰	得霜鹰	霜鹰冻蝇	《孔帖》较详
95	鹊	玄衣素衿	玄衣素衿人报赦	同卷四八
	鹳	趁蛇鹳	题目人	《孔帖》较详
	鸳	鸳入凤池		
	鸠	鸠集凤池	鸠集凤池	《孔帖》多"风神钝拙"一句
	蝇	被冻蝇	霜鹰冻蝇	行文不同
96	马	郁屈蜀马		
	牛	饱乳犊子		
		金犊子		
	羊	羊群		
97	骆驼	望柳橐驼		
	狐	狐蹲	狐蹲雉伏	同
	驴	驱驴宰相	驱驴宰相	同

续表

卷	孔帖 门类	孔帖 标目	绀珠集	备注
98	猪	乌金	乌金	同
	鼠	失窟鼠		
	龟	支床龟	舅得詹事	行文不同

二书相同的条目,不仅内容行文一致,标目亦大多相同,当非偶然。此外,偶得者如卷四二录于"麒麟楦"之后的"补阙连车载"、卷四三缺脱后半的"鸠集凤池",文字内容均与《绀珠集》所引《朝野佥载》完全一致而不存出处标注。类似者还有关于马周初入长安故事的条目,卷一五有"悠然独酌:马周字宾王,舍新丰逆旅,主人不之顾。周命酒一斗八升,悠然独酌,众异之",卷三一则有"酒濯足",标目同《绀珠集》,文字同《类说》。二者相异且均未标出处,但前者内容文字与两《唐书》本传略同,后者如前文所考,亦合《绀珠集》文字原貌,当各有来源。此类未作全面统计,暂不多做讨论。

《绀珠集》并未在《孔帖》作为出处标注出现,《孔帖》之名亦同样未曾出现于《绀珠集》,并无相互间存在引用关系的实证。然而从这一现象看,不外三种可能:一、《孔帖》直接或间接沿袭《绀珠集》;二、《绀珠集》沿袭《孔帖》;三、二者有共同的资料源头。①

与《绀珠集》《类说》既有相同又互有溢出类似,《孔帖》既未覆盖《绀珠集》所有条目,亦有《绀珠集》所不载者,似乎直接指向第三种可能。但与《类说》的情况一样,《孔帖》与《绀珠集》亦非个别书籍引文偶合,而是有较大面积的重合。以《绀珠集》列于《朝野佥载》前后的几部书考之,可见《孔帖》引《南楚新闻》仅"进士不枵"一条,即《绀珠集》同标目者;引《国史纂要》两条,"卿自难记"即《绀珠集》同标目者,"令坊州贡杜若"即《绀珠集》"二十八宿笑人";引《邺侯家传》7条,5条与《绀珠集》同,引《国史补》37条,23条与《绀珠集》合。若云诸书皆使用了相同的"节略本",未免牵强。

从文字看,叠见之条目行文高度一致,偶有《孔帖》稍略者。可以《邺侯家传》为例,见下表:

---

① 按:《孔帖》与《类说》重叠者亦不在少,虽从现有成书信息看,《类说》晚于《孔帖》,但鉴于传世本无法完全排除他人增益、信息不实等可能,亦需稍作分析。《孔帖》与《绀珠集》重合的条目中,有《类说》所不载者,如"白鸡盖";《绀珠集》《类说》均有而《类说》内容讹误的条目,如"驱驴宰相",《孔帖》亦同《绀珠集》,不误;《绀珠集》无而《孔帖》《类说》内容相应的条目,如《孔帖》"不可以死恐"与《类说》"赐妒妻酒",行文有明显差异。因此,与《孔帖》存在瓜葛者当是《绀珠集》而非《类说》,个别例外现象如"黑猪渡河""雨候"的成因,尚有待探讨。此处《类说》暂不纳入讨论。

		孔帖		绀珠集	
卷	类	标目	正文	标目	正文
1	明天文	枕天子膝睡	李泌谓肃宗曰:"臣绝粒,无家,禄位第宅皆非所欲。收复京师后,得枕天子膝睡一觉,使有司奏客星犯帝位,一动天文,足矣。"	枕天子膝睡	泌谓肃宗曰:"臣绝粒,无家,禄位茅土皆非所欲。收复京师,但枕天子膝睡一觉,使有司奏客星犯帝座,一动天文,足矣。"
22	志节	鸣珂游帝都	李泌少为诗曰:"天覆吾,地载吾,天地生吾有意无?不然绝粒升天衢,不然鸣珂游帝都。安能不贵复不去,空作昂藏一丈夫。"可谓有志也。	鸣珂游帝都	泌少为诗曰:"天覆吾,地载吾,天地生吾有意无?不然绝粒升天衢,不然鸣珂游帝都。安能不贵复不去,空作昂藏一丈夫。"可谓有志矣。
	隐逸	端居室	李泌得请,乃于衡岳隐居。诏即所居为端居室。	端居室	泌得请,乃于衡岳隐居。诏即所居<u>营建舍宇</u>,号端居室。
30	视	目如秋水	李泌,贺知章曰"此椎(稚)子目如秋水,必一拜卿相。"		
44	辟召	以银为信	代宗欲相李泌,元载忌之。帝不得已出泌,约曰:"后召,当以银为信。"忽除银青。泌知载必败,己且相矣。未几,果然。	以银为信	代宗欲相泌,元载忌之。帝不【得已】出泌,约曰:"后召,当以银为信。"忽出银青。泌知载必败也,己且相矣。未几,果然。
89	求仙	神真炼形年未足	有隐者过必(泌)寄男,又留一函。隐者去而男殂,以函盛瘗庭中。累月不还,发函看,有黑石字如锥画曰:"神真炼形年未足,此为我子功相续。"		
95	龙	儋耳龙	明皇幸蜀,德宗时年十五,从行。有父老言于众曰:"太孙乃儋耳龙,何惧贼哉?"	儋耳龙	明皇幸蜀,德宗时年十五,从行。有父老占于众曰:"太孙乃儋耳龙,何惧贼乎?"

忽略两书各自的传写讹变,五个共有的条目中四个完全相同,而"端居室"一条则《孔帖》再略去"营建舍宇"四字。这种一致性,不仅可证二书间存在密切关系,且更大的可能性是《孔帖》沿用了《绀珠集》中的资料。

《朝野佥载》情形与此大体一致。《孔帖》与《绀珠集》叠见者,不乏名物掌故类条目,如前文所论,条目文字简略,不求详尽,而二书所载相同,或《孔帖》又稍略。而不见于《绀珠集》者,则文字往往较详,故事相对完整。以卷一七"敏妻"、卷四一"追集男女"为例:

孔帖		太平广记	
标目	正文	题目	正文
敏妻	则天朝，来俊臣强盛，朝官侧目。上林令侯敏偏事之，其妻董氏谏止之曰："俊臣国贼也，势不久，可敬而远之。"敏梢梢而退。俊臣怒，出为涪州武龙令。敏欲弃官归，董氏曰："速出，莫求住。"遂行。至州，以刺谒侯，不许上，敏忧闷。董氏曰："任，莫求去。"后五十日，忠州贼破武陵，杀旧县令，略家口并尽。以不许上获全。俊臣诛，逐其党，敏又获免。	董氏	则天朝，太仆卿来俊臣之强盛，朝官侧目。上林令侯敏偏事之，其妻董氏谏止之曰："俊臣国贼也，势不久。一朝事坏，奸党先遭。君可敬而远之。"敏稍稍而退。俊臣怒，出为涪州武隆令。敏欲弃官归，董氏曰："速去，莫求住。"遂行。至州，投刺参州将，错题一张纸。州将展看，尾后有字，大怒曰："修名不了，何以为县令？"不放上。敏忧闷无已，董氏曰："但住，莫求去。"停五十日，忠州贼破武隆，杀旧县令，略家口并尽。敏以不许上获全。后俊臣诛，逐其党流岭南，敏又获免。
追集男女	贞观中，卫州板桥店主张迪妻归宁。王（三）卫杨贞三人投宿，五更发。有人取王（三）卫刀杀张迪，却内贞鞘中。至明，店主人趋贞，刀血狼籍，拷讯，贞苦毒，遂自经。上疑之，差御史蒋坦覆推。追店人一五以上，以不足且散，唯留一老媪年八十余，晚放出，令密觇之，曰："媪出，当有人与之语者。即记姓名，勿令漏泄。"果有一人共语，即记之，明日复尔。其人问媪："使人似何推勘？"如是者三日。坦追集男女三百人，就中唤与老媪语者，余皆放散。问之，其人服，云与迪妻滥，杀有实。乃赐坦，除侍御史。	蒋恒	贞观中，卫州板桥店主张迪妻归宁。有卫州三卫杨真等三人投宿，五更早发。夜有人取三卫刀杀张迪，其刀却内鞘中，真等不之知。至明，店人追真等，视刀有血痕，因禁拷讯，真等苦毒，遂自诬。上疑之，差御史蒋恒覆推。至，总追店人十五已上集，为人不足，且散。惟留一老婆年八十已上，晚放出，令狱典密觇之。曰："婆出，当有一人与婆者。即记取姓名，勿令漏泄。"果有一人共语，即记之，明日复尔。其人又问婆"使人作何推勘？"如是者三日，并是此人。恒总追集男女三百余人，就中唤与老婆语者一人出，余并放散。问之具伏。云与迪妻奸，杀有实。奏之，敕赐帛二百段，除侍御史。

较之《太平广记》所载虽有所删节，但始末周详，行文大体不动，亦如《类说》独有条目之可自《太平广记》文字勾画出来，而与《绀珠集》条目大异其趣，确当出自不同的摘录。

有些内容，在《孔帖》不同门类两次或多次出现，而行文不同、详略有异。如卷三〇"舅得詹事"：

> 张说女嫁庐氏,常为舅求官。说不语。它日复问,说但指支床龟。女欣然归,告其夫曰:"舅得詹事矣。"后果然也。

与《绀珠集》同。而卷九八"支床龟"记同一事,作:

> 燕文贞公女嫁卢氏,尝为舅卢公求官。候公下朝问焉,公但招支床龟视之。女拜而归室,告其夫曰:"舅得詹事矣。"

核之《太平广记》,卷二七一有"张氏":

> 燕文贞公张说,其女嫁卢氏。尝谓舅求官,候父朝下而问焉。父不语,但指支床龟而示之。女拜而归室,告其夫曰:"舅得詹事矣。"①

可知于故事主人公的称呼,一取姓名,一取爵位;于事件过程,一重新组织语言略述梗概,一则大体沿用本来文句。此处裁剪摘取的差异与"标目"无关,当是不同来源、不同操作所致。

类似的还有《孔帖》卷四三"藻鉴":

> 霜鹰冻蝇:苏味道高爽,王方庆鲁钝,同为凤阁侍郎。或问张元素二子孰贤,答曰:"苏如九月得霜鹰,王如十月被冻蝇。"

与《绀珠集》同标目者比对,仅"张元一"讹为"张元素","苏王"作"二子"之异。而卷九五"蝇"、卷九四"鹰"又有以下两条:

> 被冻蝇:《朝野佥载》:王方庆体质鄙陋,言辞鲁钝,张元一曰:"王十月被冻蝇。"

> 得霜鹰:《朝野佥载》:苏味道才学识度,物望攸归;王方庆体质鄙陋,言辞鲁钝,智不逾俗,才不出凡。俱为凤阁侍郎。或问郎中张元一曰:"苏王孰贤?"答曰:"苏九月得霜鹰,王十月被冻蝇。"或问其故,答曰:"得霜鹰俊捷,被冻蝇顽钝。"时人服其能体物也。

始末周详,几乎照搬了《太平广记》全部相关文字。

《国史补》亦有同类现象。如《孔帖》卷四"元日"、卷一四"灯烛"皆有"火城"条目:

> 宰相礼,绝班行。元日,百官已集而宰相方至,珂伞,列烛多至数百炬,谓之火城。(卷四)

> 元日冬至立仗,大官皆备珂伞,列烛有至数百炬,谓之火城。将至,皆灭烛以避。(卷一四)

---

① 《太平广记》,第2133页。

《绀珠集》有"沙堤火城":

> 凡拜相礼,绝班行。府县载沙填路,自宫城至其第,名曰沙堤。每元日冬直,百官已集而宰相方至,珂伞列烛,多至数百炬,谓之火城。至则众皆灭烛以避之。

实由"沙堤""火城"两个掌故构成,《孔帖》卷四之"火城"正是其后半。《太平广记》卷一八七"宰相"有相关记事:

> 凡拜相礼,绝班行。府县载沙填路,自私第至于子城东街,名曰沙堤。有服假,或问疾,百僚就第,有司设幕次、排班。元日冬至立仗,大官皆备珂伞,列烛有五六百炬,谓之火城。宰相火城将至,则皆扑灭以避。宰相判四方之事有都堂,处分有司有堂帖,下次押名曰花押。黄敕既下,小异同曰黄帖。宰相呼为堂老。初百官早朝,必立马建福、望仙门外,宰相则于光宅车坊,以避风雨。元和初,始置待漏院。出《国史补》①

可知《孔帖》卷一四之"火城"基本保留了原记事的内容和行文。这些都提示《孔帖》同一出处标称的资料实际不止一个来源。

同时,《孔帖》所引《朝野佥载》中,亦有信息显示其引文另有来源,即卷六八之"狄梁公檄项羽庙":

> 唐垂拱中,狄仁杰为淮南安抚大使,作檄告于楚霸王项羽,文:"君潜游泽国,啸聚梁楚。不知历数之有归,莫测天符之所会。遂奋关中之翼,卒垂垓下之翅。当匿魄东山,收魂北极,岂合虚承庙食,广费牲牢?君宜速迁,勿为人害。檄到如律令。"遂除项王庙,余小祠并尽坏,唯禹庙存焉。出《朝野佥载》见《广记》

出处不是径注"《朝野佥载》",而标注为"《朝野佥载》见《广记》",②其来源似有一定特异性,非出《朝野佥载》之某种"版本"。相应地,是否可能编者将《绀珠集》对该书(诸书)的摘录,视为一种版本了呢?此类标注,今可见者仅此一处,但其间所呈现的现象却未必仅限于此条。

《孔帖》引《朝野佥载》不见于、或详于《绀珠集》者,虽多达26条,但以《太平广记》核之,所涉内容并非如此分散,例如,其中"趁蛇鹳""鹜入凤池""得霜鹰""被冻蝇""郁屈蜀马""望柳囊驼""失窟鼠"七条均以禽畜喻人,皆可见于《太平广记》卷二五四"嘲诮二·张元一"一篇。因此,这些条目所涉及的资料

---

① 《太平广记》,第1396页。
② 按:《太平广记》相应内容载于卷三一五"淫祠",题作"狄仁杰檄",云出《吴兴掌故集》。非云《朝野佥载》。而《说郛》宛委山堂本卷三二张鹫《耳目记》亦有之。待考。

范围也并不十分广泛。而实际上,传世《孔帖》可见"广记"或"太平广记"之出处标注十三处,虽直接或间接暂不可知,当在一定程度上使用了《太平广记》,或即《绀珠集》之外的《朝野佥载》诸条目的主要来源。

综上,尽管有成书早于《类说》的《孔帖》亦存在若干条目雷同,《绀珠集》仍是目前可知相关文字的最早载体。

(二)《海录碎事》的引用

《海录碎事》作者叶廷珪活动于两宋之交,书成于绍兴十九年,亦是与《绀珠集》《类说》年代较为接近的一部。它虽然同样没有直接标示称引《绀珠集》,但其中有相当多的资料录自该书。笔者《〈绀珠集·诸集拾遗〉臆说》一文曾就《海录碎事》征引《绀珠集·诸集拾遗》进而又被《锦绣万花谷后集》所承用的情况做过考索,兹不重复。由于编纂宗旨相近,《海录碎事》承用《绀珠集》时文字、标目多仍其旧,极少改动,即使偶有调整亦多无信息变化。如前所举《宣室志》"巴西侯"等"一字条目",《海录碎事》即作:

巴西侯:巴西侯,猿也。
钜鹿侯:钜鹿侯,鹿也。
玄丘校尉:玄丘校尉,狐也。①

看去字数增长五六倍,但只是将标目拉入正文作为主语,末加语气词"也",构成完整句子,信息量毫无变化,可谓换汤不换药。

《海录碎事》所引《朝野佥载》亦呈现同一规律。

海录碎事引《朝野佥载》					《绀珠集》卷三《朝野佥载》	备注
卷	部	门	标目	出处位置	标目	
1	天部上	雨	禾生耳	后	禾生耳	同
2	天部下	夏	冰丸霜散	后		《绀珠集》卷三《抱朴子》"冰丸霜散"
5	衣冠服用部	印绶(符节附)	兔鱼龟符	后	兔鱼龟符	同

---

① 〔宋〕叶廷珪《海录碎事》,明万历二十六年刘凤刻本。本文所引《海录碎事》皆据此本,下不一一注出。

续表

卷	部	门	标目	出处位置	标目	备注
			海录碎事引《朝野佥载》		《绀珠集》卷三《朝野佥载》	
6	饮食器用部	酒	酒濯足	后	酒濯足	内容有异,同《类说》
		饮器门	鹊尾杓	后	鹊尾杓	行文小异
8上	圣贤人事部中	仪表	霍乱秃枭	后	○	出处署"佥载"
		报德	素衿人	后	玄衣素衿人报赦	行文小异
8下		谄佞	狐蹲	后	狐蹲雉伏	同
9下	圣贤人事部中	时号喻物	鳌上胡孙	前	题目人	《海录碎事》仅有后半,行文有异
			鹤鸣鸡树	后	鹤鸣鸡树	同
			鸠集凤池	后	鸠集凤池	同
11上	臣职部上	中书舍人	斫窗舍人	后	斫窗舍人	同
11下		文贵	麒麟楦	前	麒麟楦	行文不同
		台官	三秽	后	○	出处署"佥载"
			獬豸	后	獬豸	同
			金牛御史	后	金牛御史	同
12下	臣职部下	躁进	耳冷	后	耳冷不知有卿	同
		刺史	手重五斤	后	手重五斤	同
		贪污	赐麻	后	赐麻	同
14	百工医技	算	算博士[①]	后	算博士	《海录碎事》与"点鬼簿"合为一条,《绀珠集》较略。
18	文学部上	文章	驴鸣狗吠	前		《绀珠集》卷一三"诸集拾遗·韩陵石堪语"略于此
			涩体	后	涩体	同

[①] 按:《海录碎事》影印文渊阁《四库全书》本,此条后注"并《朝野佥载》",其前"利析秋毫""二铢四参"两条不注出处,似皆出《朝野佥载》者,然刘凤刻本、中国国家图书馆藏明海隅书屋抄本于"二铢四参"之下有注云"《汉志》",且两条均汉代事,与《朝野佥载》内容不合,后者当是,今不计。

续表

海录碎事引《朝野佥载》					《绀珠集》卷三《朝野佥载》	备注
卷	部	门	标目	出处位置	标目	
19	文学部下	科第	白腊明经	后	白腊明经	同
21	政事礼仪部下	刑法	孟青	后	孟青	同
		狱讼	安南象	前	○	出处署"佥载"
22上	鸟兽草木部	鹰鹞	白鹇将军	前	○	
22下		六畜	乌金	后	乌金	同

全部二十七条，出处标注有四种情况：署《朝野佥载》，标注于后；署《朝野佥载》，标注于前；署《佥载》，标注于后；署《佥载》标注于前。

署《朝野佥载》且标注于条目之末者二十条，皆可见于《绀珠集》，不仅文字高度一致，标目亦然，仅数条稍有详略之别，如"素衿人/玄衣素衿人报赦""狐蹲/狐蹲雉伏""耳冷/耳冷不知有卿"，但叙事角度、行文方式皆未改易。一些表面看有出入者，亦可由《绀珠集》找到解释。"酒濯足"一条，前文已有讨论，当是二书本同而今本《绀珠集》失真；再如第二条"冰丸霜散：立夏日服六壬六癸符，或玄冰丸、飞霜散，则暑不能侵"，不见于《绀珠集》之《朝野佥载》，相关内容亦不见于他书对《朝野佥载》的征引，而晋葛洪《抱朴子》内篇卷一五《杂应》有"或问不热之道。抱朴子曰：'或以立夏日，服六壬六癸之符，或行六癸之厌，或服玄冰之丸，或服飞霜之散……'"①与此相应。在《绀珠集》，《抱朴子》恰录于卷三《朝野佥载》之前，"冰丸霜散"乃其倒数第二条，与《海录碎事》文字全同，仅末句作"暑不能侵也"，有细微差别。换言之，在《绀珠集》，此条与《朝野佥载》书名之间仅隔一条不足二十字的"谪守天厨"，很可能是《海录碎事》编者摘录时不慎而误。

而将"《朝野佥载》"署于条目之首者，有"鳌上胡孙""麒麟楦""驴鸣吠狗""白鹇将军"四条，前三条于《绀珠集》可见内容对应而文字不同者，"白鹇将军"则无相应内容。以《太平广记》所引《朝野佥载》相关内容为参照比对如下：

---

① 《抱朴子内篇校释》，北京：中华书局，1980年，第245页。

海录碎事		绀珠集		太平广记	
标目	正文	标目	正文	标题	正文
鳌上胡孙	杨仲嗣躁率，魏光乘目为热鳌上胡孙。	题目人	魏光乘好题品人，姚元之长大行且速，号趁蛇鹳雀；王旭长而黑丑，号烟熏木柹；杨仲嗣躁急，号热鳌上猢狲。	魏光乘	唐兵部尚书姚元崇长大行急，魏光乘目为趁蛇鹳鹊；……又有殿中侍御史短而丑黑，目为烟熏地木；……目舍人杨仲嗣为热鳌上猢狲……由是坐此品题朝士，自左拾遗贬新州新兴县尉。
麒麟楦	杨炯每见朝官，目为麒麟楦。言如弄假麒麟，刻画头角，修饰皮毛，覆之驴上，巡场而走。及脱皮揭，还是驴焉。无德而衣朱紫，与覆麒麟皮何别？许怨切。	麒麟楦	唐杨炯每呼朝士为麒麟楦。或问之，曰："今假弄麒麟者，必修饰其形，覆之驴上，宛然异物。及去其皮，还是驴耳。无德而朱紫，何以异是？"	盈川令	唐衢州盈川县令杨炯，词学优长，恃才简倨，不容于时。每见朝官，目为麒麟楦。人问其故，杨曰："今饰乐假弄麒麟者，刻画头角，修饰皮毛，覆之驴上，巡场而走。及脱皮褐，还是驴马。无德而衣朱紫者，与驴覆麟皮何别矣？"
驴鸣狗吠	梁庾信初至北方，文士多轻之，将《枯树赋》示之，自后无敢言。时温子升作《韩陵山寺碑》，信读而写其本，曰："唯有韩陵一片石可共语。薛道衡、卢思道少解把笔，自馀驴鸣狗吠，聒耳而已。"	韩陵石堪语	庾信自南朝至北方，爱温子升所作《韩山寺碑》。或问信北方何如，曰："唯韩陵寺一片石堪共语，馀不足，若驴鸣狗吠耳。" * 载于卷一三《诸集拾遗》而非卷三《朝野佥载》。①	庾信	梁庾信从南朝初至北方，文士多轻之。信将《枯树赋》以示之，于后无敢言者。时温子升作《韩陵山寺碑》，信读而写其本，南人问信曰："北方文士何如？"信："唯有韩陵山一片石堪共语。薛道衡、卢思道少解把笔，自馀驴鸣狗吠，聒耳而已。"
白鹇将军	太宗养白鹇，号将军，取鸟常驱至殿前，故名落雁殿。常令送书，从京至中都与魏王，仍取报，日往返。亦陆机黄耳之类也。			落雁殿	唐太宗养一白鹇，号曰将军，取鸟常驱至于殿前，然后击杀，故名落雁殿。上恒令送书，从京至东都与魏王，仍取报，日往返数回。亦陆机黄耳之徒欤。

---

① 《海录碎事》卷一八"文学部上·撰著门"有"石堪共语：庾信自南朝至北方，性爱温子升所作《韩山寺碑》，或问信北方何如，曰：'唯韩山寺一片石堪共语，馀若驴鸣狗吠耳。'"与《绀珠集》略同，不注出处；宋曾慥《类说》卷二五《玉泉子》"驴鸣狗吠"与此略同，潘自牧《记纂渊海》卷七五所引亦然，云出《玉泉子》。待考。

除"鳌上胡孙"不甚显著外,其余三条行文均明显更接近《太平广记》,亦保存了更多细节,可能直接或间接依据了《太平广记》或《朝野佥载》原本。类似现象可见于《海录碎事》所引多种书籍,如《绀珠集》同样有录的《神仙传》等,亦同样出处标注于下者皆可见于《绀珠集》,而标注于条目开端者则不然。当是材料汇集历时颇久,不同时间依据不同资料来源录入时体例未能统一所致,①却成为今天了解此书编纂的重要线索。

而署"《佥载》"者,不论标注于后的"三秒""霍乱秃枭"或标注于前的"安南象",均不见于《绀珠集》,且与《太平广记》所引相似度亦较高。这一略带特异性的出处标注或亦意味着另有来源,而出处位置不一是否后世流传中有所变易,亦值得思考。

要之,《海录碎事》引《朝野佥载》,且呈现"节略本"特征的文字,大体来自《绀珠集》,②此外又曾据其他来源收录。相关现象无助于证明《朝野佥载》"节略本"的存在。

(三)《锦绣万花谷》及其续书的引用

《锦绣万花谷》前、后、续、别四集中,前、后、别集均可见对《朝野佥载》的引用,由于诸集在年代和编纂主体上并不一致,需分别加以考察。

其中"后集"编纂方式相对简单,大体以若干类书摘抄拼合,《类说》《白孔六帖》《海录碎事》皆在其中。笔者《〈类说〉与南宋坊本类书——兼议〈类说〉的工具性》一文,曾以与仙佛鬼怪相关的几个门类为例讨论过《锦绣万花谷后集》对《类说》的袭用;③《〈锦绣万花谷〉续书与〈初学记〉——南宋书坊"纂"书方式管窥》《〈绀珠集·诸集拾遗〉臆说》两文,④则论及《白孔六帖》《海录碎事》在该书内容,乃至门类构成上"勾兑"原料的角色。要之,上述三书均与《锦绣万花谷后集》存在较大面积、多个书种的广泛雷同,而非个别书"节略本"使用的偶合。可在此背景下,重新审视《朝野佥载》的相关情况:

---

① 按:刘凤刻本亦偶有标注于后而不见于《绀珠集》者,然相关条目在传世明抄本则往往标注于首,相关抵牾当为刘凤刻本统一体例所致,然操作极为粗疏,远未贯通全书。关于刘凤刻本出处标注上的处理,信息得自北京大学中文系张鹤天同学,特此致谢。

② 《海录碎事》对《类说》亦有所承用,其详细情况尚有待探讨。

③ 李更《〈类说〉与南宋坊本类书——兼议〈类说〉的工具性》,《北京大学中国古文献研究中心集刊第十五辑》,北京:北京大学出版社,2016年。

④ 李更《〈锦绣万花谷〉续书与〈初学记〉——南宋书坊"纂"书方式管窥》,《古典文献研究第十五辑》,南京:凤凰出版社,2012年。

锦绣万花谷后集			类说	白孔六帖	海录碎事	备注
卷	门类	标目				
19	诙谐	配马作驴				
	文章	驴鸣狗吠	驴鸣狗吠*		驴鸣狗吠	《类说》卷二五《玉泉子》
20	贪浊	系百钱靴带上	非钱不行*			《类说》行文不同
	滥官	白版侯	白版侯	白版侯		
		麒麟楦	麒麟楦	麒麟楦	麒麟楦*	《海录碎事》行文不同
39	牛	饱乳犊子		饱乳犊子		
		金犊子		金犊子		
40	龟	支床	指龟得詹事*	支床龟	舅得詹事*	《海录碎事》云出《传载》，略；《类说》行文不同。

全部八条中，五条与《白孔六帖》，确切地说《孔帖》所引完全相合。其中，"白版侯""麒麟楦"《类说》所引亦无差别，究竟直接依据何书所录，不易断定，但可溯之源皆在《绀珠集》。与《海录碎事》所引《朝野佥载》内容行文完全相合者，则仅有"驴鸣狗吠"，但仍可辨认二书间的关联。《锦绣万花谷后集》"驴鸣狗吠"及其后三条虽出处标注各异，其实皆来自《海录碎事》，非常明显：

> 驴鸣狗吠：梁庾信初至北方，文士多轻之。将《枯树赋》示之，自后无敢言。时温子升作《韩陵山寺碑》，信读而写其本，曰："唯有韩陵一片石可共语。薛道衡、卢思道少解把笔，自馀驴鸣狗吠，聒耳而已。"（《朝野佥载》）
>
> 纸墨为贵：谢庄作殷淑妃哀策文，宋文帝卧览读，起坐流涕曰："不谓当今复见此才。"都下传写，纸笔为之贵。（《海录碎事》）
>
> 海内文宗：陈子昂为《感遇诗》三十八章，王适曰："是必海内文宗。"（同前）
>
> 点鬼簿：王杨卢骆有文名，人议其疵曰，杨好用古人名，谓之点鬼簿；骆好用数对，谓之算博士。（《诸集拾遗》）①

四条皆可见于《海录碎事》卷一八"文学部上·文章门"，"纸墨为贵""海内文宗"未标注出处，"点鬼簿"今本讹为"点鬼部"，云出《诸集拾遗》，实际三条皆取自《绀珠集·诸集拾遗》。显然，《锦绣万花谷后集》对于明标"出处"者仍

---

① 〔宋〕佚名《锦绣万花谷后集》卷一九，《北京图书馆古籍珍本丛刊》影印国家图书馆藏宋刊本。如无特别说明，本文所引《锦绣万花谷》前、后集皆据此本，下不一一注出。

之,未标者则注《海录碎事》。"驴鸣狗吠"内容、文字皆与《海录碎事》全同,出处当亦沿自该书。

因此,《锦绣万花谷后集》所引绝大多数来自《类说》《孔帖》及《海录碎事》,其中一部分可谓间接出于《绀珠集》。

而《锦绣万花谷别集》所引《朝野佥载》仅两条,实为同一事。卷一二"滥官类"有"补阙连车载":

> 《朝野佥载》云:武后时官滥,谣曰:"补阙连车载,拾遗平斗量。把推侍御史,碗脱校书郎。"①

与《绀珠集》《孔帖》所引《朝野佥载》同标目条目完全相同,《类说》《海录碎事》标目有异;卷三〇"奇字训释"又有"把推碗脱":

> 把推碗脱:武后时官滥,谣曰:"把推侍御史,碗脱校书郎。"

与《类说》标目"把椎碗脱"一致,而行文更简,四句民谣仅存后两句,其他不变。《锦绣万花谷别集》卷二九、三〇两卷设"奇字训释"类,汇集稀见字、词、词组并加以训解,分上、中、下三篇,此见"奇字训释中"。明清学者曾有"《奇字训释》一卷,书成于宋孝宗淳熙戊申,不著名氏,《万花谷》后附者非完书,览者其辨之"之说,②其书亦有一卷本、三卷本之不同编卷,清初尚有多本传世。如该说成立,则《锦绣万花谷别集》录自成书,此部分来源不必与卷一二同。而从此条标目看,或即据《类说》一系,而内容仅截取与标目直接对应者。《锦绣万花谷别集》使用的是第几手资料尚不可知,但其源头在于《绀珠集》《类说》应问题不大。

南宋后期坊本类书"辗转贩鬻",抄袭杂凑,操作简单,资料来源相对清晰。而普通文人极筚路蓝缕之功编纂而成的《锦绣万花谷》"前集",材料来源错杂,编纂者的处理也可能更多,更不易作出梳理。所幸者,涉《朝野佥载》数量不大,情况尚称单纯。全部11条当中,"斫窗舍人""涩体""白蜡明经""白鸡盏""笼饼"(即"缩葱侍郎")"乌金""孟青"7条与《绀珠集》所录全同,其中"涩体""白鸡盏""乌金"又见于《孔帖》,"涩体""白蜡明经""笼饼""孟青"又见于《类说》。此二书在"前集"均曾有明确引用,或即其由来。"挽弓射狗""朱雀""狮子骢"不见于《绀珠集》《类说》《孔帖》《海录碎事》诸书,"葬压龙角"虽《绀珠集》《类说》有录,此相对详赡。从内容和文字特点看,重叠之七条均堪称隽洁,属

---

① 〔宋〕佚名《锦绣万花谷别集》,《中华再造善本》影印宋刊本。本文所引《锦绣万花谷别集》皆据此本,下不一一注出。
② 〔清〕钱曾《读书敏求记》卷一。有关该书的著录又见于钱曾《述古堂藏书目录》卷二、清毛扆《汲古阁珍藏秘本书目》,皆著录为三卷本。

典型的《绀珠集》式摘取;而另外四条虽亦不烦琐,而具其始末,明显异趣。可以"葬压龙角"为例,该故事今可见于《太平广记》卷三八九"冢墓一·郝处俊":

> 唐郝处俊为侍中,死,葬讫,有一书生过其墓,叹曰:"葬压龙角,其棺必斫。"后其孙象贤坐不道,斫俊棺,焚其尸。俊发根入脑骨,皮托毛着髑髅,亦是奇毛异骨,贵相人也。出《朝野佥载》

《绀珠集》作:

> 葬压龙角其棺必斫:唐郝处俊为侍中,既葬,有书生过其墓曰:"葬压龙角,其棺必斫。"

标目取风水名目"葬压龙角"及相关预言"其棺必斫",条目内容则只留涉事人身份及预言的基本信息。而《锦绣万花谷》"前集"卷二七:

> 葬压龙角:唐郝处俊死,葬讫,有书生过其墓,叹曰:"葬压龙角,其棺必斫。"其后象贤坐不道,果斫处俊棺,焚其尸。《朝野佥载》

多出部分虽仅预言的应验情况,却构成了一个始末完整的"故事"。同样,"挽弓射狗""朱雀""狮子骢"三条,也呈现出既有来龙、亦见去脉的特征:

> 挽弓射狗:裴元质举进士,夜梦一狗从窦出,挽弓射之,其箭遂撤,以为不祥。梦神解之曰:"苟,弟字头也。弓者,第字身也。箭者,第字竖也。有撤,为弟也。"寻唱第。
>
> 朱雀:唐李勣卜葬地,谣曰:"朱雀和鸣,子孙盛荣。"张景藏曰:"占者过也。所谓'朱雀悲哀,棺中见灰'。"后孙敬业反,则天斫英公棺,焚之见其灰也。
>
> 狮子骢:隋文帝时大宛献千里马,其鬣曳地,号曰狮子骢。朝发西京,暮至东洛。隋末不知所在。①

这些特点,当能提示其另有来历,摘录、提取或出于"前集"编者,或亦取自他书,但与《绀珠集》并非一脉。

(四)《古今事文类聚》的引用

祝穆及其《古今事文类聚》,在南宋后期文化生活及类书史上,都有着不容忽视的地位。以前、后、续、别四集一百七十卷计,容纳了海量资料,也为厘清其材料来源带来了巨大难度。但借助检索可知,其中前、续、别三集均可见出处标注为"类说""曾类说"之条目,虽仅寥寥数条,可知曾直接或间接使用该

---

① 〔宋〕佚名《锦绣万花谷前集》卷二二、二七。

书。而沿用其"原始出处"不以"类说"标称者,更不知凡几。拙文《〈类说〉与南宋坊本类书——兼议〈类说〉的工具性》曾就其所引《传灯录》略作讨论,提出"祝穆所用之《传灯录》或亦非原书,而是从《类说》及其他书籍转引,至少在一定程度上参用了《类说》"。

无独有偶,《古今事文类聚》亦不乏出处标称为"六帖"的条目,前、后、续三集多达四十余条,其内容有属于《白氏六帖》的,亦有属于《孔帖》者;同时,出处标称为"海录""海录碎事"者亦有若干条。可知《白孔六帖》《海录碎事》亦是其材料来源。

以上述三书为参照,可对《古今事文类聚》所引《朝野佥载》全部17条,作如下梳理:

古今事文类聚			类说	孔帖	海录碎事
集卷	门类	标目			
前4	天道部·雪	群书要语("正月三白"云云)a/b	a三白		
前5	天道部·雨	群书要语("唐俚语云'春雨甲子'"云云)	甲子雨	雨甲子(内容稍多)	禾生耳(无末句)
前7	仕进部·及第(附下第)	奏文星暗			
后11	人伦部·姑姨	姨子不愿仕			
后12	人伦部·丑女	反悦丑妾		悦丑	
后15	人伦部·妒妻	宁死亦妒	赐妒妻酒(小异)	不可以死恐	
后18	肖貌部·形貌	麒麟楦	麒麟楦(小异)	麒麟楦(小异)	麒麟楦
后44	羽虫部·鹊	鹊噪传赦	玄衣素衿人传赦		
后49	虫豸部·蝇	号冻蝇	霜鹰冻蝇(略)	被冻蝇	
续14	燕饮部·沽酒	命酒独酌(《朝野佥载》以为濯足)	斗酒濯足(有异)	悠然独酌(无出处)	酒濯足(有异)
				酒濯足(有异)	
续17	食物馈送部·饼	笼饼缩葱	缩葱侍郎		
续20	冠履部·履(鞋附)	上树窃鞋	刺史不是守鞋人		

续表

古今事文类聚			类说	孔帖	海录碎事
集卷	门类	标目			
续 25	玺印部珍宝部	银兔符 a/b	b 银兔符		b 兔鱼龟符
别 5	文章部·文章	号算博士	点鬼簿算博士		
		号点鬼簿			
		涩体	涩体	涩体	
别 16	性行部·德量	热鳖胡孙	趁蛇鹈鹕（小异）		鳖上胡孙

其中，在三书可以找到内容、行文对应者十三条，以及两个"半条"。多书相同之条目，或不易识别其确切所据，而一些诸书来源不同、行文有异者，如"麒麟楦""热鳖胡孙"虽在《绀珠集》《类说》均有相应内容，但行文不同，而恰与《海录碎事》"出处标称在条目之首"的"麒麟楦""鳖上胡孙"全同，当取自《海录碎事》。亦有部分条目细节上可见明显因袭痕迹，如后集卷一二"反悦丑妾"：

> 兵部郎中朱凝妻有美色。天后时洛中植业坊酒家有婢，蓬头垢面，伛肩皤腹，寝恶之状，举世所无。朱悦之，殆忘寝食。①

不仅与《孔帖》之"悦丑"文字全同，且二者均将"朱前疑"讹作"朱凝"，当非偶然。具有典型意义的还有续集卷一四"燕饮部·沽酒"之"命酒独酌"，此条与《孔帖》卷一五无出处标注的"悠然独酌"文字完全相同，皆作：

> 马周字宾王，舍新丰逆旅，主人不之顾，周命酒一斗八升，悠然独酌，众异之。

如前文所考，地点作"新丰逆旅"及"独酌"而无"濯足"情节，乃两《唐书》一系记述，而非《绀珠集》《类说》诸书所引《朝野佥载》之特征，《太平广记》等书引《朝野佥载》则无相关内容。《古今事文类聚》影印文渊阁《四库全书》本此条出处明标为"朝野佥载"，是否祝穆另有所见？核元泰定三年庐陵武溪书院刊本、明内府刻本，则条目之末皆标注皆为"《朝野佥载》以为濯足"，②即"《朝野佥载》"在此并非出处，而是异说来源。极有可能《古今事文类聚》沿用了无出处信息的《孔帖》"悠然独酌"，又据《类说》"斗酒濯足"、《海录碎事》或《孔帖》卷三一之"酒濯足"注出异说，此注恰可表明该条非出《朝野佥载》，而《四库全书》本或其

---

① 〔宋〕祝穆《古今事文类聚》，《中华再造善本》影印元泰定三年庐陵武溪书院刊本。如无特别说明，本书所引《古今事文类聚》皆据此本，下不一一注出。
② 《古今合璧事类备要》外集卷四四"一斗独酌"文字同，其末亦标注为"《朝野佥载》以为濯足"，当沿《古今事文类聚》而来，亦可助证其早期面貌。

底本此处曾经删削，以致存异文字误为出处。此条虽非真正的《朝野佥载》引文，却恰可助证明诸书间资料的因袭。

不见于以上三书者，仅有《前集》卷二七"奏文星暗"、《后集》卷一一"姨子不愿仕"两条。后者记述狄仁杰堂姨"止此一子，不欲令事女主"的故事，相应内容于《绀珠集》《类说》均录于"《松窗（杂）录》"，《太平广记》所载亦然，《孔帖》相应条目则出《太平广记》，《古今事文类聚》是否有误，尚待详考。

两个"半条"皆属"合并标注"，即同一出处之前所录分两部分，恰恰一见《类说》，一所不载。一处是前集卷四"天道部·雪·群书要语"：

> 正月三白，田公笑呵呵。西北人谚曰"要宜麦，见三白"。（朝野佥载）

前半即《类说》"三白"，但有"哑哑""呵呵"之别。后半《施注苏诗》引作《朝野佥载》，而其他类书、诗注多称"泗州语"而无出处。一为续集卷二五"玺印部珍宝部·古今事实·银兔符"：

> 唐高祖制银兔符，其后改为铜鱼符，以起军旅、易守长。○唐初为银兔符，以兔为瑞也。又有铜鱼符，以鲤为瑞也。武后以玄武为瑞，乃以铜为龟符焉。（朝野佥载）

前后两部分以"○"相隔，所述为同一事，角度则有明显差异。后者即《类说》所引之"银兔符"，亦即《绀珠集》《海录碎事》之"兔鱼龟符"，仅少"以玄武为姓瑞"之"姓"字。前者述制度沿革，行文严整，颇不似《朝野佥载》口声，而与《新唐书·车服志》"初高祖入长安。罢隋竹使符，班银菟符，其后改为铜鱼符，以起军旅、易守长"相近，是否有出处脱落，尚待考证。

因此，《古今事文类聚》所引《朝野佥载》主要来自当时流行之类书，相关类书中既有沿自《绀珠集》一系的条目，亦有其他来源的内容。同时，祝穆或亦有自行摘录者。至少，并不能由此判断，祝穆所据是一个内容多于《类说》的"节略本"。

（五）《古今合璧事类备要》

三百六十卷的《古今合璧事类备要》，是书商组织、"郊庠进士"出手编纂的典型商业化图书产品，也是当时市面通行类书从门类到内容的大"合璧"。对于此书的文献来源，学者曾从不同角度做过不少考察，指出其"后集历官门多取自《唐宋白孔六帖》《职官分纪》及《锦绣万花谷》，续集仕进门、性行门多取自《古今事文类聚》"，[1]"别集关于记载花果草木的卷二二至卷六一这四十卷是未

---

[1] 赵含坤《中国类书》，石家庄：河北人民出版社，2005年，第129页。

经祝穆订正的《(全芳)备祖》简编本"。① 笔者《〈锦绣万花谷续集〉"别本"及其文献价值》,亦曾注意到《古今合璧事类备要》前集"天文""时令""节序"诸门对该书有明显的袭用;②《〈古今合璧事类备要〉管窥——以"民事门"为例》③又选取"民事门"为例证,进一步考察这种现象的普遍性,亦涉《古今事文类聚》《锦绣万花谷》等书。

因此,本文所涉《白孔六帖》《锦绣万花谷》及其续书、《古今事文类聚》皆是其构成元素,其中所用文献也相应地成为《古今合璧事类备要》的资料"源",而似未直接使用的《绀珠集》《类说》《海录碎事》等书中的内容,也随之现身其中。

所引《朝野佥载》同样具有多源的特点,因几种不同的"直接来源"均包含有来自《绀珠集》《类说》的条目,使得表面看去其所据《朝野佥载》与二书具有共性,而实际并非如此单纯。

例如,《别集》卷八〇"走兽门·鼠"有标称出自《朝野佥载》的"失窟鼠",该类"事类"共33条,文字内容与《白孔六帖》卷九八"鼠"类、《古今事文类聚》后集卷四一"鼠"类高度雷同,几可谓二书的拼合。情形如下(仅有标目,内容见其他门类者暂不计):

古今合璧事类备要④			对应书			
序	标目	出处	书名	标目	原序⑤	出处
1	似鼠	左	白氏六帖	昼伏夜动	1	
2	若鼠	诗	白氏六帖	畏人	5	诗
3	食牛角	春秋	白氏六帖	食角	8	
4	如鼠自处		白氏六帖	厕中	11	史
			事文类聚	李斯厕鼠	2	
5	掘鼠掠治	本传	事文类聚	张汤掠鼠	3	
6	臧洪掘鼠	魏志	白氏六帖	充粮 a	12a	
			事文类聚	掘鼠而食 b	4b	魏志

---

① 杨宝霖《〈古今合璧事类备要〉别集草木卷与〈全芳备祖〉》,《文献》1985年第一期。
② 参拙稿《〈锦绣万花谷续集〉"别本"及其文献价值》,《版本目录学研究(第四辑)》,北京:北京大学出版社,2013年。
③ 李更《〈古今合璧事类备要〉管窥——以"民事门"为例》,《版本目录学研究(第六辑)》,北京:北京大学出版社,2015年,第63—84页。
④ 据《中华再造善本》影印宋刊本。本文所涉《古今合璧事类备要》文字、内容皆据此本,下不一一注出。
⑤《古今事文类聚》仅存标目、互见他类者不计在内。

续表

古今合璧事类备要			对应书			
序	标目	出处	书名	标目	原序	出处
7	苏武掘鼠	本传	白氏六帖	充粮b	12b	
			事文类聚	掘鼠而食a	4a	本传
8	以尔雅对	窦氏家传	事文类聚	治尔雅识鼠	5	窦氏家传
9	以啮鞍闻		事文类聚	鼠啮马鞍	6	
10	我复何道	列异传	事文类聚	鼠怪召凶	7	列异传见艺文类聚①
11	视以为佳	世说	事文类聚	爱鼠行迹	8	
12	作字杀鼠		事文类聚	鼠啮手指	9	
13	作符召鼠	别传	事文类聚	召啮衣鼠	10	别传
14	前脚捧朱	异苑	白氏六帖	捧朱	33	异苑
15	剖腹有赃	述异记	事文类聚	召盗米鼠	11	述异记
16	衔炷烧幡	释法显仙游本纪	白氏六帖	衔炷	32	释法显仙游本纪
17	白质归命	孔氏帖	孔帖	白鼠入营	1	
18	王敦亡兆	同上②	孔帖	渡河	2	
19	衔尾以渡		孔帖	衔尾渡洛	7	
20	拥杖而号		孔帖	拥杖而号	18	
21	苏徵失窟	朝野佥载	孔帖	失窟鼠	8	朝野佥载
			事文类聚	失窟鼠	14	
22	高骈走穴	孔帖	孔帖	走穴	12	
23	猫鼠同乳	崔祐甫传	孔帖	猫鼠同乳	13	
24	猫鼠同处	五行志	孔帖	隐伏象盗窃	19	五行志
25	焚符断鼠	桂苑丛谈	孔帖	焚符断鼠	23	桂苑丛谈
			事文类聚	符能却鼠	12	桂苑丛谈
26	以物击鼠	孔帖	孔帖	化为苍犬	24	
27	猫为鼠啮	五行志	孔帖	大鼠长二尺余	37	五行志

---

① 此条出处从明内府刻本,元泰定刻本标注为"列异传见事文类聚","事"字疑误;影印文渊阁《四库全书》本但作"列异传"。

② 此页国家图书馆藏宋刻本为抄配,此条无出处,此据影印文渊阁《四库全书》本补。

续表

古今合璧事类备要		对应书			
序	标目	出处	书名	标目	原序	出处
28	蛇为鼠伤	同上	孔帖	蛇鼠斗	38	同上
29	鼠亦烧尾	琐言	孔帖	鼠烧尾	21	琐言
30	鼠三易肠	博物志	白氏六帖	易肠	13	
			事文类聚	鼠三易肠	13	博物志
31	殿前录事	唐小说	孔帖	西阁舍人	26	唐小说
32	子孙不肖		事文类聚	鼠入牛角	15	
			孔帖	鼠入牛角其事渐小	11	

《古今合璧事类备要》所标称的出处虽五花八门，似广泛占有资料，但实际上全部内容仅来自寥寥两部书。① 《古今事文类聚》后集"毛虫部·鼠·古今事实"仅首条"景公社鼠"不在其中，且除"失窟鼠"外，其余诸条虽标目或有变动，内容及先后顺序均高度一致；《白氏六帖》与《孔帖》取用率虽不及此，亦占相当比例，而就相关条目而言，大体出于《白氏六帖》者在前、《孔帖》者在后，排列顺序虽偶有颠倒，但基本相合，有较大出入者仅《白氏六帖》"易肠"、《孔帖》"鼠入牛角其事渐小"，皆与《古今事文类聚》同内容条目叠见，而于《古今事文类聚》排序正常。大体可知，《古今合璧事类备要》将取自二书的条目穿插排列，而先后顺序则未曾打乱。借助这一规律，及文字、出处的细节差异，亦可以辨识，叠见于二书的条目中，"苏武掘鼠"可能拼合了二书的信息，"鼠三易肠""子孙不肖"当据《古今事文类聚》录入，而标称出自《朝野佥载》的"失窟鼠"则来自《孔帖》。上述现象亦足可说明，此《朝野佥载》并非来自原书或某"节略本"，而是移录自已有类书。

与此相似，《古今合璧事类备要》前集卷二"雨"，呈现为《古今事文类聚》《锦绣万花谷》《孔帖》条目的摘编，其中有：

> 黑猪渡河：夜半天汉中有黑气相逐，俗谓之"黑猪渡河"，雨候也。《述异志》
>
> 玉女披衣：萍乡西津有玉女岗，天当雨，石间先涌五色云，俗谓之"玉女披衣"。同上

---

① 从今本看，出处未能完全对应。然诸书辗转抄刻，各有脱误，传世各本亦时见参差，偶有不能相合者亦在情理之中。

"黑猪渡河"实即《类说》录于《朝野佥载》的"雨候",《孔帖》标目同《古今合璧事类备要》,出处则亦作《朝野佥载》。此云出《述异志》,与二书不同。核之《锦绣万花谷》,《中华再造善本》影印国图所藏宋刻本于"前集"卷一有:

> 黑猪渡河:夜半天汉中有黑气相逐,俗谓之"黑猪渡河",雨候也。
> 玉女披衣:萍乡西津有玉女岗,天当雨,石间先涌五色云,俗谓之"玉女披衣"。《述异志》

"黑猪渡河"一条无出处,后世通行之明秦汴绣石书堂刊本、文渊阁《四库全书》本亦然,而过云楼旧藏宋刻本则存有标注《朝野佥载》。两宋本之比对见下图:

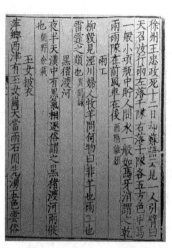

图 3 国家图书馆藏宋刊本《锦绣万花谷》　图 4 过云楼旧藏宋刻《锦绣万花谷》

可知《古今合璧事类备要》两条皆袭自《锦绣万花谷》前集,所据本或与国图所藏宋刻一系,编者将"黑猪渡河"之出处脱落误读为蒙后省略,又依照自身体例将出处标注于在前一条,遂坐实《述异志》。溯其根源,这一出处讹变乃由其所据《锦绣万花谷》脱落出处所致,《古今合璧事类备要》的摘录依据亦不言自明。

照此思路重新梳理《古今合璧事类备要》所引《朝野佥载》,情况见下表:①

---

① 此据"中国基本古籍库"检索,底本为文渊阁《四库全书》本,该本及原书出处脱误者暂不计在内。

古今合璧事类备要				类说	白孔六帖	锦绣万花谷	古今事文类聚
集	卷	门类	标目				
前	2	天文·雨	甲子雨占	甲子雨	雨甲子（内容多）	甲子雨（出《荆楚岁时记》）	群书要语
	3	天文·雪	三白	三白（无后半）			群书要语
	9	地理·池	昆明池		石鲸吼		
	9	地理·陂	飞陂	飞坡	飞陂		
	26	亲属·姨	候问堂姨	（见《松窗杂录》）			姨子不愿仕
	30	阃仪·妒妇	宁死亦妒	赐妒妻酒	不可以死恐		宁死亦妒
	38	科举·下第	白腊明经	白蜡明经		白蜡明经	
	38	科举·考官	罚俸				奏文星暗
	40	仕进·滥爵	白版侯	白版侯	白版侯	白版侯	白版侯
			麒麟朝士	麒麟楦	麒麟楦	麒麟楦	麒麟楦（异）
	42	仕进·致仕	不伏致仕	不伏致仕	不伏致仕		
	43	儒业·文章	彦伯涩体	涩体	涩体	涩体	涩体
	57	技术·习射	君谟啮镞	学射未教啮镞	志射		
	67	墓地·坟墓·凶地	预定斫棺	（后半）葬压龙角	（后半）葬压龙角其棺必斫	朱雀＋葬压龙角	
续	2	氏族·谱系	方相伯父	姓方贵人认为亲戚	方相侄		通谱方相（未标出处）
	6	家世·庆胄	方相从侄				
	36	性行·贪浊	自解经纪	赐麻数车（略）			
别	7	桥道·桥梁	青龙卧桥上	青龙卧桥上	初月出云长虹饮涧		
	63	五灵·龟	招支床龟	指龟得詹事（略）	支床龟	支床	
	65	飞禽·鹰	得霜俊捷	九月得霜鹰（略）	得霜鹰		

续表

古今合璧事类备要				类说	白孔六帖	锦绣万花谷	古今事文类聚
集	卷	门类	标目				
	66	飞禽·鹳	目为趁蛇	趁蛇鹳鹆（略）	趁蛇鹳		
	70	飞禽·雉	郑憎雉伏	狐蹲雉伏	狐蹲		
	71	飞禽·鸠	集凤池		鸠集凤池		
	72	飞禽·鹊	噪狱屋楼	玄衣素衿人传赦	玄衣素衿人报赦（有异）		鹊噪传赦
	76	走兽·橐驼	吉橐驼		望柳橐驼		
	80	走兽·鼠	苏征失窟		失窟鼠		失窟鼠
	92	虫豸·蝇	方庆冻蝇	九月得霜鹰（后半，略）	被冻蝇		号冻蝇
外	11	音乐·乐章	作绿珠怨	绿珠怨（详）	绿珠怨		
	19	刑法·死	玉素药主				
			楚金辩奸				
	26	法令·词讼	以牛还甥				
	40	衣服·履（附鞋）	守鞋	刺史不是守鞋人			上树窃鞋
	44	饮膳·酒（附沽酒）	一斗独酌		悠然独酌		命酒独酌
	61	财货·金（附铜）	取铜和酒				

除"自解经纪"虽有对应而内容文字有出入，"玉素药主""楚金辩奸""以牛还甥""取铜和酒"四条未见对应外，其余28条均可见于前述"关系书"。甚至有叠见三书者，如"涩体"，虽因诸书标目、文字均同，据何书移录不易判断，但源头当是《类说》或《绀珠集》。有的则相对清晰，如"预定斫棺"包括两部分，中有"○"作为分隔，出处统一标注于末尾，其内容前半是有关李勋墓的预言，并不见于《类说》《绀珠集》，但《锦绣万花谷》卷二七有载，即前文所涉"朱雀"条；后半则为同卷同门类之"葬压龙角"，《类说》《绀珠集》均有录，此二条在《锦绣万花谷》均标注出《朝野佥载》，且相距不远，中间仅隔两条，当是被《古今合璧事类备要》一同采录，亦因之前半另有来源、后半则属《绀珠集》一系。而"三白"与《古今事文类聚》全同，如前文所述，其中可见于《类说》者均仅其半，此处

当据《古今事文类聚》,以"《类说》系"衡量,亦内外参半。再如"宁死亦妒",正文与《白孔六帖》《古今事文类聚》均同,而标目同后者,似据后者录,而前者为远源,此条虽《类说》有相似内容,但这里与该系无直接渊源。至于"一斗独酌",内容、乃至末尾标注"《朝野佥载》以为濯足"均与《古今事文类聚》同,类似内容虽多书有载,此处当取自《古今事文类聚》,《孔帖》为其远源,而如前文所考,实非《朝野佥载》之文字。

至于无法在上述"序列"中对应的五条,一与《记纂渊海》同,而该书实亦《古今合璧事类备要》材料来源之一;四条于《太平广记》有载且文字极为相近,情节详备,确切来历尚待深入考证。

总之,《古今合璧事类备要》所引《朝野佥载》与《类说》《绀珠集》相出入是事实,但这是其材料拼合、辗转因袭的结果,同样无助于证明《朝野佥载》"节略本"之情形。

三、潜藏于类书中的"材料序列"及相关问题

依据上文对诸书所引《朝野佥载》文字的考察,可以得出如下材料承袭序列:

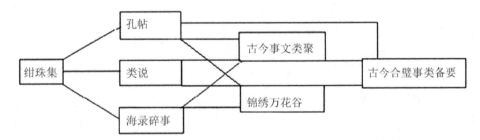

《绀珠集》对《朝野佥载》的摘录,随着该书不断被编书人使用蔓延开来,同时与其他来源的资料日渐混合,形成各书有同有异、相互参差的局面,以及存在一个共同的材料基础——《朝野佥载》"节略本"的假象。换言之,如果说《朝野佥载》在宋代存在一个广泛传播使用的"节略本",那我们能够触摸到的实际就是起自《绀珠集》、经《类说》等书进入阅读和编纂视野的"本子"。

当然,《直斋书录解题》所著录之"此特其节略尔,别求之未获"的一卷本《朝野佥载》,自非空穴来风,但目前所见资料,实无切实线索可助了解该本特点及在当时的使用情况。然而,这一在陈振孙时代仅见的"节略本",是一个无甚影响力的本子,还是存在别种可能呢?我们无法排除有某种具体情形不为我们所知的"节略本"存在,然而结合《类说》的传世状况,亦可以怀疑,《直斋书录解题》所著录的也可能是某种形态的《类说》本——即如今所见之《类说》残宋本,三种书目原分属卷一、卷八、卷九,并不相连,今天"一册"亦非其原貌。

由于卷次标记仅存于版心而不见于卷端,被合装后,其原本分属不同卷次的事实,甚至很多著名收藏家也忽视了。① 也就是说,或许《类说》所录诸书曾以近似丛书零种的形态流通于世,而过于低调的"总名"和卷次标记,可能使其在《类说》的身份成为"隐性"。虽然这只是一种有待证实的推测,但或许可以提示我们,对早期目录的著录同样不可太过拘泥。

宋代是一个文化普及和下移的时代,随着社会趋于平民化,有更多的人接触到知识;工商业发展,出版业成为其中活跃的一分子,也使得作为知识载体的书籍成为营利的工具,吸引更多人参与到知识的再生产,不仅"市井细民争相模锓以为衣食",士人乃至士大夫对待知识亦不免少了几分敬畏,著书的心态与方式在不知不觉间有所变化。以工具性为首要特征的类书,在这一变化中可谓首先受到影响。

保存古书资料,本是类书的重要价值之一。但由于资料条件和人工的限制,古人编纂类书时,并非每一部都能严格按照自己的宗旨和预设,据原书某种版本直接采录,"辗转贩鬻"、因袭已有类书并不鲜见,而在民间类书、特别是坊间出于商业目的策划的出版物中,更成为常态。前文讨论皆围绕《朝野佥载》而来,如果不局限于此,仅就诸类书的材料使用而论,目前可知者,至少《绀珠集》上游有《书叙指南》《初学记》,虽然它们只占了资料的一小部分;《锦绣万花谷》续书的上游亦有《初学记》《名贤氏族言行类稿》《职官分纪》《舆地纪胜》《方舆胜览》;《古今合璧事类备要》上游则有《全芳备祖》《职官分纪》《记纂渊海》等,不胜枚举。而在类书的长河中,这些仅是冰山一角,更多的尚有待发现;对《太平御览》等大型官修类书直接或间接的承用,亦更加复杂和难以梳理。但可以确知的是,与此种现象相伴随而来的,则是同一出处标称背后可能隐含多个不同来源;而林林总总的群书,却可能来自对同一类书的"承用"。

从最简单的方面来说,前述资料序列无疑使来自于"书本身"(实为"书表面")的"引书目录"在相当程度上失去意义,或云对依据"出处标称"探索"引书"的常规研究方法提出了极大挑战。进而,直接影响到赋予"引书目录"研究价值的三个领域:

一是考察类书的纂录方式和资料采集。类书之间连同"出处"在内的承用,带来了出处标称与编者实际所据资料之间的严重脱节,无法传递其用书情况,当然也不可能成为了解其材料汇集与编纂特点的有效资料。进而,由此衍生的对编者治学特点、知识结构的探讨亦随之架空。

二是考察所"引"诸书的流传情况。《太平御览》引用之大量古佚书曾被学

---

① 参严一萍《校订类说序》,《校订类说》,台北:台北艺文印书馆,1970年。关于《类说》残宋本的卷次标记信息,得自北京大学中文系博士研究生关静同学,谨此致谢。

术界认为在北宋初尚存于世,而实际相关资料多取自唐类书,今天在学术界已是常识。然而,类似的因袭广泛存在于各种官私类书,且随着商业性出版的兴盛愈演愈烈,却尚未引起足够重视。即如本文所涉《朝野佥载》,诸类书辗转因袭,不仅不能直观呈现该书在各书编纂时期的存世面貌,且构成了考证中的重重陷阱。甚至,其复杂微妙之处,即使溯源至《绀珠集》,亦无法确认《绀珠集》是录自原书抑或转据他书。

三是校勘辑佚。不论对类书本身作校勘整理,或以类书作为他校资料用于所引古籍的校勘,以及通过类书辑录古书佚文,都需要对引用关系和引用方式的了解和把握,这是"引书目录"的重要功能之一,也是"表象化"的"引书目录"的局限所在。从"出处标注"关联出的"他校"资料,因其间关系并非表面所呈现的那样直接,而是经历了中间环节的删略变形,校勘价值往往存在较大折扣,——即如本文所涉经《绀珠集》衍生的特定"节略本",在行文上对原书有相当大的变形,远非原貌,与原书之间的互校意义有限,《宣室志》之"一字条目"可谓其极致。作为他校资料,校勘价值取决于引文特点,若非径据原书采录,则需溯源方能准确把握,而这对往往使用第"N"手资料的民间类书而言,难度或工作量不言而喻。而在带来局限的同时,同一序列中的诸类书之间往往简单承用、不事变更,相关内容大多可以直接互校。已佚之书无本可校,仅据他书类似记载校补,就更是如此,前文所涉《绀珠集》天顺刻本漫漶的"酒灌足",《类说》《海录碎事》所引无疑较文渊阁《四库全书》本据他书校补之文字更切近,堪称典型。

概言之,本文所涉诸类书多属影响较大、当时阅读查检、今天学术研究经常使用者,然皆私人修纂,包括带有一定商业性、甚至纯商业性的出版物,虽时间相去不远,但其间关系并非平列,而是存在纵向关联、参考承用、先后有序的情况。当然,由于各书编纂时资料错杂,来源不一,并非序列当中所有书的每一处相同内容都必然前后沿袭,但这种序列关系和沿袭的可能,却是讨论相关问题时不可回避,首先需要加以澄清或排除的。类似现象在古籍中并非偶见,这在今天数据库为学术研究汇集海量信息、带来巨大便利的同时,碎片化也日趋严重的情况下,尤其值得警惕。

而这些书籍(及其衍生品),就像以《绀珠集》《类说》为代表的"节略本"们在宋代的广泛传播和使用,所折射的这一时代的文化心态(包括阅读、学习和编纂)及其对此后数百年中国相关知识传递的影响,包括元明清人的知识获取、文章写作,以及对历史文化、思想学术的理解,本身亦值得关注。而今人在学术研究中探讨和使用相关文献时,了解其本身的来历、特质,相关现象和问题的成因,亦应成为首要工作。

点滴浅见,不揣谫陋,以飨同好。

《琐碎录》成书考

陈晓兰*

【内容提要】 宋元时期有三种内容有所不同而又前后相袭的《琐碎录》：一是南宋初年温革所撰《琐碎录》；二是宋人刊刻的温革、陈晔二人所撰《琐碎录》二十卷，即《直斋书录解题》著录之本；三是元人据宋本刊刻的日用类书《分门琐碎录》二十卷。由于这三种《琐碎录》成书情况以及相互关系比较复杂，学界对其并无专门辨析和研究，致使对其作者、成书时间和过程、内容体例和性质的认识上多有模糊和淆乱。今根据存世四种明抄残本《分门琐碎录》以及后世著作征引材料，结合各种相关文献记载，对《琐碎录》的成书情况加以考证和梳理，以求各还其貌，并冀以揭示其在中国民间日用类书发展史上的意义与影响。

【关键词】《琐碎录》 温革 陈晔 日用类书

宋元时期有三种内容有所不同而又前后相袭的《琐碎录》，成书情况比较复杂。南宋初年温革始撰《琐碎录》，之后陈晔效而续撰。二人所撰内容合编后亦称《琐碎录》，最早著录于《直斋书录解题》卷一一"子部·小说家类"："《琐碎录》二十卷、《后录》二十卷。温革撰，陈晔增广之。《后录》者，书坊增益也。"[①]《文献通考·经籍考》沿用陈氏著录。宋刻今已不存。元人据宋本刊刻《分门琐碎录》二十卷，亦简称《琐碎录》，凡三十门，每门之下又细分类目。书中辑录并记载了丰富的治己、治家、莅官、农艺、医药、起居、风俗、器用等方面的经验和知识，引书一般不标出处。清光绪七年（1881）姚文栋（字志梁）作为驻日公使黎庶昌随员出使日本，在东京书肆得元刻残本《分门琐碎录》六卷。叶德辉《郋园读书志》卷六予以著录，谓"姚志梁观察得元刻残本《分门琐碎录》六卷。书中间有'知足院常住'五字印记，为长方木印，盖东洋旧藏也。……此书分三十门，今仅治己、治家、莅官、农桑、种艺、牧养、饮食、起居、服饰、摄养、医药、诸疾十二门，凡六卷。治己、治家、莅官三门所载宋名臣佳言懿行，不一

---

* 本文作者为北京大学中文系、北京大学中国古文献研究中心副教授。

① 〔宋〕陈振孙撰，徐小蛮、顾美华点校《直斋书录解题》，上海：上海古籍出版社，1987年，第344页。"陈晔"原作"陈昱"，避康熙帝名讳，据《文献通考·经籍考》所引陈氏《直斋书录解题》改。

而足。……农桑、种艺、牧养诸门,其于农桑蓄养之法,亦有裨于世用。在宋人说部,固非搜神志怪家言所同语也。自宋以来,传本最少,近惟钱牧翁《绛云楼书目》有之,入'农家类',而不云卷数……"①叶昌炽撰《元刊〈分门琐碎录〉跋残本六卷》,称姚氏将此本"奉为枕秘"②。1932 年日军发动"一·二八事变",姚氏在嘉定南翔的藏书毁于兵火之中,此元刻残本的孤帙从此不复存世。

叶氏谓《琐碎录》"自宋以来,传本最少",其实南宋中期以后有多种著作明确征引此书。如南宋中后期周守忠的《养生月览》与《养生类纂》、张杲《医说》、陈元靓《岁时广记》、陈思《海棠谱》等,元代陈敬《陈氏香谱》、胡古愚《树艺篇》、《居家必用事类全集》等,明代高濂《遵生八笺》、李时珍《本草纲目》、周文华《汝南圃史》、陈耀文《天中记》等,皆引称"琐碎录"。另有一些宋元著作中的部分内容与《琐碎录》相同、相近而未标出处,如宋末吴怿《种艺必用》、蒙古和元初张福《种艺必用补遗》以及元刊《事林广记》等。今存《永乐大典》残卷中,录有"温革《琐碎录》"60 余条。成书于 1445 年的朝鲜《医方类聚》③收辑一百五十多种明代以前医籍加以分类汇编,其中录有《琐碎录》中大量摄养、医药、医方内容。④

明代公、私书目对此书多有著录,或作"《琐碎录》"或作"《分门琐碎录》",足见当时颇有流传。列目如下:

《文渊阁书目》卷一一"盈字号第六厨书目":《琐碎录》一部六册阙⑤。

《秘阁书目》"类书":《锁碎录》六⑥。

《晁氏宝文堂分类书目》卷中"类书":《琐碎录》⑦。

《万卷堂书目》卷三"小说家":《琐碎录》二十卷⑧。

卷四"类书":《分门琐碎录》二十卷⑨。

---

① 〔清〕叶德辉《郎园读书志》,《海王邨古籍书目题跋丛刊》,北京:中国书店,2008 年,第五册,第 317—318 页。
② 〔清〕叶昌炽《奇觚庼文集》卷中,民国十年(1921)刻本。
③ 〔朝鲜〕金礼蒙等《医方类聚》,北京:人民卫生出版社校点本,1981 年。
④ 日本安政二年(1855)抄本《琐碎录·医家类》三卷,即从《医方类聚》辑出,今藏于中国中医科学院图书馆。
⑤ 〔明〕杨士奇《文渊阁书目》,《明代书目题跋丛刊》本,北京:书目文献出版社,1994 年,第 119 页。
⑥ 〔明〕钱溥等《秘阁书目》,《明代书目题跋丛刊》本,第 673 页,"锁"当作"琐"。据李丹《〈秘阁书目〉作者辨正》(《古典文献研究》第八辑,2005 年),秘阁即文渊阁,且《秘阁书目》一部分内容抄录自《文渊阁书目》。
⑦ 〔明〕晁瑮《晁氏宝文堂分类书目》,《明代书目题跋丛刊》本,第 748 页。
⑧ 〔明〕朱睦㮮《万卷堂书目》,《明代书目题跋丛刊》本,第 1091 页。
⑨ 同上书,第 1102 页。

《聚乐堂艺文目录》"类书":《分门琐碎录》四册 二十卷 刘健①。
"小说家":《琐碎录》六册 二十卷。
《近古堂书目》卷上"子·农家":《分门琐碎录》②。
《赵定宇书目》"类书":《分门琐碎》四本③。
《脉望馆书目》"类书":《分门琐碎录》四本缺第四卷、第二十卷④。
《澹生堂藏书目》卷八"子类第四农家"之"杂事":《琐碎录》四册二十卷⑤。
《玄赏斋书目》卷五"子部·农家":《分门琐碎录》⑥。

清初钱谦益《绛云楼书目》卷二"子·农家"著录"《分门琐碎录》"⑦。钱曾《述古堂藏书目》卷三"子·小说家"著录"温革《分门琐碎录》二十卷抄"⑧,其《也是园藏书目》卷五"子部·小说"亦著录"温革《分门琐碎录》二十卷"⑨。此后《琐碎录》鲜见著录,可知流传日稀。

《琐碎录》已无足本传世,今仅存四种明抄残本,俱题作"《分门琐碎录》"⑩。20世纪60年代初,上海图书馆入藏明抄本一册(简称上图本),无卷目,分农桑、种艺、禽兽、虫鱼、牧养、饮食六门。胡道静在《稀见古农书录》中对此册内容情况、在农学上的价值及其作者与时代等加以考述。⑪ 此本内容在中国农学史上极具学术价值,后被收入《续修四库全书》,又有校注本⑫。中国国家图书馆藏有明抄残本二册三卷(简称国图本)。第一册为卷一,有治己、治家、莅官三门,多有残损;第二册为卷二、三,卷二有农桑、种艺、禽兽、虫鱼、牧养五门,卷三有饮食一门,笔者发现此册内容与上图本相同且具有同源性,而其文字情况远胜上图本。王利器藏有明抄残本一册三卷(简称王氏藏本),卷一七至卷一九,为藏贮、旅寓和阴阳三门。从卷末所录明都穆、邢参跋中可知,此本源于

---

① 〔明〕朱睦㮮《聚乐堂艺文目录》,清抄本(余嘉锡校并跋),藏于中国国家图书馆。书目中各书所题撰人有错乱,"小说家"中,《黄氏日抄》误题"黄裳",《翰墨全书》误题"陶宗仪",《说郛》误题"张九韶",余氏皆出校语。故《分门琐碎录》所题撰人"刘健",亦不足采信。
② 〔明〕《近古堂书目》,《明代书目题跋丛刊》本,第1169页。
③ 〔明〕赵用贤《赵定宇书目》,《明代书目题跋丛刊》本,第1572页。
④ 〔明〕赵琦美《脉望馆书目》,《明代书目题跋丛刊》本,第1424页。
⑤ 〔明〕祁承㸁《澹生堂藏书目》,《明代书目题跋丛刊》本,第998页。
⑥ 〔明〕董其昌《玄赏斋书目》,《明代书目题跋丛刊》本,第1523页。
⑦ 〔清〕钱谦益《绛云楼书目》,《海王邨古籍书目题跋丛刊》本,第一册,第24页。
⑧ 〔清〕钱曾《述古堂藏书目》,《海王邨古籍书目题跋丛刊》本,第一册,第91页。
⑨ 〔清〕钱曾《也是园藏书目》,《海王邨古籍书目题跋丛刊》本,第一册,第155页。《钱遵王述古堂藏书目录》卷五作"温革《分门琐碎录》十卷四本抄",《续修四库全书》本。
⑩ 吉林省图书馆和中国国家图书馆分别藏有明杨氏家塾抄本《宋琐碎录》前、后十卷。此书并非《琐碎录》,而是据宋人叶廷珪《海录碎事》残卷改造而成的伪书,笔者已另撰文辨伪。
⑪ 胡道静《稀见古农书录》,《文物》1963年第3期,第12—16页。
⑫ 化振红《〈分门琐碎录〉校注》,成都:巴蜀书社,2009年。

元刊本。① 张如安在宁波大学图书馆新发现明嘉靖二十六年（1547）俞弁抄本《分门琐碎录》一册（简称宁大本），亦无卷目，分摄养、医药、诸疾三门，从其抄写格式和收藏情况来看"与上图所藏本很可能皆据同一套书抄录"②。这四种明抄残本，保存了《分门琐碎录》全书三十门中的十五门的内容。

从《琐碎录》的成书、流传过程来看，《琐碎录》这一书名，实可指宋元时期三种内容有所不同而又前后相袭的著作：一是南宋温革所撰《琐碎录》；二是宋人刊刻的温革、陈晔二人所撰《琐碎录》二十卷，即《直斋书录解题》著录之本；三是元人据宋本刊刻的日用类书《分门琐碎录》二十卷。由于这三种《琐碎录》成书情况以及相互关系比较复杂，学界对其亦无专门辨析和研究，致使对其作者、成书时间和过程、内容体例和性质的认识上多有模糊和淆乱，后人或有将温、陈二人所撰之书视为温革或陈晔一人所撰，或有疑《琐碎后录》为陈晔所撰，或有将温革、陈晔辑录材料误作其自撰内容。今根据存世四种明抄残本《分门琐碎录》以及后世著作征引材料，结合各种相关文献记载，对宋元时期《琐碎录》的成书情况加以考证和梳理，以求各还其貌，并冀以揭示其在中国民间日用类书发展史上的意义与影响。

一、温革所撰《琐碎录》

元刊本《分门琐碎录》附有陈晔自序，记述其仿效温革《琐碎录》而撰《续琐碎录》之事。陈序原文虽已亡佚，幸见诸前人引录。明都穆《南濠居士文跋》卷一《〈琐碎录〉跋》：

> 《琐碎录》二十卷，宋古灵陈晔日华撰。观陈氏自序云：尚书郎温革子皮尝著《琐碎录》，凡四百余事。晔每有闻见，效而笔之，然将十倍，名曰《续琐碎录》。子皮之书，今不复见。元至大间环溪书院刻陈氏本，概以"琐碎"目之，则与序矛盾，而非古人著书之意矣。予家四册，环溪刻也。③

叶德辉《郎园读书志》卷六著录元刻残本《分门琐碎录》：

> 今据此本陈自序云：《琐碎录》，温公讳革字子皮所作，凡四百余事。

---

① 王利器《陈晔〈琐碎录〉跋尾》，《中华文史论丛》（第五十六辑），上海：上海古籍出版社，1998年，第61—70页。王氏藏本与国图藏本皆为蓝格抄本，因笔者未能见到王氏藏本，难以判断是否为同一种明抄本的残帙。

② 张如安《新见明抄本〈分门琐碎录〉"医药类"述略》，《宁波大学学报》（人文科学版）2015年第3期，第43—46页。笔者在张如安先生帮助下，得见宁大本的图片，谨致谢忱。

③ 〔明〕都穆《南濠居士文跋》，明刻本。王利器《陈晔〈琐碎录〉跋尾》录都氏跋文，《南濠居士文跋》卷一《〈琐碎录〉跋》中"然将十倍，名曰《续琐碎录》"作"约将十倍，名曰《琐碎录》"，末题"正德丙寅（1506）太仆少卿吴郡都穆记"。

余倅通海,得于兵官赵君善成。自时厥后,每有闻见,效而笔之,名曰《续琐碎录》。是温与陈各自为书,陈云陈增广温书者非也。

都穆跋与叶德辉叙录所引陈晔自序的内容大致相同,而文字详略有异,且有所出入,可见皆非照录原文。从中可知,尚书郎温革子皮著有《琐碎录》,凡四百余事。陈晔任通州通判时从兵官赵善成处得此书,遂效仿此书记载平日闻见,篇幅约将十倍,名曰《续琐碎录》。正如叶氏所述,温革《琐碎录》与陈晔《续琐碎录》,原本"各自为书"。

(一) 温革及其《琐碎录》

温革,字叔皮,泉州惠安(今福建惠安)人。徽宗政和五年(1115)进士。初名豫,字彦几,后耻与伪齐刘豫同名,故改。高宗绍兴八年(1138)除秘书省正字,十年通判洪州①,知南剑州,二十四年知漳州②,官终福建转运使。事见《八闽通志》卷六七③、《嘉靖惠安县志》卷一二④。善书画,博学多识,所著仅《续补侍儿小名录》存世,《琐碎录》、《隐窟杂志》、《十友琐说》等原书皆佚。

温革之字,除了陈晔序以及下文所及的元初《陈氏香谱》作"子皮",其他文献均作"叔皮"。温革在《山谷楷书赵景道帖并绝句诗八首》⑤与《米敷文潇湘长卷》⑥的题跋中,皆自署"温革叔皮"。南宋袁立儒称"温叔皮字画亦苍老,尝为尚书郎,著《琐碎录》"⑦。检诸台北"故宫博物院"所藏温革《跋黄庭坚致景道十七使君尺牍》真迹,"叔皮"写作"未皮"。陈晔序文称温革字"子皮",此或为温革又字,但也不能排除传写过程中"未皮"讹作"子皮"的可能。温革改名,在建炎四年(1130)金人立刘豫为帝之后,故此前温氏所撰《续补侍儿小名录》题其原名"温豫"。都穆跋文引陈氏自序谓"尚书郎温革子皮尝著《琐碎录》",袁立儒亦称温革"尝为尚书郎,著《琐碎录》",温革官终福建转运使,可见尚书郎并非其终官而应是成书时的任官。南宋张杲《医说》卷七"食鳖不可食苋"条引《琐碎录》称"温革郎中";⑧《琴川志》卷一〇"叙祠"中"永庆寺"下云"温郎中革字彦机来游,亦有诗",⑨卷一四收录其诗《凤凰山》题"郎中温革"。可知温革曾

---

① 〔宋〕陈骙《南宋馆阁录》卷八、《南宋馆阁录·续录》,北京:中华书局,1998年,第119页。
② 〔宋〕洪迈《夷坚甲志》卷一九"杨道人",《夷坚志》,北京:中华书局,1981年,第173页。
③ 〔明〕陈道修、黄仲昭纂:《八闽通志》,明弘治刻本。
④ 〔明〕莫尚简修、张岳纂:《嘉靖惠安县志》,明嘉靖刻本。
⑤ 〔明〕汪砢玉《珊瑚网》卷五,影印清文渊阁《四库全书》本(以下简称四库本)。
⑥ 《珊瑚网》卷二八。
⑦ 《珊瑚网》卷五《山谷楷书赵景道帖并绝句诗八首》题识。
⑧ 〔宋〕张杲《医说》,明万历刻本。
⑨ 〔宋〕孙应时原纂、鲍廉增补,〔元〕卢镇续修:《琴川志》,《宋元方志丛刊》本,北京:中华书局,1990年。

任郎中,尚书省六部二十四司郎中(从六品),亦可称尚书郎。从其仕履、官品来看,温革任尚书郎的时间应是在通判洪州(正七品)之后、知南剑州(正六品)之前,即绍兴中期,《琐碎录》当成书于这一时期。其具体时间已难确考。

陈晔得到温革《琐碎录》的时间,是在淳熙九年(1182)之后、绍熙二年(1191)之前(详见下文)。除此之外,仅南宋中期周煇的《清波别志》明确征引温氏《琐碎录》。《清波别志》卷下"东华把鲊"条记载:

> 前志第十二卷书承平时淮甸虾米入京,浸以小便,则红润如新。或疑焉。煇后观《琐碎录》内一条:京师东华门何、吴二家,造鱼鲊,十数商作一把,号"把鲊",著闻天下。文士有为赋诗,夸为珍味。其鱼初自澶、滑河上斫造,以荆笼贮,入京师。道中为风沙所侵,有败者,乃以水濯,小便浸一过,控干,入物料,肉益紧而味回。……《琐碎》凡四百余条,悉论物理,乃宣政贵人所纂也。①

"前志"即周煇《清波杂志》,周煇自序识于绍熙壬子(三年,1192)六月,得观温革之书则是在此之后。周煇称"《琐碎》凡四百余条",条目数量与陈晔序文相符,所见亦为足本;谓其"乃宣政贵人所纂",或因周氏不明作者而见书中多记徽宗政和、宣和时事之故;"悉论物理",则知书中多记载与日常事物相关的原理和经验。

今存《琐碎录》材料中涉及"京师"的条目,有些可能辑自他书,有些可能就是温革记述的北宋汴京遗事。如国图本卷三、上图本"饮食·烹饪"载有四条"京师"烹饪之法,与周煇所引内容相似,亦论物理,其中一条:"京师卖煮熟猪肉,香味珍绝。煮爁肉只断血便止,又是其锅釜煮肉,早晚不曾断,便添水,非釜毁不易也。今临安食肆有十年不易之汁,盖日久不断火,少则加水,尝令锅满。人家有欲煮物速糜者,就之,顷刻而烂。盖以肉汁而煮肉,相感故也。"②胡道静认为,书中"称'今临安'以对'京师'(汴都),故知是南宋初年的著作,经过南宋中期书林陈晔的补充"③。

温革撰有多种笔记,所记内容和特点各有所不同,如《隐窟杂志》多记载典制、考论文史④,而《琐碎录》则"悉论物理",专记日常事物原理方面的内容。此书卷数与体例不明,从其四百余条的数量来看,或不至于有二十卷,亦不可能

---

① 〔宋〕周煇《清波别志》,清《知不足斋丛书》本。
② 国图本《分门琐碎录》卷三。"又是其"与"也今"五字原残阙,据上图本补。
③ 胡道静《稀见古农书录》。
④ 《隐窟杂志》原书已佚,《说郛》(涵芬楼本)卷二收其十条材料,其中五条见于宋陈鹄《耆旧续闻》。《耆旧续闻》引录的九条,或不标出处,或称"温叔皮云""温叔皮《杂志》",或注明出处"温氏《杂志》"。参见许勇《〈耆旧续闻〉小注考释》(《古典文献研究》第十七辑下卷,南京:凤凰出版社,2015年)。

如元刊本般划分门类细目，故其书名很可能并未冠以"分门"二字。南宋时期此书流传不广，或未曾刊行。都穆跋中称"子皮之书，今不复见"，可见明代正德年间温氏《琐碎录》原书已不可得见。今存四种明抄残本，其中王氏藏本明确出于元刊本二十卷，其余三种残本皆各有 400 多条目，故从其门类以及条目数量与内容来看，绝非温革一人所撰之书。

（二）关于《陈氏香谱》中的"温子皮云"

宋末元初陈敬撰有《陈氏香谱》四卷①，有 5 条作"温子皮云"，有 1 条注云"温子皮"，另有 1 条原书虽未标出处，然明代周嘉胄《香乘》引录此条注云"温子皮"。② 这 7 条中，有 3 条见于宁大本，1 条见于《永乐大典》所录"温革《锁③碎录》"，间有异文。

	《陈氏香谱》（四库本）	宁大本《分门琐碎录》	备注
1	卷一"乳香"：温子皮云：广州蕃药多伪者。伪乳香以白胶香搅糟④为之，但烧之烟散多，此伪者是也⑤。真乳香与茯苓共嚼，则成水。又云：睕山石乳香，玲珑而有蜂窝者为真。每爇之，次爇沉檀之属，则香气为乳香烟罩定难散者是，否则白胶香也。	"医药·辨伪"：广州番药多有伪者。好乳香多是白胶香搅糖为之，但烧之烟散多吒声者伪也。/没药以五灵脂作。但以乳香与茯苓共嚼，成水者是真。/……/睆山石乳香，玲珑而有蜂窠者为真。先爇之，次爇沉檀之属，则香气为乳香烟罩定难散，否则白胶香也。	宁大本内容又见于《医方类聚》卷一《琐碎录·辨伪》⑥，"睆"作"皖"。
2	卷一"安息香"：温子皮云：辨真安息香，每烧之，以厚纸覆其上，香透者是，否则伪也。	"医药·辨伪"：安息香，烧，以厚纸覆其上，烟透者真。	宁大本内容又见于《医方类聚》卷一《琐碎录·辨伪》⑦，"烧"作"烧之"。
3	卷一"龙涎香"：温子皮云：真龙涎烧之，置杯水于侧，则烟入水，假者则散。尝试之，有验。		

---

① 〔宋〕陈敬《陈氏香谱》，四库本。
② 〔明〕周嘉胄《香乘》，四库本。
③ "锁"，当作"琐"。
④ 《香乘》卷二引录作"糖"。
⑤ "但烧之烟散多，此伪者是也"，《适园丛书》本作"但烧之烟散多声，此者是也"。《香乘》作"但烧之烟散多吒声者是也"。
⑥ 《医方类聚》第一册，第 17—18 页。
⑦ 同上书，第一册，第 17 页。

续表

	《陈氏香谱》(四库本)	宁大本《分门琐碎录》	备注
4	卷一"甲香":温子皮云:正甲香本是海螺压子也,唯广南来者其色青黄、长三寸,河中府者只阔寸余,嘉州亦有如钱样大。于木上磨,令热,即投酽酒中,自然相近者是也。若合香,偶无甲香,则以鲨殻代之,其势力与中香均,尾尤好。		
5	卷一"南方花":温子皮云:素馨、末利摘下花蕊,香才过,即以酒噀之,复香。凡是生香,蒸过为佳。每四时,遇花之香者皆次次蒸之,如梅花、瑞香、酴醾、密友、栀子、末利、木犀及橙橘花之类,皆可蒸。他日爇之,则群花之香毕备。		《永乐大典》卷七九六〇"馨·素馨"引录"温革《锁碎录》":"素馨摘下花蕊,香才过,即以酒噀之,复香。"为此段首句,无"末利"二字。
6	卷四"焚香静坐":人在家及外行,卒遇飘风暴雨震电、昏暗大雾,皆诸龙神经过,宜入室闭户焚香静坐避之,不尔损人。温子皮	"医药·杂说":人在家及外行,卒逢飘风暴雨震电、昏暗大雾,皆是诸神龙经过,宜入室闭户焚香安心静避之,不尔损人。	宁大本内容又见于《医方类聚》卷二〇五《琐碎录·杂说》①,"神龙"作"龙神","静"作"静坐"。
7	卷四"收香珠法":凡香环佩带念珠之属,过夏后须用木贼草擦去汗垢,庶不蒸坏。若蒸损者以温汤洗过晒干,其香如初。		《香乘》卷二〇引用此条,注云"温子皮"。

　　《陈氏香谱》卷首"集会诸家香谱目录"列出十一种宋代著作,在沈立《香谱》、洪刍《香谱》等七家香谱专著之外,另有"《局方》②第十卷、《是斋售用录》、《温氏杂记》、《事林广记》"四种书籍③。上述七条内容当出于温革所撰《温氏杂记》,分别记载了香品辨伪、蒸花存香、焚香静坐、香珠收藏等方面的经验和知

---

① 《医方类聚》第九册,第529页。
② 即〔宋〕《太平惠民和剂局方》。
③ 据《新纂香谱》(即《陈氏香谱》)二卷残本,《适园丛书》本。

识。由于其中 3 条见于宁大本《分门琐碎录》,1 条见于《永乐大典》所引"温革《锁碎录》",所称"温子皮"与陈晔自序所称温革之字相同,且这 7 条内容亦与周煇所称温氏之书"悉论物理"的特点相符,故《温氏杂记》很可能是温革《琐碎录》或是此书的部分内容。《陈氏香谱》另有七条征引"《琐碎录》",①陈敬或为区别于温、陈二人所撰《琐碎录》,而将温氏之书称作"《温氏杂记》"。

《陈氏香谱》所引温书材料有 3 条见于宁大本,可证温革所撰内容确实收录于《分门琐碎录》二十卷。二者文字上存在一些差异,详见列表。其中虽然有些是陈敬引录时加以改动或是各书流传中产生讹脱增窜所致,但也大致可见温、陈所撰《琐碎录》二十卷收录温革之书时并非原文照录,而是有所删削、改写。如第 2 条卷一"安息香":"辨真安息香,每烧之,以厚纸覆其上,香透者是,否则伪也",宁大本作"安息香,烧,以厚纸覆其上,烟透者真",条目行文更为简要。这 3 条材料,宁大本与《医方类聚》所引《琐碎录》大致相同,仅有个别异文。第 1 条《陈氏香谱》卷一"乳香"所载"伪乳香以白胶香搅糟为之",说明以白胶香伪造乳香之术,其中"伪"字,宁大本与《医方类聚》皆误作"好",于义全然不通,这也显示出二者所据之本存在同源关系。

(三)关于《永乐大典》残卷中的"温革《琐碎录》"

今存《永乐大典》残卷中,引录"温革《琐碎录》"60 余条②。内容涉及贮藏、种艺、煎油、洗油、饮食、医药等方面的居家日用类知识,亦有关于字词考释、典故旧事、风俗谚语、书画品评的条目。据笔者统计,其中有 20 余条的内容全部或部分见于明抄残本以及《养生类纂》、《医说》、《医方类聚》等书所引《琐碎录》。如卷九一四"凡被伤致死疮有血者,是生被伤;若死后中刀者则③无血也",卷八二六九"监当官六字铭:谨出纳,严盖藏",皆见于国图本卷一"莅官·箴戒";卷一〇一一二"柑、橘、枨等,于枳壳上接者,易活",见于国图本卷二、上图本"种艺·接果木法";卷一九七八三"三伏内造曲,不折不蛀;合酱,不酸不折。/初伏造曲,十倍④;中伏、末伏,减二分力",见于国图本卷二、上图本"饮食·曲蘖"。卷二九四九"浮漆不沾者,服之令人通神",卷二〇三一〇"若要

---

① 《陈氏香谱》有 6 条明确征引《琐碎录》,另有卷一"笃耨"条出处注"碎录",《香乘》引录作"琐碎录"。

② 栾贵明编著:《永乐大典索引》(北京:作家出版社,1997 年)据中华书局正续线装影印本 797 卷编制而成,于"温革《琐碎录》"目下列出 60 条;笔者又从新见《永乐大典》辑得 2 条(分别见于卷八五六九、卷一〇一一二)。胡道静《稀见古农书录》介绍《分门琐碎录》,注文称"残存《永乐大典》,现在影印了七百三十卷。我检读一过,其中引用《温革琐碎录》(有的地方"琐"字误写作"锁"字)的计六十四条"。所计数量不同,或因条目析分有异。

③ "者则",国图本作"则刺"。

④ "十倍"后,国图本、上图本有"力"字。

安,三里莫要①干。患风疾人宜灸。三里者,五脏六腑之沟渠也,常欲宣通,即无风疾",分别见于宁大本"摄养"门下的"服食"与"握固法"。

从这60余条的内容来看,很难判明究竟是出于温革一人还是温、陈二人所撰之《琐碎录》。《文渊阁书目》在藏贮类书的"盈字号第六厨书目"下著录"《琐碎录》一部六册阙",之后《秘阁书目》亦著录"《锁碎录》六",《永乐大典》抄录所据《琐碎录》,很可能就是这两部官修书目著录之本。从其列为类书以及六册数量来看,很可能是温、陈二人所撰《琐碎录》二十卷。而《永乐大典》抄录时,于其书作者仅题温革一人。其中有两条涉及通州、泰州间的贮藏、洗涤之法:卷二二五九"通、泰间大瓠,至冬干硬,制成合子,可贮毛衣,红紫段子,经久不蛀,色亦不退。盖其气味苦,而外坚实也";卷五八四〇"盐花止可洗布衣,不可洗绢衣。洗净,再须用汤泡过方可,不然则易烂。通、泰人多用之"。这些条目或即陈晔通判通州时记录的见闻。

今存《永乐大典》残卷中,卷一一四一三引录"刘孟容《琐碎录》":"眼臀膜久年不散,每日三次以舌舐其膜,渐下,缘人真气使然。"此条内容见于《医方类聚》卷六七所引《琐碎录·眼目》②。宋王贶《全生指迷方》③卷四"大藿香散"下曰"刘孟容《琐碎录》名藿香汤";卷三"兔丝子丸"下曰"《琐碎录》云:用酒浸晒于日中,三两日一换酒,用时洗去酒,浓煎汤饮",见于《医方类聚》卷一二五所引《琐碎录·消渴》④。王贶为两宋之际人,以医得幸,宣和中为朝请大夫。著《济世全生指迷方》三卷,南宋初吴敏撰序。原书已佚,四库馆臣据《永乐大典》辑为四卷。若辑本内容无误,则绍兴二年(1132)吴敏去世前,刘孟容《琐碎录》已经成书流传。至于卷三所引《琐碎录》未标作者,可能出于刘孟容,但也不能完全排除温革的可能性。刘孟容见诸文献,为刘攽玄孙,淳熙八年(1181)进士,绍熙五年(1194)为秘书省正字,次年与添差差遣⑤。撰有《修校韵略》⑥。从其生平来看,绍兴二年之前不可能有所著述。故此部《琐碎录》的作者刘孟容另有其人。"刘孟容《琐碎录》"仅见于上述两处记载,今已无从深考其与本文所论《琐碎录》的关系。

---

① "要",宁大本作"教",《医方类聚》卷二〇五(第九册,第547页)引《琐碎录·握固法》作"要"。
② 《医方类聚》第四册,第100页。
③ 〔宋〕王贶《全生指迷方》,四库本。
④ 《医方类聚》第六册,第351页。
⑤ 〔宋〕《南宋馆阁续录》卷九,《南宋馆阁录·续录》,第345页。
⑥ 《直斋书录解题》卷三,第94页。

二、陈晔所撰《续琐碎录》

陈晔字日华，福州侯官（今福建闽侯）人。孝宗淳熙五年（1178）从敕局删定官出知淳安县①，八年任满。九年监登闻检院②。曾通判临江军、③通州。光宗绍熙二年（1191）知连州④。宁宗庆元二年（1196）知汀州，四年除广东提刑⑤。嘉泰二年（1202）以司农少卿为四川总领⑥。开禧二年（1206），追三官，送沅州安置⑦。陈晔有家学，擅诗文，通世务，所至多有善政。著作颇丰，除《续琐碎录》之外，另编撰有《通州鬻海录》⑧《夷坚志类编》⑨《陈氏经验方》⑩（又名《陈氏家藏经验方》，以下简称《经验方》）等，惜皆亡佚。

（一）《续琐碎录》始撰时间

陈晔自序称，他在通判通州时，得到温革《琐碎录》并开始续撰。通州任上，他还撰有《通州鬻海录》，记载当地制盐之事⑪。然其任官时间不见文献明确记载。曾丰《题通州通判陈日华二友斋》⑫称"吾初丞小邑，誓与松竹为胶漆。今公丞大藩，誓与松竹为金兰"，淳熙七年曾丰初为赣县丞⑬；袁说友有《题陈日华二友堂》⑭、《日华书自通州来言其同僚多唱酬》⑮，前一首诗称"前岁⑯读书山水县，今年二友来通川"，"读书山水县"谓陈晔知淳安县时公事之余在松竹林

---

① 〔宋〕陈晔《县学祭器记》，见于〔明〕姚鸣鸾修、余坤等纂：《嘉靖淳安县志》卷一三，明嘉靖刻本。卷九所记"淳熙六年到任"，有误。
② 〔宋〕潜说友《咸淳临安志》卷八，《宋元方志丛刊》本，北京：中华书局，1990年。
③ 〔明〕林庭㭿修、周广纂：《嘉靖江西通志》卷二三，明嘉靖刻本。
④ 据〔清〕陆耀遹《金石续编》卷一八，连州燕喜亭有绍熙二年五月知军州事长乐陈晔日华父题名，清同治十三年双白燕堂刻本。
⑤ 《永乐大典》卷七八九三引《临汀志》。
⑥ 〔宋〕李心传《建炎以来朝野杂记》甲集卷一六"钱引兑监界"，北京：中华书局点校本，2000年，第366页；〔明〕刘大谟等修、王元正等纂：《嘉靖四川总志》卷一二"眉州·宫室书楼·景苏楼"，明嘉靖刻本。
⑦ 《宋会要辑稿》职官七四之二一，北京：中华书局影印本，1957年。
⑧ 《宋史》卷二〇三，北京：中华书局点校本，1985年，第5104页。
⑨ 《直斋书录解题》卷一一，第337页。
⑩ 〔宋〕赵希弁《读书附志》卷上，〔宋〕晁公武撰，孙猛校证：《郡斋读书志校证》，上海：上海古籍出版社，1990年，下册第1159页。
⑪ 〔元〕陈椿《熬波图》序，四库本。
⑫ 〔宋〕曾丰《缘督集》卷三，四库本。
⑬ 《缘督集》卷一八《赣县丞厅记》。
⑭ 〔宋〕袁说友《东塘集》卷二，四库本。
⑮ 《东塘集》卷五。
⑯ 四库本《东塘集》为《永乐大典》辑本，核诸《永乐大典》卷七二三八，"岁"作"生"。

中读书之事,之前袁氏所作《陈日华删定读书林》称"雄编已汗南山竹,对坐松篁夸鼎足。犹嫌官事作痴儿,故向书林巧征逐"。① 故陈晔通判通州,当在淳熙九年(1182)监登闻检院之后、②绍熙二年(1191)知连州之前。可知《续琐碎录》始撰时间,是在淳熙后期至绍熙初年间。

(二)《续琐碎录》成书时间

由于都氏、叶氏所引陈晔自序皆未提及撰序时间,故无法得知《续琐碎录》成书的确切时间,但从今存《琐碎录》中陈氏所撰内容中可略作考证。《琐碎录》记载"又方:白芨为细末……"下有注文:"鄂渚赵都统夫人用之有效。"③陈氏《经验方》中有若干医方得自鄂渚任职期间,其中明确提及"鄂州统帅赵清老口传"④、"武昌都帅赵清老云"⑤、"武昌赵都统"⑥,故此条无疑出于陈氏自撰。赵淳,字清老,绍熙三年为都统制"制兵戎鄂",⑦开禧二至三年抗击金兵、力守襄阳⑧,三年九月为江淮制置使⑨。而陈晔在鄂州的任职与任期并无明文记载。《经验方》称"予在临汀,妻党方守夷吾以其编类《集要方》见示,遂刊于郡斋。后鄂渚得九江守王南强书云:老人久苦此淋疾,百药不效,偶见临汀禁要方中用牛膝者,服之而愈,乃致谢云……"⑩庆元三年陈氏在汀州曾刊刻方导《集要方》,后在鄂渚得九江太守王南强致谢书信。王容字南强,长沙(今属湖南)人,孝宗淳熙十四年状元,绍熙五年除著作郎,庆元元年六月为江西提举。⑪据其所撰《兴学记》,庆元二年七月建昌县学始建时,"余适有庐山之役,假道于其县,数君子请为记",故三年六月县学建成后撰此记。⑫可知庆元二年七月王容赴知九江府。嘉泰二年为起居郎。⑬而陈晔庆元二年知汀州,四年为广东提

---

① 《东塘集》卷二。
② 陈晔何时离任不见记载。李之亮《宋代京朝官通考》(成都:巴蜀书社,2003年,第二册,第665页)记载淳熙十年、十一年陈晔在任,不知何据。
③ 《医方类聚》卷七九,第四册,第471页"鼻门"。
④ 〔宋〕刘信甫《活人事证方》卷一四,《珍版海外回归中医古籍丛书》第一册,北京:人民卫生出版社影印本,2008年,第377页。
⑤ 〔宋〕《活人事证方后集》卷一,《珍版海外回归中医古籍丛书》第一册,第572页。
⑥ 《活人事证方后集》卷九,第709页。
⑦ 〔明〕薛纲纂修、吴廷举续修:《嘉靖湖广图经志书》卷一〇《隍城义冢记》,明嘉靖刻本。
⑧ 〔宋〕赵万年《襄阳守城录》,《丛书集成初编》本。
⑨ 〔宋〕佚名《两朝纲目备要》卷一〇,四库本。
⑩ 〔明〕朱橚等:《普济方》卷二一四"地髓汤",四库本。
⑪ 〔宋〕《南宋馆阁续录》卷八,第281页。
⑫ 〔明〕陈霖纂修:《正德南康府志》卷八,明正德刻本。
⑬ 《两朝纲目备要》卷七。

刑,五年尚在任上①。据此推测,陈晔在鄂渚任职时间应在庆元六年(1200)到嘉泰二年(1202)之间。《续琐碎录》则是在此之后撰成。南宋孙奕《履斋示儿编》成书于宁宗开禧元年(1205)②,其卷一五和卷二二分别引录"《琐碎录》"③和"陈晔《琐碎录》"④。可见开禧元年陈晔所撰内容已经成书流传。

综上所考,陈晔的《续琐碎录》,始撰于淳熙后期至绍熙初年间,成书于庆元末嘉泰初之后,编撰时间长达十年以上,开禧元年已有流传。陈氏在序中称得到温氏《琐碎录》后"每有闻见,效而笔之",其续作的内容和范围,较之温氏之书"四百余条"大为增广,篇幅几近温书十倍之多。陈氏自序称"名曰《续琐碎录》",可知与温革《琐碎录》别为一书。其卷数与体例不明。从其篇幅来看很可能已经分类编排,但未必与之后编刻的宋、元本《琐碎录》二十卷的门类细目相同。

三、《琐碎录》二十卷、《琐碎后录》二十卷

《直斋书录解题》著录"《琐碎录》二十卷、《后录》二十卷。温革撰,陈晔增广之。《后录》者,书坊增益也"。陈振孙固然指出此书为温革、陈晔先后所撰,但所称"陈晔增广之"不尽准确,此书并非是陈晔有意增广温书之作。从陈晔自序中可知,温革撰《琐碎录》,陈晔效而撰成《续琐碎录》,二人各自为书明矣。因元刻本《分门琐碎录》附有陈晔为《续琐碎录》所撰序文,故都穆和叶德辉皆误以为该书乃陈晔一人所撰之书,都氏谓其书为"陈晔日华撰"、"陈氏本"并称其书名"与序矛盾";叶氏以为"温与陈各自为书,陈(振孙)云陈增广温书者非也",显然陈序并未涉及增广温书、加以编刻之事。将温、陈二书合编为《琐碎录》二十卷加以刊行,很可能是出于书贾所为。据叶昌炽《元刊〈分门琐碎录〉跋残本六卷》,元刻本卷首牌记云"是编削去重复,与元本不同",可知温、陈二书中有若干相同内容,宋本编刻时并未细加检核,因此存在一些重复。存世的明抄本中,有个别条目的文字相近或是文字虽异而其义相同。如国图本卷一"治家"门下,"家法"第28条"养子教小时,娶妇教新妇。俗语有'养子看小时,娶妇看新来'者,非也"的正文,与"教子"第4条"养子教小时,娶妇教新妇",唯末字有异;又如国图本卷二、上图本"种艺·果·种果木法"首条"凡种果,宜望前种,

---

① 〔明〕郭棐纂修《万历广东通志》卷二七"桥渡·西河浮桥"下记载"庆元五年提刑陈删定重创",明万历三十年刻本。
② 〔宋〕孙奕《履斋示儿编》,自序题署"开禧元祀九月上浣庐陵孙奕书",北京:中华书局点校本,2014年,卷首第19页。
③ 同上书,第257页。
④ 同上书,第398—399页。

若望后则少实",与第 6 条"种果木,月半前则多子,月半后则少子"文字虽异而其义乃同。但亦不足以据此断言今传抄本究竟源出宋本或是元本。

开禧元年(1205)成书的《履斋示儿编》引用的《琐碎录》,盖即《直斋》著录之本。由此可知,陈晔撰成《续琐碎录》后不久,就与温革之书汇为一编,以《琐碎录》之名刊行于世。至于孙氏引称"陈晔《琐碎录》",或因书中有陈晔自序,或因陈晔所撰篇幅占了十分之九以上的缘故。嘉定十五年(1222)周守忠先后纂成的《养生月览》《养生类纂》中,更有大量材料标明出处为"《琐碎录》"。目前所见宋代文献标引此书皆作"《琐碎录》",不知宋本原书名是否冠有"分门"二字,从其卷数和篇幅来看也很可能是分类编排,但未必与元刊《分门琐碎录》的门类细目相同。

至于《琐碎后录》为书坊增益之作,并不为世人所重,南宋时期仅有《岁时广记》与《海棠谱》明确征引。《岁时广记》成书于理宗宝庆(1225-1227)、绍定年间(1228-1233),可知此前《琐碎后录》已编刻传世。《岁时广记》引录《琐碎录》中的岁时风俗材料共计 28 条,引录《琐碎后录》仅有 1 条:"端午日,以麻线一条围床周匝,以蝙蝠血涂床四向,可绝蚊蚋。"①值得注意的是,此段文字又见于《医方类聚》卷一六六《琐碎录·禳辟》,②"涂"后有"遍系"二字,"可"作"即"。据此推测,元人刊刻《分门琐碎录》时或将《后录》中的一些内容增窜其中。《海棠谱》卷首有理宗开庆元年(1259)陈思自序,③卷中引录《琐碎录》3 条:"海棠花欲鲜而盛,于冬至日早以糟水浇根下";"李赞皇:《花木记》以海为名者,悉从海外来,如海棠之类是也";"海棠候花谢结子,剪去,来年花盛而无叶"。皆见于国图本卷二及上图本"种艺·花"。引录《琐碎后录》2 条:"真宗御制后苑杂花十题,以海棠为首,近臣唱和";"唐相贾耽著《百花谱》,以海棠为花中神仙"。则皆未见于明抄残本。

四、元刊《分门琐碎录》二十卷

王利器所藏明抄残本,录有明人邢参和都穆的跋文。都穆跋见于上文,邢参跋曰:

> 余尝见《文献通考·书目》云:陈晔著《琐碎录》二十卷。家藏者寔环溪麻沙堂刻本也,乃阙二十卷后尾,访遍藏书家,往往皆然。俟同吾志,他日得缮本补之,并较正其讹,传于好事者,亦一幸也。岁甲子(1504)五月

---

① 〔宋〕陈元靓《岁时广记》卷二三,清《十万卷楼丛书》本。
② 《医方类聚》第八册,第 46 页。
③ 〔宋〕陈思《海棠谱》,宋《百川学海》本。

邢参丽文书。①

邢、都二跋分别撰于弘治十七年（1504）与正德元年（1506），邢氏称"家藏者寔环溪麻沙堂刻本"，都氏谓"元至大间环溪书院刻陈氏本"，"予家四册，环溪刻也"，可见二人所藏为元代至大间（1308—1311）环溪书院刻本。南宋后期和元代，建安环溪书院刊有宋杨士瀛《仁斋直指方论》《小儿方论》《伤寒类书活人总括》七卷以及宋唐慎微《经史证类大观本草》等多种医书。

根据邢、都二跋以及叶德辉对元刻残本的著录，元刊《分门琐碎录》二十卷，分三十门，每门细分类目，记载、辑录前贤训诫和居家日用事宜。已知有治己、治家、莅官、农桑、种艺、牧养、饮食、起居、服饰、摄养、医药、诸疾、藏贮、旅寓和阴阳共十五门②。有陈晔自序。邢参称此本"阙二十卷后尾，访遍藏书家，往往皆然"，可见明人所藏元刊诸印本往往阙二十卷后尾，已非全帙。且元刊存在讹误，故邢参称"俟同吾志，他日得缮本补之，并较正其讹，传于好事者，亦一幸也"。王氏藏本为"最末一册，起卷之十七，至卷之十九"，正是源出这一元刻印本。而邢参、都穆、叶德辉与王利器皆误以为元刊本为陈晔一人所撰。

光绪二十三年（丁酉，1897）五月廿九③，叶昌炽为姚氏所得元刊残本《分门琐碎录》作跋：

> 此书陈直斋著录，居家必用之类也。同宗焕彬吏部据陈日华自序，谓与温革所撰别为一书，良是。然卷首木图记云"是编削去重复，与元本不同"，则并非陈氏之旧矣。东涧翁有此书，绛云一炬，种子断绝。此本来自海舶，虽断珪残璧，弥可宝贵，宜子梁观察奉为枕秘也。④

从其卷首牌记所云"是编削去重复，与元本不同"，可知元人据宋刻本刊刻时，删去重复，从而与宋本原貌有所不同。而从上文所述《岁时广记》所引《琐碎后录》的条目见于《医方类聚》所引《琐碎录》这一例子来看，元刻本中可能还增加了《后录》的一些内容。

叶德辉著录元刊残本，谓"书中如田元钧治成都，蜀人号曰'照天蜡烛'；刘随为成都通判，严明通达，人谓之'水晶灯笼'；薛简肃公尹京以严，人谓之'薛出油'；姜枢密遵、鲁肃简公宗道，俱严明，时人号为'姜撅子'，鲁为'鱼头公'等语，颇足以资谈柄"。所举四事，分别见于国图本卷一"莅官·规训"的第8、9、10和11条。

---

① 王利器《陈晔〈琐碎录〉跋尾》。
② 据国图本和上图本，"种艺"与"牧养"之间有"禽兽""虫鱼"二门，叶氏或有漏录。
③ 〔清〕叶昌炽《缘督庐日记抄》卷七，民国上海蟫隐庐石印本。
④ 〔清〕叶昌炽《元刊〈分门琐碎录〉跋残本六卷》。

五、馀论

  以上对《琐碎录》的成书情况进行了大致梳理和考证。南宋绍兴中期温革撰有《琐碎录》，共计四百余条，悉论物理。淳熙后期至绍熙初年间，陈晔通判通州时得到温革之书，效而续撰。经过十余年时间，在庆元末嘉泰初之后成书，内容几近温革之书的十倍，书名曰《续琐碎录》，陈晔撰有自序。开禧、嘉定年间，温、陈二书合编而成的《琐碎录》二十卷，已刊刻流传。元至大间，建安环溪书院根据宋本刊刻《分门琐碎录》二十卷，卷首有书坊木图记，附陈晔《续琐碎录》序。元刊本删去宋本中的重复内容，或又增入《琐碎后录》的一些条目，故与宋本内容有所不同。

  除了内容上的不同，宋本和元本很可能在书名、编排体例和性质上也存在差异。《直斋书录解题》中《琐碎录》著录于子部的"小说家类"而非"类书类"，可见陈振孙将此书视作是叙述杂事、记录异闻、缀辑琐语的笔记，而非分门别类、以供检索的类书。明代宗室朱睦㮮藏书极富，其《万卷堂书目》的小说家类和类书类中分别著录"《琐碎录》二十卷"和"《分门琐碎录》二十卷"，胡道静认为是"将一部书互见在两个门类中"。① 而检诸朱氏的另一部藏书目《聚乐堂艺文目录》，这两种书分别为六册和四册，显然是不同的著作，而非同一部书的互见。且朱氏书目一般照录书名原题而不作省称，如《增修声律万卷菁华》《新编群书纂数》等皆录全名。根据朱氏书目的著录情况推测，小说家类中的《琐碎录》和类书类中的《分门琐碎录》，很可能分别源出于宋本和元本，其书名、体例、性质或都有所不同。宋本书名或即为《琐碎录》而无"分门"二字，虽然可能已经分类编排，但门类划分方式未必与元本相同，其性质仍然是说部笔记；而元代书坊所刊《分门琐碎录》，很可能是对宋本内容进行分门别类重新编排并有所增删，从而将其改造成百姓居家必备的日用类书。如果这个推测成立，则王氏藏本之外的其余三种明抄残本亦皆出于元本。《琐碎录》一书，从温革、陈晔这两位福建博学的士大夫先后编撰的说部笔记，到书坊改编刊行的民间日用类书，其成书情况也正显示出从南宋初中期到南宋后期及元代民间日用类书逐渐形成、发展的重要形态和进程。

  学界一般认为民间日用类书的编纂始于南宋后期陈元靓的《事林广记》。宋本《琐碎录》的体例和性质虽然目前尚难以确考，但从其内容来看对于陈元靓所编类书具有直接的影响。上文已述及陈元靓在其所编《岁时广记》中对《琐碎录》和《琐碎后录》加以标引。据《岁时广记》卷首朱鉴序，此前陈氏"尝编

---

① 胡道静《稀见古农书录》。

《博闻》三录，盛行于世"。今《博闻录》原书已佚，从《岁时广记》所引9条、元至元十年(1273)成书的《农桑辑要》①所引21条佚文材料来看，有不少与明抄残本及宋人所引《琐碎录》相同、相似的内容而未标出处。近年有学者认为《博闻录》实为《事林广记》之前身，元代多家书坊改换书名并对其内容进行不同的增删改易后刊行于世②。今存世三种元刻本《事林广记》③与和刻本④中，有一些与《琐碎录》相同、相似的内容亦未标出处。以和刻本庚集卷三"农桑门"为例，其中"种桑柘法"、"种果实法"、"种蔬菜法"、"种九谷法"、"种植上时"、"种治竹法"、"栽插木法"和"栽种花法"的80条内容，绝大多数与《分门琐碎录》卷二"农桑"门下的"谷麦"、"麻豆"、"桑柘"类以及"种艺"门下"竹"、"木"、"花"、"果"、"菜"诸类中的部分条目内容相同或相似，但仅在其中一条前标明"《锁碎录》云"。⑤较之《琐碎录》中的内容，《事林广记》有所选择、调整和合并，部分条目则有所删略改写。可见，《琐碎录》是陈元靓的《博闻录》及元刊《事林广记》的材料来源之一。关于《琐碎录》与《事林广记》以及其他宋元日用类书之间的关系，笔者将另撰文探讨。

宋元时期所刊温革、陈晔《琐碎录》二十卷原书虽已亡佚，今人尚能通过传世的四种明抄残本以及其他典籍或明或暗引录的佚文材料获见其中部分内容。书中所辑录、记载的宋代以及宋代之前的日常生活、生产方面的内容，在中国农学史、医学史、生活史、文化史等方面极具研究价值，对于相关资料的源流梳理和校辑研究也有很高的文献价值。而《琐碎录》在中国民间日用类书史上的重要意义和影响，亦值得学界进一步关注和探讨。

附记：本文在修改过程中，承蒙北京大学中文系李更老师提供重要意见，特致谢忱。

---

① 〔元〕大司农司编，缪启愉校释：《元刻〈农桑辑要〉校释》，北京：农业出版社，1988年。
② 参见[日]宫纪子撰，乔晓飞译：《新发现的两种〈事林广记〉》，《版本目录学研究》第一辑，第180页；王珂《宋元日用类书〈事林广记〉研究》，上海师范大学博士论文，第26—33页。
③ 元至顺年间(1330—1332)刊刻的西园精舍本与椿庄书院本，以及元后至元六年(1340)郑氏积诚堂本。《新发现的两种〈事林广记〉》所考述的对马宗家本，亦为元刊本，今藏于日本长崎县立对马历史民俗资料馆，笔者无缘见到。
④ 日本元禄十二年(1699)本，据元泰定二年(1325)本翻刻，被认为较多地保留了《事林广记》早期刊本的面貌。
⑤ 〔宋〕陈元靓《事林广记》庚集卷三"农桑门·种治竹法"："《锁碎录》云：笙竹根多穿害阶砌，惟聚皂荚刺埋土中障之，根即不过。又云：以油麻梗缚成小把埋地中，根亦不过。""锁"当作"琐"。《和刻本类书籍成》第一辑第一册，上海：上海古籍出版社影印本，1990年，第347页。西园精舍本前集卷十三、郑氏积诚堂本(中华书局影印本，1999年)甲集卷下"竹木类·种治竹法"与和刻内容基本相同，间有异文，此条作"《琐碎录》云：竹根多害阶砌，惟聚皂角刺埋土中障之，即不过。又云：油麻梗缚成小把埋地中，亦好。"

中古时期佛教抄纂类文献考述

王飞朋[*]

【内容提要】 南北朝时期，中土抄撮、抄纂之风异常兴盛，这一风气也影响到了西来佛经的流传方式。由于佛教典籍卷帙浩瀚，种类繁多，佛教抄纂之风甚至胜过中土史抄。抄纂是佛经缩略本、别生经、佛教类书、主题资料汇编、佛经杂抄等文献产生的重要手段，甚至被用来宣传三阶教的宗派主张。佛教抄纂类文献是中古时期佛教文献的重要组成部分。中古时期佛经抄纂类文献的大量出现，受到了中土文化注重实用和分类思想的影响，体现了佛教文献的中土化。

【关键词】 抄经 抄纂 佛教类书 佛教文献

近代著名文献学家张舜徽先生将古典文献的产生分为"著作""编述"和"抄纂"三种方式。其中，"抄纂"是指"将过去繁多复杂的材料，加以排比撮录，分门别类地用一种新的体式出现"。[①] 可见，抄纂是古代新文献产生的一种重要方式。抄纂除了在传统的经史子集文献中被大量应用外，在佛教文献中也有着广泛的用途。中古时期因抄纂而形成的佛经文献数量十分庞大。抄纂是佛经缩略本、佛教别生经、佛教类书、主题资料汇编等文献产生的重要手段，甚至被信徒用来宣传三阶教的宗派主张。中古时期因抄纂而形成的佛经文献数量十分庞大。任继愈先生指出，表达中国佛教思想及其中国化程度的形式，除了佛教经论的注疏外，另一种形式便是"对汉译佛典的抄撮和抄撰"。[②] 可见，抄纂是考察中土佛教文献孳乳演变以及佛经文献中土化的重要视角。

现代佛学研究者很早关注到了佛教抄纂类文献。汤用彤先生在《汉魏两晋南北朝佛教史》中把这类著作分为"单经之钞录"及"群经之纂集"两类，[③]并简略举例说明。陈士强先生在《佛典精解》一书中把这类文献称为"经论纂要"，下分"单一性钞集"和"综合性钞集"两类，[④]其分类与汤先生相似。日本学

---

[*] 本文作者为四川大学图书馆馆员。
[①] 张舜徽《中国文献学》，上海：上海古籍出版社，2005年，第27页。
[②] 任继愈《中国佛教史》，南京：凤凰出版社，2008年，第217页。
[③] 汤用彤《汉魏两晋南北朝佛教史》，北京：中华书局，2016年，第410—411页。
[④] 陈士强《佛典精解》，上海：上海古籍出版社，1992年，第733—736页。

者土桥秀高在《戒律の研究》一书中专门对敦煌律典"略抄"进行了校录,并对其文献来源进行了探析。① 此外,还有一些学者从佛教俗讲或唱导的角度考察了敦煌文献中的一些抄略佛经现象。② 但总体来说,这些研究偏重于总体概括或个案分析,没有把二者结合起来,对佛教抄纂类文献做出深入考察,不足以反映佛教抄纂类文献的全貌。③ 笔者曾撰文分析了印度佛教的抄经及中土早期佛经翻译中的抄译现象。④ 本文试图在前人分类和研究的基础上,结合敦煌文献,全面考察中古时期佛教抄纂类文献的具体形式,以期引起研究者对佛教抄纂类文献的重视。

一、摘抄单部佛经

僧祐在《出三藏记集》卷五《新集抄经录》中说:"抄经者,盖撮举义要也。"⑤ 僧祐对这种特殊的抄经现象下了定义——"撮举义要",也就是说抄者根据自己的理解,选择较为重要的经文抄撮在一篇或一部之中。虽然僧祐在《出三藏记集》中对抄经持批判态度,其自述罗列"抄经"的目的是"庶诫来叶,无效尤焉",但客观上为我们认识当时的抄经情况保存了珍贵的资料。

僧祐在《新集抄经录》中首先列举的是萧子良抄经。竟陵王萧子良倾心佛教,曾摘抄多部佛经。僧祐《新集抄经录》中记载萧子良所抄佛经主要有《抄华严经》《抄方等大集经》《抄菩萨地经》等三十七部抄经,并总结出萧子良所抄佛经的特点是:"抄"字在经题之上。后有不知撰人的《抄为法舍身经》六卷,因"抄"字在经名之上,僧祐便认为"似是文宣王所抄"。⑥ 此外,僧祐列举了当时已经亡佚的六种旧抄:《净度三昧抄》一卷、《律经杂抄》一卷、《本起抄经》一卷、《睒抄经》一卷、《五百梵律经抄》一卷、《大海深崄抄经》一卷,且提到了当时比较著名的两部抄经:《般若经问论集》二十卷及《抄成实论》九卷。下面重点论

---

① [日]土桥秀高《戒律の研究》,京都:永田文昌堂,1980年,第669—716页。
② 何剑平先生注意到了《出三藏记集》中所记载的佛经摘抄类文献与佛教唱导的关系,见氏著《南北朝佛教唱导的底本》,《西南民族大学学报》(人文社会科学版),2013年,第9期,第67—69页。荒见泰史关注到了敦煌写本中的故事略要本,认为其为变文或唱导文的底本,见氏著《敦煌变文写本的研究》,北京:中华书局,2010年,第62—102页。
③ 日本学者船山彻《从六朝佛典の汉译と编辑に见中国化の问题》(京都大学人文科学研究所编:《东方学报》,2007年,第80册,第1—18页)一文关注到了佛经在汉译过程中的加工与编纂问题。
④ 王飞朋《印度佛教的抄经及佛经翻译中的抄译现象》,《四川图书馆学报》,2016年第3期。
⑤ 〔梁〕僧祐著,苏晋仁、萧炼子点校:《出三藏记集》,中华书局,1995年,第217—218页。
⑥ 此外,《历代三宝纪》卷一一还记载萧子良的另外六部抄经:《抄成实论》八卷(据《出三藏记集》卷一一所收周颙之《抄成实论序》,《抄成实论》实为九卷,《历代三宝纪》之记载有误)《抄妙法莲华经》五十九卷、《抄阿毗昙毗婆沙》五十九卷、《抄维摩经》二十六卷、《抄菩萨决定要行经》十卷以及《抄胜鬘经》七卷。由于《历代三宝纪》内容来源较为芜杂,此六部抄经是否萧子良所抄存疑。

述这两部著名的经抄。

《般若经论集》，又名《大智度论抄》《大智度论要略》《释论要抄》，二十卷，东晋高僧释慧远所作。关于成书之因，僧祐云："庐山沙门释慧远以《论》文繁积，学者难究，故略要抄出。"①慧远在《大智论抄序》中对自己作此经抄的过程有更详细的说明："童寿以此论深广，难卒精究，因方言易省，故约本以为百卷，计所遗落殆过参倍，而文藻之士犹以为繁，咸累于博，罕既其实。……远于是简繁理秽，以详其中，令质文有体，义无所越。辄依经立本，系以问论，正其位分，使类各有属。谨与同止诸僧，共别撰以为集要，凡二十卷。"②可见，鸠摩罗什在翻译《大智度论》时已经做了删略。僧睿《大智释论序》云："《论》之略本有十万偈，偈有三十二字，并三百二十万言。胡夏既乖，又有烦简之异，三分除二得此百卷。"鸠摩罗什在翻译《大智度论》时已经删去了原来三分之二的内容，只保留了三分之一。但中土学者依然认为《大论》繁难，慧远于是抄出此精简本，便于人们简单明了地掌握《大智度论》要义。

继《大智度论》之后出现的著名佛教抄经文献是《略成实论》。《出三藏记集》卷一一载佚名《略成实论记》云："公（萧子良）每以大乘经渊深，满道之津涯，正法之枢纽，而近世陵废，莫或敦修，弃本逐末，丧功繁论。故即于律座，令柔次等诸论师抄比《成实》，简繁存要，略为九卷，使辞约理举，易以研寻。"③周颙所作之《抄成实论序》对此删略摘抄之举评价甚高，云："今欲内全《成实》之功，外蠲学士之虑，故铨引论才，备详切缓。刊文在约，降为九卷。删赊采要，取效本根，则方等之助无亏，学者之烦半遣。得使功归至典，其道弥传，波若诸经，无坠于地矣。"④此节略本曾风行一时，受到时人的追捧，成为当时信众研习《成实》的首选。

隋唐时期，摘抄佛经的风气依然十分盛行。《宋高僧传》卷一四《唐开业寺爱同传》载："昔南宋朝罽宾三藏觉寿，译成此律，因出《羯磨》一卷。时运迁移，其本零落，寻求不获，学者无依。同遂于大律之内抄出《羯磨》一卷。彼宗学者盛传流布，被事方全。"⑤爱同从刘宋时期佛驮什所译的《五分律》中抄出《羯磨》一卷，得到弘扬《五分律》僧众的高度认可。因此，这种经抄的形式在唐代仍然很受欢迎。敦煌遗书中也有很多这类经抄文献，经律论三藏都有，比如经部有S.0517《正法念处经摘抄》、S.1358背《法华经抄》、BD.06647《大般若经节抄》、BD.06173《涅槃经节抄》、BD.08217《摩诃般若经抄》等；律部有 S.0129《律略

---

① 《出三藏记集》，第 220 页。
② 同上书，第 391 页。
③ 同上书，第 405 页。
④ 同上书，第 406 页。
⑤ 〔宋〕赞宁著，范祥雍点校：《宋高僧传》，北京：中华书局，1987 年，第 345 页。

抄本》、S.1146《小抄一本(依五部律中抄出)》、S.1334《律略抄本》、S.2911《四分律小抄一本》、P.2145《略抄一本》、P.2237《四分律小抄一本》(依五部律中抄出)、P.3171《小抄一本(依五部律中抄出)》等；论部有 S.0735《瑜伽师地论抄》、S.1061《唯识论抄要》、S.6825《大毗婆沙论杂抄一卷》等。这些写卷数量很多,据笔者粗略统计,至少在一百号以上。这种现象表明了"抄经"在唐五代时期敦煌地区相当流行。敦煌遗书中,大乘经部和论部的摘抄文献可能是敦煌僧人讲授或学习佛经的遗物,数量繁多的律部小抄则可能是当时僧人努力学习佛教戒律的见证。而一些佛传、本生、譬喻类佛经的摘抄很可能跟俗讲及壁画的盛行有关。①

别生经也是抄纂单经而形成的一种特殊的文献类型。于大部佛经中抄出部分经文单独流行或别出抄译而成者,称为别生经,又名支派别行经、支流出生经、支派经,是佛经在流传过程中形成的一类特殊文献。因佛教法门浩瀚,典籍纷纶,后人为随宜化诱,应物施缘,多随己意取舍删略,于大部佛经中抄出别行,并加入序分和流通分,形成别生经。关于别生经的目录是隋唐时期佛经目录中的重要组成部分。法经《众经目录》、彦琮《众经目录》、静泰《众经目录》、道宣《开元释教录》、圆照《贞元续开元释教录》,皆列有大小乘经论律之别生部分,称作"支派别行录",说明别生经在唐代中期之前一度非常兴盛。但由于其并非佛经,只是截取佛经经文,模拟佛经形式流通,本身并无太大佛学价值,因此自法经《众经目录》以来,别生经皆不入藏,故后世逐渐湮没无闻。②

此外,佛教应用文也常有抄经而成者。与佛教行法相关的经典中,有许多解说行法仪轨及功德的经文,这些内容常常被"依经略出",成为撰写佛事文体的重要模本。以佛教咒愿文为例,僧祐《出三藏记集·法苑杂缘原始集目录》中记载的咒愿文篇目有:《常行道赞咒愿》(出自《福田经》)、《受食咒愿缘记》(出自《普耀经》)、《受施粥咒愿缘记》(出自《僧祇律》)、《布施咒愿缘》(出自《辩意经》)、《为亡人设福咒愿文》(出自《僧祇律》)等,其属于抄纂性质一目了然。

二、佛教类书

上面考察的是摘抄单部佛经的情况,而如果把摘抄的范围扩大至群经,再按照一定的类别编排,则会导致佛教类书的产生。张舜徽先生就认为:"若能

---

① 如 S.4194《佛本行集经抄》,内容为《佛本行集经》卷二八、卷二九中的"太子成道"及"降魔"故事,S.4464 写卷为摘抄《贤愚经》中妙色王、宝灯王、月光王故事而成,P.2303 卷背有《佛本性集经摘抄》,中题有"降王宫品""树下降生品"等。这些写经很可能都是为了俗讲或绘制壁画而摘抄的。

② 参考王飞朋《别生经:一种特殊的佛经文献——以中古时期佛经目录为中心的考察》,《大学图书馆学报》,2018 年第 4 期。

把抄纂的范围推广，那么一切比较纷杂的文献资料，都可用分类的方法，抄录排比，使成为门类明析，眉目清楚，有体系，有条理的'类书'，所以类书是完全由抄纂而成的。"① 类书是辑录各门类或某一门类的资料，按照一定的方法编排，便于寻检、引证的一种工具书。南北朝时期类书的出现与抄撮之风的兴盛有着密切的关系。《皇览》的编纂就是魏文帝曹丕"使诸儒撰集经传，随类相从"②而成的。《皇览》在当时影响很大，多有仿效之作。据《南史·竟陵文宣王子良传》记载，永明五年（487），萧子良移居鸡笼山西邸，"集学士抄《五经》百家，依《皇览》例为《四部要略》千卷"。③可见萧子良曾召集学士依据《皇览》之例，编纂多达千卷的类书《四部要略》。佛教类书的出现与世俗文献相仿佛，也是在经典增多之后，为了方便学者快捷地掌握故事或大义而编纂的。目前学界关于类书的性质、范围和分类还有争议，但大体将其分为了综合性类书和专科性类书两大类。④ 本节就以这两个分类为依据来考察中古时期的佛教类书。⑤

　　刘宋沙门昙宗所撰的《数林》是目前文献记载的第一部专门性佛教类书。《高僧传》卷七载刘宋京师庄严寺沙门昙宗以"学业才力见重一时"，"著经目及《数林》"。⑥《数林》当是关于佛教名数的汇编，属于小型名数类佛教类书。其后，南齐沙门王宗撰有《佛所制名数经》五卷，此书托名佛经，被僧祐列入疑伪经目录，但实是王宗"抄集众经，依事类编录"⑦而成的，其所抄之内容并不伪。该书当也属于佛教名数类类书。南齐时期编成的《法苑经》则是第一部大型综合性佛教类书。僧祐在《出三藏记集·新集抄经录》中提到了《法苑经》，说"此一经，近世抄集，撮撰群经，以类相从，虽立号'法苑'，终入抄数"。⑧《法苑经》是撮撰群经、以类相从而成的，卷数多达189卷，无疑是大型综合性佛教类书。只是其与《佛所制名数经》相似，在题名后冠以"经"名，致使其类书性质隐没不显。

　　梁代是佛教类书编纂的高峰。梁武帝佞佛，热衷于推广佛教，以宣扬

---

① 张舜徽《中国文献学》，第28页。
② 《三国志》，北京：中华书局，1959年，第88页。
③ 《南史》，北京：中华书局，1975年，第1103页。
④ 此种分类比较笼统，属于一级分类，专科性类书又可以细分为名书目类、义利类、因缘譬喻类等。
⑤ 刘全波《南北朝佛教类书考》（《图书馆理论与实践》，2012年第3期）只论述了《众经要抄》《义林》《经律异相》《法宝联璧》《内典博要》《真言要集》等六种佛教类书的编纂情况，不足以窥见南北朝类书的全貌。
⑥ 〔梁〕慧皎撰，汤用彤点校《高僧传》，北京：中华书局，1992年，第291页。
⑦ 《佛典精解》，第733页。陈士强先生怀疑此"王宗"与前"昙宗"是同一人。
⑧ 《出三藏记集》，第221页。

自己菩萨皇帝的身份,曾下敕编纂多部佛教著作。《续高僧传》卷一《梁扬都庄严寺金陵沙门释宝唱传》载:

> 天监七年,帝以法海浩汗,浅识难寻,敕庄严僧旻于定林上寺缵《众经要抄》八十八卷。又敕开善智藏缵众经理义,号曰《义林》,八十卷。又敕建元僧朗注《大般涅槃经》七十二卷。并唱奉别敕,兼赞其功,纶综终始,缉成部帙。及简文之在春坊,尤耽内教,撰《法宝联璧》二百余卷。别令宝唱缀比区别,其类《遍略》之流。……使夫迷悟之宾见便归信,深助道法,无以加焉。又撰《法集》一百四十卷。并唱独断专虑,缵结成部。上既亲览,流通内外。……缘是又敕撰《经律异相》五十五卷,《饭圣僧法》五卷。①

这里就讲到了梁武帝时期编纂的四部类书:《众经要抄》《义林》《法宝连璧》《经律异相》,这些类书均是抄纂众经而成。其中卷数最少的《义林》也达到了80卷的规模,可见当时佛教类书编撰规模之宏大。而且,当时已经有了专门从事佛教类书抄纂的专职人员。天监末年,梁武帝"以律明万绪,条章富博,欲撮聚简要,以类相从",于是敕释明彻入华林园,"于宝云僧省专功抄纂"②。编纂佛教类书时,明彻专门负责抄纂经书,这也从侧面说明梁武帝时期佛教抄纂之风的兴盛。

这里需要重点论述的是《经律异相》。《经律异相》是现存最早的大型综合性佛教类书。佚名《〈经律异相〉序》云:

> 又以十五年末,敕宝唱钞经律要事,皆使以类相从,令览者易了。又敕新安寺释僧豪、兴皇寺释法生等,相助检读。于是博综经籍,择采秘要,上询神虑,取则成规,凡为五十卷,又目录五卷,分为五秩,名为《经律异相》。将来学者可以不劳而博矣。③

宝唱"钞经律要事,皆使以类相从",很明显《经律异相》具有类书性质。从现存文本来看,《经律异相》广泛采录汉译佛典经、律、论中的佛教故实,分门排纂,按照天、地、佛、菩萨、僧、国王、国王夫人、太子、国王女、长者、优婆塞、优婆夷、外道仙人、梵志、婆罗门、居士、贾客、庶人、鬼神、出生、地狱为序,共分为三十九部,每部下面又分为子类和细部,层层剖分。最细的分类自部算起达到四级,如天部和地部。《经律异相》一书共收录佛教"四圣"(佛、菩萨、缘觉、声

---

① 《续高僧传》,第8页。
② 同上书,第202页。
③ [日]高楠顺次郎等编:《大正新修大藏经》(后简称《大正藏》),台北:财团法人佛陀教育基金会出版部,1990年,《大正藏》第53册,第1页a。

闻)、六凡(天、人、阿修罗、畜生、饿鬼、地狱)和"境"(境界、处所)、"行"(修行)、"果"(果报)方面的故事 765 则,蔚为大观。而且,由于广泛摘抄群经,《经律异相》中保存了古来许多佛教佚书中的内容,如《三乘名教经》《天帝释受戒经》《悉鞞梨天子诣佛说偈经》《过去弹琴人经》、《折伏罗汉经》《善信经》《斫毒树经》《众生未然三界经》等约三十余种,具有重要的文献价值。①

  当时也存在一些个人编纂佛教类书的情况。《续高僧传》卷一《僧伽婆罗传》云:"逮太清中,湘东王记室虞孝敬者,学周内外,撰《内典传(博)要》三十卷,该罗经论,条贯释门,诸有要事,备皆收录,颇同《皇览》《类苑》之流。"② 可见,《内典博要》属于综合性佛教类书性质。而据法经《众经目录》卷六《此方诸德抄集·三藏抄集》,沙门贤明撰有《真言要集》十卷(彦琮《众经目录》云沙门贤明是梁武帝时人)。从名称来看,《真言要集》摘抄当时佛教经论中的真言而成,属于专科性类书。

  与南朝对峙的北朝也有佛教类书编纂之举。据法经《众经目录》卷六《佛灭度后撰集录·此方诸德抄集二》载,后魏世沙门昙显等撰有《众经要集》二十卷,并明确说其为"三藏抄集"。《众经要集》与梁武帝敕令僧旻所纂的《众经要抄》名称相似,"要"是"众经摘要"之义,居士摘要抄录佛经后加以编排而成。在该经录中,列在《众经要集》之前的是《法宝集》(即《法宝连璧》),之后是《内典博要》《真言要集》和《经律异相》,这几种均是佛教类书,因此《众经要集》也属于佛教类书。

  北朝还有个人编纂佛教类书的行为。据《续高僧传》卷三〇《高齐邺下沙门释道纪传》记载,释道纪讲《成实论》三十年,门徒中出现了"解而不行"的情况,违背了其"解行相资"的初衷,于是道纪:

    乃退掩房户,广读经论,为彼士俗而行开化。故其撰集,名为《金藏论》也。一帙七卷,以类相从,寺塔幡灯之由,经像归戒之本,具罗一化,大启福门。《论》成之后,与同行七人出邺郊东七里而顿,周匝七里,士女通集,为讲斯《论》,七日一遍。……所以世传何隐论师造《金藏论》,终唯纪也,故改名云。然其所出,抄略正文,深可依准。③

可见释道纪编纂《金藏论》主要是为了俗讲。《金藏论》一帙七卷,以类相从,明显具有类书性质,其编纂目的是"大启福门",内容主要讲述"寺塔幡灯之由,经像归戒之本",属于讲述"因果福报"的专科性类书。此外,《续高僧传》卷八《齐大统合水寺释法上传》载:"撰《增一数法》四十卷,并略诸经论所有名教,始从

---

  ① 《佛典精解》,第 745—757 页。
  ② 《续高僧传》,第 6 页。
  ③ 同上书,第 1243—1244 页。

一法，十百千万，有若《数林》，实传持之要术也。"①此是摘抄"诸经论所有名教"而成，并按照增一法排列的佛教名数类书，与刘宋昙宗所撰的《数林》类似。北周时期，释昙显编纂有《周众经要》二十二卷及《一百二十法门》一卷。费长房《历代三宝纪》卷一一载：

> 魏丞相王宇文黑泰兴隆释典，崇重大乘，虽摄万机，恒阐三宝。第内每常共百法师寻讨经论，讲摩诃衍，遂命沙门释昙显等依大乘经撰《菩萨藏众经要》及《一百二十法门》，始从佛性，终至融门。而开讲时即恒宣述，永为常则，以代先旧五时教迹。迄今流行山东江南。虽称学海，轨仪揩则，更无是过。②

《菩萨藏众经要》是佛教义理的汇编，属于专门的义理类类书，又名《菩萨藏修道众经抄》。敦煌遗书中还留存有《菩萨藏众经要》及《一百二十法门》写卷（BD06771、BD07808）。《大正藏》卷八五收录了日本大谷大学所藏敦煌本"《菩萨藏修道众经抄》第十二卷"写卷，首残尾全，中间有标题"十波罗蜜法门"，属于《一百二十法门》中第十二"六度法门"及"十波罗蜜法门"。该卷内容主要抄自北本《大涅槃经》《华严经》《大集经》《大品经》《集一切福德经》《佛说净业障经》《宝云经》《相续解脱经》等。③ 敦煌保存的《菩萨藏修道众经抄》写卷为我们了解佛教"众经要抄"类文献提供了一个鲜活例证，也直接说明了"众经要抄"类文献具有类书性质。

隋唐延续了之前的抄纂传统，也编有不少佛教类书。隋灵裕法师编纂有《众经宗要》，与僧旻所纂《众经要抄》、昙显所纂《众经要集》类似，也属于摘抄众经而成的佛教类书。唐代的佛教类书编纂活动更加常见，更侧重于义理类的佛教类书。《续高僧传》卷二九《唐京师会昌寺释空藏传》云："（空藏）弘操岳峙，器局川停，不扰荣利，不怀宠辱，济度群有，不略寸阴。乃钞摘众经大乘要句以为卷轴，纸别五经三经，卷部三十五十，总有十卷。"④虽然文中没有说明其所撰著作之名称，但明确指出"乃钞摘众经大乘要句"而成，当是佛教义理性类书。唐高宗麟德元年（664）五月，京师西明寺玄则编成《禅林妙记集》，"以义相属，凡逮十章，章分上下，成二十卷，经寻一千五百余轴，义列三百六十余条"。⑤《禅林妙记集·后集》十章标题如下：一真性、二假缘、三流染、四即净、五观门、

---

① 《续高僧传》，第263页。
② 《大正藏》第49册，第100页a、b。
③ 圣凯《敦煌文献中的西魏、北周佛教思想——一百二十法门与〈菩萨藏众经要〉》，《世界宗教研究》2009年第2期。
④ 《续高僧传》，第1186页。
⑤ 《大正藏》第52册，第246页a。

六行法、七乘位、八极果、九教力、十化功,可见该书也属于佛教义理性类书。又据《法苑珠林》卷一〇〇《传记篇·杂集部》记载,唐麟德二年,西京弘福寺沙门会隐、西明寺沙门玄则等十人奉敕编书,"于一切经略出精义玄文三十卷,号《禅林要钞》"。① 会隐、玄则所编的《禅林要钞》与《禅林妙记集》前后相差一年,很可能是在《禅林妙记集》的基础上增添而成的。

唐代最著名的佛教类书当属唐道世的《法苑珠林》。《法苑珠林》是在《诸经要集》的基础上增添而成的。《诸经要集》原名《善恶业报录》,是道世于高宗显庆四年(659)参照《经律异相》编成的,开元间智升始更名为《诸经要集》。道世《诸经要集序》云,因"彝章讹替,教迹沦湎,文句浩汗,卒难寻览",故于显庆年中,"读一切经,随情逐要,人堪行者,善恶业报,录出一千,述篇三十,勒成两帙,冀道俗依行,传灯有据"。② 很明显,《诸经要集》是遍抄群经而成的佛教类书。在《诸经要集》基础上形成的《法苑珠林》是我国现存规模最大的佛教类书。其搜罗范围之广,无所不包,囊括大藏经典,旁摭世间坟籍,卷帙繁多而事理淹博,是佛教百科知识的宝库,为研究佛教文化提供了珍贵的资料,并存有众多后世亡佚的佛教典籍,具有重要的文献价值。据不完全统计,《法苑珠林》引用过的典籍约有四百余种,其中佛教典籍有三百多种,非佛教典籍有一百四十种左右。所引佛教典籍中,现已亡佚的约有三十种,其中有十余种是从未见过著录的,如《敬师经》《五道经》《大乘莲花经》《要用最经》等,对考察佛教佚经具有重要的参考价值。与《经律异相》相比,《诸经要集》和《法苑珠林》更重视理论性,且并不全是摘抄,还有一定的说明性文字,体现了编著者对于佛教类书的统摄功能有着更加清晰的认识。

五代后梁贞明元年(915),东塔院归序编的《经论会要》,文献记载中虽然没有明确说明以类编排,但从其"会要"的名称上来看,当具有佛教类书性质。后周显德元年(954),齐州开元寺高僧义楚博采经论,编纂而成著名的佛教类书《释氏六帖》。义楚为了该书的编纂,"罔惮苦辛,屡易寒暄",通读大藏经三遍,目的是"将令学者每讨论一说,则按部窥门,五千卷之典章,无不涉矣"③。与《法苑珠林》相比,《释氏六帖》分类更加细致,"于大教群言之内,取其全文精义,以类相从,凡五十部,四百四十门,为六帖焉"④。《释氏六帖》广采大藏经律论,旁搜儒道诸书,将佛教典章制度、旧例传说、人事掌故分部别门,更多地融合了中土文献和中土意识。

敦煌文献中,除了上面提到的《金藏论》《菩萨藏众经要》《经律异相》《诸经

---

① 《法苑珠林校注》,第 81 页。
② 《大正藏》第 54 册,第 1 页 a。
③ 〔五代〕义楚《释氏六帖》,日本宽文九年饭田氏忠兵卫刻本,第 1 页。
④ 同上。

要集》《法苑珠林》等写卷外，还有一些未见于记载的佛教类书文献。如《众经要揽》（原题《众经要攒并序出众经文略取妙言要义十章合成一卷》）有以下三种写卷：S514、Дx10700＋BD3000＋BD3159、羽635＋羽727，共分为十章：檀章第一、尸罗章第二、羼提章第三、毗梨耶章第四、禅章第五、般若章第六、出家章第七、孝顺章第八、制色章第九、利养过患章第十，每章摘抄相关佛经内容。根据写卷时代及所引用佛经翻译时代判断，该《众经要揽》很可能创作于南北朝时期。① 又如S4679写卷，首尾俱残，残存"咒品二""射品三""书品四""医品五"等分类标题，在这些分类下面还有更细的子目。各分类标题下面杂抄相关佛典中的文句，如"咒品二"中所摘抄的佛经有《孔雀王咒》《七佛咒经》《大灌顶经》《麻油述经》《杂譬喻经》《六度无极经》《大智论》《戒因缘经》《含头谏经》《僧伽罗刹经》《阿育王经》等佛经中与"咒"有关的经文。该写卷具备摘抄众经以及按照一定顺序排列两个特点，因此也属于佛教类书。

三、主题资料汇编

有些佛教文献摘抄的并非单经，但也不是广涉经、律、论三藏，只是根据自己的需要摘抄一些特定的文献。我们把这类因抄纂而形成的文献称为主题资料汇编文献。这种主题资料汇编文献和专门性佛教类书相比，其规模较小，一般不需要再进行分门别类，但主题更加突出，也更具实用性质。

早期僧人为弘教而撰写的某些著作有时就是直接摘抄佛经而成，其性质实属主题资料汇编。比如，僧祐所编纂的《释迦谱》及《世界记》二书，虽署名僧祐，但均是抄集佛经而成。僧祐在《释迦谱序》中说：

> 若夫胤裔托生之源，得道度人之要，泥洹塔像之征，遗法将灭之相，总众经以正本，缀世记以附末，使圣言与俗说分条，古闻共今迹相证。万里虽邈，有若躬践，千载诚隐，无隔面对。今抄集众经，述而不作，庶脱寻访，力半功倍。②

既然是关于释迦的传记，其所抄佛经主要为阿含及佛传类经典无疑。僧祐在《出三藏记集》卷一二《释迦谱目录序》中详细列举了其书各部分所抄之经。以第一卷为例，《释迦始祖劫初刹利相承谱第一》抄《长阿含经》，《释迦始祖劫初姓瞿昙缘谱第二》抄《十二游经》，《释迦六世祖始姓释氏缘谱第三》抄《长阿含

---

① 张小艳《敦煌本〈众经要揽〉研究》，中国吐鲁番学会等编：《敦煌吐鲁番研究（第十五卷）》，上海：上海古籍出版社，2015年，第279—320页。
② 《大正藏》第50册，第1页a。另外僧祐在《出三藏记集》卷一二《释迦谱目录序第四》中所记与此相同。

经》,《释迦降生释种成佛缘谱第四》出《普耀(曜)经》,《释迦在七佛末种姓众数同异谱第五》出《长阿含经》,《释迦同三千佛缘谱第六》抄《药王药上观经》,《释迦内外族姓名谱第七》抄《长阿含经》,《释迦弟子姓释缘谱第八》抄《增一阿含经》,《释迦四部名闻弟子谱第九》抄《增一阿含经》。其他各卷与此类似,兹不胪列。

僧祐所撰关于世界缘起的《世界记》同样也是汇抄众经而成的主题资料汇编。《出三藏记集》卷一二《世界记目录序》云:

> 窃惟方等大典,多说深空,唯《长含》《楼炭》辩章世界,而文博偈广,难卒检究。且名师法匠,职竞玄义,事源委积,未必曲尽。祐以庸固,志在拾遗,故抄集两经,以立根本,兼附杂典,互出同异,撰为五卷,名曰《世界集记》。①

可见,该经是抄《长阿含经》《楼炭经》等而成的"经抄"。其在后面也分别列出了各卷条目及所抄之经,兹不胪列。

此外,当时佛教中的应用文书也多系抄经而成,属于主题资料汇编文献。比如,佛教受戒文中引用佛教经文、律典的情况相当普遍。刘宋僧璩所撰的《十诵羯磨比丘要用》中载《受三归五戒文》《受八戒文》以及《说清净文》等,是从《十诵律》犍度法中的受具足戒法、布萨法、安居法以及尼律单堕法等中抄出羯磨等文而成。唐释澄照所著的《略授三皈五八戒并菩萨戒》中,"五戒法"中引《萨婆多论》《俱舍论》《最无比经》《维摩经》以明三归五戒功德;"八戒法"中引《长爪梵志经》《遗教经》《观无量寿经》《大智度智论》《俱舍论》《婆娑论》等以明功德;"菩萨戒法"中又引《俱舍论》《瑜伽师地论》《优婆塞戒》《梵网经》《菩萨璎珞本业经》等经经文。可见,依经撰制已成为受戒文的一种通行体例。经典的摘抄和运用一方面是戒法本身宗教性的需求,另一方面也彰显了受戒行仪的正统性与权威性。

僧制也是一类特殊的主题资料汇编文献。刘宋庄严寺僧璩曾撰《僧尼要事》两卷,南齐钟山瓦官寺超度撰《律例》七卷,南齐萧子良撰有《僧制》一卷,都属于抄纂而形成的僧制类文献。梁武帝时还有一部《众经法式》十卷,据《历代三宝纪》记载,其编纂的目的是"制约僧尼"。②《续高僧传》卷二二《梁扬都天竺寺释法超传》亦记载了梁武时代编辑《出要律仪》之事:"武帝又以律部繁广,临事难究,听览余隙,遍寻戒检,附世结文,撰为一十四卷,号曰《出要律仪》,以少许之词网罗众部。通下梁境,并依详用。"③可见《出要律仪》也是属于佛教戒律方面的资料汇编。此外,沙门宝唱还撰有《诸经佛名》五卷、《众经饭供圣僧法》

---

① 《出三藏记集》,第464页。
② 《历代三宝纪》卷三,《大正藏》第49册,第48页a。
③ 《续高僧传》,第819页。

五卷、《众经护国鬼神名录》三卷、《众经诸佛名》三卷、《众经拥护国土诸龙王名录》三卷、《众经忏悔灭罪方法》三卷。费长房在《历代三宝纪》卷一一中讲到了梁武帝时期编纂如此多的特殊经抄的原因：

> 帝以国土调适住持，无诸灾障，上资三宝，中赖四天，下借龙王众神佑助，如是种种世间，苍生始获安乐。虽具有文，散在经论，急要究寻，难得备睹，故天监中频年降敕，令庄严寺沙门释宝唱等总撰集录以备要须。或建福禳灾，或礼忏除障，或飨神鬼，或祭龙王，诸所祈求，帝必亲览。指事祠祷，讫多感灵。所以五十年间兆民荷赖缘斯力也。①

这几部抄纂文献的出现均出于佛教仪式和制度的需要，且都是奉敕编纂，体现着国家意志，可见当时摘抄佛经编纂各种僧制规范已经成为国家政治行为。

隋唐时期，此风仍盛。隋开皇十五年，隋文帝下敕"令翻经诸僧撰《众经法式》"，②其目的与梁武帝时相同，均是希望借助佛经规定来"禁约沙门"。据《历代三宝纪》卷一二载，开皇十五年（595），隋文帝"以诸僧尼时有过失，内律佛制不许俗看，遂敕有司依大小乘众经正文诸有禁约沙门语处，悉令录出，并各事别，题本经名，为此十卷，奖导出家"。③希望用佛经中的言语来规范僧尼行为。此外，法经《众经目录》卷六《别生集·三藏抄经》中所记载的六部著作也属于主题资料汇编文献，其目如下：《三乘无当律抄》一卷、《决正诸部毗尼》二卷、《比丘诸禁律》一卷、《四部律所明轻重物名》一卷、《比丘戒本所出本末》一卷、《诸律解》一卷。这六部"三藏抄经"均属律部，当是从实用角度出发而抄纂的。

此外，敦煌遗书中还有一类经抄文献，如 S.1345《佛经丛抄》、P.2150《佛经要抄》、P.2592《诸经要抄》、P.3035《诸经杂抄》、BD.01311《诸经集抄》、BD.01345《佛经杂抄》、BD.06007《诸经集抄》（拟）等，均是杂抄各种佛经而成。比如 BD.01345《佛经杂抄》所杂抄的佛经有《弥沙塞律》卷二十五《第五分初破僧法》、《阿毗昙毗婆沙论》卷第三十二《使犍度一行品中》、《经律异相》卷一九《阐陀昔经为奴叛远从学教授五百童子》（按：原出《摩诃僧祇律》卷七）、《般泥洹后灌腊经》、《沙弥罗经》、新译《华严经》卷七三《入法界品第三十九之十四》、《金刚仙论》卷一〇等数种。这类文献多是残卷，从现存的写卷中一般看不出分类的迹象，应该属于杂抄性质。抄撰者在抄写这些文献时也许有着一定的宗旨，这里也把其归入主题资料汇编文献中。

---

① 《大正藏》第49册，第99页 b。
② 同上书，第46页。
③ 同上书，第108页 b。

四、佛教著作

　　带着一定目的的抄经,可以用来表达特定的佛教思想,形成新的创作,此即梁启超所云"善钞书者可以成创作"。① 对于佛教文献来说也是如此。如萧子良所著《净住子》虽然属于个人撰述,但由于文中大量抄撮佛经经文,法经《众经目录》便把其列入"三藏抄集",彦琮及静泰《众经目录》均把其列入"别集抄"。因此,《净住子》兼具个人著述和佛教经抄两种性质。此外,《续高僧传》卷二四《周终南山避世峰释静蔼传》载:"(静蔼)撰《三宝集》二十卷,假兴宾主,会遣疑情,抑扬飞伏,广罗文义,弘赞大乘,光扬像代,并录见事,指掌可寻。"② 虽然《三宝集》属于个人撰述,但道世在《法苑珠林》卷一○○《传记篇·杂集部》中云其"依诸经撰"。③ 可见,静蔼在《三宝集》中大量引用佛经原文,亦具有抄纂性质。

　　隋代信行创立的三阶教,其著作就是从一些佛经中有体系地抄录经文。费长房《历代三宝纪》卷一二在评论信行的著作《对根起行杂录》及《三阶位别集录》时说"此录并引经论正文,而其外题无定准的",④ 明确指出这两部著作乃"引经论正文"而成。唐临《冥报记》卷上也讲到了有关信行著作的一些情况:

> (信行)以为佛所说经,务于济度,或随根性,指人示道;或逐时宜,因事判法。今去圣久远,根时亦异,若以下人修行上法,法不当根,容能错倒。乃钞集经论,参验人法所当学者,为卅六卷,名曰《人集录》。⑤

唐临《冥报记》是记载三阶教较为具体的文献,其中也明确说到其著作乃"钞集经论"而成,并说:"信行又据经律,录出《三阶法》四卷。"⑥ 可见《三阶法》也是抄录经律而制成。信行披阅群籍,苦心孤诣,希望编纂出符合自己宗教理想的"诸经精华录",以供根器低下的信徒修习。

　　三阶教由于思想和行事诡怪,不合常道,为统治者所厌恶,武则天、唐玄宗不断打压三阶教,其后三阶教逐渐衰落,渐至消亡,而三阶经经典也被列入伪经录中,不能入藏,故逐渐湮灭在历史的尘埃之中。后人对三阶教著作的具体内容一直无从详细了解。有赖敦煌遗书的发现,这种状况得到了改善。敦煌

---

① 梁启超《中国历史研究法》,上海:上海古籍出版社,2006年,第19页。
② 《续高僧传》,第910页。
③ 周叔迦、苏晋仁校注:《法苑珠林校注》,北京:中华书局,2003年,第2879页。
④ 《大正藏》第49册,第105页c。
⑤ 〔唐〕唐临撰,方诗铭辑校:《冥报记》,北京:中华书局,1993年,第3页。
⑥ 同上。

写经中发现多种三阶教典籍残卷,其中包括:S2684(《三阶佛法》卷二)、P2059(《三阶佛法》卷三)、P2412(《三阶佛法密记》卷上)、S2137(《信行遗文》及《无尽藏法略说》)等。这些敦煌遗书为我们考察三阶教之思想及其兴亡之原因提供了不少便利,也有助于深入了解信行的抄经行为。

从三阶教主要著作《三阶佛法》的内容来看,可以说是《大般涅槃经》《十轮经》《法华经》《维摩诘经》《大集经》等约四十种经典文字的抄录汇编。S2684为《三阶佛法》卷二残卷,其中云:"又一切佛法,唯除第一阶、第二阶、第三阶九字是人语已外,余者悉是经文。"信行在这里强调其《三阶佛法》除了"第一阶""第二阶""第三阶"是自己所添加外,其余内容都是摘自佛经经文。但实际上并非如此,《三阶佛法》除了广泛摘抄佛经经文外,还对所征引的佛经经文做出了自己的解释,即"准经义推说",或者先提出自己的观点,然后"所引经等说,验之可以得知"。而且,从《三阶佛法》中看,信行多是根据自己的需要概括佛经,而非像类书那样全部忠实地征引佛经经文。

对于自己的著作何以采用经抄的形式,信行本人在《三阶佛法》中也有明确的说明:

> 问:"抄出三阶佛法,为经中有故抄出?为经中无故抄出?若尔,何失?若经已有,何须抄出?若经中无,何得抄出?"答:"有同而异,同故的抄出,异故须抄出。异有三义:一者所为人不同;二者所说法不同;三者为人说法,广略、兼正不同。……今正为第三阶位人说出教义,兼为第一,第二阶下根人同说普真,普正说法。又广,略不同,佛广说第一,第二阶,略说第三阶,今广说第三阶,略说第一、第二阶,故须别为第三阶人抄略。"①

由于第三阶位之人根机偏钝,因此信行抄出群经精要,便于修学。对于《三阶佛法》的文字结构,信行本人也有说明:

> 三阶一部,文有四重:大段、段、子段、子句。大段文中,即道第一大段第二大段第三大段是也。提示中,即道第一段、第二段、第三段等是也。子段文中,无子段字,但道第一、第二、第三等是也。子句文中,亦无子句字,但道一者、二者、三者等是。若要细论之,文有六重,或有段内段,少故不说;或有子子句,多故不说。《三阶》一部,大段有三,段有十,子段有二十五,子句数多,或大或小,不可具说。②

这就是三阶教的根本著作四卷本《三阶佛法》的文字结构。可见,信行不仅有选择性地抄经,而且在编排所抄佛经时颇费了一番心思,进行了精密的布局。

---

① [日]矢吹庆辉《三阶教の研究·别篇》,东京:岩波书店,1927年,第79页。
② 同上书,第73页。

可以说,《三阶佛法》虽然系抄经而成,但"撰"的意味远远大于"抄"。

信行另外的一些著作从名称上看就属于抄经而成的,如《诸经要集》一卷、《大集月藏分抄》一卷(全称《大集月藏分经明像法中要行法人集录略抄出》)、《月灯经要略》(《月灯经》即《月灯三昧经》)一卷、《迦叶佛藏抄》一卷(亦作《明一切出家人内最恶出家人断恶修善法如迦叶佛藏经说》)。从这些著作名称就能很明显地看出具有抄纂性质。信行从这些佛经中摘抄自己需要的文字,将这类有着特定目的的经抄当作宣传自己思想的著作,从而实现了"抄即是作"。这种著作由于全部摘自佛经,给接受者一种佛所说法的印象,可以取得较好的宣传效果。可以说,三阶教在隋末唐初如此盛行,其"抄即是作"的文献编纂方式也起到过一定的作用。

五、结 语

东晋之前,佛教初传,佛经较少,自然不用抄纂。东晋以后,佛教经籍浩瀚,佛教抄纂类文献的出现也几乎成为一种必然。印度早期佛教中就有不少系"抄经"而形成的典籍,中土佛教经抄延续了印度佛教的这个传统,并且受到当时中土抄纂风气兴起的刺激,发展得十分兴盛,形式多样,内容丰富。从佛教抄经形式来看,既有摘抄单经,又有汇抄群经。摘抄单经主要分为"节抄"佛经、"缩抄"佛经及别生经三类,其中"节抄""缩抄"佛经与中土"史抄"类似,而别生经则是把佛经某一部分内容突出出来,套用"佛经"的形式以扩大宣传。抄纂群经则根据其所抄范围,主要分为佛教类书及主题资料汇编两类。与中土史抄规模扩大形成类书相似,摘抄佛经种类增大,也就形成了佛教类书。佛教类书在摘抄和编纂过程中,融入了鲜明的中土意识,是按照中土思想重新划分的文献类型。此外,中土佛教的一些主题活动,如斋仪、受戒仪式,以及国家制定僧尼规范文本等,为了加强威信,也选择摘抄佛经,形成主题资料汇编文献。隋代三阶教创始人信行还按照一定的顺序编排其所抄之佛经,以宣传三阶教独特的宗教主张。

佛经抄纂类文献产生的原因主要有以下三种:第一,简化。为了阅读或实际操作时方便,主要体现为摘抄单经。第二,综合和分类。可以较为方便地全面把握佛教思想或某一主题的佛教内容,主要体现为佛教类书和主题资料汇编文献。第三,借用和套用。套用具有权威意义的佛经来表达自己的佛教思想主张,主要体现在信行的著作上。中土佛经文献的抄纂既表现了中土注重实用的特性,又体现了佛经文献的中土化过程。虽然印度佛教也有缩略佛经的做法,但在全部佛教中所占比例相当少,而且没有类书、主题资料汇编等形式,也少有因讲经、唱导、受戒等佛事活动而摘抄佛经编制的抄纂文本。而中国佛教中抄纂类文献十分丰富。编撰者根据自己的意图,把摘抄出来的佛经,或分别归入不同的门类,或进行具体的加工,体现了中土文化对来自印度的佛典的吸纳与融合。而且到后期,抄纂类文献中的佛经文献所占比例减少,中土资料所占比例变大,融入了更多的中土文化特色。因此,通过抄纂这一文献加工方式,既能考察中古时期佛经文献的形成过程,也能探寻西来的佛经受中土文化影响而产生的变异痕迹。

虞世南隋代宫廷诗创作时间考*

孟祥娟　沈文凡**

【内容提要】 虞世南是隋炀帝杨广即位之前与群臣诗歌唱和活动中最为重要的参与者,也是隋代宫廷诗创作的主要参与者。现存虞世南在隋所作诗歌,大多创作于杨广为太子时期,仅有一首作于杨广即位之初。他曾是杨广东宫文人集团中的重要成员,却在杨广即位之后日渐疏离。其中,既有为人个性峭直的原因,也有诗风与炀帝的审美趣味不符的原因。对于虞世南诗中对杨广的称颂,应结合历史现实理性分析。

【关键词】 虞世南　应制诗　宫廷诗

虞世南历仕陈、隋、唐三朝,均以诗文成就为时人称赞。在陈,他以诗文并擅而见称于当时的著名文学家徐陵,"善属文,常祖述徐陵,陵亦言世南得己之意";①陈亡,与其兄虞世基共同入隋,因才学出众被方之于东吴灭亡后入晋的陆机、陆云兄弟;隋亡入唐,又为李世民"秦府十八学士"之一,其文辞更被唐太宗评为一绝。其诗作今存三十二首,本文即对《全唐诗》中标明为虞世南在隋所作的七首诗歌的创作时间加以考证。

隋炀帝"好学,善属文",②又积极招致文学之士,《隋书·文学传序》云:"时之文人,见称当世,则范阳卢思道、安平李德林、河东薛道衡、赵郡李元操、钜鹿魏澹、会稽虞世基、河东柳䛒、高阳许善心等,或鹰扬河朔,或独步汉南,俱骋龙光,并驱云路。"③早在杨广尚为晋王时,虞世南即被他招致幕中,《隋书·柳䛒传》:"王好文雅,招引才学之士诸葛颍、虞世南、王胄、朱玚等百余人以充学士。"④杨广登上帝位之后,虞世南又一度成为他的文学近臣之一,《隋书·文学·虞绰传》有云:"迁著作佐郎,与虞世南、庾自直、蔡允恭等四人常居禁中,

---

＊ 本文为国家社会科学基金项目"《全唐诗》创作接受史文献缉考"(项目号:14BZW082)阶段性成果。
＊＊ 本文作者:孟祥娟为北华大学文学院副教授。沈文凡为吉林大学文学院教授。
① 《旧唐书》卷七二《虞世南传》,北京:中华书局,1975年,第2565页。
② 《隋书》卷三《炀帝上》,北京:中华书局,1973年,第59页。
③ 《隋书》卷七六《文学》,第1731页。
④ 《隋书》卷五八《柳䛒传》,第1423页。

以文翰待诏,恩盼隆洽。"①基于此等经历,虞世南诗中确有称颂隋炀帝的内容。对此,有学者曲加维护,认为"暗含讽谏"②"暗著讽喻",③有学者则认为,"平心而论,虞世南诚为博学多才之士,无论儒学素养抑或文学才能,均足以继踵前良,至如其书法造诣,更超迈时流,然迹其行事,考之实效,却既未居之以德、行之以义,更不宜称为忠直"。④笔者认为,对这些诗作正确解读,公允评判,考察其具体创作时间是非常必要的。

一、虞世南在隋诗多作于杨广为太子时期

《全唐诗》中标明为虞世南在隋所作的诗歌共七首,综合考察这些诗歌的用语、内容与标题,可以确定其中五首作于杨广为太子时期,一首作于杨广即位之初。

(一)《奉和月夜观星应令》

杨广有《月夜观星诗》,虞世南、萧琮、袁庆、诸葛颖均有奉和之作,虞世南诗题为《奉和月夜观星应令》,其他三首均题为《奉和御制月夜观星示百僚诗》。

封建时代,等级森严,这在诗歌题目上也有所体现。臣僚奉皇帝之命和诗,称为应制,诗题大多标明"应制"或"应诏"二字。应太子命,和其所作之诗,称应令,诗题大多标明"应令"二字。应诸王命,和其所作之诗,称应教,诗题大多标明"应教"二字。上述三种,诗题大多标明"奉和"二字,又常与"应制""应令"或"应教"连用。⑤据此,从四首和诗的题目看,虞世南诗和萧琮、袁庆、诸葛颖诗似乎并不作于同时。胡洪军、胡遐所辑《虞世南诗文集》认为此诗作于隋炀帝大业元年,未详何据。笔者认为,从诗中所用词语分析,此诗应作于杨广为太子期间。

诗云:

> 早秋炎景暮,初弦月彩新。清风涤暑气,零露净嚣尘。薄雾销轻縠,鲜云卷夕鳞。休光灼前曜,瑞彩接重轮。缘情摛圣藻,并作命徐陈。宿草诚渝滥,吹嘘偶搢绅。天文岂易述,徒知仰北辰。⑥

---

① 《隋书》卷七六《文学》,第1739页。
② 杨杉《二虞研究》,华中师范大学硕士论文,2014年,第40页。
③ 邓无瑕、李建国《论虞世南应制诗的隋唐之变》,《三峡论坛》2015年第5期,第97页。
④ 唐燮军、翁公羽《汉唐之际的余姚虞氏及其宗族文化》,杭州:浙江大学出版社,2010年,第147页。
⑤ 汪涌豪、骆玉明编:《中国诗学》第4卷,上海:东方出版中心,2008年,第168—170页。
⑥ 中华书局编辑部点校:《全唐诗(增订本)》卷三六,北京:中华书局,1999年,第478页。

前四句写暑热已退,新月东升,营造出一片清新而又安宁的环境;接着二句写月夜天空景色,之后的"休光灼前曜,瑞彩接重轮"二句是判断诗歌创作时间的关键。"前曜"即"前星",据《汉书·五行志》,刘向以为《星传》曰:"心,大星,天王也。其前星,太子;后星,庶子也。"①"重轮"语出崔豹《古今注》卷中:"汉明帝为太子,乐人作歌诗四章,以赞太子之德,其一曰《日重光》,其二曰《月重轮》,其三曰《星重辉》,其四曰《海重润》。……旧说云,天子之德,光明如日,规轮如月,众辉如星,沾润如海。太子皆比德焉,故云'重'耳。"②可见,"前曜""重轮"均指向太子这一特殊身份。因此,结合诗题中的"应令",此诗应该作于杨广为太子时期。这两句诗语含双关,即是对景色的赞美,同时又暗合杨广的太子身份,是对杨广的一种含蓄的称颂。九、十两句,再用建安文人邺下赋诗之典,说明作诗的缘由,也有以曹丕喻杨广之意。最后四句自谦"渝滥",表达对杨广的敬慕之情。

萧琮、袁庆、诸葛颖的诗均题作《奉和御制月夜观星示百僚诗》,与虞世南诗题中的"应令"不同。考虑到杨广于登基前后两次创作《月夜观星》且两次让臣子进行唱和的可能性很小,故这些诗应该是同一次宫廷唱和的产物。诗题不同的原因,可能是后世编辑整理所加的缘故。试想,因杨广的帝王身份,在未详考创作时间的情况下,将群臣在其登基前与之唱和的作品称为"奉和御制"是勉强可以的。反之,如果将群臣在其登基后与之唱和的作品称为"应令",则是不可以的。所以,虞世南的诗题应该更接近创作的实际。

(二)《和銮舆顿戏下》

与《奉和月夜观星应令》用词颇为相类的是《和銮舆顿戏下》,诗题又作《追从銮舆夕顿戏下应令》,诗云:

重轮依紫极,前耀奉丹霄。天经恋宸扆,帝命崇仙镳。乘星开鹤禁,带月下虹桥。银书含晓色,金辂转晨飙。雾澈轩营近,尘暗苑城遥。莲花分秀萼,竹箭下惊潮。抚己惭龙干,承恩集凤条。瑶山盛风乐,抽简荐徒谣。③

此诗容易引起争议的是"銮舆"二字,作为皇帝的专用车驾,似乎表明了杨广的帝王身份。不过,结合诗歌内容与"追从銮舆夕顿戏下应令"这一标题,这个问题完全可以解决。在诗的前句中,"紫极"是星名,借指帝王的宫殿。潘岳《西征赋》中有"厌紫极之闲敞,甘微行以游盘"之句,《文选》李善注云:"紫极,

---

① 《汉书》卷二七《五行志》,北京:中华书局,1962年,第1513页。
② 〔晋〕崔豹《古今注》,北京:中华书局,1985年,第11页。
③ 《全唐诗(增订本)》卷三六,第478页。

星名,王者为宫以象之。"并引曹植上表曰"情注于皇居,心在乎紫极",即此意。① "丹霄"指帝王居处,"扆"是帝王座后的屏风,"宸扆"指帝廷、君位。"重轮""前耀",同样用来指代杨广的太子身份,而所谓"依"者、"奉"者、"恋"者,无非是表明太子对于皇帝的一片忠孝之情,所以才会有接下来的两句"乘星开鹤禁,带月下虹桥"。"鹤禁"一词,指太子的居所,《事物异名录》引《汉宫阙疏》:"鹤宫,太子所居,凡人不得出入,故曰鹤禁。"② 可见,这两句紧扣题目中的"追从""夕顿",是太子夕追銮舆而扈从之也,诗题中的"銮舆",乃隋文帝杨坚之銮舆。所以,此诗所和应为杨广的《追从銮舆夕顿戏下》,诗题应作"追从銮舆夕顿戏下应令",创作时间在杨广为太子时期。

(三)《奉和献岁宴宫臣》

《奉和献岁宴宫臣》一诗,《虞世南诗文集》系于大业十一年,谓炀帝在宫中宴群臣,作此诗,群臣奉和。笔者认为,这首诗仍作于杨广为太子时期。

首先从诗歌用语上看,诗云:

> 履端初起节,长苑命高筵。肆夏喧金奏,重润响朱弦。春光催柳色,日彩泛槐烟。微臣同滥吹,谬得仰钧天。③

第三、四两句"肆夏喧金奏,重润响朱弦",明显是用前引崔豹《古今注》中的"海重润",仍是指向太子的词语。作者作为太子的文学侍从,参与太子的东宫宴饮,所以会在诗中专门写到宴会上奏响了赞颂太子的乐章。

其次从诗歌题目上看,若指在宫中参与皇帝宴会的群臣,则应用"群臣"而不是"宫臣"。"宫臣"一词,非指君王左右的亲近之臣,而实指太子的东宫属官。如《晋书·郑默传》:"皇太子体皇极之尊,无私于天下。宫臣皆受命天朝,不得同之藩国。"④ 此处的"宫臣"便是指东宫的臣属。又如梁代江淹的《杂体诗·陆平原机羁宦》:"服义追上列,矫迹厕宫臣。"⑤ 前一句指陆机为太子洗马事,后一句中的"宫臣"便是指太子的属官。

综合以上两点,此诗仍应作于杨广为太子时期。

(四)《奉和出颍至淮应令》

今存同题诗四首,作者分别为虞世南、诸葛颍、弘执恭、蔡允恭。杨广有

---

① 〔梁〕萧统编,〔唐〕李善注:《文选》卷第十,上海:上海古籍出版社,1986年,第452页。
② 〔清〕厉荃原辑,〔清〕关槐增纂,吴潇恒、张春龙点校:《事物异名录》卷一四,长沙:岳麓书社,1991年,第205页。
③ 《全唐诗(增订本)》卷三六,第479页。
④ 《晋书》卷四四,北京:中华书局,1974年,第1251页。
⑤ 逯钦立辑校:《先秦汉魏晋南北朝诗》,北京:中华书局,1983年,第1574页。

《早渡淮诗》一首,①疑即此四首《奉和出颍至淮应令》所和之原诗。考隋文帝仁寿初年,杨广奉诏巡抚东南,②这些诗作应是这次巡抚的产物。杨广诗前面八句写渡淮所见之景,紧紧扣住一个"早"字,"晓雾""晨晖""晴霞"均是体现"早"的词语,于混茫中见壮大,于活动中见生机。最后两句抒发感慨之情。虞世南诗云:

良晨喜利涉,解缆入淮浔。寒流泛鹢首,霜吹响哀吟。潜鳞波里跃,水鸟浪前沉。邗沟非复远,怅望悦宸襟。③

从前面两句"良晨喜利涉,解缆入淮浔",可见所述正是早渡淮河之事,与炀帝诗所述事件相同。但虞世南首先强调的或者说感受到的,是"寒流泛鹢首,霜吹响哀吟",没有杨广诗中的明朗,反而有一种凄寒衰飒之气。"潜鳞波里跃,水鸟浪前沉",一样写到鱼和鸟的动态,其动作也仿佛沉重得多。"邗沟非复远,怅望悦宸襟",最后的怅望而悦,是体会君主之情而发,和前文的景致也是一致的。故此诗应作于仁寿初年。

(五)《奉和至寿春应令》

诗云:

瑶山盛风乐,南巡务逸游。如何事巡抚,民瘼谅斯求。文鹤扬轻盖,苍龙饰桂舟。泛沫萦沙屿,寒渐拥急流。路指八仙馆,途经百尺楼。眷言昔游践,回驾且淹留。后车喧凤吹,前旌映彩旒。龙骖驻六马,飞阁上三休。调谐金石奏,欢洽羽觞浮。天文徒可仰,何以厕琳球。④

从诗题的"应令"来看,仍是作于杨广为太子时期。诗中的"南巡""巡抚",应仍指仁寿初年杨广奉诏巡抚东南之事,此诗创作时间应在仁寿初年。另,此诗题又作《奉和长春宫应令》,按西汉淮南王刘安有门客八公,晋葛洪《神仙传》中附会为八个神仙,即诗中的"八仙馆"所本。淮南王都即位于淮河中游南岸的寿春,故八仙馆应在寿春城内。再结合诗歌中南巡、泛舟等内容,诗题应是"奉和至寿春应令",不应题作"奉和长春宫应令"。

(六)《奉和幸江都应诏》

诗云:

南国行周化,稽山秘夏图。百王岂殊轨,千载协前谟。肆觐遵时豫,

---

① 逯钦立辑校:《先秦汉魏晋南北朝诗》,第2668页。
② 《隋书》卷三《炀帝上》,第60页。
③ 《全唐诗(增订本)》卷三六,第479页。
④ 同上书,第478页。

顺动悦来苏。安流进玉轴，戒道翼金吾。龙旆焕辰象，凤吹溢川涂。封唐昔敷锡，分陕被荆吴。沐道咸知让，慕义久成都。冬律初飞管，阳乌正衔芦。严飙肃林薄，暖景澹江湖。鸿私浃幽远，厚泽润涸枯。虞琴起歌咏，汉筑动巴歈。多幸沾行苇，无庸类散樗。①

考《隋书·炀帝上》："（大业元年）八月壬寅，上御龙舟，幸江都……文武官五品已上给楼船，九品已上给黄蔑。舳舻相接，二百余里。"②诗应作于此时。

（七）《应诏嘲司花女》

这是一首七言四句的小诗，诗云：

学画鸦黄半未成，垂肩䚢袖太憨生。缘憨却得君王惜，长把花枝傍辇行。③

《全唐诗》题下注引《隋遗录》："炀帝幸江都，洛阳人献合蒂迎辇花，帝令御车女袁宝儿持之，号司花女。时诏世南草敕于帝侧，宝儿注视久之。帝曰：'昔飞燕可掌上舞，今得宝儿，方昭前事，然多憨态，今注目于卿，卿可便嘲之。'世南为绝句。"④按《隋遗录》一名《南部烟花录》，张心澂《伪书通考》援引宋姚宽曰："《南部烟花录》文极俚俗。又载陈后主诗云：'夕阳如有意，偏向小窗明。'此乃唐人方域诗，六朝语不如此。《唐·艺文志》所载《烟花录》记幸广陵事，此本已亡。故流俗伪作此书。"又引胡应麟曰："文绝鄙俗，而称颜师古，殊可笑也。"再引《四库提要》曰："末有跋语，称会昌中沙门志彻得之瓦棺寺阁，乃《隋书》遗稿云云。王得臣《麈史》称其极恶可疑……今观下卷记幸月观时与萧后夜话，有侬家事一切已托杨素了之语，是时素死久矣，师古岂疏谬至此乎？"从而判定此书实为后人伪托。⑤ 故此诗当亦伪作，不论。

综上，虞世南今存的七首在隋诗，其中有五首作于杨广为太子时期，一首为伪托之作，只有《奉和幸江都应诏》一首作于大业元年杨广登基之初巡游江都之时。

二、虞世南在隋代宫廷诗创作中的地位变迁

据《先秦汉魏晋南北朝诗》，隋炀帝为晋王、太子与在位期间，由他发起、群

---

① 《全唐诗（增订本）》卷三六，第479页。
② 《隋书》卷三《炀帝上》，第65页。
③ 《全唐诗（增订本）》卷三六，第479页。
④ 同上。
⑤ 张心澂《伪书通考》，上海：上海书店，1990年，第881—882页。

臣应命而作的诗歌共三十二题四十一首（不包括炀帝自己的诗作）。从诗歌标题与内容可以判断这些诗创作的场合，多以其出行至某处居多，如临渭源、天池、扬子江、渭水、出颍至淮、灵岩寺、还京师、发东都、幸江都、幸太原、汴水早发、顿戏下，都有诏令命臣子作诗，这类诗作共有十七首。其次，便是各种节令与宴饮的场合，如献岁宴宫臣、初春宴东堂、初夏、梅夏、暮秋望月、悲秋、冬至乾阳殿受朝、岁穷。这种宫廷诗歌创作活动，自岁初至岁终，在一年中的所有重要时令几乎都有进行，足以证明杨广主导下的诗歌创作活动是比较频繁的。

在上述四十一首诗作中，虞氏兄弟所作的有十一首，占比超过四分之一。参与这些诗歌创作的诗人共有十八位，其中存诗比较多的有诸葛颖（六首）、虞世基（五题六首）、虞世南（五首）、薛道衡（五首），此外便是柳顾言和许善心，都是三首。从今存篇数论，虞氏兄弟高居前列。参与人数最多的同题共作有两次，一是《出颍至淮》，二是《月夜观星》，均存奉和诗四首。另外，《冬至乾阳殿受朝》与《幸江都》均存奉和诗两首。以上四次宫廷诗创作，除《冬至乾阳殿受朝》外，虞氏兄弟均有参加。虽然现存的诗作并不能完全反映当时的创作情况，但基于以上几点，可以肯定地说，虞世南是隋炀帝与群臣诗歌唱和活动中最为重要的参与者，也是隋代宫廷诗创作的主要参与者。不过，从前文对虞世南诗歌创作时间的考证，可知这一论断只适用于杨广即位之前。

《新唐书》本传谓虞世南"大业中，累至秘书郎。炀帝虽爱其才，然疾其峭正，弗甚用，为七品十年不徙"①。与其诗歌创作情况相印证，正可表明在杨广即位之后，虞世南与宫廷创作集团的疏离。造成这种疏离的原因，可以从诗人个性与诗歌风格两方面来考察。

据《隋书·五行志》记载，隋炀帝曾经对虞世南说："我性不欲人谏。若位望通显而来谏我，以求当世之名者，弥所不耐。至于卑贱之士，虽少宽假，然卒不置之于地。汝其知之。"②性格"峭正"的虞世南，对登基之后行事作风一改前辙的隋炀帝，一定曾有所进谏，因而引起了炀帝的不满，故这次谈话有着浓厚的警告意味——这是由诗人个性造成的疏远。

就诗风而言，《隋书·王胄传》载炀帝曾对侍臣曰："气高致远，归之于（王）胄；词清体润，其在（虞）世基；意密理新，推庾自直。过此者，未可以言诗也。"③如此看来，虞世南的诗风并非杨广所喜，他更为推重的是虞世基的诗风。

《奉和幸江都应诏》是今存唯一一次虞世基与虞世南兄弟二人同时参与的奉和，创作的原因、事件与场合均相同，兄弟二人诗歌风格的差异，可以从这二

---

① 《新唐书》卷一〇二《虞世南传》，北京：中华书局，1975年，第3969页。
② 《隋书》卷二二《五行上》，第634页。
③ 同上书，卷七六《文学》，第1741—1742页。

首诗中见出。

虞世南诗已见上引,诗中一如既往地运用了许多典故,如"南国行周化",语出《诗经·召南·甘棠》毛序:"《甘棠》,美召伯也。召伯之教,明于南国。"① "稽山秘夏图"出自《吴越春秋》卷六,谓夏禹东巡,至会稽,"三月庚子,登宛委山,发金简之书,案金简玉字,得通水之理"。② 这两句是以召伯与夏禹之事赞誉炀帝对江南的治理。"顺动"语出《周易》"豫"卦:"圣人以顺动,则刑罚清而民服。"③"来苏"语出《尚书·仲虺之诰》:"攸徂之民,室家相庆,曰'徯予后,后来其苏。'"④意指从疾苦中获得再生。这是说在炀帝的治理下,百姓获得了幸福。"封唐",是用周成王剪桐叶为珪以与叔虞,后遂封叔虞于唐的典故。⑤ "分陕"典出《春秋公羊传》,"自陕而东者,周公主之;自陕而西者,召公主之"。⑥ 喻辅国重臣出任地方长官,用以指平陈之后,杨广为扬州总管,镇江都,管理东南军政达十年之久的经历。"冬律"指候气之法,出自《后汉书·律历志》,⑦"衔芦"出自《淮南子·修务训》,谓雁衔芦飞行以防矰弋。⑧ "虞琴"出自《孔子家语·辨乐解》,舜作五弦琴,唱《南风》,歌"南风之薰兮,可以解吾民之愠兮"。⑨ "汉筑"用汉高祖刘邦之典,《史记·高祖本纪》记汉高祖还乡,"击筑,自为歌诗曰:大风起兮云飞扬……"⑩"行苇"为《大雅》篇名,传为公刘而作,言"周家忠厚,仁及草木,故能内睦九族,外尊事黄耇,养老乞言,以成其福禄焉"。⑪ 这是说炀帝巡游故地,心系百姓,得到百姓的拥戴。"散樗"语出《庄子·逍遥游》,指一株大而无用之樗树,⑫是诗人用以自谦之语。

虞世基诗相对要清畅直白得多,诗云:

> 巡游光帝典,征吉乃先天。泽国翔宸驾,水府泛楼船。七萃萦长薄,三翼亘通川。凤兴大昕始,求衣昧旦前。澄澜浮晓色,遥林卷宿烟。晨霞

---

① 〔汉〕郑玄笺,〔唐〕孔颖达正义:《毛诗注疏》,上海:上海古籍出版社,2013年,第102页。
② 张觉校注:《吴越春秋校注》卷第六《越王无余外传》,长沙:岳麓书社,2006年,第158页。
③ 周振甫译注:《周易译注》,北京:中华书局,1991年,第64页。
④ 〔汉〕孔安国传,〔唐〕孔颖达正义,黄怀信整理:《尚书正义》卷八《商书·仲虺之诰》,上海:上海古籍出版社,2007年,第293页。
⑤ 《史记》卷三九《晋世家》,北京:中华书局,1959年,第1635页。
⑥ 《春秋公羊传注疏》卷三,李学勤主编:《十三经注疏》,北京:北京大学出版社,2000年,第59页。
⑦ 《后汉书》卷《律历上》,北京:中华书局,1965年,第3000页。
⑧ 张双棣《淮南子校释》卷第十九《修务训》,北京:北京大学出版社,1997年,第1982页。
⑨ 王德明主编:《孔子家语译注》卷八,桂林:广西师范大学出版社,1998年,第374页。
⑩ 《史记》卷八《高祖本纪》,北京:中华书局,1959年,第389页。
⑪ 《毛诗注疏》,第1560页。
⑫ 陈鼓应注译:《庄子今注今译》,北京:中华书局1983年,第29页。

稍含景,落月渐亏弦。回塘响歌吹,极浦望旌旟。方陪觐东后,登封禅肃然。①

诗中"七萃"语出《穆天子传》,"犬戎□胡觞天子于当水之阳,天子乃乐□赐七萃之士战"。②指天子的禁卫军。"三翼"指战船,语出张协《七命》:"尔乃浮三翼,戏中沚。"③"大昕"语出《礼记·文王世子》:"天子视学,大昕鼓徵,所以警众也。"郑氏曰:"大昕,早昧爽,击鼓以召众也。"④此指黎明。"昧旦"出自《诗经·郑风·女曰鸡鸣》:"女曰鸡鸣,士曰昧旦。"⑤这几处可以算是用语典,所用只是词语本身的意思而不关其事。如《女曰鸡鸣》,《毛诗序》认为:"刺不说德也。陈古义以刺今不说德而好色也。"⑥此诗所用明显与诗意无关,只是用以指黎明即起,以歌颂君主的勤勉政事。这就与前述虞世南诗中多用前代事典以对应隋炀帝的身份,寓颂圣于典故之中形成区别。《新唐书》本传谓"世基辞章清劲过世南,而博赡不及也",⑦的确如此。据前引隋炀帝对诗人的评价,可知他所喜爱的正是虞世基的清劲,虞世南的诗用典过多,虽曰博赡,却着实有些滞重了。

一则为人性格令杨广不耐,二则诗风又非其所好,那么虞世南从杨广的宫廷文人集团中疏离出来,就是必然的了。

三、应理性看待虞世南诗中对杨广的称颂

虞世南在隋所作诗歌均为应令、应制之作,必然包含有应制诗大多要含有的内容,即对君王的称扬赞颂。如《奉和幸江都应诏》歌颂炀帝的此次巡游给予民众休养生息的好处,使他们得以沐浴皇恩。诗中说,在炀帝的治理下,"沐道咸知让,慕义久成都",一派知书守礼的谦和景象,又如《追从銮舆夕顿戏下应令》赞美杨广德泽远洽,祥瑞频生。对此,有必要作一点辨析。

如前文所述,现存虞世南的在隋诗,基本都作于杨广登基之前,或者即位之初,并没有创作于大业中后期的作品。当年的平陈之役,杨广在攻入建康城

---

① 逯钦立辑校:《先秦汉魏晋南北朝诗》,第2711页。
② 〔晋〕郭璞注,洪颐煊校:《穆天子传》卷一,丛书集成初编本,上海:商务印书馆,1937年,第1页。
③ 〔梁〕萧统编,〔唐〕李善注:《文选》卷第三十五,第1601页。
④ 〔清〕孙希旦:《礼记集解》卷二〇《文王世子》,北京:中华书局,1989年,第576页。
⑤ 《毛诗注疏》,第406页。
⑥ 同上。
⑦ 《新唐书》卷一〇二《虞世南传》,第3969页。

之后,"收图籍,封府库,资财一无所取,天下皆称广,以为贤"。① 平陈之后,杨广镇守江都,他又笼络佛教高僧,通过高僧的威望来安抚江左士族,消除他们的抵制情绪和敌意;尊崇道教,以笼络江左下层民众,增添他们对隋王朝的好感;还大量拔擢江左士人中的有威望者,或安抚,或备顾问。以上诸种政策,都取得了比较好的效果。他在江都的十年中,团结了江左士族中的大部分,以后南方再也没有发生叛乱。在继位之后,杨广还改变了隋文帝排斥江左文化的政策,致力于南北文化的融合,复儒学,开庠序,重儒生,这些都是其对文化发展的积极贡献。② 正如《隋书·炀帝纪》中所说,登上帝位之前的杨广"好学,善属文,沉深严重,朝野属望……尤自矫饰,当时称为仁孝",③既然虞世南的奉和诗大都作于此期间,那么这些称颂很可能是由衷的赞美,而不是阿谀之辞。所谓"周公恐惧流言日,王莽谦恭下士时",我们不能以后世的评论来衡量当时人对杨广的看法。继承帝位之前的杨广,武有平陈统一的功业,文有招徕文士的美行,德有世称仁孝的赞誉,又当久已分裂的国家初步完成了统一,正是士人欣喜雀跃之际。那么,诗人在诗中对这位太子表达一下由衷的赞美,正是情理之中的事情。毕竟,他那些为后人所诟病的行为,或者品性,在彼时并没有表现出来。

再者,客观地说,隋炀帝的巡游江都,至少并不完全出于"游玩"的目的,大业五年六月,炀帝曾对给事郎蔡征说:"自古天子有巡狩之礼;而江东诸帝多傅脂粉,坐深宫,不与百姓相见,此何理也?"蔡征对以"此其所以不能长世",④由此可见杨广的外出巡游是有其政治目的的。而且,我们不应该以偏概全,只看到炀帝巡游江都,而不顾他也曾巡游过西北各地,甚至到过突厥与吐谷浑的边境的事实。从言与行两个方面综合考虑,虞世南在诗中说炀帝是为了体察民间疾苦而出巡江都,所言亦不虚,不能认为这是违心的阿谀颂圣,也不必解读为表达期望、暗含讽喻。

成为皇帝之后,杨广的行为与之前他所苦心经营的形象渐行渐远,日益背离,这时虞世南又是持怎样一种态度,因为没有相关的诗作,看不到明确的表达。但从现存诗歌来看,大业之后,虞世南于炀帝的宫廷创作实处于一种缺席状态,这应该也可以说明一些问题——最初的热情赞颂,是心存感激或者说视为明主;后来的失语缺席,则隐约表达了他的失望。

---

① 〔宋〕司马光编著,〔元〕胡三省音注《资治通鉴》卷一七七《隋纪一》,北京:中华书局,1956年,第5510页。
② 杜晓勤《试论隋炀帝在南北文化交融过程中的作用》,《北京大学学报》1999年第4期,第96—104页。
③ 《隋书》卷三《炀帝上》,第59页。
④ 《资治通鉴》卷一八一《隋纪五》,第5644页。

综上所述，虞世南是杨广即位之前与群臣诗歌唱和活动中最为重要的参与者之一，今存其在隋所作诗歌，基本创作于杨广为太子时期，仅有一首作于杨广即位之初。其诗中对杨广的称颂，本是由衷之作，并非曲意逢迎，对此不必曲解维护，也不应加以苛责。虞世南作为杨广东宫文人中的重要一员，却在杨广即位之后日渐疏离出来，既有为人个性峭直的原因，也有其诗风与隋炀帝审美趣味不符的原因。令他青史留名的君臣知遇，此时尚未到来。

五山版《山谷诗注》考辨

王 岚*

【内容提要】 2007年笔者第一次看到早稻田大学图书馆藏"五山版(覆宋本)"《山谷诗集注》。2014年笔者又比较了静嘉堂文库藏"古刊(五山版)",成簣堂文库藏"南北朝刊覆宋刻"等黄庭坚诗注诸本,认为有"大字本"和"小字本"两种五山版:一为《山谷诗集注》,半页九行行十六字,日本南北朝时据宋绍定延平本覆刻,早大、成簣堂所藏二本即是;二为《山谷黄先生大全诗注》,半页十一行行二十字,南北朝时据宋建本覆刻,静嘉堂、成簣堂各藏一本。而它们既可称为"五山版",亦可称为"南北朝刊""古刊(五山版)""五山版……南北朝刊",名称虽异,但其实是同一时期的刻本。

【关键词】《山谷诗注》 五山版 南北朝刊 覆宋本

一、问题的提出

2007年至2008年,我在日本早稻田大学做交换研究员期间,第一次看到了图书馆特别资料室所藏的"五山版(覆宋本)"《山谷诗集注》二十卷,宋黄庭坚撰,宋任渊集注,十册。

该本卷首为《黄陈诗集注序》,半页八行行十四字,署"绍兴乙亥冬十二月鄱阳许尹谨叙"。① 天头、边栏外有墨笔批注,文中有朱墨笔点画及和式训点。(见图1)

正文半页九行行十六字,小字双行同,左右双边,大黑口。书口题字"山谷一",多为阳文,偶有变成阴文的,如页32。

卷二○末有《后跋》,半页五行行十二字,题:"绍定壬辰②日南至,诸孙朝散郎行军器监主簿、兼权知南剑州军州、兼管内劝农事、节制本州屯戍军马、借绯垺拜手敬识"。知黄庭坚后人黄垺以家藏蜀刻《黄陈诗集注》中的任注黄诗部

---

* 本文作者为北京大学中文系、北京大学中国古文献研究中心教授。
① 按:宋徽宗政和间,任渊曾取黄庭坚、陈师道二家之诗注之,初藏于家几十年,至绍兴乙亥二十五年(1155)方请许尹作序,后板行于蜀。
② 绍定五年(1232)。

分,重刊于延平(今福建南平)。

卷首、卷中钤有"玉林院""玉林院文库"诸印。

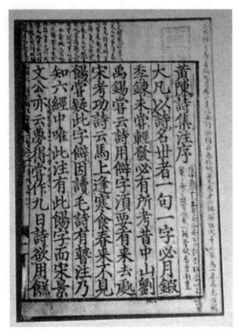

图1

我们所了解的五山版,一般来说是指镰仓末期(14世纪前半)至室町末期(16世纪后半)——相当于中国的元明时期,主要由京都、镰仓五山禅院刊刻出来的书籍。其中的汉籍多据宋元明版以及朝鲜版覆刻,其刻工主要是流徙日本的中国工匠,著名的有元末明初莆田俞良甫、天台陈孟荣等。①

不过据严绍璗老师《日本藏宋人文集善本钩沉》,谓日本和刻《山谷诗注》之祖是南北朝时覆刻宋绍定本的九行十六字本;后有五山版,为半页十一行行二十字,等等②。

台湾地区藏有明朝鲜覆刊宋绍定壬辰(五年,1232)延平本《山谷诗集注》二十卷,据台湾图书馆网站"古籍与特藏文献资源"提供的原文影像,我们看到其行款亦为半页九行行十六字,左右双边,黑口。第一册扉页,正面有杨守敬"星吾七十岁小像",反面为其1913年手书题记,称:"此蜀大字本山谷内集,末有其子黄㽦跋,自来无著录者,余得自日本。义宁陈君伯严欲重价购之,余不忍割,乃议借刻……癸丑五月,守敬记。"杨守敬大概认为该本是宋代蜀刻本,

---

① 此处请日本早稻田大学内山精也教授代查资料。
② 严绍璗《日本藏宋人文集善本钩沉》,杭州:杭州大学出版社,1996年,第88页。

但朴现圭《台湾公藏韩国古书籍联合目录》考订此书为朝鲜成宗十三年(当明成化十八年,1482)星州刊本,原当有同一年俞好仁序,唯此本阙。① 且杨守敬小像前一扉页尚有手书"希逸记",亦谓"此高丽覆宋蜀本"。书末扉页有"吴兴张氏韫辉斋藏"一行,知为当代浙江吴兴收藏家张珩(字葱玉)所题,"希逸"乃其号。

清光绪二十一年(1895)至二十五年义宁陈三立(字伯严)影刊《山谷内集诗注》二十卷,据称底本是"日本覆宋本",后上海中华书局亦据以排印收入《四部备要》中。陈三立影刻的即是杨守敬从日本获得的本子,而今天我们已经知道,它既非"蜀大字本",亦非"日本覆宋本",而是朝鲜覆宋闽本。

那么称为"五山版"的《山谷诗注》有九行十六字本(早稻田大学),有十一行二十字本(《日本藏宋人文集善本钩沉》);而九行十六字本有"五山版(覆宋本)"(早稻田大学)、有明朝鲜覆刊宋绍定延平本(台湾图书馆)。它们之间是否交叉?有无渊源?

此前笔者曾撰《日本早稻田大学图书馆所藏宋人别集概述》一文,②倾向于《日本藏宋人文集善本钩沉》所指的半页十一行二十字刻本是五山版,从而认为早稻田大学所藏九行十六字本很可能不是五山版,而是日本南北朝时期(1336—1392)覆刻宋绍定本,或者是明代(1368—1644)朝鲜覆刊宋绍定本,并希望方家有以教之。

几年来,此疑惑一直未解。2014年3月,我有机会去日本大学文理学部担任外国人教授一年。讲授汉语之余,便去静嘉堂文库、御茶之水图书馆成簣堂文库访书,又看到了几种和刻本《山谷诗注》。钩稽比较,各种模糊之处逐渐清晰起来。

二、静嘉堂文库本

严绍璗老师《日藏汉籍善本书录》著录:

山谷黄先生大全诗注二十卷
(宋)黄庭坚撰,任渊注释
宋闽中刊本,共十册
静嘉堂文库藏本,原陆心源皕宋楼等旧藏
【按】:每半页有界十一行,行二十字。注文小字双行,行二十四字。

---

① 台湾图书馆特藏组编:《"国家图书馆"善本书志初稿·集部》,台湾图书馆出版,1996年,第287页。
② 见《北京大学中国古文献研究中心集刊第十三辑》,北京:北京大学出版社,2013年,第208—219页。

此本系宋末闽中覆刻绍兴本。前有许尹《序》。

卷末有"永乐二年七月二十五日苏叔敬买到"墨书一行。

傅增湘《藏园群书经眼录》卷十三著录此本,并断为"元刊本"。

【附录】《倭板书籍考》卷七著录"《山谷诗集注》二十卷,附《年谱》一卷。三江任渊作注,五山名僧和训古点"。

日本古代覆刻《山谷黄先生大全诗注》者甚多。南北朝时(1331—1391年)所刻九行本,以宋绍定本为底本,此为日本和刻《山谷诗集》之祖。此本每半页九行,每行十六字。注文双行,黑口,左右双边。前有宋政和辛卯任渊《序》,宋绍兴乙亥许尹《序》。末有宋绍定壬辰黄㽥《跋》。

又有①五山版《山谷黄先生大全诗注》,每半页十一行,每行二十字,小字双行。②

不过,查《静嘉堂文库汉籍分类目录》,著录有"《山谷黄先生大全诗注》二十卷,宋任渊撰,古刊(五山版),册一〇,函五,架二五,皕",③此乃清陆心源皕宋楼旧物。但并未著录有十册的"宋闽中刊本"。

2014年,笔者利用在日本大学教学的机会,提前一个月预约,于11月10日前往静嘉堂文库。因无"宋闽中刊本"可览,遂仔细查阅了"古刊(五山版)"《山谷黄先生大全诗注》二十卷。

该本十册,分别以甲、乙、丙、丁、戊、己、庚、辛、壬、癸标册,比如第一册书签题为"宋椠山谷黄先生大全诗注　甲"。

首为许尹所撰《豫章后山诗解序》,行书,半页七行,行十四、十三、十二字不等,旁边注记和式训点。天头钤盖"归安陆树声藏书之记"。可证是皕宋楼旧物。(见图2)

正文题"山谷黄先生大全诗注卷第一",署"天社任渊"(仅卷一有),半页十一行行二十字,小字双行,低一格书写(顶格廿四字),左右双边,细黑口。(见图3)

该本间有刻工姓名,刻在书页左右角边框外或压在边框上:

如卷一页13正面右下角边框外刻有"宗陈"二字;页14正面,右下角边框外有圆形阴文"宗"字;页15反面,则为边框左下角,圆形阴文"宗"字压在边栏上。卷四页8反面,左下角边框断开,中间刻一"伯"字,等等。

全书多墨笔批注,天头地脚有朱笔涂抹。

卷二〇末,钤有"归安陆树声叔桐父印"阴文印等。

---

① 《日本藏宋人文集善本钩沉》页88作"其后"。
② 严绍璗《日藏汉籍善本书录》,北京:中华书局,2007年,第1542页。
③ 静嘉堂文库编:《静嘉堂文库汉籍分类目录》,台北:进学书局,1969年,第651页。

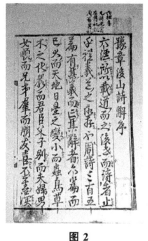

图2

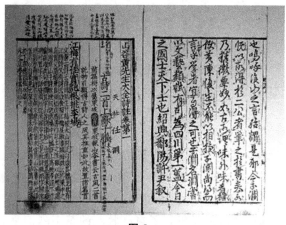

图3

显然,此书原被认为是"宋椠",后经静嘉堂文库审定为日本"古刊(五山版)",当是源于宋绍兴刻本,但非《日藏汉籍善本书录》所称"宋末闽中覆刻绍兴本",其卷末亦无"永乐二年七月二十五日苏叔敬买到"墨书一行。

再查傅增湘《藏园群书经眼录》卷一三,确实著录了《山谷诗集注》等3个本子:

《山谷诗集注》二十卷。

日本古刻本,九行十六字,注同,黑口,左右双阑。前有绍兴乙亥冬十二月鄱阳许尹序,称《黄陈诗集序》,乃抄补者。后绍定壬辰日南至,诸孙朝散郎行军器监主簿、兼权知南剑州军州、兼管内劝农事、节制本州屯戍军马、借绯垺拜手敬识。

《山谷黄先生大全诗注》二十卷。

存卷一至四、六至十一、十四至十八,计十五卷。

宋刊本,半页十一行,行十九字,注双行低一格二十三字,细黑口,左右双阑。

有"永乐二年七月二十五日苏叔敬买到"墨书一行。又有黄丕烈手跋。钤有汪士钟藏印。

按:此书建本,然雕工字体圆美,无宋刊峭丽之态,当是元刊本。书潜。(余藏)

《山谷黄先生大全诗注》二十卷。

元刊本,半页十一行,每行十九字,注双行二十四字。低一格,实二十三字。

按:此本余亦藏一帙,为黄丕烈故物,有手跋,只十八卷,且每卷缺叶亦多。末有"永乐二年七月二十五日苏叔敬买到"墨书识语一行。（日本静嘉堂文库藏书，己巳十一月十三日阅。）①

笔者按：傅增湘(1872—1950)，号书潜，"己巳"为1929年，时年58。

傅增湘看到的九行十六字"日本古刻本"《山谷诗集注》二十卷，与早稻田大学所藏"五山版（覆宋本）"特征一致，当属同一种版本。

他又曾经眼了两个元刊《山谷黄先生大全诗注》二十卷本，行款相同，皆为半页十一行行十九字：

一本原作宋刊本，存十五卷，有"永乐二年七月二十五日苏叔敬买到"墨书一行、黄丕烈手跋、钤汪士钟藏印。傅增湘判断为建本、元刊，是他自家收藏的。

另一本是日本静嘉堂文库藏书，当是1929年11月13日在静嘉堂所阅。记录此本时，他联想到了自己收藏的黄丕烈旧藏元刊残本。

由此可见，《日藏汉籍善本书录》记录的静嘉堂文库藏本《山谷黄先生大全诗注》二十卷，"卷末有'永乐二年七月二十五日苏叔敬买到'墨书一行。傅增湘《藏园群书经眼录》卷一三著录此本，并断为'元刊本'"，当系误读。因为《藏园群书经眼录》提到卷末有"永乐二年七月二十五日苏叔敬买到"墨书一行的，不是静嘉堂藏本，而是"余藏"——傅增湘自己收藏之本。

静嘉堂藏本，傅增湘载为元刊本，而《静嘉堂文库汉籍分类目录》著录为古刊（五山版），但都未将其视为"宋闽中刊本"或"宋末闽中覆刻绍兴本"，故《日藏汉籍善本书录》因误读《藏园群书经眼录》而误记。

其实傅增湘当年收藏的元刊本《山谷黄先生大全诗注》二十卷本残本，今天尚存，但不在日本静嘉堂文库，而在中国国家图书馆。

该本残存卷一至五，卷七至八，卷一二至二〇，凡16卷（按：实际尚有卷六、卷九等卷残页，凡18卷）②。第一卷全，题为"山谷黄先生大全诗注卷第一，天社任渊"，正文半页十一行行二十字，小字双行低一格廿三字，黑口，书口中间题写书名简称、卷数、页码。其注文中有标作"增注"者，但实际内容同《四部备要》本《山谷诗集注》任渊注。该本卷末有题记一行"一本永乐二年(1404)七月二十五日苏叔敬买到"以及"丁卯（按：当为清嘉庆十二年，1807)白露后一日"黄丕烈跋。黄氏谓此本犹是明初官书，"数年以来仅见一本"，故亦很稀罕。

不过令人感到疑惑的是现存卷数（卷一至九，卷一二至二〇，计十八卷）与《藏园群书经眼录》所记"存卷一至四、六至十一、十四至十八，计十五卷"有较大出入，但《藏园群书经眼录》又云"只十八卷，且每卷缺叶亦多"。或许傅增湘起初草草翻阅所记不确，后又重新翻阅计数？但卷末有"永乐二年七月二十五

---

① 傅增湘《藏园群书经眼录》，北京：中华书局，1983年，第4册第1179—1180页。
② 以下简称国图本。

日苏叔敬买到"墨书一行以及黄丕烈手跋是相吻合的，应该就是藏园旧藏之本，行款则为半页十一行行二十字。

这样就很清楚了，日本静嘉堂所收不是宋刊本，也不是元刊本，更不是傅增湘所提到的有苏叔敬墨书和黄丕烈题跋的元刊本；《静嘉堂文库汉籍分类目录》将其著录为日本"古刊（五山版）"，当是后来编目之时加以更正的鉴定判断。

三、成簣堂文库本

日本御茶之水图书馆的"成簣堂文库"，所收乃德富苏峰（1863—1957）旧藏。据川濑一马所编《新修成簣堂文库善本书目》著录，内有数种《山谷诗集注》，且均附书影。

第一种《山谷诗集注》二十卷，首一卷，十一册。

南北朝刊，覆宋大字本。左右双边，半页九行行十六字，小注双行，小黑口。首为绍兴乙亥鄱阳许尹《黄陈诗集注序》，次目录、附年谱，末为绍定壬辰黄埒（按：当为黄㙒）跋。卷三末、卷七末、卷一九首都有岛田翰识语。卷九末有岛田翰手识"明治庚子①季冬获之于新井政毅"墨书。全书标有室町时期的训点、注记等。（见图4）

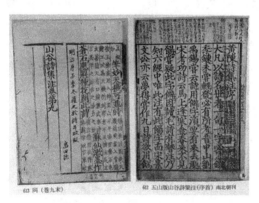

图4

第二种，十一册。

南北朝刊，与前本同版，初印本。有室町时代的注记、训点。第一册书衣及扉页有苏峰手识。各册卷首钤"归源藏书"朱印，末有庆长七年（1602，当明万历三十年）幻桃修补墨书题记。

如第一册末："庆长七祀壬寅月之八浣之上幻桃拙缁修补焉"，下钤鼎形朱

---
① 明治三十三年（1900）。

印,左钤"天下之公宝须爱护""德富所有"等朱印及花押。(见图5)

第十册末:"庆寅之秋八月于镰府之五岳第三刹龟山之桂阴草庐,幻桃",下有花押。

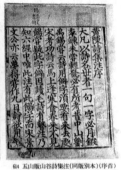

图5

第三种名《山谷黄先生大全诗注》。

二十卷,七册。

南北朝刊,覆宋刻。

第一册书衣背面有德富苏峰明治三十八年(1905)手识。

卷首有许尹序。左右双边、半页十一行行十九字(按:静嘉堂本、国图本为半页十一行行二十字)。小字双行,低一格廿三字。

有刻工姓名:卷一第十七叶表①"宗陈",同十八、十九叶里②"宗"(阴刻),卷四第五至八叶"伯"(按:据书影618,为第八页反面),卷一二第九叶里至第十五叶里"宗"(阴刻)。(见图6)

全书有室町时期朱、墨二色训点以及墨笔注记。为岛田翰旧藏。③

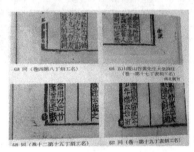

图6

---

① 表:书页正面。
② 里:书页反面。
③ 以上见[日]川濑一马编《新修成篑堂文库善本书目》,日本石川文化财团御茶之水图书馆,1992年,第519—521页。

按：御茶之水图书馆成箦堂文库所藏第一、二种《山谷诗集注》为同版，俱为南北朝刊覆宋大字本，半页九行行十六字，笔画清晰，且第二本为初印，更为清湛。从版本特征上看，与早稻田大学所藏"五山版（覆宋本）"完全相同。则这三个本子应当是同版，均为覆刻宋绍定本，且二十卷首尾完整，仅次宋本一等，弥足珍贵。

只不过在著录上稍异，早稻田大学本作"五山版（覆宋本）"，御茶之水图书馆成箦堂文库本作"南北朝刊，覆宋大字本"。我们留意到，《新修成箦堂文库善本书目》著录两种"南北朝刊，覆宋大字本"《山谷诗集注》时，所附书影612注曰："五山版山谷诗集注（序首），南北朝刊"，614注曰："五山版山谷诗集注（同版别本）（序首），南北朝刊"。也就是说，把这些本子称为"五山版""南北朝刊""五山版，南北朝刊"，都是可以的。

再看成箦堂文库所藏第三种"南北朝刊，覆宋刻"《山谷黄先生大全诗注》，其版式行款特征与静嘉堂文库所藏"古刊（五山版）"《山谷黄先生大全诗注》基本相同，尤其是保留的刻工姓名完全相同。

不过静嘉堂本实为半页十一行行二十字，国图本同，而《新修成箦堂文库善本书目》作"十一行十九字"，当是著录之误。《新修成箦堂文库善本书目》所附书影616"五山版山谷黄先生大全诗注（卷一第十七丁表①刻工名），南北朝刊"之"宗陈"，静嘉堂本实在页13正面；书影617"同（卷一第十九丁表刻工名）"之"宗"（阴文），静嘉堂本实在页15反面。亦当是书目著录有误。而书影618"同（卷四第八丁②刻工名）"、619"同（卷一二第十五丁刻工名）"，则与静嘉堂本相合。

同样，在指称此《山谷黄先生大全诗注》时，有"古刊（五山版）"（《静嘉堂文库汉籍分类目录》）、"南北朝刊，覆宋刻"（《新修成箦堂文库善本书目》）、"五山版，南北朝刊"（《新修成箦堂文库善本书目》附书影注）几种说法，它们同样也没有矛盾。

四、结　论

通过以上分析，我们可以了解，五山版是指日本镰仓时期（1185—1333）后期、室町时期（1336—1573）[③]后期，相当于宋末至元明，在镰仓五山和京都五山的禅宗寺院，以东渡日本的中国刻工为主刊刻的书籍。而南北朝（1336—

---

① 丁表：书页正面。
② 丁：书页反面。
③ 镰仓时期、室町时期的起始，有多种说法，此处请教内山精也教授及庆应义塾大学高桥智教授。

1392),正好处于镰仓时代之后,与室町前期重合,一些五山版被判断刊刻于这一时期。

这些五山版多以宋元版为底本,故其风格特点与在中国覆刻的宋元版无异;在遇到作为底本的宋元版原本在中国存留不多、或失传、或残缺时,五山版便成了保存宋元版原貌的珍贵版本,理应得到重视。

如何指称这些五山版古籍,公私藏书目录并不统一。

同样的版本,在不同的藏家手里、不同的藏书目录中著录成不同的名称,如上面讨论分析的两种《山谷诗集注》:

第一种《山谷诗集注》二十卷,半页九行行十六字,我们可称之为"大字本",在早稻田大学图书馆著录为"五山版(覆宋本)";《新修成篑堂文库善本书目》著录为"南北朝刊,覆宋大字本",所附书影又称"五山版……南北朝刊"。

第二种《山谷黄先生大全诗注》二十卷,半页十一行行二十字,我们可称之为"小字本",在静嘉堂文库被著录为"古刊(五山版)";《新修成篑堂文库善本书目》著录为"南北朝刊,覆宋刻",所附书影又称"五山版……南北朝刊"。

由此造成混淆不清的状况,容易使人误判。

比如,前面提到《日本藏宋人文集善本钩沉》以及《日藏汉籍善本书录》著录《山谷黄先生大全诗注》二十卷(宋闽中刊本,静嘉堂文库藏)时,谓:"日本古代覆刻《山谷黄先生大全诗注》者甚多。南北朝时①所刻九行本,以宋绍定本为底本,此为日本和刻《山谷诗注》之祖。此本每半页九行,每行十六字。注文双行,黑口,左右双边……""其后,②五山版《山谷黄先生大全诗注》,每半页十一行,每行二十字,小字双行。"③

即把南北朝刊本与五山版分开介绍,容易让人以为先有南北朝刊本,后有五山版,它们是两个不同的版本概念。由此才引发笔者最初的疑问:

《山谷诗集注》的"五山版"到底是两种还是一种?如果只有一种,那么是半页九行行十六字的大字本,还是半页十一行行二十字的小字本才属于"五山版"?

现在我们调查比较了不同馆藏的本子,已基本可以厘清一个事实,就是有关黄庭坚诗注,有"大字本"和"小字本"两种五山版:

一为《山谷诗集注》二十卷,半页九行行十六字,南北朝时期据宋理宗绍定五年(1232)黄㽦延平刊本覆刻。早稻田大学所藏本、御茶之水图书馆成篑堂文库所藏二本即是。

---

① 《日藏汉籍善本书录》页1542增注"(1331—1391年)"。
② 同上书作"又有"。
③ 以上《日本藏宋人文集善本钩沉》,第88页。

二为《山谷黄先生大全诗注》二十卷,半页十一行行二十字,南北朝时期据宋建本覆刻。静嘉堂文库、御茶之水图书馆成箦堂文库各藏一本。

而它们既可称为"五山版",亦可称为"南北朝刊""古刊(五山版)""五山版……南北朝刊"。名称虽异,但并不代表不同时期的刻本,只是不同馆藏目录未加统一而已。

且诸本之间的关系可图示如下:

南宋绍兴二十五年(1155)任渊蜀刻本《黄陈诗集注》(已佚)

南宋绍定五年(1232)黄㽦福建延平刻本《山谷诗集注》二十卷(中国国家图书馆藏两部残卷,半页九行行十六字)

南宋建刊本《山谷黄先生大全诗注》(台湾图书馆藏内集注二十卷,半页十一行行二十字)①

五山版(覆宋本)《山谷诗集注》二十卷(早稻田大学图书馆所藏,半页九行行十六字)

元刊本《山谷黄先生大全诗注》(中国国家图书馆藏残本18卷,半页十一行行二十字)

南北朝刊,覆宋大字本《山谷诗集注》二十卷(成箦堂文库藏,两部,半页九行行十六字)

古刊(五山版)《山谷黄先生大全诗注》二十卷(静嘉堂文库藏,半页十一行行二十字)

明朝鲜成宗十三年(1482)星州覆刊宋绍定本《山谷诗集注》二十卷(台湾图书馆藏,半页九行行十六字)

南北朝刊,覆宋刻《山谷黄先生大全诗注》二十卷(成箦堂文库藏,半页十一行行二十字)

2016年8月28日草于杭州
2017年7月15日修订于杭州

---

① 台湾《"国家图书馆"善本书志初稿·集部》,第284页。

据《中州题咏集》辑补宋金元诗 39 首

高 震[*]

【内容提要】 明代佚名纂辑的《中州题咏集》作为题咏河南山川风物之盛的一部诗歌总集，长期以来被学界视为亡佚。今新见于国家图书馆的十卷本《中州题咏集》系清末扬州吴氏测海楼所藏抄本，经考证其成书年代约在明成化十三年(1477)至嘉靖二十四年(1545)六月之间。全书十卷卷目依明朝河南地方府州的行政建制划分，辑录唐、宋、金、元、明代近 200 位诗人 310 题计 511 首诗作。其中标明作者且诗人时代可考的近 40 首诗作，实为《全宋诗》《全宋诗订补》《全宋诗辑补》《全金诗》《全辽金诗》《全元诗》所未收。

【关键词】 《中州题咏集》 辑佚 宋金元诗

明代佚名纂辑的《中州题咏集》作为题咏河南山川风物之盛的一部诗歌总集，明清以来仅见少数私家藏书目著录，长期以来学界普遍以为其已亡佚。事实上，民国时期上海商务印书馆涵芬楼犹藏有明刊十卷本《中州题咏集》，惜 1932 年毁于日军炮火。今发现于国家图书馆的十卷本《中州题咏集》系清末民初扬州吴氏测海楼所藏抄本，据笔者考证，其成书年代约在明成化十三年(1477)至嘉靖二十四年(1545)六月之间。

《中州题咏集》十卷卷目完全按照地方府州的行政建制划分，分别系明代河南一地开封府(卷一至卷三)、汝宁府(卷四)、南阳府(卷五)、河南府(卷六)、怀庆府(卷七)、卫辉府(卷八)、彰德府(卷九)、汝州(卷一〇)计 7 府 1 直隶州共 104 县(州)，几涉当时河南全部州县。全书辑录唐、宋、金、元、明代近 200 位诗人 310 题计 511 首诗作，所选诗人或曾仕宦于中州，或曾羁旅于中州，要之均与中州相关；而题咏内容涉及登涉游赏、咏史怀古、行旅凭吊、辞谒唱和诸方面，意在反映河南一地的风物名胜和乡邦文献之盛。

《中州题咏集》[①]一书的文献价值，突出体现为该集的辑佚功能。除作者身

---

[*] 本文作者为山西大同大学文学院讲师。

① 本文所录佚诗均据国家图书馆所藏十卷本《中州题咏集》民国抄本。关于《中州题咏集》一书的版本著录、佚而复见、体例内容、成书年代、文献价值诸问题的考辨将另文探讨，此不赘述。

世时代不详及佚名诗作外,据《中州题咏集》可辑补今人所编《全宋诗》①《全宋诗订补》②《全宋诗辑补》③《全金诗》④《全辽金诗》⑤《全元诗》⑥等未收诗作 39 首,兹就宋、金、元各朝分列如下。

一、补《全宋诗》《全宋诗订补》《全宋诗辑补》未收 8 首

(一) 冯京 1 首

幸太学

承师问道圣心庄,雕辇雍容暨国庠。万骑袍新花作阵,诸生班定玉联行。观荣圜堵逾明帝,拜下祠宫轶夏王。扈从成仪叨接武,独惭晚景去堂堂。(《中州题咏集》卷一/开封府上/祥符县)

(二) 孔武仲 1 首

幸太学

至尊亲览近臣章,羽葆云回集上庠。天日粹清临古训,鹓鸾肃穆序周行。千篇许拟东都赋,两庙亲祠异姓王。击壤颇能歌圣泽,幸叨簪笔侍华堂。(《中州题咏集》卷一/开封府上/祥符县)

(三) 赵挺之 1 首

幸太学

六龙回辔自斋房,治世尊儒国有庠。阙里遗书开圣训,桥门多士缀朝行。百年施德先中夏,七叶修文继圣王。当日尚惭持使节,阻陪鹓鹭集公堂。(《中州题咏集》卷一/开封府上/祥符县)

(四) 佚名 1 首

幸太学

宪天尧德焕文章,访落崇儒幸国庠。四座辅臣星拱极,两阶髦士雁分行。规衡述作光尧考,稼穑忧勤悟哲主。翠□首刊元宰颂,一时风烈贲公堂。(《中

---

① 北京大学古文献研究所编:《全宋诗》(全 72 册),北京:北京大学出版社,1991 年。
② 陈新等补正:《全宋诗订补》,郑州:大象出版社,2005 年。
③ 汤华泉辑撰:《全宋诗辑补》(全 12 册),合肥:黄山书社,2016 年。
④ 薛瑞兆、郭明志编纂:《全金诗》(全 4 册),天津:南开大学出版社,1995 年。
⑤ 阎凤梧、康金声主编:《全辽金诗》(全 3 册),太原:山西古籍出版社,1999 年。
⑥ 杨镰主编:《全元诗》(全 68 册),北京:中华书局,2013 年。

州题咏集》卷一/开封府上/祥符县）

按：依照该诗的次韵性质，颈联对句"稼穑忧勤悟哲主"中"主"字应作"王"，此处当系传抄致误。

宋元祐六年（1091）哲宗行幸学释奠礼，朝臣为此赋诗唱和。据宋人笔记《枫窗小牍》①及今人所编《全宋诗》等进行考察，可知参与此次赋诗次韵唱和者逾40人。②《全宋诗》录有其中22人的《幸太学》同题次韵唱和之作22首，《中州题咏集》存录《幸太学》诗18首。除去与《全宋诗》重复者外，《中州题咏集》尚存以上冯京、孔武仲、赵挺之、佚名等4首《幸太学》诗未见于他籍所载，而冯京、孔武仲、赵挺之三人亦见于《枫窗小牍》所列之唱和者名单内。

（五）孙仅 1首

河上公祠

云霓衣服星斗冠，古庙阴阴昼掩轩。万里几邀文帝□，五千曾注老聃言。莓苔裂雨香坛滑，铃铎鸣风雨盖翻。寂寂云台祈醮罢，柳青槐绿统颜垣。（《中州题咏集》卷六/河南府/陕州）

按：该诗作者《中州题咏集》作"孙瑾"，而清乾隆五十一年（1786）由光山知县杨殿梓总修的《光山县志》③录有宋人孙仅《老君洞》诗："云霓衣服星斗冠，古洞阴阴昼掩轩。万里几邀文帝驾，五千曾注老聃言。莓苔裂雨香坛滑，铃铎鸣风羽盖翻。寂寂云台祈醮罢，柳青槐绿总颓垣。"就文字完整及文意顺畅言，《光山县志》所录该诗较《中州题咏集》为妥。《中州题咏集》录"孙瑾"诗只此1首，不排除抄本将"孙仅（僅）"误写作"孙瑾"的可能。孙仅（969—1017），字邻几，蔡州汝阳（今河南汝南）人。宋真宗咸平元年（998）进士甲科，解褐舒州团练推官。大中祥符年间，官至集贤院学士、权知开封府，后复领审刑院，进给事中，《宋史》卷三〇六有传。有集五十卷今不存，《全宋诗》录孙仅诗7首又10残句，《全宋诗订补》辑补其诗1首。

（六）文彦博 3首

葫芦泉

壶中别景汩无缘，绿影倾波据兴边。紫雾横川堆沆上，半眉斜月照双莲。（《中州题咏集》卷七/怀庆府/济源县）

---

① 〔宋〕袁褧撰、袁颐续，尚成校点：《枫窗小牍》卷下，上海：上海古籍出版社，2012年，第26—27页。
② 参见高震《宋代孔庙释奠诗文研究》第二章第一节，西北师范大学2015年硕士学位论文。
③ 〔清〕杨殿梓总修，光山县史志编纂委员会点校：(乾隆)《光山县志》卷一八"艺文二"，1987年，第283页。

凤跑泉

昔凤跑泉几今古,冰潭驱暑义濠深。清澌助沇临涂侧,解尽平生用渴心。(《中州题咏集》卷七/怀庆府/济源县)

琵琶泉

寒波滚滚出琵琶,独渗阴阴异景嘉。怪沼匿虹犹自畏,一方滋雾映烟霞。(《中州题咏集》卷七/怀庆府/济源县)

按:文彦博佚诗除以上3首之外,今人申利《文彦博集校注》[①]另辑录文彦博集外佚诗计23首又1句,其中《珍珠泉》《拔剑泉》《月泉》《裴休洞》4首亦见录于《中州题咏集》卷七。

二、补《全金诗》《全辽金诗》未收7首

(一) 高有邻 1 首

砥柱山

灵源一派出昆仑,吞伏群流巨浪浑。造物始知天有意,亭亭砥柱立三门。(《中州题咏集》卷六/河南府/陕州)

(二) 郝子玉(郝俣) 1 首

横波亭

劳生何处是刀头,且喜他山意趣幽。大士不应嫌扰扰,小亭聊可效休休。望穷物外烟霞景,兴入溪边雪月舟。明月征鞍万峰外,只应回梦继清游。(《中州题咏集》卷六/河南府/卢氏县)

(三) 李晏 1 首

陈侍中庵

古树苍茫一径幽,庵前红芰不惊秋。尘容应被修筠笑,何事匆匆不少留。(《中州题咏集》卷七/怀庆府/温县)

(四) 王廷(庭)筠 2 首

面山亭

烟中山色近不出,雨后溪流骄欲平。日暮留连有鱼鸟,主人于此独无情。(《中州题咏集》卷九/彰德府/安阳县)

---

① 申利校注:《文彦博集校注》,北京:中华书局,2016年。

游烘峪山

峭壁嵌空紫翠堆,中藏兰若碧崔嵬。红尘不到老僧梦,佳景屡招诗客来。冰塔冻疑春笋出,金灯时放夜莲开。一游胜绝平生冠,所惜匆匆无酒杯。(《中州题咏集》卷九/彰德府/林县)

(五) 张正伦 2 首

荣归堂

黄尘涨眼厌城居,明秀山川别一区。形势大纲磐谷序,典刑小样辋川图。紫荆寂寂卧鸡犬,芦苇纷纷飞雁凫。我欲幽栖烟月底,明年准拟结茅庐。(《中州题咏集》卷九/彰德府/安阳县)

黄华山

溪流漱玉振苍崖,林树号风吼怒雷。为谢山灵幸宽责,漫郎投劾已归来。(《中州题咏集》卷九/彰德府/林县)

按:《全金诗》未收其人。张正伦(1176—1243),字公理,世为彰德府汤阴县(今河南安阳市汤阴县)人。幼聪颖,十二岁即能背诵五经。登金章宗泰和二年(1202)词赋进士第,释褐徐州录事判官,丁父忧,服除调许州郾城主簿。宣宗兴定三年(1219)为陕西东路转运副使。哀宗正大七年(1230)为右谏议大夫兼户部侍郎,正大八年授吏部尚书。晚年结庐洹水之上,以图书遣老,卒后葬于辅岩县(今安阳县)将相乡新安里东南原之新茔。元好问撰有《资善大夫吏部尚书张公神道碑铭并引》,述张正伦身世爵里等事迹甚详。

三、补《全元诗》未收 24 首

(一) 傅与砺(傅若金) 1 首

黄 河

临流一望盖天涯,岛外青山映落霞。万派波涛皆到海,片帆烟雨独思家。鱼龙习化掀春浪,鸥鹭忘机立晚沙。更欲穷源询博望,御风何处好乘槎。(《中州题咏集》卷一/开封府上/祥符县)

(二) 邵公高 1 首

罗汉院

乱山深处春深处,殿阁参差压石垣。藜白桃红寒食节,风香雨细给孤园。修廊拂拭看诗句,好景留连卧酒樽。幽兴此时殊未浅,林边归路踏黄昏。(《中州题咏集》卷一/开封府上/祥符县)

(三) 陈孚 1 首
禹王祠
洪水滔天日横流,下民昏垫帝心忧。向微神禹疏通力,亿兆应为鱼鳖游。(《中州题咏集》卷二/开封府中/杞县)

(四) 崔帖谟尔普化 1 首
邵公庙
周德兴隆见二南,风光不尽照寒潭。召公功业何须问,政化甘棠万古谈。(《中州题咏集》卷六/河南府/陕州)

按:《全元诗》未收其人。据2008年12月河南新安县磁涧镇发现的"晋太保孝王祥之碑",①碑阳右下方刻"至正三年五月河南府路总管梁宜、达鲁花赤伯答罕等立石"小字,左下方刻"嘉议大夫河北河南道肃政廉访副使崔帖谟尔普化书"小字。碑文中的元惠宗至正三年(1343)河北河南道肃政廉访副使"崔帖谟尔普化"之名,与《邵公庙》一诗作者完全相同;且《中州题咏集》将此诗系于河南府陕州之目,亦合于崔帖谟尔普化的宦履行迹。

(五) 王公孺 1 首
济渎庙
竹树萧森百亩宫,灵源中与海相通。典仪望秩千年后,香火祈禳百郡同。洞府有灵深莫测,溪山环秀画难工。眼中碑志题评尽,疏瀹何曾说禹功。(《中州题咏集》卷七/怀庆府/济源县)

按:《全元诗》未收其人。王公孺系元初诗文大家王恽长子,生卒年不详,字绍卿,卫州汲县(今河南汲县)人。另据《全元文》作者小传载:"至元三年(一二六六)十二月,娶宣差石君之第三女为妻。至元三十一年十一月二十八日,以将仕郎任秘书监著作佐郎。大德二年(一二九八)七月十四日,以从仕郎进著作郎。历官奉议大夫、翰林应举。延祐间出知颍州,至治元年(一三二一)为翰林侍制。"②延祐末整理其父王恽遗稿编为《秋涧先生大全文集》100卷并刊刻流传,但王公孺本人未见有文集传世,《全元文》辑录王公孺佚文10篇。

---

① 张亚武《新安县发现元代王祥碑》,《洛阳日报》,2008年12月13日第2版。
② 李修生主编:《全元文》(册13)卷四五八,南京:江苏古籍出版社,1999年,第249页。

(六) 孙著 1 首

裴公亭

春晴与客上高台,迥野风尘曙色开。山势似从王屋起,河声先傍首阳来。松间坐石云生岫,水面流香酒泛杯。别去恐招猿鹤怨,月明车马尚迟徊。(《中州题咏集》卷七/怀庆府/济源县)

按:《全元诗》未收其人,仅《全元文》录其《创建颍川忠襄王庙碑》一文,作者小传曰:"孙著,洛阳(今属河南)人,至正时在世(雍正《山西通志》卷一九五)。"①

(七) 吉丙 1 首

重阳登陵山

俯窥盘谷接天坛,平地危峰岂易攀。鳌足断来移海外,天星落处化人间。世尘汩没谁常到,樽酒登临我倦还。岁岁邦民重九会,孟嘉休独羡龙山。(《中州题咏集》卷七/怀庆府/济源县)

按:作者生平不详。《全元诗》据《续河南通志》辑其诗 2 首(亦见于《中州题咏集》),又据《续河南通志》卷七四确定系元人,但将诗人姓名误作"丙吉",且加按语曰:"本诗,[乾隆]《续河南通志》卷七五、[乾隆]《济源县志》卷一六,原署作者为'吉丙'。[乾隆]《续河南通志》卷七四有元人丙吉诗,暂归丙吉。"②《中州题咏集》辑其诗 3 首,作者皆标明为"吉丙",今当据《中州题咏集》作"吉丙"为是。

(八) 李志全 1 首

济渎

水底微茫见贝宫,灵源直与海相通。雪晴人立冰壶外,春暖鱼游玉镜中。鹤返松林巢夜月,神归蓬岛驾天风。裴公亭上行吟处,他日重来兴未穷。(《中州题咏集》卷七/怀庆府/济源县)

按:《全元诗》只存李志全《题天坛》诗 1 首且曰"生平不详",而《全元文》卷 46 收李志全文 7 篇,其作者小传曰:"李志全(一一九〇——二六一),字鼎丞,号纯成子,太原太谷(今山西太谷)人。当立之年遇战事,进取无门。恰逢玄风大振,归心河阳张尊师,后谒见丘长春,山居多年,奉朝旨收拾劫后道书,使三洞灵文号为完书。奉恩例赐为纯成大师,提举燕京玄学(李蔚《纯成子李君墓志铭》)。著述有《酎泉集》三十卷,又集七真以下诸师诗赋,题为《修真文苑》二

---

① 李修生主编:《全元文》(册 58)卷一七七八,南京:凤凰出版社,2004 年,第 407 页。
② 杨镰主编:《全元诗》(册 66),北京:中华书局,2013 年,第 390 页。

十卷。"①可知李志全入元后为道士。检李蔚《纯成子李君墓志铭》,载李志全晚年"复还天坛旧隐,徜徉岩壑,将终老焉。忽以升闻,中统二年六月日也,享年七十有一"②。按照墓志铭的说法推算,其生年应为金章宗明昌二年(1191)。

(九)吕海运 1 首

天 坛

天坛绝顶瞰蓬瀛,九万扶摇似有程。感激古今愁复及,天门□(该字左半部分因抄本纸张残破而无法识别,右半为"蜀"字,推测原本当作"独(獨)"字)倚叹浮生。(《中州题咏集》卷七/怀庆府/济源县)

按:《全元诗》录吕海运诗 3 首,且曰生平不详。依《中州题咏集》纂辑体例推测,吕海运极有可能籍于河南或曾宦游于中州之地,《天坛》1 首系其佚诗。

(十)宋德方 6 首

平阳洞

平阳石洞本天然,上有幽林下有泉。野客栖迟堪养道,蓬来无处不成仙。(《中州题咏集》卷七/怀庆府/济源县)

按:另据(旧题)宋陈思编、元陈世隆补编的《两宋名贤小集》③,《平阳洞》一诗又系宋人文彦博佚作,待考。

鸣钟泓

数仞悬流聚一泓,时闻渊底巨钟鸣。多疑惊觉骊龙睡,恐失明珠故作声。(《中州题咏集》卷七/怀庆府/济源县)

拄杖石

得道仙人不易寻,故宫遗迹古犹今。苍苍片石千山月,宫杖凿开玉□深。(《中州题咏集》卷七/怀庆府/济源县)

不老泉

山下希音不老泉,春潜秋出溉芝田。一湾湛湛明无垢,每岁中秋印月圆。(《中州题咏集》卷七/怀庆府/济源县)

天 坛

清虚小有洞中天,银座金腰玉顶坚。芝草秀从龙汉劫,丹砂结自赤明年。

---

① 李修生主编:《全元文》(册 2)卷四六,南京:江苏古籍出版社,1997 年,第 1 页。
② 同上书(册 10)卷三五六,南京:江苏古籍出版社,1998 年,第 552 页。
③ (旧题)〔宋〕陈思编、〔元〕陈世隆补《两宋名贤小集》卷七,《景印文渊阁四库全书》(册 1362),台北:台湾商务印书馆,1986 年,第 419 页。继四库馆臣之后,学界对《两宋名贤小集》一书的真伪问题不乏讨论,近有学者通过详细考辨进而指出该书实系清人托名前人的伪编。参见王媛《陈世隆著作辨伪》一文,载《文学遗产》2016 年第 2 期。

洗参井记烟萝子,聚虎坪传白水仙。寄语远尘沟里客,茅斋先盖两三椽。(《中州题咏集》卷七/怀庆府/济源县)

玉阳宫

东西并列玉阳山,中构灵都气象闲。石塌昼看云淡淡,虚窗夜听水潺潺。玉真成道登仙府,羽士栖心炼大还。丛桂珍禽方外景,更于何处扣玄关。(《中州题咏集》卷七/怀庆府/济源县)

按:《全元诗》辑录宋德方诗仅2首,《中州题咏集》存宋德方诗8首,其中《平阳洞》等6首均系佚诗。

(十一)赵恒 1 首

裴公亭

昔年曾此远风尘,盘谷烟霞每见分。万里山河还壮观,一朝冠盖属元勋。海鸥春暖眠沙草,辽鹤秋高度岭云。今日重来倍惆怅,草堂应是勒遗文。(《中州题咏集》卷七/怀庆府/济源县)

(十二)耶律楚材 3 首

梅溪(其一)

玉泉莲芰逼人情,敢与梅溪也抗衡。今日湛然都入手,二桥风月老馀生。(《中州题咏集》卷八/卫辉府/辉县)

梅溪(其二)

积年戈甲荡苏门,辜负梅溪月一轮。远寄新诗访陈迹,凭君招唤玉香魂。(《中州题咏集》卷八/卫辉府/辉县)

梅溪(其三)

湛然垂老不愁贫,得与梅溪作主人。问说永华无恙否,香魂应也长精神。(《中州题咏集》卷八/卫辉府/辉县)

(十三)韩准 1 首

苏门百泉

三月一日出苏门,西望人家水竹村。前年南游八千里,江山信美非中原。(《中州题咏集》卷八/卫辉府/辉县)

(十四)刘赓 2 首

苏门百泉(其四)

锅沸沮洳过柳塘,云门东下即舟航。无穷永济渠中利,谁识泉源此滥觞。(《中州题咏集》卷八/卫辉府/辉县)

苏门百泉(其八)

尽推天子好生心,□到饥寒胜雨金。清白传家典刑在,贻谋言行有馀箴。(《中州题咏集》卷八/卫辉府/辉县)

(十五) 张伯禹 2 首

淮渎庙

百折丹梯杪万松,凤生台殿赤城钟。亲从海上来司马,宁复山中起卧龙。琼阙排云窥坐席,银桥乘月认仙踪。真人及此东行日,笑说卢敖向九峰。(《中州题咏集》卷五/南阳府/桐柏县)

望嵩楼

闻说高楼建自唐,尚留禹锡践行章。壁间题跋名千古,台上经营梦一场。汝海自来东漾漾,嵩峰依旧北苍苍。忘机众乐俱尘迹,莫向樽前谩感伤。(《中州题咏集》卷一〇/汝州)

按:《全元诗》辑录张伯禹诗仅 1 首,《中州题咏集》存 3 首,其中《淮渎庙》《望嵩楼》2 首系佚诗。

此外,无名氏以及身世时代不详者,如:汝梅天民、懒云、詹九挥、欧阳翘、赵日升、张虚靖、柳公遂、金云溪、韩镛、黄平、刘湜、卢信、陆闻、潘洙、司齐、汪翰、王潘、赵伟、张政等数十人不见于他籍之诗作,亦为《中州题咏集》所辑录。

嘉靖本《唐诗纪》考辨*

韩震军**

【内容提要】 明代吴琯等人编刻的《唐诗纪》对明清唐诗学发展有着深远的影响。由于传本稀少，近世学人对其多有模糊认识。郑振铎先生曾在清代季振宜辑《全唐诗》底本中见一《唐诗纪》，并断其为嘉靖刊本。而吴琯等所辑《唐诗纪》成书于明万历间，根本无"嘉靖本"之说。郑氏所称嘉靖《唐诗纪》，实则明人黄德水《初唐诗纪》。黄德水《初唐诗纪》三十卷，编成于万历前期，曾为吴琯《唐诗纪》所取资。但无论是在体例方面还是在具体内容上，吴氏《唐诗纪》与黄氏《初唐诗纪》都有差异，二者不是同一种著述。

【关键词】 《唐诗纪》 嘉靖本 考辨

《唐诗纪》是明人编刻的一部唐诗总集，全书共一百七十卷，包括初唐六十卷、盛唐一百一十卷，汇集初、盛唐诗人五百七十余家，诗歌八千三百六十多首，考世里，叙本事，采评论，订疑误，诗以人系，人以世次，内容翔实，条例清晰。《唐诗纪》对唐集的整理做出过很大贡献，在明清有着深远的影响。钟惺《唐诗归》、胡震亨《唐音统签》、季振宜《唐诗》等，皆以其为蓝本进行编纂。由于《唐诗纪》刊本较少，[1]明清接受者往往秘而不宣，甚至是诋毁指责，[2]再加上清编《全唐诗》的编定及通行，因此近现代学者较少有人关注。偶有于此留意者，某些认识又有待进一步廓清。如孙琴安《唐诗选本六百种提要》著录《唐诗纪》，叙曰："此书专录初、盛唐人诗，凡一百七十卷，其中初唐十二卷，其余全为盛唐。"[3]这里显然表明，孙先生在撰该条提要时，未曾目验过《唐诗纪》。本文

---

* 本文系国家社科基金重大招标课题"唐诗学研究"（项目号：12&ZD156）阶段成果。

** 本文作者为安徽师范大学中国诗学研究中心研究员。

[1] 《四库全书》将《唐诗纪》存目，而今能检索到的只有北京大学图书馆、上海图书馆、辽宁省图书馆等入藏的一两个版本，且几乎无人揭示。

[2] 钟惺、谭元春利用《唐诗纪》编选《初盛唐诗归》，但从未有明确交代。胡震亨《唐音统签》几乎迻录了《唐诗纪》所有校文，而仅于卷外指责其遗漏之多。钱谦益、季振宜通过剪贴《唐诗纪》辑录"全唐诗"，但凡遇题有编者及书名的卷端统统剪除。

[3] 孙琴安《唐诗选本六百种提要》，上海：上海书店出版社，2004年，第153页。

即针对郑振铎先生所谓的"嘉靖本《唐诗纪》"稍作考辨,以正视听。

一、"嘉靖本"《唐诗纪》的提出

郑振铎先生一生酷爱收藏古籍,精于版本鉴定。他在《劫中得书续记》中曾对一《唐诗纪》叙录云:

《唐诗纪》,明吴琯编,一百七十卷,万历间刊本。

> 余力不能得宋元本唐人集。"书棚"本、"蜀"刊本之小集与李、杜、元、白诸集,价等经史,虽间有遇者,亦无能致之。仅于去岁,以廉价得元刊之韩、柳二集。韩集且阙一册。不得已而求其次,惟求多得明刊本各集耳。余求《古诗纪》至数载,近始获一残本,一竹纸后印全本。求《唐诗纪》亦至数载,近乃得一万历吴氏刊本。《唐诗纪》编纂谨严,与《唐诗类苑》之分类杂糅者不同。尝于季振宜辑《全唐诗》底本中,见一**嘉靖刊本**《唐诗纪》,分上下二栏,上栏甚窄,载校勘及音释,下栏为本文。今**万历本**,则校勘及音释均杂入本文中矣。《唐诗纪》仅成"初""盛"二代,"中""晚"惜未着手。然搜辑之勤,已足沾溉后人。余得此书于叶铭三处,初仅得半部,后乃配全。寒士之得书,诚不易也!①

暂且不论郑先生对搜讨唐集不易的感慨,以及对吴琯《唐诗纪》的盛赞,单从叙录语看,其所称"嘉靖本《唐诗纪》",不是别指他书,而是吴琯《唐诗纪》的另一种版本。在行款样式上,该版《唐诗纪》不同于万历本。郑振铎先生交代,此嘉靖本《唐诗纪》见于清初季振宜辑《全唐诗》底本。季氏《全唐诗》底本,即钱谦益、季沧苇递辑的《全唐诗稿本》②。据贾二强先生考证,此原稿本由季振宜完成于康熙四十二年(1703)年底。其辑成无几,季氏即命书手缮录正本,意欲刊刻。不想,康熙四十三年季振宜辞世。之后,原稿本被赠予好友顾维岳,历经吴兴蒋祖诒、刘体智等大藏书家的接力收藏,至上海"八一三"战事爆发,由郑振铎、张寿镛购买,入藏于中央图书馆,幸免劫难,得以保存。③ 由此可见,郑振铎的确亲眼见过季振宜《全唐诗稿本》,其所提"一嘉靖刊本《唐诗纪》"似属事实,不容置疑。

《全唐诗稿本》今藏在台北故宫博物院。幸运的是,20 世纪 70 年代末期,其经台湾联经事业出版公司影印刊布,广大研究者得以方便查验。钱谦益、季

---

① 郑振铎《劫中得书记》,上海:上海古籍出版社,2006 年,第 91 页。
② 《全唐诗稿本》是后人称谓,非钱谦益、季振宜所命名。
③ 贾二强《〈全唐诗稿本〉采用唐集考略》,党怀兴、赵望秦、张新科主编《中国古典文献论丛》,北京:中国社会科学出版社,2004 年,第 406 页。

振宜辑编《全唐诗》,采用的是剪贴工作方式,将不同的唐诗材料集合在一起。这样,《全唐诗稿本》就真实地保存了其所用唐集的原貌,为我们认识相关唐集的版本情况,提供了极大的帮助。翻检影印本《全唐诗稿本》,其内剪贴《唐诗纪》内容甚多,而且采用的是署名方一元汇编的后印本。① 在所用众多"唐诗纪"的内容中,有四家八卷诗歌底本与其他不同。它们分别是:底本为卷一、卷二的唐太宗诗,底本为卷三的唐高宗诗,底本为卷一〇、卷一一的卢照邻诗,底本为卷一二、卷一三、卷一四的骆宾王诗。这四家诗卷皆属于刻本,版式行款一致,正如郑振铎先生所描述:分上下两栏,上栏较窄,载有校勘文字,下栏为本文。每半叶十行,行十九字,左右双边,上下单边。白口,单黑鱼尾,版心中间刻有"初唐诗纪"、卷次及页码。这当是郑先生所见之"嘉靖本《唐诗纪》"。由于此本《唐诗纪》只存四家诗卷,非为完书,且诸卷端均被《全唐诗稿本》辑编者裁剪掉,因此原本书名、编校者及版本情况都不得而知。为方便下文进一步论述,我们姑且从郑振铎先生所说,称之为"嘉靖本《唐诗纪》"(简称"嘉靖本")。

二、"嘉靖本"与"万历本"之关系

"嘉靖本"与"万历本"《唐诗纪》版式行款差异较大。"万历本"没有分上下两栏,校勘等文字小号双行夹入本文,每半叶九行,行十九字,白口,四周双边,单黑鱼尾,版心上方刻有"诗纪",中间有卷次及页码,下方有刻工名。尽管如此,但"嘉靖本"与"万历本"的亲疏关系非同一般。它们在所收作品及其校勘文字等方面比较一致。比如,高宗皇帝诗卷,"嘉靖本"先后收入《太子纳妃太平公主出降》《七夕宴玄圃二首》《过温汤》《九月九日》《谒大慈恩寺》等五题六首诗歌;"万历本"所收及编次与之全同。《太子纳妃太平公主出降》"镂璧轮开扇","嘉靖本"校云:"轮开,一作轮初。"《九月九日》"初律启金商","嘉靖本"校云:"初,一作永。"《谒大慈恩寺》"日宫开万仞""花盖飞团影","嘉靖本"校云:"万,一作百。团,一作圆。"以上校勘文字,较之"万历本"并无二致,只是其位置从上栏移入本文中。另,《过温汤》题下,"嘉靖本"与"万历本"均载曰:"一作太宗,按《初学记》当作高宗。"《谒大慈恩寺》题下,二本并载曰:"一作太宗诗,按《弘明集》当作高宗。"考辨依据、结论及表述文字的相同,绝非一时巧合。太宗皇帝诗卷、卢照邻诗卷、骆宾王诗卷等,"嘉靖本"与"万历本"比较,皆有类于高宗皇帝诗卷。像太宗诗卷,《守岁》《除夜》《咏桃》等诗题下,二本均记"一作

---

① 《唐诗纪》由吴琯首刻,其后版传至吴中珩,再归属方一元。每至后者,汇编者名姓均遭到剜改。

董思恭诗"。骆宾王诗卷,《咏怀古意上裴侍郎》一诗中,"嘉靖本"有"■■不沾用,弹铗欲谁申"之句。而此句在"万历本"中作"□□不沾用,弹铗欲谁申"。二本相比,墨钉与空白,形式不同,阙字的实际情况没有改变。由上述可见,"嘉靖本"与"万历本"有着很深的渊源关系。也许正因为这些,郑振铎才不加深究地视其为另一种版本的《唐诗纪》。

嘉靖本　　　　　　　万历本

但是,随着进一步深入对比,我们发现:"嘉靖本"与"万历本"亦有很多不同。"嘉靖本"所存四家诗卷,皆没有诗人小传,紧随诗人姓名之后,即系其诗歌作品,卷内作品也不是分体编次。而"万历本"四家诗卷,卷首都有作家小传,除太宗、高宗诗卷外,卢照邻、骆宾王诗卷并作分体编排,依次为五古、七古、五律、五排、五绝、七绝。在二本中,同一诗人诗卷,编列顺序亦稍有差异。如卢照邻诗卷,虽然同样是编为二卷,但在"万历本"中次序为第十一、十二卷,在"嘉靖本"中却处在第十、十一卷。骆宾王诗卷,同样是分为三卷,在"万历本"中次第为第十三至第十五卷,在"嘉靖本"中次第是第十二至第十四卷。更能详细地反映二本面貌不同的,是文本的校勘文字。为便于直观了解,我们选择太宗诗卷中《帝京篇十首并序》为例,特列表比较如下:

二本相关内容及校勘文字对比表

顺序	相关内容①	"嘉靖本"	"万历本"
序	"何必两陵之间乎"	"何必雨陵之间乎"	"何必雨陵之间乎" "雨,一作山"
其二	"金绳披凤篆。韦编断仍续" "对此乃淹留。欹案观坟典"	"凤,一作鸟;仍,一作方" "淹留,一作忘忧;案,一作枕"	"凤,一作鸟;仍,一作方" "淹留,一作忘忧; 案,一作枕"

---

① 本栏相关内容据"《全唐诗》本",《全唐诗》,北京:中华书局,1960年。

续表

顺序	相关内容	"嘉靖本"	"万历本"
其四	"清歌凝白雪,彩凤肃来仪"		"清,一作长""彩,一作威;仪,一作下"
其六	"萍间日彩乱""岂必汾河曲"	"萍,一作梁;彩,一作影""必,一作独"	"萍,一作梁;彩,一作影""必,一作独"
其七	"长烟散初碧""斜汉耿层阁"	"散,一作引"	"散,一作引""斜,一作银"
其八	"芳辰良可惜。玉酒泛云罍"	"良,一作真;泛,一作溢"	"良,一作真;泛,一作溢"
其十	"披卷览前踪""人道恶高危""广待淳化敷"	"广待淳化敷"	"卷,一作襟""恶,一作虑""庶,一作广"

　　从上表不难看出,"嘉靖本"校勘文字,在"万历本"中几乎全有记录;同时,"万历本"校勘内容较"嘉靖本"丰富。当然,我们选择的这十首诗歌,只是一个代表,但是它所呈现出的现象,足能说明一些问题。除了这十首诗歌外,再如太宗《琵琶》《咏弓》二诗,"万历本"比"嘉靖本"均多出考证文字,分别在诗题下记曰:"《纪事》作董思恭。"高宗《太子纳妃太平公主出降》题后,"万历本"征引了《唐诗纪事》所记内容,用以解题;而"嘉靖本"没有。从这些看,"万历本"相关内容似在"嘉靖本"的基础上进一步编校而成,二者关联度很高,但不是同一种著述,或者说不属于同一个版本系统。

三、"嘉靖本"书名及编刻时间

　　既然郑振铎先生所说的"嘉靖本"《唐诗纪》与吴琯刊编的《唐诗纪》存在着如此的亲疏关系,那么这一"嘉靖本"《唐诗纪》的真实名称是什么,其编者是谁,又编刻于何时呢?

　　关于第一个问题,因为其版心刻有"初唐诗纪"字样,按照古籍版刻行款规律,该书名或即《初唐诗纪》,至少应该与"诗纪"有关。循着这条线索,我们考索诸家书目,有云《古诗纪》者,内容显然与之不符;有云《诗纪类林》者,其"以类系诗"体例,与此"以人系诗"明显不合;《唐诗纪》外,唯有《初唐诗纪》与之相契。万斯同《明史》卷一三七《艺文志五》、张廷玉《明史》卷九九《艺文志四》、焦竑《国史经籍志》卷五、黄虞稷《千顷堂书目》卷三一等,分别著录有黄德水《初唐诗纪》三十卷。会不会此四家(太宗、高宗、卢照邻、骆宾王)诗卷就是黄氏

《初唐诗纪》的内容呢？

黄德水《初唐诗纪》三十卷，今已失传，无缘直接比勘。依据以上所考"嘉靖本"与"万历本"之关系，要确定上述问题答案，我们只能考察吴琯《唐诗纪》与黄氏《初唐诗纪》是否存在关联。吴琯《刻唐诗纪凡例四》称："是编初唐，原系黄清甫首事。"①胡震亨《唐音癸签》卷三一记："初，德水将编《唐诗纪》，续冯惟讷《汉魏六朝诗纪》，才首事初唐而亡。琯，新安富室，寓白下，客吴江俞安期、江都陆弼、同郡谢陛得黄遗稿，劝琯补成全唐。"②黄德水（1539—1581），字清甫，初名河水，中南先生鲁曾子，吴县（今江苏苏州）人，所著《国华集》对明人诗歌多有评点，评语为朱彝尊《明诗综》大量征引。③据吴琯本人及胡震亨所记，吴氏编刻《唐诗纪》曾采录过黄德水《初唐诗纪》。又通过上文对"嘉靖本"与"万历本"的比较，我们知道，此"嘉靖本"与吴琯刊印的《唐诗纪》，在所辑诗歌及文字校勘等方面都有着很大的相似性，二者有着明显的渊源关系。而且，其所存内容卷次均未出"三十卷"之外。基于这些，我们推测，此"嘉靖本"《唐诗纪》即黄德水所编《初唐诗纪》。

对此，或许会有人提出疑问：黄德水《初唐诗纪》，《明史·艺文志》等著录"三十卷"；吴琯则说："是编初唐，原系黄清甫首事，止编一十六卷。"李维桢《唐诗纪序》亦称："始黄清甫辑《初唐诗》十六卷。"这又是怎么回事呢？其实，"十六卷"和"三十卷"之不同，是各有所指而致。"三十卷"是就黄氏原书内容而言，而"十六卷"乃指吴琯刊刻《唐诗纪》所用黄氏遗稿之卷数。吴琯在利用黄编《初唐诗纪》时，对其并不是简单照稿迻录，而是曾作过进一步的整理。除上文所述及的编纂体例、卢骆等人诗卷编次的改变，以及高宗诗卷解题文字的增减外，二本诸卷卷内校勘文字的变化，也能说明这一点。例如，在"嘉靖本"中，骆宾王《同辛簿简仰酬思玄上人林泉四首》（其一）"缉艾知还楚"校云："艾一作芝。"《秋蝉》"寒林夕吹寒"校云："寒林，疑作塞林。"对此，吴刻《唐诗纪》径作"缉芝知还楚""塞林夕吹寒"，不再出任何校记。"艾"与"芝"，"寒"与"塞"，形体非常相似，很容易混淆。吴琯采录诗歌时，结合自己的识辨，对黄编稿校文作了一些删改、调整。最后，吴刻本《唐诗纪》整理采用了黄稿的内容只有一十六卷。

关于黄德水《初唐诗纪》编纂于何时，史籍所载不明，但从诸家"无何，病卒"④"首事而溘亡"⑤等用语看，书成当在其卒之岁——万历九年（1581）。这

---

① 〔明〕黄德水、吴琯汇编：《唐诗纪》卷首，万历十三年序刻本。
② 〔明〕胡震亨《唐音癸签》，上海：上海古籍出版社，1981年，第324页。
③ 韩震军《唐诗纪首事者黄德水考辨》，《中国诗学研究》第13辑，芜湖：安徽师范大学出版社，2017年，第189—199页。
④ 〔明〕李维桢《唐诗纪序》，〔明〕黄德水、吴琯汇编：《唐诗纪》卷首。
⑤ 〔明〕汪道昆《太函集》卷二四，万历刻本。

一点,通过《初唐诗纪》刊刻时间也能得到印证。《初唐诗纪》刊刻于何时呢?检《全唐诗稿本·初唐诗纪》,在太宗诗集卷一首叶版心下方,存刻有"长洲刘溥卿刻弟廷宪写"十字。长洲刘溥卿、刘廷宪,二人生平不详,但显然分别系是编的写刻工之一。查《明代版刻综录》,该书卷六载有万历七年书林刘溥卿刊《素问臆说》二卷。① 又,《美国哈佛大学哈佛燕京图书馆中文善本书志》载有刘溥卿等刻、万历四年余寅序刊《刘子威集》五十二卷,以及万历十年屠隆序刊《子威先生澹思集》十六卷。二集序文第一页及卷四第一页书口下端分别镌有"刘溥卿刻""吴郡刘溥卿刻"。② 从二人里贯及从业情况看,此"刘溥卿"与《全唐诗稿本·初唐诗纪》太宗诗卷的刻者"刘溥卿"当是同一个人。又,插图珍藏增订版《中国印刷史》记,万历三十四年,长洲刘廷宪曾刊《韵学集成》一书。③ 据此可知,刘溥卿兄弟活跃在刻书业界的时间,主要在万历年间。而黄德水卒于万历九年,是编当刻于其卒后的一段时间。这一点,与刘氏的刻书活动时间相一致。另外,从卷中文字避讳情况看,此本刊行至迟不得晚于万历末。因为明代神宗万历以后,避讳之法渐严。为避光宗名讳,之后,所刻书籍,"洛"多作"雒"。而此本中太宗《冬狩》"心非洛汭逸"、《赋得樱桃》"洛阳遍阳春"、骆宾王《伤祝阿王明府》"洛川真气上"等,均未作避改。因此,黄氏《初唐诗纪》编成于万历前期,在万历间曾有刊刻。

四、"嘉靖本"《唐诗纪》称谓再辨误

判断《唐诗纪》是否有"嘉靖本"传世,最根本的一点是看其成书于何时。如果书成时间不晚于明嘉靖,则"嘉靖本"还有可能;如果书成于嘉靖之后,其何来"嘉靖本"之说?

关于《唐诗纪》的具体成书时间,典籍没有明确的记载。陈尚君先生认为,《唐诗纪》在隆庆至万历初年编成。④ 而我们通过细细梳理发现,《唐诗纪》编成时间比陈先生所说还要迟。吴琯等原本欲举全有唐一代之诗,囿于种种原因,只编成初盛二代,中晚终未问世。方沆《初盛唐诗纪序》曰:"古鄞吴太学琯既校刻六朝以上《诗纪》,传之四方矣,又复汇编有唐一代之业,而以初、盛诗百七

---

① 杜信孚纂辑:《明代版刻综录》第六卷,扬州:广陵书社,1983年,第33页。
② 沈津《美国哈佛大学哈佛燕京图书馆中文善本书志》,上海:上海辞书出版社,1999年,第719页。
③ 张秀民著,韩琦增订:《中国印刷史》,杭州:浙江古籍出版社,2006年,第667页。
④ 陈尚君先生在《断代文学全集编纂的回顾与展望》一文中说:"今知此类书最早的纂辑者是明嘉靖间编成《古诗纪》156卷的冯惟讷,沿其体例而续有所成的则为隆庆至万历初年编成《唐诗纪》初盛唐部分170卷的黄德水和吴琯。"见陈尚君《汉唐文学与文献论考》,上海:上海古籍出版社,2008年,第17—18页。

十卷先之,其凡例壹准诸《诗纪》,而属序于不佞沅。"①方序作于万历十三年九月,其时,《初盛唐诗纪》是否编讫,据此不能确定。但从方序可知,吴琯着手编纂《唐诗纪》,在其校刻六朝以上《诗纪》之后。而吴琯校刻《诗纪》又在何时呢?王世贞《诗纪序》云:"惟讷竭生平之精力为此书,书成,而御史甄敬刻之陕西行台。其刻既不能精,又无为之校订者,豕鱼之误相属。盖至万历中而古鄞吴琯氏,与其乡人谢陛氏、江都陆弼氏、吴郡俞策氏相与雠校,而复刻之金陵。"②冯惟讷《诗纪》由若干个部分合编而成。嘉靖三十六年(1557),全书面世。因刻资等原因,直至嘉靖三十九年,在巡按陕西监察御史甄敬的支持下,整书才得以首次刊行。③"其刻既不能精,又无为之校订者",由此用语推测,从甄氏刊行至吴琯复加校刻,其间似有一段不短的经历。王序未署写作时间,但凭其"盖至万历中"一语可知,吴琯等校刻冯氏《诗纪》当完成于万历中。那么,其后着手的《唐诗纪》,成书至早也只能在万历中。

　　这一结论,也可以从与吴琯有交游的欧大任诗作里找到佐证。欧大任《秣陵集》卷三中有《讯少廉孟白无从公临校书宝光寺》一诗,曰:"校籍开龙藏,谁将马队看。笔床犹傍暖,书带未应残。居士元金粟,诸生尚鹖冠。石经何日就,江左似长安。"④少廉即谢陛,孟白即吴琯,无从即陆弼,公临即俞策,此四子共同校订冯氏《诗纪》,又一起编校《唐诗纪》。李维桢《唐诗纪序》:"始黄清甫辑《初唐诗》十六卷,无何,病卒。鄞郡吴孟白以为未竟一代之业,乃同陆无从、俞公临、谢少廉诸君,仿冯汝言《诗纪》纪全唐诗。"⑤欧诗所涉诸人恰与王世贞《诗纪序》、李维桢《唐诗纪序》所称校编人员相合。同时,典籍所载不见有四人共同编校他书。因此,其诗题所称校书事,当是指此(编校《唐诗纪》和冯氏《诗纪》)。而欧大任《秣陵集》所辑诗歌为其官居南工部时所作。欧氏万历九年改任南工部抵达金陵,十二年初即辞职归里。也就是说,至少在万历九年,编校《唐诗纪》和冯氏《诗纪》工作尚未完成。同时,由李维桢序可知,在黄德水卒后,吴琯等才开始续编校《唐诗纪》。而黄德水卒于万历九年。因此,吴琯等编校《唐诗纪》,至早开始于万历九年。

　　《唐诗纪》编成后,吴琯曾欲将其与之前校订的冯氏《诗纪》合刊。汪道昆《(合刊)诗纪序》云:"二者将讫工,乃质成于不佞。"⑥汪序撰于万历十四年,序中所称二者,即冯惟讷《诗纪》和吴琯《唐诗纪》。而吴琯等校刻冯氏《诗纪》在

---

① 〔明〕黄德水、吴琯汇编:《唐诗纪》卷首。
② 〔明〕王世贞《弇州山人四部续稿》卷四七,文渊阁《四库全书》本。
③ 杨焄《冯惟讷〈古诗纪〉编纂考》,《中文自学指导》2008年第2期,第44—48页。
④ 〔明〕欧大任《秣陵集》卷三,清刻本。
⑤ 〔明〕黄德水、吴琯汇编:《唐诗纪》卷首。
⑥ 〔明〕汪道昆《太函集》卷二四。

编校《唐诗纪》之前,并且至今未发现,实际上也不太可能,吴琯有两次校刻《古诗纪》。因此,序中所说"将讫工",主要是指《唐诗纪》的校刻。由此可见,万历十四年,《唐诗纪》校刻工作尚未彻底完成。万历中,尚未编刻成的《唐诗纪》,其何来一"嘉靖本"?

五、小　结

至此,我们有理由相信:郑振铎先生所称"见一嘉靖刊本《唐诗纪》"是不够准确的。所谓"嘉靖本《唐诗纪》",实乃万历间刊刻的黄德水《初唐诗纪》三十卷。是集与吴琯所编刻的《唐诗纪》有着很大的源流关系,但二者在体例、内容方面,均有不小的差异。黄德水《初唐诗纪》与吴琯等《唐诗纪》不是同一种著述,二者均无"嘉靖本"存在的可能。

《古今书刻》黄嘉善校刻本编刊时间考

高虹飞[*]

【内容提要】 周弘祖《古今书刻》是考察明代各朝廷机构、行政区划刻书情况的重要材料。本文以现存的《古今书刻》黄嘉善校刻本为切入点,通过考察周弘祖、黄嘉善二人关系,认为《古今书刻》黄嘉善校刻本的编刊时间当为万历十二年。考察《古今书刻》黄嘉善校刻本的编刊时间,有助我们更充分地利用《古今书刻》,以探讨明代印刷史、版本学乃至文学等领域的重要问题。

【关键词】 《古今书刻》 周弘祖 黄嘉善 校刻 编刊

一、问题的提出

明周弘祖《古今书刻》是目前所知我国古代第一部以朝廷机构和行政区划为类著录书籍、石刻的书目,特为学界所重。《古今书刻》共著录了包括中央机构、地方布政司、按察司、府、州在内的一百余个单位的书籍二千余种,这些记载不仅是考察明代刻书情况、研究官府刻书、梳理地方印刷史的重要材料,[①]还可为探讨古代文学等领域的问题提供帮助。如《古今书刻》"都察院"类下著录的《三国志演义》《水浒传》,就为探讨"四大名著"版本流传问题提供了宝贵线索。

《古今书刻》的现存版本分为黄嘉善校刻本与叶德辉重刊本两大系统。黄嘉善本共著录185个单位的书籍2701种,其中9个单位未见于叶德辉本,211种书籍为叶德辉本所无;叶德辉本共著录176个单位的书籍2500种左右,其

---

[*] 本文作者为北京大学中文系古典文献学专业博士后。

[①] 考察明代刻书情况,如〔清〕叶德辉《书林清话》卷五:"弘祖书……胪举内府、部、院及直、省、司、府、州、学所刻书,乃知当时刻书成为一种例事。"(李庆西点校本,上海:复旦大学出版社,2008年,第103页)研究官府刻书,如李致忠《明代刻书述略》:"仅据周弘祖《古今书刻》所载,明代都察院刻书就有三十三种之多,且很有特点。"(《文史》第二十三辑,中华书局,1984年,第132页)梳理地方印刷史,如王绍曾《略谈山东刻书及其在文化史上的作用》:"明代山东刻书成风。明代的官刻,见于周弘祖《古今书刻》者有51种……这51种,经史子集无所不包。"(《山东大学学报(哲学社会科学版)》1993年第1期,第62页)等等。

中9种书籍为黄嘉善本所无。① 无论黄嘉善本还是叶德辉本《古今书刻》，其著录的绝大多数书籍的具体信息都仅为书名，只有极少数于书名下标注作者或刊刻者，没有一种注明卷数。标注刊刻时间的书籍只有三种，即"兵部"类下的"《大阅录》""《九边图说》"，书名下分别注"隆庆二年刊""隆庆三年刊"，以及"苏州府"类下的"《本草》"，书名下注"南宋时刻"。②

《古今书刻》极简略的著录方式影响了学界对其利用的程度，限制了其所能发挥的作用。特别是绝大多数书籍刊刻时间的阙略，使研究者难以从整体上把握《古今书刻》所记是明代哪一时期各朝廷机构、行政区划的刻书情况。有学者以《九边图说》注"隆庆三年刊"为据，提出《古今书刻》反映了隆庆三年(1569)以前的明代刻书情况。如钱亚新《谈谈〈古今书刻〉上编的意义和作用》云，"《古今书刻》中所录的版刻都是明代，但自洪武元年到隆庆三年中间有两百多年"；③程千帆、徐有富《校雠广义·版本编》亦云，"《古今书刻》上编大致反映了隆庆三年以前明代刻书概况"，等等。④ 但一种书籍的刊刻时间，似无法作为其余二千余种书籍的刊刻时间下限。还有学者认为，《古今书刻》可以反映有明一代的整体刻书情况。如崔文印《〈古今书刻〉浅说》云，"由于本书写于明末万历年间，故可视本书为有明一代图书刊刻的总纪录"，等等。⑤ 然万历年间至崇祯十七年(1644)明朝灭亡还有数十年，这数十年是明代版刻极盛的时期，而其间涌现的书籍已非《古今书刻》所能著录。

刊刻时间的阙略，亦使学者无法直接获取《古今书刻》著录的绝大多数书籍的具体版本信息。有学者即提出，《古今书刻》"著录的书，到底是哪一年，无从得知"，"对于稽核刊时毫无帮助"。⑥ 另有学者认为，《古今书刻》著录的书籍为嘉靖刻本。如陈美林《明嘉靖朝都察院和武定侯郭勋为什么刊刻〈水浒〉》云，"嘉靖皇帝朱厚熜即位后，不但达官贵族武定侯郭勋刊刻它(见嘉靖廿年进士晁瑮《宝文堂书目》)，连中央政府机构都察院也刊刻它(见嘉靖卅八年进士

---

① 据钱亚新《谈谈〈古今书刻〉上编的意义和作用》统计，叶德辉本《古今书刻》共著录176个单位的书籍2482种(《图书馆论坛》1982年第1期，第23页)；崔文印《〈古今书刻〉浅说》则统计为2502种(《中国典籍与文化》2007年第1期，第4—5页)。据陈清慧《〈古今书刻〉版本考》统计，黄嘉善本《古今书刻》共著录185个单位的书籍2701种(《文献》2007年第4期，第167页)。陈清慧《〈古今书刻〉版本考》及肖禹、陈清慧《〈古今书刻〉续考》(《文献》2014年第6期，第15—26页)两篇论文对勘了黄嘉善本、叶德辉本《古今书刻》的全部内容。

② 本文所用《古今书刻》黄嘉善校刻本的版本，为中国国家图书馆藏民国十二年(1923)国立北平图书馆照相复制本；《古今书刻》叶德辉重刊本的版本，为民国二十四年(1936)中国古书刊印社汇印《郋园全书》影印清光绪三十二年(1906)叶氏观古堂刻本。

③ 钱亚新《谈谈〈古今书刻〉上编的意义和作用》，第27页。

④ 程千帆、徐有富《校雠广义·版本编》，济南：齐鲁书社，1998年，第154页。

⑤ 崔文印《〈古今书刻〉浅说》，第4页。

⑥ 钱亚新《谈谈〈古今书刻〉上编的意义和作用》，第27页。

周弘祖《古今书刻》)";①英国学者魏安《三国演义版本考》亦云,"《百川书志》《古今书刻》《宝文堂书目》等书都记录有嘉靖间刊本《三国演义》","周弘祖（嘉靖三十八年〈1559〉进士）《古今书刻》上编著录有都察院本《三国志演义》,有的学者认为周弘祖所说的都察院本就是现存嘉靖本",等等。② 通过行文可知,以上论著是根据周弘祖为嘉靖三十八年进士这一个条件而得出的结论,这一论证似亦不够充分。

尽管《古今书刻》著录的书籍信息极其简略,但倘若能获得《古今书刻》本身的编纂与刊刻时间,即可大致得知其所著录书籍的刊刻时间下限,从而为探讨相关问题提供线索。

周弘祖并无别集传世。万斯同《明史稿》卷三〇九本传、《(乾隆)福建通志》卷二九小传等现存周弘祖传记,都未语及其编纂《古今书刻》之事。黄嘉善本《古今书刻》首尾并无序跋,书中没有牌记,版心无刻工姓名,仅卷端题"古黄周弘祖辑录,即墨黄嘉善校梓"。叶德辉本《古今书刻》为清光绪年间叶德辉影写重刊本,③其所据明刻本《古今书刻》同样没有序跋、牌记、刻工姓名,卷端仅题"古黄周弘祖集"。明清官私书目为《古今书刻》所作提要,亦均未谈及《古今书刻》的编刻过程。可见,"黄嘉善校梓"是目前探讨周弘祖《古今书刻》刊刻乃至编纂时间的唯一线索。

需要说明的是,杜信孚《明代版刻综录》《全明分省分县刻书考》将黄嘉善本《古今书刻》著录为明万历三十六年（1608）刻本,而无判断依据。④ 此多为学界引用,如刘世德《三国志演义作者与版本考论》云,"《古今书刻》有黄嘉善刊本,刊行于万历三十六年",等等。⑤ 然黄嘉善本《古今书刻》既无序跋,亦无牌记,仅凭版式、行款,是无法将刊刻时间精确到某一年的。万历三十六年是黄嘉善刊刻另一部书（王邦直《律吕正声》）的时间,非《古今书刻》。《明代版刻综录》《全明分省分县刻书考》此条著录有误。

---

① 陈美林《明嘉靖朝都察院和武定侯郭勋为什么刊刻〈水浒〉》,《文史哲》1976年第1期,第49页。
② ［英］魏安《三国演义版本考》,上海：上海古籍出版社,1996年,第1—2、92页。
③ 叶德辉本《古今书刻》书首有其《重刊古今书刻序》,序末题"光绪三十有二年丙午闰四月长沙叶德辉序并书";其《郋园读书志》卷四亦著录"《古今书刻》二卷,影写明刻本",提要云："日本岛田翰君著有《古文旧书考》……其书后附刻此编上卷,孤本仅存,颇以未得窥见全豹为恨。白岩龙平君为介绍由彼国邮寄来湘,影写一部,督手民仿雕之。行格字体,与原书无异。"（叶德辉《郋园读书志》,杨洪升点校本,上海：上海古籍出版社,2010年,第174页）
④ 杜信孚《明代版刻综录》第四卷"黄嘉善"目下,著录"《律吕正声》六十卷,明万历三十六年黄嘉善刊;《古今书刻》二卷,明万历三十六年黄嘉善刊"（扬州：江苏广陵古籍刻印出版社,1983年,第42页）;杜信孚、杜同书《全明分省分县刻书考》山东省卷"黄嘉善"目下,著录"《古今书刻》二卷,明万历三十六年山东省即墨县黄嘉善刊本;《律吕正声》六十卷,明万历三十六年山东省即墨县黄嘉善刊本"（北京：线装书局,2001年,第6b页）。
⑤ 刘世德《三国志演义作者与版本考论》,北京：中华书局,2010年,第79、260页。

另外，还有学者提到"《古今书刻》有黄嘉善刊本，刊于嘉靖三十六年(1557)"，①此亦当本于《明代版刻综录》《全明分省分县刻书考》记载，只是著者转引时将"万历"误作了"嘉靖"。

二、《古今书刻》黄嘉善校刻本编刊时间考

黄嘉善字惟尚，号梓山，山东即墨人。嘉靖二十八年(1549)生，万历五年(1577)中进士，官至兵部尚书、加少保，天启四年(1624)去世，赠太保。黄嘉善《见山楼诗草》今尚存，但其中并无与《古今书刻》有关的记载。现存黄嘉善传记资料颇丰，其中不乏行状、神道碑、墓志铭等一手史料，②但皆未提及黄嘉善刊刻《古今书刻》一事。黄嘉善玄孙黄克中所编《明太保兵部尚书梓山黄公年谱》，亦未语及此事。因此，唯有从黄嘉善校刻周弘祖《古今书刻》这一行为本身入手展开研究。

校雠一部著作，需付出时间和精力；刊刻一部书稿，则需投入一定成本，即使在印刷业高度繁荣的明中后期也不例外。③就笔者目前所见材料而言，黄嘉善一生只刊刻了二部书籍，一为周弘祖《古今书刻》，一为王邦直《律吕正声》。④

黄嘉善刻本《律吕正声》今天尚存，是书卷端题"明即墨王邦直子鱼甫著，明即墨黄作孚汝从甫校"，⑤书首有万历三十六年李维桢序，序云："去之三十余年，丞里中人少司马黄公开府朔方，收其遗草，锓之梓。盖公伯父尝与校雠焉，

---

① 王齐洲《中国通俗小说史》，武汉：武汉大学出版社，2015年，第186页。
② 行状，即黄宗瑗《明故累授光禄大夫柱国少保兼太子太保兵部尚书先考黄公暨先妣累赠一品夫人江氏行述》(《山东文献集成》第一辑第19册影印清抄本黄守平《黄氏家乘》，济南：山东大学出版社，2006年，第273—301页)；神道碑，即刘鸿训《少保兵部尚书梓山黄公神道碑》(《山东文献集成》第一辑第18册影印清钞本黄守平《黄氏家乘》，济南：山东大学出版社，2006年，第672—678页)；墓志铭，即锺羽正《明故光禄大夫柱国少保兼太保兵部尚书梓山黄公暨元配一品夫人江氏墓志铭》(《临邑文史资料》第11辑，即墨市政协文史资料研究委员会，2001年，第62—66页。按，是文为黄济显、江志礼据碑石采录、点校)。
③ 试举一例以说明。嘉靖七年(1528)冬，李梦阳将《空同集》寄至苏州，委黄省曾出版。在此后半年内，李梦阳即两次奉资与黄省曾，以为刻书之助。〔明〕李梦阳《空同集》附录卷二《致黄勉之尺牍》："前自邑尝致三十金，高苏所许，今何如矣？仆兹更奉三十金，亦门人故旧助者也。"(北京大学图书馆藏明万历年间邓云霄刻本)
④ 笔者查考的材料，包括现存黄嘉善别集《见山楼诗草》，黄宗瑗所作行状、刘鸿训所作神道碑、锺羽正所作墓志铭、左懋第《萝石山房文钞》卷三《大司马太保黄公传》、《明熹宗实录》卷七〇黄嘉善小传等现存黄嘉善传记资料，黄克中所编《明太保兵部尚书梓山黄公年谱》，黄虞稷《千顷堂书目》、丁丙《善本书室藏书志》等现存明清官私书目，杜信孚《明代版刻综录》、瞿冕良《中国古籍版刻辞典》等研究成果，以及"中华古籍资源库""全国古籍普查登记基本数据库"等数据库。
⑤ 〔明〕王邦直《律吕正声》，《四库全书存目丛书》经部第183册影印明万历三十六年黄嘉善刻本，济南：齐鲁书社，1997年，第386页。按，《四库全书存目丛书》著录此本为"北京大学图书馆藏明万历三十六年黄作孚刻本"，误。

不欲使丞没没无闻,且负伯父师友之义,而以授不佞叙之。"①"少司马黄公"即黄嘉善,时任宁夏巡抚,②故云"开府朔方"。《律吕正声》校者黄作孚为黄嘉善伯父,③著者王邦直与黄嘉善不仅同乡,更有姻亲关系,王邦直女儿是黄嘉善兄弟黄师善之妻。④ 可见,正是有这样亲密的关系,黄嘉善才会刊刻《律吕正声》。由此可以推测,黄嘉善之所以校雠、刊刻《古今书刻》,亦是因为他与周弘祖之间存在某种关联。

周弘祖为湖广麻城人,黄嘉善为山东即墨人,麻城、即墨相隔二千余里,故周、黄二人并无地缘之近。周弘祖为嘉靖三十八年进士,早黄嘉善十九年登科,二人亦无同年之谊。黄嘉善之父黄作圣为布衣,伯父黄作孚为嘉靖三十二年进士,与周弘祖亦非同年。黄作孚嘉靖三十四年至三十六年间任高平县令,此后即归乡里,不复任官,⑤故其与周弘祖亦无同僚可能。

万历四年(1576),黄嘉善作为即墨县学生参加山东乡试,获第三十八名。一方面,据现存乡试录可知,周弘祖并非此次考试的监临、考官⑥;另一方面,自

---

① 〔明〕王邦直《律吕正声》,《四库全书存目丛书》经部第183册影印明万历三十六年黄嘉善刻本,第378页。

② 《明神宗实录》卷四五二记载,万历三十六年十一月,"宁夏巡抚黄嘉善题:十月内,银、歹二酋犯广武,我兵斩虏首八十余颗。下兵部知"。(台北:史语所据北平图书馆藏明红格钞本校印本,第8544页)。

③ 〔明〕黄宗瑗《明故累授光禄大夫柱国少保兼太子太保兵部尚书先考黄公暨先妣累赠一品夫人江氏行述》:"(黄)正四子:长作甫,早卒;作孚,登嘉靖癸丑进士……次作哲……次作圣,先祖考也,布衣"(第274页)。按,《(乾隆)莱州府志》卷八谓黄作孚、黄嘉善为父子(《中国地方志集成·山东府县志辑》第44号影印清乾隆五年刻本,南京:凤凰出版社,2004年,第182页),误。

④ 〔明〕黄宗扬《皇明赐同进士出身授阶文林郎巡按湖广监察御史黄公暨元配累封孺人孙氏合葬墓志铭》:"公讳宗昌……大父讳作孚……父梅山公,讳师善……娶乡贤东溟王公女,于万历丁亥十二月八日生公于里第。"(《山东文献集成》第一辑第18册影印清钞本黄守平《黄氏家乘》,第803页)"东溟王公"即王邦直,《(同治)即墨县志》卷九:"王邦直,字子鱼,号东溟。"(《中国方志丛书》华北地方第374号影印清同治十一年刻本,台北:台北成文出版社,1976年,第617页)

⑤ 《(顺治)高平县志》卷四"县令"目下依次著录黄作孚、义如纶,分别注云:"嘉靖三十四年任","嘉靖三十六年任"。(中国国家图书馆藏清顺治十五年刻本)《(同治)即墨县志》卷九黄作孚传:"除高平令,分宜赠之行,弗受。二年入觐,罢,归。高平人如失怙恃。后分宜败,不复出,居家,与乡人讲求古礼。"(第556页)

⑥ 据《万历四年山东乡试录》记载,本次考试的监临官为麻永吉,考试官为石守一、陈舜道,同考试官为陈载熙、杨应春、侯邦治、唐民和、卢让德。(《天一阁藏明代科举录选刊·乡试录》影印明刻本,宁波:宁波出版社,2010年)

登科至万历四年,周弘祖历任吉安推官、①直隶巡按御史、②南直隶提学御史、③福建提学副使、④安顺判官、⑤广平推官、⑥大名属官,⑦从未于山东任官。因此,周、黄二人于万历四年以前相识的可能性微乎其微。

万历五年黄嘉善中进士,观政兵部,六月授叶县知县,万历九年转苏州府同知⑧。周弘祖在这一时期则初任南京光禄寺寺丞,万历七年升南京尚宝司

---

① 《(万历)吉安府志》卷三著录嘉靖四十二年吉安推官为周弘祖,注云:"麻城人,进士。"嘉靖四十三年推官为任惟镗,注云:"重庆人,进士。"(《日本藏中国罕见地方志丛刊》影印明万历十三年刻本,北京:书目文献出版社,1991年,第27页)

② 《明世宗实录》卷五三六记载,嘉靖四十三年七月,选推官周弘祖等"为试监察御史"(台北:史语所据北平图书馆藏明红格抄本校印本,第8701页)。[明]杨博《本兵疏议》卷一八《覆南畿印马御史周弘祖请禁奏免种马疏》记载"巡按直隶监察御史周弘祖题",末题"嘉靖四十五年二月二十二日"(《四库全书存目丛书》史部第61册影印明万历十四年刻本,济南:齐鲁书社,1996年,第667页)。《明穆宗实录》卷六记载,隆庆元年三月"直隶巡按御史周弘祖言"。(台北:史语所据北平图书馆藏明红格钞本校印本,第172页)

③ 《明穆宗实录》卷一一记载,隆庆元年八月,"命广东道御史周弘祖提调南直隶学校";卷一七记载,隆庆二年二月,"礼部覆提学御史周弘祖奏"(第291、486页)。[明]张大复《昆山人物传》卷一○马玉麟传亦载,"己巳,御史周弘祖视学江南,擢第一。庚午乡荐,丁丑登进士第"。(《续修四库全书》史部第541册影印明刻清雍正二年重修本,上海:上海古籍出版社,1996年,第705页)己巳为隆庆三年。

④ 《明穆宗实录》卷三○记载,隆庆三年三月,"(升)江西道御史周弘祖为按察司副使……弘祖福建,仍提调学校"(第785页)。《(乾隆)福建通志》卷二九弘祖小传:"以御史督学南畿,隆庆间迁督闽中学政。风节凛然,竿牍不至其门。既而以前御史时事左迁去。"(影印清文渊阁《四库全书》本)

⑤ 《明穆宗实录》卷五○记载,隆庆四年十月,"吏部都察院考察科道官……浮躁浅露者八人",其中有"前御史升副使周弘祖"(第1265—1266页)。〔清〕万斯同《明史稿·周弘祖传》:"高拱考察言官,恶弘祖,谪安顺判官。"(《中华再造善本》影印宁波天一阁藏清稿本,北京:国家图书馆出版社,2014年)

⑥ 〔清〕万斯同《明史·周弘祖传》:"拱罢,量移广平推官。"据《明神宗实录》卷二,隆庆六年六月庚午,"罢大学士高拱、司礼监太监冯保等"(第34页)。《(光绪)广平府志》卷六著录推官,将周弘祖(按,原文"弘"作"宏",避讳高宗讳也)著录于"万历朝"一列首位,注云:"麻城,进士,《明史》作隆庆朝。"(北京大学图书馆藏清光绪二十年刻本)综上,周弘祖移广平推官的时间当在万历元年左右。

⑦ 〔清〕盛枫《嘉禾征献录》卷三二毛汝贤传:"其左迁运判也,以御史周弘祖劾之。及在大名,弘祖宦亦不振,为属吏。汝贤无纤介嫌,弘祖大愧服。汝贤之殁也,弘祖经纪其丧,人两贤之。"(《四库全书存目丛书》史部第125册影印清稿本,济南:齐鲁书社,1996年,第523页)《明世宗实录》卷五五五载周弘祖劾毛汝贤事。《明神宗实录》卷三六记载,万历三年三月,"大名道兵备道毛汝贤请告,许之"。(第851页)因此,周弘祖任官大名的时间当在万历三年前后。

⑧ 〔明〕黄宗璨《明故累授光禄大夫柱国少保兼太子太保兵部尚书先考黄公暨先妣累赠一品夫人江氏行述》:"明年丁丑,成进士,观兵部政。六月,除河南叶县令……遂升苏州府同知。"(第275页)丁丑即万历五年。〔清〕黄克中《明太保兵部尚书梓山黄公年谱》:"辛巳,升直隶苏州府同知。"(《山东文献集成》第一辑第19册影印清抄本黄守平《黄氏家乘》,第184页)辛巳即万历九年。《(同治)叶县志》卷五"知县"目下依次著录"黄嘉善,山东即墨县人,进士。万历五年任,有传","栗永寿,山西长治县人,举人。万历九年任"。(《中国方志丛书》华北地方第463号影印清同治十年刻本,台北:台北成文出版社,1976年,第379页)

卿，①万历九年升南京鸿胪寺卿，丁忧。② 黄嘉善自叶县至苏州途中，想必经过南京。因此，万历九年为周弘祖、黄嘉善二人可能相识的最早时间。然而，短暂的初次相识，似不足以让周弘祖将其著作的校刻托于黄嘉善。

万历十二年七月，周弘祖补为太常寺少卿，③八月升为南京光禄寺卿。④万历十三年四月，以谒陵穿红被黜为民，回籍，不久后去世。⑤据黄宗瑗所作行状可知，黄嘉善任苏州府同知的时间为万历九年至十二年。⑥ 万历十二年下半年内，周弘祖复任官南京，黄嘉善仍官于苏州。南京、苏州二地相近，周弘祖与黄嘉善多有往来可能。万历十三年四月之后，周弘祖被黜为民，黄嘉善则仕途日进。居官的黄嘉善，想必不会为"谒陵穿红"之人校刻著作。因此，黄嘉善校刻周弘祖《古今书刻》当发生在万历十二年，时周弘祖任南京太常寺少卿或南京光禄寺卿，黄嘉善任苏州府同知。南京太常寺少卿为正四品官，南京光禄寺卿为正三品，苏州府同知则为正五品。周弘祖官品相对较高，此当为黄嘉善校刻其著作的原因之一。

周弘祖将《古今书刻》的校刻交给黄嘉善，则当与其任官苏州有很大关联。在明代中后期，苏州的刻书技术为全国最精。如胡应麟即云，"余所见当今刻本，苏、常为上，金陵次之，杭又次之"，"凡刻之地有三，吴也、越也、闽也……其

---

① 《明神宗实录》卷九三记载，万历七年十一月，"升光禄寺寺丞周弘祖为南京尚宝司卿"。（第1896页）〔明〕雷礼《国朝列卿纪》卷一六五"南京尚宝司卿年表"："周弘祖，湖广麻城人，嘉靖己未进士。万历七年，由光禄寺丞任。"（《续修四库全书》史部第524册影印明万历徐鉴刻本，上海：上海古籍出版社，1996年，第427页）

② 《明神宗实录》卷一一一记载，万历九年四月，"升南京尚宝司卿周弘祖为南京鸿胪寺卿"。（第2121页）〔明〕雷礼《国朝列卿纪》卷一五七"南京鸿胪寺卿年表"："周弘祖，湖广麻城人，嘉靖己未进士。万历九年，由南尚宝司卿任，丁忧。"（第351页）

③ 《明神宗实录》卷一五一记载，万历十二年七月，"补南京光禄寺卿周弘祖为太常寺少卿"。（第2806页）按，"南京光禄寺卿"误，当为"南京鸿胪寺卿"。

④ 《明神宗实录》卷一五二记载，万历十二年八月，"升太常寺少卿周弘祖为南京光禄寺卿"。（第2823页）〔明〕雷礼《国朝列卿纪》卷一三五"太常寺少卿年表"："周弘祖，湖广麻城人，嘉靖己未进士。万历十二年，由南鸿胪卿丁忧补任。本年升南光禄卿。"（第226页）

⑤ 《明神宗实录》卷一六〇记载，万历十三年四月，"南京光禄寺卿周弘祖以谒陵穿红，为南京御史王学曾所劾，黜为民。"（第2938页）〔明〕雷礼《国朝列卿纪》卷一四五"南京光禄寺卿年表"："周弘祖，湖广麻城人，嘉靖己未进士。万历十三年正月，由太常寺少卿升任。本年谒陵穿红，回籍，卒。"（第287页）

⑥ 〔明〕黄宗瑗《明故累授光禄大夫柱国少保兼太子太保兵部尚书先考黄公暨先妣累赠一品夫人江氏行述》："甲申，丁王父艰……丁亥，又丁王母艰……庚寅，服阕，除平阳府同知。"（第276—277页）甲申、丁亥、庚寅即万历十二年、十五年(1587)、十八年(1590)。《(万历)平阳府志》卷三"同知"目下著录："黄嘉善，山东即墨县人，进士。十八年任。"（北京大学图书馆藏明万历四十三年刻清顺治二年补修本）

精吴为最"。① 谢肇淛亦感慨,"近来闽中稍有学吴刻者,然止于吾郡而已。能书者不过三五人,能梓者亦不过十数人"。② 叶德辉《书林清话》"明人刻书之精品"著录的吴郡金李泽远堂、吴门龚雷、吴郡袁褧嘉趣堂、东吴郭云鹏济美堂等名家,皆为苏州刊刻者。③ 是以很多外地文人都会委托苏州刊刻者将其著作付梓,如嘉靖年间李梦阳将《空同集》托于黄省曾;甚至携文稿专程至苏州刊刻,如隆庆年间谢师严欲刊谢肃《密庵稿》,即受嘱托云"吴中多良梓人,汝其携以就梓焉"④,等等。

今观黄嘉善校刻本《古今书刻》,其行款颇为疏朗,版心上方有单黑鱼尾,下方刻有页码,字体尤为精工,刊刻水平较高,与这一时期社会上普遍的"白口""宋字"、较为板滞的版刻风格有显著不同,而与正德十四年(1519)黄省曾刻本《申鉴注》,嘉靖年间顾元庆刻本《顾氏文房小说》等苏州版刻风格相近。

在黄嘉善本《古今书刻》著录的185个单位的2701种书籍中,标注出书名以外信息的书籍共有31个单位的83种,其中"苏州府"一个单位即有14种,在所有单位中最多。⑤ 而且这14种书籍的标注内容,不仅包括作者信息,如"《文太史集》"下注"文征明",更有《古今书刻》全书中极为鲜见的书籍版本信息,如"《金声玉振》"下注"袁氏刻","《本草》"下注"南宋时刻","《修辞指南》"下注"浦南全集"等等。这些信息,或即为黄嘉善在周弘祖已有书籍条目基础上作出的增补。《古今书刻》卷端既云"即墨黄嘉善校梓",就意味着他不仅是一位刊刻者,还参与了《古今书刻》内容的修订与完善。苏州府书籍的具体信息数量最多,内容最丰,可能就是因为黄嘉善时任苏州府同知,对苏州刻书情况最为熟悉。

通过考证周弘祖、黄嘉善二人的生平经历,可以推断黄嘉善校刻《古今书刻》的时间当为万历十二年,则周弘祖《古今书刻》的成书时间不会晚于此。笔者推测,《古今书刻》的完成亦当在万历十二年。

自嘉靖三十八年登科至万历五年左右,周弘祖辗转于江西、京师、南京、福

---

① 〔明〕胡应麟《少室山房笔丛·经籍会通》四,上海:中华书局上海编辑所,1958年,第59、56—57页。
② 〔明〕谢肇淛《五杂组》卷一三,上海:中华书局上海编辑所,1959年,第382页。
③ 〔清〕叶德辉著,李庆西点校:《书林清话》卷五,第107—110页。
④ 〔明〕谢师严《重刻密庵先生稿跋》,《四部丛刊三编》影印明刻本谢肃《密庵稿》,上海:上海书店,1936年。
⑤ 据笔者统计,在黄嘉善本《古今书刻》中,标注出书名以外信息的书籍,还有以下30个单位的69种:兵部2种,南京国子监1种,保定府1种,淮安府2种,扬州府2种,庐州府1种,嘉兴府2种,宁波府2种,绍兴府1种,台州府1种,吉安府5种,建昌府3种,汀州府1种,武昌府3种,汉阳府1种,黄州府3种,承天府3种,襄阳府1种,长沙府1种,河南布政司1种,汝宁府7种,开封府2种,赵府1种,山东布政司1种,济南府1种,兖州府2种,平阳府6种,西安府10种,广州府1种,桂林府1种。

建、贵州等地,任推官、判官、御史等职。一方面,北至京师、南至福建、西至贵州的宦迹,恰是广泛接触书籍、搜辑版刻信息的有利条件;但另一方面,这一阶段周弘祖官务繁忙,似未有充足时间从事个人著述。此后至万历十二年,周弘祖则历官于南京光禄寺、尚宝司、鸿胪寺、太常寺等,宦迹不出南京一地,官职都比较清闲,①其间还有三年丁忧。这一阶段周弘祖拥有更多的闲暇时间,可以用来将之前搜集到的版刻信息整理成书。因此,《古今书刻》的完成,当在周弘祖任官南京、丁忧归来之后。如是,则周弘祖《古今书刻》成书不久,黄嘉善即将其校刻刊行。

最后,不妨利用黄嘉善校刻本《古今书刻》著录的书籍信息,对此结论加以验证。然这里有一个问题,那就是周弘祖的记载过于简略,在绝大多数书籍未标注作者、刊刻者信息的情况下,还简写或改写了很多书名。其结果,就是《古今书刻》中有不少书名可以指代多种书籍,如"唐诗""府志""王文忠公集"等等。有鉴于此,笔者选定了三类可以确定其指代的书籍著录,作为验证材料。

其一,是明代御制、敕撰书籍。通读《古今书刻》可以发现,对于此类书籍,周弘祖鲜少简写、改写书名。御制、敕撰书籍亦少有重名之作。且据《明太祖实录》等史料,可以考确其成书时间。据笔者统计,除《御制文集》等极少数存在重名作品的书名外,黄嘉善本著录的、可以确定其指代的御制、敕撰书籍,去其重复,凡 38 种。其中,作于洪武年间者 22 种,永乐年间 7 种,宣德年间 2 种,景泰年间 1 种,天顺年间 1 种,嘉靖年间 5 种。成书时间最晚者为《大狩龙飞录》,据《明世宗实录》记载,嘉靖十八年七月庚午,"颁赐御著《大狩龙飞录》于文武群臣及各王府"。② 可见,诸作成书时间,俱在万历十二年以前。(本文末附表,收录了笔者选定的本类全部著录,谨供读者参阅。下文第二类、第三类全部著录,亦见附表)

其二,是具有独特性的书名,包括两小类。一是尽管周弘祖未注明作者,然通过查考,可知此书名对应的作品是唯一的,不存在歧解,如《水东日记》《震泽长语》等等。二是如《宋潜溪文集》《何仲默文集》之类,此类书名显然经过了改动,然作者信息亦因此得以确定。此大类中,作者为明人的书籍,凡 92 种。③ 其中,万历十二年后仍在世的作者,唯有王世贞一人,黄嘉善本著录其作《弇州

---

① 如曾任官于南京太常寺、詹事府、礼部祠祭司的汤显祖,即云"得奉陵祠,多暇豫"(《答管东溟》,徐朔方笺校《汤显祖全集》,北京:北京古籍出版社,1999年,第 1295 页),"委清署而游瘴海,秋去春归,有似旧巢之燕……比意陵祠松柏,依依五云,殊深缅恋"(《寄傅太常》,徐朔方笺校《汤显祖全集》,第 1329 页),等等。
② 《明世宗实录》卷二二六,第 4693 页。
③ 按,笔者这里判定诸书作者为明人的依据,在于其去世时间。亦即去世于洪武元年(1368)以后者,皆纳入统计。

山人四部稿》《艺苑卮言》。然在现存《弇州山人四部稿》版本中,即有万历四年刻本、万历五年刻本,《四部稿》中即收录了《艺苑卮言》。可见,此类全部著录,与黄嘉善本刊刻于万历十二年的结论亦无矛盾。

其三,是带有注释的书名,如开篇所述"兵部"类下著录的《大阅录》《九边图说》,名下有注"隆庆二年刊""隆庆三年刊"即是。通过注释提供的作者、刊刻者等方面信息,可以确定是作于明代的书籍,凡26种。其作者皆于万历十二年以前去世,则诸书写作时间更在此之前。

以上从三方面搜集了黄嘉善本《古今书刻》著录的明代书籍凡156种,考其写作时间,皆在万历十二年以前,是为笔者对此结论的验证。

三、结语

考察黄嘉善校刻本《古今书刻》的编刊时间,有助我们更充分地利用《古今书刻》,以探讨明代印刷史、版本学乃至文学等领域的重要问题。

如前所述,黄嘉善校刻本《古今书刻》的编刊时间当为万历十二年,则其所著录的二千余种书籍,亦当反映了万历十二年以前的明代书籍刊刻情况。《校雠广义·版本编》等论著提出的"隆庆三年"之说,是不够准确的。万历十二年距崇祯十七年明朝灭亡还有六十年,因此,将《古今书刻》著录的书籍数量等同于明代某一单位、某一地区刻书总量的做法,也是不妥当的。① 另一方面,黄嘉善校刻本《古今书刻》著录的全部刻本的刊时下限,亦当为万历十二年,这又为探讨相关问题带来了新的线索。如其著录的都察院本《三国志演义》《水浒传》,既可能为嘉靖刻本,亦可能为隆庆刻本或万历刻本。

附表:黄嘉善校刻本《古今书刻》中的相关著录

以下即为笔者选定的黄嘉善校刻本《古今书刻》中可以确定其指代的书籍著录,作为验证本文结论的材料,凡三类。

(一) 明代御制、敕撰书籍(38种)

《皇明祖训》《孝慈录》《稽古定制》《为善阴骘》《孝顺事实》《礼仪定式》《大诰》三篇、《洪武礼制》《大诰武臣》《大明一统志》《洪武正韵》《诸司职掌》《历代

---

① 如海继才、温新豪《河南出版史话》"明代河南的出版业"一章云:"在河南地方官府衙门刻书中,河南布政司刻书最多,达21种;其次是汝宁府,11种;彰德府,6种"(郑州:文心出版社,1996年,第61页),等等。

臣鉴》《洪武圣政记》《洪武仪式》《大明律》《大明令》《大明日历》《永乐大典》《资世通训》《明伦大典》《五伦书》《圣学心法》《敬一箴》《五箴注》《钦明大狱录》《大明集礼》《五经大全》《四书大全》《昭鉴》《大狩龙飞录》《孟子节文》《存心录》《永鉴录》《古今列女传》《寰宇通志》。

其中，作于洪武年间者，为《皇明祖训》《孝慈录》《稽古定制》《礼仪定式》《大诰》三篇、《洪武礼制》《大诰武臣》《洪武正韵》《诸司职掌》《洪武圣政记》《洪武仪式》《大明律》《大明令》《大明日历》《资世通训》《大明集礼》（按，是书刊刻于嘉靖年间）、《昭鉴》《孟子节文》《存心录》《永鉴录》。

作于永乐年间者，为《为善阴骘》《孝顺事实》《永乐大典》《圣学心法》《五经大全》《四书大全》《古今列女传》。

作于宣德年间者，为《历代臣鉴》《五伦书》（按，是书刊刻于正统年间）。作于景泰年间者，为《寰宇通志》。作于天顺年间者，为《大明一统志》。

作于嘉靖年间者，为《明伦大典》《敬一箴》《五箴注》《钦明大狱录》《大狩龙飞录》。

（二）作者为明人、具有独特性的书名(78人92种书)

叶盛《水东日记》、王鏊《震泽长语》、宋濂《宋潜溪文集》、何景明《何仲默文集》《何子十二论》、朱权《臞仙神奇秘谱》、《臞仙文谱》《臞仙诗谱》、杜柟《杜研冈集》、郭勋《雍熙乐府》、姚广孝《逃虚子集》、吴讷《文章辨体》《祥刑要览》、程敏政《皇明文衡》《篁墩文集》《篁墩文粹》、陈献章《白沙诗集》、罗玘《罗圭峰文集》《圭峰续集》、湛若水《甘泉文集》、李东阳《怀麓堂稿》、王守仁《阳明文录》《阳明文集》、李时勉《古廉诗集》、康麟《雅音会编》、刘玑《正蒙会稿》、薛瑄《薛文清集》、吴与弼《康斋集》、李梦阳《空同文集》《李空同诗集》、孟洋《孟有涯集》、蔡羽《蔡林屋集》、王宠《王履吉集》、高棅《唐诗正声》《唐诗品汇》、吴宽《吴匏庵文集》、张和《张筱庵文集》、徐祯卿《徐迪功文集》、杨士奇《东里诗集》、管时敏《蚓窍集》、高启《凫藻集》《缶鸣集》、陈继《怡庵文集》、陈符《存诚斋稿》、顾元庆《梓吴》、都穆《谭纂》、彭时《正学阶梯》、陈束《陈后冈集》、袁袠《袁永之集》、高启、杨基、张羽、徐贲《高杨张徐诗集》，黄省曾《五岳山人集》、归有光《归震川集》、王世贞《弇州山人四部稿》《艺苑卮言》、孙鼎《诗义集说》、顾禄《顾禄诗》、杨维桢《铁崖诗集》《杨铁崖文集》、陶宗仪《辍耕录》、单复《读杜愚得》、王绂《王孟端诗》、王达《王氏天游集》、邵宝《容春堂文集》、崔铣《崔氏洹词》、刘基《刘伯温文集》《犁眉公集》《郁离子集》、汪广洋《凤池吟稿》、方孝孺《逊志斋文集》、胡翰《胡仲子文集》、苏伯衡《苏平仲文集》、戴良《九灵先生集》、胡奎《胡斗南文集》、罗伦《罗一峰集》、罗洪先《罗念庵集》、袁凯《海叟集》、俞宪《皇明进士登科考》、李默《孤树裒谈》、宗臣《宗子相集》、高叔嗣《高苏门集》、高岱《鸿猷录》、朱有燉《诚斋乐府》《诚斋传奇》、孙应鳌《淮海易谈》、李攀龙《李沧溟集》、郑若庸《类隽》、边贡《边华泉诗集》、庄昶《庄定山文集》、张治道《张太微诗集》、吕柟《吕泾野诗集》、康海《康对山集》、邹守益《邹东廓文集》。

（三）带有注释、确定为明代作品的书名(26 种)

"兵部"类著录《大阅录》,注云"隆庆二年刊";《九边图说》,注云"隆庆三年刊"。

"苏州府"类著录《文太史集》,注云"文征明";《金声玉振》,注云"袁氏刻"（按,编者为袁褧）;《辽金小史》,注云"杨循吉";《玉涵堂集》,注云"吴子孝";《皇甫司勋集》,注云"皇甫汸";《庚巳编》,注云"陆贞山";《客座新闻》,注云"沈周";《九朝野记》,注云"祝允明";《解颐新语》,注云"皇甫汸";《修辞指南》,注云"浦南全集"（按,作者为浦南金）。

"绍兴府"类著录《谢密庵云集》,注云"上虞谢肃著"。

"吉安府"类著录《抑庵集》,注云"王直著";《刘职方文集》,注云"刘子高著";《芳洲老人集》,注云"陈循著";《广舆图》,注云"罗念庵著"。

"建昌府"类著录《圭峰文集》,注云"罗玘著";《椒丘文集》,注云"何乔新著"。

"汀州府"类著录《丹铅总录》,注云"杨慎著,出上杭县"。

"楚府"类著录《清江先生文集》,注云"崇德贝琼著"。

"黄州府"类著录《王梦泽集》,注云"黄冈王廷陈著"。

"开封府"类著录《嵩渚集》,注云"李濂撰,出祥府"。

"汝宁府"类著录《刘嵩阳集》,注云"光州刘绘"。

山东"布政司"类著录《金文靖集》,注云"金幼孜著"。

"西安府"类著录《丘隅集》,注云"乔世宁著"。

方志中所见《全清词·顺康卷》及《补编》漏收18家词录

胡永启

【内容提要】《全清词》之"全"是一个相对的概念。今据相关旧志"艺文志"为《顺康卷》及《顺康卷·补编》新补18家30首词。

【关键词】《全清词·顺康卷》《顺康卷·补编》 补遗 18家词

《全清词》诸卷本的陆续出版为推动清词的全面研究奠定了文献基础,然文献的"全"是一个相对的概念。① 近翻检旧志,在各相关"艺文志"中新见《顺康卷》及《顺康卷·补编》漏收词18家30首,现辑录如下。部分词作,或词题在词调之前,或词题中包含词调,均一仍其旧,惟词调与词题构成一句密不可分的话时,则加书名号。凡《顺康卷》及其《补编》未收某家词者,兹附其小传。原文作双行小字者,加括弧标识。原文漫漶者,以"□"标出。

一、[康熙]《韩城县续志》②卷之八"艺文志·诗馀"收康行偘1首

康行偘,字锷霜,号韬园,山西安邑人。康熙三十三年(1694)进士。官陕西韩城知县、工部主事等。著有《韩城县志》《运司盐政便览》《云斋清籁》等。《顺康卷》及其《补编》无收其词,今据该方志辑出1首。

双调浪淘沙　苏山秋望

秋雨过秋峰,风紧云松,萋迷烟草展秋容。更有南枝三百树,碧影重重。
夕照古祠红,俯仰遗踪,上林何处帛书通。汉使穿庭为计好,借重征鸿。

---

* 本文为郑州工程技术学院国家级课题培育基金项目(项目号:GJJKTPY2017S1)阶段性项目。
** 本文作者为郑州工程技术学院基础教育学院副教授。
① 张宏生《全清词·顺康卷·补编·后记》,南京:南京大学出版社,2008年,第2516页。
② 〔清〕康行偘纂修、康乃心编次:[康熙]《韩城县续志》八卷,民国二十九年(1940)郑博之抄本。

二、[康熙]《安平县志》①卷之九"艺文·诗·诗馀"收陈维岳等3家4首

陈维岳,《顺康卷》收其词45首,《顺康卷·补编》收1首,今据该方志为补1首。

满江红　安平民间一产三男,漫填纪事

拍手儿童,夸余弟、南平作牧。喜境内、孜孜驯雉,翩翩骑竹。一事近来尤可异,三男同乳新嘉告。赐天家、布帛到民间,懒班足。　璋可弄,增双玉。衣可做,添双幅。索银盘岂有,瓦盆同浴。盛世不欣符瑞志,野夫偶订风谣录。笑孪生、八士漫惊奇,烦更仆。

李运长,顺天大兴人。举人。顺治年间任兵科给事中。《顺康卷》及其《补编》无收其词,今据该方志辑出2首。

念奴娇　题圣姑庙

安邑城隈,见高台古殿,巍峨百尺。传是仙姑紫女庙,周代双纯孝节。困解萧王,锋摧逆孽,再起中兴业。感神昭报,龙跳曾赐题额。　遥想光武当年,奇踪异迹,此事堪称特。眼底兴亡千点泪,洒向灰飞烟灭。香火犹存,英灵何处,长使劳追忆。魂摇日暮,空教残照浮白。

南乡子　再登观稼亭晚眺

郊柳半成蹊,忍受东风次第吹。陌上游人凝望处,依稀,落日轻阴树色迷。此景莫低徊,城角鸦啼倦欲栖。逗日繁华今在否,归兮,绿水青山却笑谁。

孙亢宗,顺康年间人。《顺康卷》及其《补编》无收其词,今据该方志辑出1首。

满江红　安平民间麦秀两岐,一产三男,词以颂美

官瘦民肥,堂帘不、和风甘雨。传佳话、双岐麦秀,三男同乳。瑞应物华堪入史,祥钟人杰非常遇。听讴吟、载道颂神君,歌来暮。　嘉种熟,桑无附。赤子育,慈于妪。羡中牟异政,奏南平路。又喜旱蝗飞不入(时有蝗患,竟不为害),更闻猛虎凭河渡。料封章、上告动宸颜,膺殊数。

---

① 〔清〕陈宗石纂修:[康熙]《安平县志》十卷,康熙三十一年增刻本。

三、[康熙]《象山县志》①卷之十三"艺文·词"收姚廷杰4首

姚廷杰,字升闻,浙江钱塘人。康熙年间,任象山儒学教谕、绍兴府教授。著有《教孝编》等。《顺康卷》及其《补编》无收其词,今据该方志辑出4首。

忧旱　调名《梅子黄时雨》

梅子黄时,岁岁滴涓涓,水何曾竭。那识到而今,吸干泉窟。小满已过三日商,牟不舞谁能掇。吾心郁,百卉如熬,千山皆渴。　谁撒。伤弦遗子。怎踏翻瀛海,四郊倾泼。素性□□□,□□明月。须寄语虹霓见悯,雨来休至天边截。心田□。次把老龙来夺。

送魃　调名《春夏两相期》

恨伊惯、把苍生误。田家惨被煎银。绿野怎烧,日射海蛟烦潓。久离被裖已生尘,闲携絮棒无处挽。花也心焦,山多健已,但闻人叹。　还将杯烟来饶。莫待雷霆击,始知逃窜。若再相容,到底穷黎遭蹇。幸夔龙著意承流,遇竟舜赏思敷涣。上下忧劳,早夜彷徨,万呼千唤。

告龙　调名《水龙吟》

我今语汝神龙问,龙汝所司何事。河渠已裂,苗秧难插,屡求不至。上负朝廷,下惭士庶,相关非细。况春秋血食,宁荣退避。怎说得、无虚祀。　莫把威灵自倚,广施云、雨方为技。田间妇子,官衙执事,晨昏訾议。箫鼓纷迎,乡城齐桥,岂真无耳。设来朝、别处龙潭感应,汝能无耻(象邑龙潭不一,□□门洞最为灵异。予因雨泽愆期,吁祷十日后,作此词焚于坛,是夜甘霖大沛,其显应如此)。

喜雨　调名《大有》,赠胡邑侯

盛暑蒸人,赤霞烘草,旱魃为、灾叹如毁。看农夫、田间枉费耘耔。赖明府恻然忧悁,同我辈、虔求天帝。转盼卷地风生,俄闻震坛雷起。　雨奔注,人心喜。还再望来朝,复腾龙尾。郊外青青,愿大有今年纪。料此际琴堂润,好弹出、高山流水。果然百姓遇官清,吾心慰矣。

---

① 〔清〕胡祚远修、姚廷杰纂:[康熙]《象山县志》十六卷,康熙二十一年刻本。

四、[康熙]《汝阳县志》①卷之一〇（下）"诗馀"收傅世壵 3 首

傅世壵，《顺康卷》收其词 88 首，《顺康卷·补编》收 110 首，今有学者为补 4 首，②现据该方志另补 3 首。

满江红　游西湖田家留饮，用尤悔庵先生韵

芳草晴波，酝酿就、一溪春涨。犹幸得，白衣有意，方兄无恙。放眼欲穷六合外，寻幽独步孤汀上。遇田家、村酒蚁沉浮，倾尊饷。　村远近，樵讴漾。舟隐现，渔歌唱。早客怀已醉，闲情初酿。凭吊共随阮氏履，逍遥乍可东山秋。望西山、图画涌烟岚，难为状。

行香子　北郭即景

城郭参差，斜枕清溪。绿依依、垂柳低迷。人家宛转，背浽临涯。有打鱼船，沽酒处，听莺堤。　择个坡陂，结个幽栖。曲弯弯、遮带笆篱。阴晴无阻，春夏俱宜。似会稽图，武陵记，辋川诗。

沁园春　三月十二同诸子河畔赏春

雨冻梅天，絮裹梨云，殷勤送春。望清溪一脉，烟波澹淡，远山万叠，碧嶂嶙峋。错落旗亭，参差雉堞，万柳高低暗渡云。芳郊外，喜春光无恙，霁景犹新。　盘桓汝水之渍，好招致、烟霞作主宾。羡高人风致，兴豪一世，长歌慷慨，酒送千巡。人寿几何，江山易老，莫厌登临感慨频。今不乐，怕鸟啼花落，断送芳辰。

五、[康熙]《续修长葛县志》③卷之八"艺文·词"收程曰鹏等 3 家 4 首

程曰鹏，河南长葛人。增广生员。在[康熙]《续修长葛县志》的纂修中，担任订正工作。《顺康卷》及其《补编》无收其词，今据该方志辑出 2 首。

满庭芳　白乐天祠

名冠香山，韵流司马，宅兆谁识孤踪。村西小径，林掩野花红。行到水环

---

① 〔清〕邱天英修、李根茂纂：[康熙]《汝阳县志》十卷，《中国地方志集成·河南府县志辑》（第 49 册），上海：上海书店出版社，2013 年，第 355—356 页。
② 和希林《〈全清词·顺康卷〉7 家 70 首辑补》，《广东技术师范学院学报》2014(6)，第 12 页。
③ 〔清〕何晴山纂修：[康熙]《续修长葛县志》八卷，康熙三十年刻本。

山绕,檐廊静,好鸟啼风。停车问,溪边钓叟,为道乐天宫。　　知公,仙隐处,随桃傍柳,漱石餐松。自排袖归来,访道崆峒。遗得层台古树,标青汉、烟锁云封。最堪羡,凭阑远眺,苍翠隐嵩峰。

水调歌头　葛仙翁池

翠点层山际,红染小桥秋。一溪盘绕仙迹,地涌碧泉流。昼霁银花捧日,夜静金鳞跃月,竹影鸟声幽。冰鉴疏人立,縠皱乱云收。　　武彝曲,蓬海岛,华峰头。清凉仙界浣花,濯锦总难俦。不必炼丹龙井,岂往寻砂勾漏,此地即丹丘。尘土一为涤,真在葛天游。

张廷琇,顺康年间长葛县人。庠生。《顺康卷》及其《补编》无收其词,今据该方志辑出1首。

霓裳中序第一　双洎秋波

河山拱天阙。伊洛遥来秀相结。两水合、洧溱清折,喜泉响琴音,渡争桃叶。葭苍时节。宕金飚、浪翻银雪。柳堤畔、采菱歌断,又欸乃声接。　　犹说。当年勋业。乘舆人、流风无歇。漫云断简残碣。只红蓼汀头,白蘋渚上。常明碧霄月。看依岸、烟村排列。晓城晴、日光浮动,翠色隐千叠。

李重素,河南长葛人。举人。在[康熙]《续修长葛县志》的纂修中,担任订正工作。《顺康卷》及其《补编》无收其词,今据该方志辑出1首。

齐天乐　白乐天祠

石羊夜起金鸡鷟。惊传乐天孤墓。一水环清,三冈拱翠,郁郁佳城深处。芳踪如睹。看长庆文章,元和贤辅。宗匠名臣,飘然完节归黄土。　　我来寻碣表著,向泉台绘像,枌榆陈俎。雨腻红桃,月摇碧柳,仿佛当年歌舞。权奸阘竖。任草断坟荒,倩谁瞻顾。庐洛香山,风流足万古。

六、[康熙]《河南通志》①卷之三八
"艺文(四)·诗·诗馀"收计南阳1首

计南阳,《顺康卷》收其词36首,《顺康卷·补编》收1首,今据该方志为补1首。

---

① 〔清〕沈荃编纂、徐化成续修:[康熙]《河南通志》五十卷,康熙九年刻本。

过临漳仝武宣作,调《醉蓬莱》

叹年来草草,啸侣吟朋,客中强半。昨日苏门,倏又三台畔。漳水滔天,邺城堕地,无复当时观。狡狯曹瞒,豺狼石虎,一般涂炭。　慨古嗟今,侧身凭吊,勋业星飞,豪华冰涣。漫说文章,千载词人擅。徐应王刘,风流灭没,何处西园宴。伫望苍茫,欲酬斗酒,把骊裘换。

七、[乾隆]《云台山志》①卷之八"艺文·'国朝'词"收罗珍等2家3首

罗珍,汉军正白旗人。监生。康熙四十一年(1702)任徽州知府。《顺康卷》及其《补编》无收其词,今据该方志辑出2首。

临江仙　万金堰

两岸高峰如壁,几堆乱石成堤。年年潮汐任东西。迷濛山下路,惆怅海中泥。　拟役神功再造,须知民力难齐。残碑空忆旧时题。荒烟衰草畔,剥落有谁稽。

满庭芳　秋日小海道中

落日西风,片云东海,回头几叠青山。迢遥野径,且整顿归鞍。极目平沙无际,见依稀、烟水漫漫。遥天外,数声征雁,翠荻起秋寒。　几回,思往事,沧桑未变,旧日波澜。有多少蛟龙,出没其间。瞬息光阴能几,任潮声、不上空滩。顿惊叹,盈虚消息,人事几循环。

江之菹,字杜若,江苏东海人。诸生。康熙十五年(1676)至漕运总督衙门,递呈要求恢复云台山的状子。著有《复山集》二卷。《顺康卷》及其《补编》无收其词,今据该方志辑出1首。

满江红　自述

海岳烟霞,蓬壶里、常留仙客。植数竿修竹,结茅疆场。满坞白云耕岂尽,一川明月钓盈尺。扣角歌、长啸振山空,依泉石。　驱犁返,柴桑宅。南阳隐,枫林赤。树青灯黄卷,古今堪适。惊醒幽眠辽鹤唳,破除苔色东山屐。看谁过、花外客停车,闲谈奕。

---

① 〔清〕崔应阶重编、吴恒宣校订:[乾隆]《云台山志》八卷附一卷,乾隆三十七年刻本。

八、[乾隆]《巴县志》①卷一六"艺文·诗馀"收余涧 2 首

余涧,字宗建,康熙年间浙江山阴人。[乾隆]《巴县志》卷之九"人物·流寓""皇清"目下列其简介:"修髯伟貌,洒落不群,与人交醇如也。游渝乐之,买田终老。酒酣喜作小词,随手散落,多不存稿。"《顺康卷》及其《补编》无收其词,今据该方志辑出 2 首。

望江南　佛图关壁,叹刘将军遗刻

岩石上,题句认刘公。播贼初平还驻此,辽阳无信调援东。何处叹藏弓。声恻恻,忧畏总无穷。两世勋名良可念,娥眉谣啄漫相逢。落日下西风。

浪淘沙　巴郡送徐良佐回清苑,逾年寄此问之

渝树醉霜红,客去匆匆,巴山常有雁相逢。将梦与书同寄去,绳武堂东。觞咏旧从容,笔扫梅风,软尘偏为旅人浓。遮断两边寻梦处,谁话离惊。

九、[乾隆]《邓州志》②卷之二三"艺文(下)·诗馀"收魏力仁 1 首

魏力仁,字山公,河南南乐人。顺治丁酉举人。官庐江知县。《顺康卷》及其《补编》无收其词,今据该方志辑出 1 首。

百字令　桃花洞元宵张灯

今宵月满,看千门遍散,光辉城阙。刺史风流夜宴,画壁烟笼瑶屑。绿酒淋漓,红灯灿烂,箫鼓不停歇。郡传襄邓,地灵还借人杰。　我也关内侯封,桥山顶上,曾把年华阅。不道桃花古洞,正是上元佳节。火树银花,星桥铁锁,真似昔人说。这番欢赏,歌声缓度春雪。

一〇、[乾隆]《夏津县志》③卷之一〇"艺文志·词'国朝'"收徐汝峄等 2 家 4 首

徐汝峄,浙江义乌人。康熙二十一年(1682)进士,二十八年(1689)任夏津

---

① 〔清〕王尔鉴等纂修:[乾隆]《巴县志》十七卷,乾隆二十六年刻本。
② 〔清〕蒋光祖修、姚之琅纂:[乾隆]《邓州志》二十四卷首一卷末一卷,《中国地方志集成·河南府县志辑》(第 58 册),第 595 页。
③ 〔清〕方学成修、梁大鲲等纂:[乾隆]《夏津县志》十卷,《中国地方志集成·山东府县志辑》(第 19 册),南京:凤凰出版社,2008 年,第 248 页。

县知县,四十三年(1704)任河南按察使司佥事。《顺康卷》及其《补编》无收其词,今据该方志辑出2首。

满江红　瑞谷二首

何事流传,争羡那、张堪声价。看今日、苍生司命,东山起谢。四野桑麻皆茂对,一天雨露都沾洒。喜丰亨、豫大产嘉禾,双岐者。　　车箱载,云连野。场圃拾,珠盈把。尽瑟琴御祖,鸡豚赛社。喧祝鸠携耆老杖,欢歌竹驾儿童马。问天心、昭格是何人,中丞也。

嘉谷盈眸,看禹甸、畇畇如此。古所谓、五云三秀,将无类是。禾黍休祯从未睹,茨梁岁月今伊始。幸阳春、有脚倚元公,年丰矣。　　绝弊窦,清奸宄。拾遗穗,同妇子。苟一夫不获,引为深耻。燮理阴阳□降鉴,太平瑞应垂青史。荷絣幪、何以祝无疆,讴歌耳。

张吾瑾,号鹤洲,四川金堂人。顺治十一年(1654)举人,次年成进士。先任山东夏津县知县,后两充该省乡试同考官。工诗文,精医术。著有《人镜经续录》二卷、《鹊符斋诗文集》四卷等。《顺康卷》及其《补编》无收其词,今据该方志辑出2首。

菩萨蛮　官闲读书

云幽板静门如水,担饥无药堪疗鄙。十指似悬椎,探闲下董帷。　　纷纷何足数,把臂交千古。万卷惜分阴,挥旌拥百城。

望远行　纤夫叹

己亥夏,大兵南发,纤夫死伤甚众,闻有婺妇子,新娶竟陨于役,作此哀之

飞符一纸,如星火、报到貔貅南下。预征刍粟,齐驾楼船,龙骧虎贲人马。郡邑编夫,拉纤逐门排户,日夜震惊城野。道王师、伐罪安民义也。　　嗟讶。赤子那堪渴暑,稍越站、即遭鞭打。赎放无钱,病来莫诉,水次枕尸狼藉。谁惜高堂悬望,孤儿别后,误杀娥眉初嫁。奈绘图无郑,痛哭思贾。

此词句字平仄舛错失调甚多,以其感慨时事,为按谱订正存之,以代白太傅《秦中吟》焉。宛上方学成识。

一一、[乾隆]《彰德府志》①卷二九"艺文·诗馀(国朝)"收阎兴邦1首

阎兴邦,《顺康卷》收其词9首,今据该方志为补1首。

岳忠武王庙,调《水调歌头》

策马周流社,人指鄂王宫。参天树色安在,云淡草连空。回想昔时神武,父子疆场戮力,血染战袍红。一自甘和议,百计害孤忠。　莫须有,三字狱,曲如弓。荡阴城外苦雨,岁岁泣英雄。谁料年逾二百,故里重为立庙,遥对大梁东。试看双桥下,流水意何穷。

一二、[乾隆]《莱州府志》②卷一五"艺文(下)·词"收赵熙煦2首

赵熙煦,顺康年间山东即墨人。《顺康卷》及其《补编》无收其词,今据该方志辑出2首。

高太傅祠堂　调寄《满江红》

鼎去幕台,尚半壁、金陵如画。南渡后、阿谁负国,依稀玩荡。丞相空陈收复策(公受命陈新政八事),君王愿把山河偕。看□□、谈笑过长江,飞来也。　蒋山上,芙蓉谢。白门外,斜阳下。更胭脂井冷,后庭歌罢。磊落忠魂宁灶竹,萧条遗庙邻僧舍。老□书、涕泪守荒祠,风前洒(公孙璨,时恩荫中书,庐于祠侧,年八十卒)。

登珠山绝顶　调寄《金缕曲》

我爱珠山好。耸孤峰、千斗绣壁,去天多少。白眼偏宜高处望,下视层峦都小。更苍翠、青青未了。霜冷空林人迹断,只远公庐舍邻荒岛。看一缕,炊烟袅。　从来景物供(平声)凭吊。问当年、西村词客,几番登眺(明诗人王无竟住大珠山西时游览于此)。名士风流消歇尽,今日王孙重到。对碧海、扶筇长啸。立久浑忘身已倦,渐萧萧衣带闲云绕。听耳畔,寒声悄。

---

① 〔清〕黄邦宁修撰:[乾隆]《彰德府志》二十九卷,《中国地方志集成·河南府县志辑》(第21册),第780页。

② 〔清〕严有禧纂修、张桐增修[乾隆]《莱州府志》十六卷,《中国地方志集成·山东府县志辑》(第44册),第385-386页。

从编纂体裁与燕行使心理看"燕行录"的创作动机

漆永祥[*]

【内容提要】 本文从"燕行录"的内容体裁、燕行使的创作心态与动机等方面,对千余种"燕行录"做了较为详细的论析。认为"燕行录"或为觇国侦伺的秘密情报,或为观上国、交名士、赏风物、广异闻的纪行录,或记录屈辱行走在"蛮貊之国"的悲愤之情,或创作模山范水、抒发心意的诗歌作品,或反映经世济民、"北学"中国的理想实践,或体现踵事增文、后欲胜前的创作心态与娱乐女性、夸饰富有的创作动机。由于编纂体例所限与创作动机不同,以及对明清时期中国判焉两途的不同看法,导致燕行使在资料运用、风物描绘、事件陈述、故事剪裁、详略取舍、价值判断诸方面,就有了完全不同的创作欲望与选择标准,进而影响到"燕行录"的撰写质量以及史料的采信度与可靠性。因此,在"燕行录"的研究过程中,绝不能忽略燕行使的创作心态与创作动机。

【关键词】 燕行录 燕行使 创作心态 创作动机

"燕行录"研究在时下蔚为热门,各类专著与论文层出不穷,但对"燕行录"的创作动机、成书过程与史料真伪诸问题,展开深入探讨的文章并不多见。本文试从"燕行录"的编纂体裁与燕行使的心态,来分析"燕行录"的创作动机,以期对当前的研究有所裨益。

一、觇国侦伺的秘密情报

燕行使在出使中国的过程中,侦伺情报是其重要的工作内容,此即春秋时期所谓"觇国"之义,即具有间谍性质的外交使命,这自古以来都是公开的秘密。关于此点,朝鲜半岛出使诸臣,无论是在他们崇奉尊礼的大明,还是视如蛮貊的清朝,都是完全相同的。洪良浩就曾在送人赴燕时说:"始知古之达者,

---

[*] 本文作者为北京大学中文系、北京大学中国古文献研究中心教授。

观风而觇国,闻乐而知时者,良有以也。"①南公辙在谈到元朝之待西藏班禅甚厚的原因时,曾曰:

> 夫三藏,古之三危之地,《书》称舜窜三苗于三危是也。……明之终始虑患者,不在于佛而在于西番,故毋宁阳尊其教而阴制其术,以冀一日之无事也。其所以朝贡通使者,明探其情也;其所以分爵封王者,明割其势也;至宠锡以金玉,僭侈之服器,欲啖之以利而愚其智也。特西番入其术耳,此岂佛事哉?善治天下者,宁自污而得虚名,不无备而取实祸。然则元之于班禅,其亦有明之意欤?②

这实际是借元代对待班禅的做法,来代指清代对朝鲜的策略。又赵寅永在谈到书状官在使行中的职责时,也认为:

> 书状之职,匪专命而已,尤以观上国为重。故其回也,以耳目之所及者,录闻于朝,号曰《别单》,故规也。此《周官》小行人使适四方,所采风俗善恶,各为一书,以反命于王。而春秋之大夫,相朝聘也,亦必以刑政典礼觇其国者也。③

使臣在出发前,朝鲜国王还会嘱咐殷殷,以"觇国"为亟务。如正祖二十一年(嘉庆二年,1797)三月,谢恩兼冬至等三节年贡使一行返国后,正祖召见书状官李翊模,就迫不及待地问:"古人出疆,必有觇国之术,所见何如?"④又如哲宗八年(咸丰七年,1857)十月底,冬至等三节年贡兼谢恩行正使庆平君李晥等一行离发前,哲宗召见三使臣,并谓:"彼地人心年形及贼匪,详细探知,而我国沿路诸处人心年形,亦为议探以来可也。"⑤这种在归国后或出发前的君臣问答,是每起使团之必有之义,故使团成员均天然地负有刺探情报的责任。

据《朝鲜王朝实录》,太宗十七年(永乐十五年,1417),礼曹上承文院牒呈吏文事件,其中就有对使臣呈送《闻见事件》的相应规定:

> 奉使赴京各起书状、通事,赴辽东使臣等官,但有陈奏事理、宣谕圣旨、礼部辽东省会及沿途闻见事件,回还十日内,一一开呈本院,以凭参考。其有违限不呈者,移文宪司纠察。从之。⑥

---

① [朝鲜]洪良浩《耳溪集》卷一一《送尹侍郎渭老(尚东)赴燕序》,《韩国文集丛刊》,241/198。
② [朝鲜]南公辙《金陵集》卷一一《送柳参判义养赴燕序》,《韩国文集丛刊》,272/195。
③ [朝鲜]赵寅永《云石遗稿》卷九《送内兄洪痴叟学士起燮行台之燕序》,《韩国文集丛刊》,299/172—173。
④ [朝鲜]《正祖实录》卷四六,正祖二十一年(嘉庆二年,1797)3月24日甲子条。
⑤ [朝鲜]《哲宗实录》卷九,哲宗八年(咸丰七年,857)10月28日乙亥条。
⑥ [朝鲜]《太宗实录》卷三三,太宗十七年(永乐十五年,1417)3月30日丙辰条。

又世宗十六年(宣德九年,1434),春秋馆承教旨,拟议广记事之条以启曰:

> 凡本国出使人员,其关国家军民事体者,依书状官《闻见事件》例,备书首末,进呈本馆,以为恒式,令本馆检察。……从之。①

世宗二十一年(正统四年,1439),日本通信使金中枢院事高得宗启事目称,凡日本通信使返国后,也应将"凡闻见事件,令从事官日记载录,回还启达"。②

关于书状官上《闻见事件》的发端,《通文馆志》记载曰:

> 书状官逐日记事,回还后启下承文院。国初,赵文刚末生回自京师,以耳目所睹记,别为条启。书状官为《闻见事件》自此始。(肃庙丙戌书状官南迪明后,无《闻见事件》条启者云。)③

案赵末生在太宗三年(永乐元年,1403)四月,以贺登极使书状官身份出使返国,④《通文馆志》所载即此时。又上文所言南迪明,指肃宗三十一年(康熙四十四年,1705),谢恩兼冬至等三节年贡行正使东平尉郑载仑、副使礼曹判书黄钦、书状官司宪府掌令南迪明等一行出使返国时(即三十二年丙戌),南氏所上《闻见事件》,今见《同文汇考补编》中。但南迪明之后,书状官上《闻见事件》仍旧,并非"无《闻见事件》条启者",《同文汇考补编》所记录最晚的一次,为高宗十八年(光绪七年,1881)陈慰兼进香行书状官柳宗植所上《闻见事件》。

在使臣出使期间,朝廷还规定使团在渡鸭绿江时,"书状官与本道都事义州府尹幕坐江边,搜检卜物,点阅人马。渡江后副使驰启,还渡之日更阅启闻"。⑤ 而赍咨行使臣,也同样在"渡江及入栅时报由备局,还渡江之日竣事事,及沿路闻见,具书同湾尹状启以送"。⑥

因此,朝鲜使臣在渡过鸭绿江后,就立即开始各种情报的搜集工作。然后在入栅、至沈阳、入山海关、到北京、在馆、北京离发、出山海关、出栅、还渡江等日期,均有状启向国内报告一行情况及沿路闻见;回国后使臣须向国王述职,书状官向承文院呈《闻见事件》。如仁祖十年(崇祯五年,1632)六月出使的奏请行书状官尚衣院正兼司宪府掌令洪镐,在翌年返国后纂有《朝天日记》二卷,今存其《无住先生逸稿》卷四,首页"朝天日记"题下,注称"事完回来,凡所闻

---

① [朝鲜]《世宗实录》卷六六,世宗十六年(宣德九年,1434)11月5日戊寅条。
② [朝鲜]《世宗实录》卷八六,世宗二十一年(正统四年,1439)7月3日己酉条。
③ [朝鲜]《通文馆志》卷三《事大上上·赴京使行》,首尔大学校奎章阁韩国学研究院2006年影印本,上册/088。
④ [朝鲜]《太宗实录》卷五,太宗三年(永乐元年,1403)4月2日戊申条。
⑤ [朝鲜]《通文馆志》卷三《事大上·渡江状》,上册/147—148。
⑥ [朝鲜]《通文馆志》卷三《事大上·赍咨行》,上册/202—203。

见,逐件开录于后,谨具启闻",①即为其事竣返国后在《闻见事件》基础上增补的《日记》。又如英祖元年(雍正三年,1725)谢恩兼陈奏奏请行书状官司仆寺正赵文命纂有《燕行日记》,其竣命后引见时上奏称,"自渡江至燕京,山川形胜,风谣习俗,多在于从前《闻见事件》中,臣不复赘陈,只以沿路所睹记者,间或参附愚见,条列如右"。② 又纯祖三十三年(道光十三年,1833)三月初五日,冬至等三节兼谢恩行书状官兼司宪府执义金景善在出栅留待期间,就忙着"修整《闻见事件》,使之正书"。③ 又高宗二年(同治四年,1865),以谢恩兼冬至等三节年贡行书状官兼司宪府掌令张锡骏在返国后,于四月十七日至弘济院,"即谒阙,奉纳彼地《闻见录》与《日记》"。④ 因此,有不少留传后世的《燕行录》,其初期的作用实际就是用来呈送朝廷的按日所纂之《闻见事件》。

在《同文汇考》中,对此类状启在称名上有所区分,即正副使所称"别单",书状官所称"闻见事件",而赍咨官、译官所上称"手本"。⑤ 但从实际记录来看,"别单"与"闻见事件"之间,并没有严格的区别。

如果在出使途中或在馆期间,遇到重大军政要闻或突发事件,亟须向国内密报,使臣还会派专人快递返国,或者顺付于中国发往朝鲜的使臣或者是商人,因担心泄露秘密,有时状启还会用谚文书写,以免被中国官方或民间破读。如景宗即位年(康熙五十九年,1720)七月,以正使军官身份随其父告讣兼请谥请承袭奏请使判中枢府事李颐命出使的李器之记载,在馆期间的十月二十七日,通官金四杰来言:

> 吊敕当于明日往辞皇帝于畅春苑,仍往宿通州云。且言使臣状启当付于敕行,请言渠于朝鲜事甚宣力,别为接待云。大人作《状启》,但略言事未准之状,别以谚书作《别单》,难解处旁书文字,请令政院翻出登览,盖虑敕行或拆见也。⑥

李颐命用谚书撰写《别单》,委托清朝前往朝鲜的吊唁使臣顺付到朝鲜,又担心谚字不好识辨,怕有歧义,故于"难解处旁书文字",也就是将多音多义的谚文字词,用汉语标注在旁,以免产生歧义而误事。

又朴趾源也曾谈到谚文状启,其曰:

> 所可虑者,此等文书,不幸阔失遗落彼中,其为患害,当复如何。虽以

---

① [朝鲜]洪镐《朝天日记》卷上,《燕行录全集》,017/412。
② [朝鲜]赵文命《燕行日记》,《燕行录续集》,112/370。
③ [朝鲜]金景善《燕辕直指》卷五《回程录》,《燕行录全集》,072/197。
④ [朝鲜]张锡骏《朝天日记》,《燕行录续集》143/072。
⑤ [朝鲜]《同文汇考凡例》,001/004;《同文汇考补编》卷1,002/1562。
⑥ [朝鲜]李器之《一庵燕记》卷四,《燕行录续集》,111/391—392。

今番热河往来言之,事皆目击,虽最为实录,然《先来状启》附奏一二事件,不无忌讳,则渡江之前,无非饮冰之日也。愚意彼中消息,无论虚实,附奏先来者,皆以谚书状启,到政院翻誊上达为妙耳。①

即便是付朝鲜先来出使人员,也因为《先来状启》中多涉忌讳文字,怕万一丢失,为中国人所获,仍会贻害无穷,故也用谚文书写,以为万全。

如果使臣没有按规定呈送《闻见事件》,就是严重的失职,会受到弹劾。如宣祖二十八年(万历二十三年,1595),司谏院启曰:

> 近来奉使上国之臣,不自谨慎,害义辱国者比比,岂不寒心?京畿监司柳根,癸巳年以谢恩副使赴京,与上使郑澈,贷用唐人银两甚多;上年许顼之行,唐人执鞚,唱说不偿之意,其害义辱国,孰加于此乎?请命先罢后推,以惩奉使无状之罪。撿敕一行,专在于书状官,而李民觉不能纠察,致有如此骇愕之事。且后行如有所闻见,复命日固当陈达,而许顼掩置不言,书状官韩怀,亦不录《闻见事件》,俱失其职事,至为非矣。请并推考。②

虽然后来宣祖并未对许顼、韩怀等推考与罢职,但也说明如果使臣不上《闻见事件》,显然是一种严重的渎职行为。

在笔者收集的全部1070种"燕行录"中,《闻见事件》类体裁即有377种,占全部数量的35.23%。而在此类"燕行录"文献中,又可细分为如下数种:

"燕行录"中《闻见事件》类统计表

名称	状启	别单	闻见事件	手本	总计
数量	3	57	268	49	377

【1】其中374种皆为《同文汇考补编》所收录。
【2】他家"燕行录"中所记《状启》《别单》与《闻见事件》,不单独列出。

这377种"燕行录",均为使臣归国后所上,是最基本最原始的使行文献。因为这些史料一旦呈送承文院后,便不会再有修改与增删的可能性,所以也可以说是最早定型与完成的"燕行录"。

二、观上国、交名士、赏风物、广异闻的纪行录

在千余种"燕行录"中,存世最早的是高丽高宗二年(金宣宗贞祐三年、宋宁宗嘉定八年,1215)夏秋间出使金朝的书状官陈澕所创作的诗歌(笔者辑为

---

① [朝鲜]朴趾源《燕岩集》卷一四《热河日记·口外异闻》,《韩国文集丛刊》,252/291。
② [朝鲜]《宣祖实录》卷六三,宣祖二十八年(万历二十三年,1595)5月1日癸酉条。

《使金录》),最晚的是高宗三十一年(光绪二十年,1894),随进贺兼谢恩行出使金东浩所撰《甲午燕行录》。从作者的出使身份看,无疑是以正使、副使、书状官为主的。试看下表:

"燕行录"作者身份统计表

名称	正使	副使	书状官	其他	总计
数量	268	187	337	318	1110
百分比	24.1%	16.8%	30.4%	28.7%	100%

【1】部分"燕行录"作者按两人计算,故作者人数多出40人。
【2】其他包括质正官、首译、伴倘、医官等。

如果说正使、副使、书状官所撰写的"燕行录",因其觇国侦伺的外交使命,属于半公半私的话,那么三使臣以外的出使成员的写作,虽然也具有收集情报的性质,但其成色要大大减退,而私人纪行录的特征则更为明显,其作品所产生的影响也更为深远。究其原因,一是三使臣为国之重臣,代表国王出使,有"人臣无私交"的禁忌;二是他们身兼国务,无暇游览观光;三是他们的官员身份,限制了他们在沿途与在馆期间与普通中国人的交流。我们又对三使臣以外的其余318位"燕行录"作者按类统计如下:

"燕行录"正副使书状官以外作者身份统计表

名称	译员		军官			伴倘			率带子弟			赍咨官	质正官	从事陪从	人质	其他	待考	总计
	首译	译官	正使军官	副使军官	书状军官	正使伴倘	副使伴倘	书状伴倘	正使子弟	副使子弟	书状子弟							
数量	91	10	20	12	6	7	3	16	9	2	2	52	11	20	9	37	11	318

【1】凡打角、裨从等皆按"军官"计算。
【2】其他包括画员、写字官、医官、管押、交接等。

上表中有首译91名、译官10名、赍咨官52名,总计153名,占三使臣以外作者的近一半人数,其"燕行录"多为返国后所上手本,或数条或仅一条,且多收在《同文汇考补编》中,并未单独成卷或成书,对当时朝廷施政有参考作用,但对外并没有产生多大的影响。

在目前有"燕行录"传世的近700年燕行史上,除了元末明初、明末清初因中国政权更迭而导致使臣受困、使路危殆,曾出现使臣不愿出使的情况外,绝大部分时间里,无论是元朝、明朝还是被污为"蛮貊之国"的清朝,朝鲜半岛官员与士大夫,都以能前往中国为见世面、长闻见的大好机会,即便嘴上讽刺辱骂,而本心仍是不拒绝的。

以使团官员身份前往中国,是许多朝鲜士大夫的梦想,这在他们的诗文里就可以看出,如李谷诗"山林无处著幽栖,恨不身生鸭水西",①郑誧"我欲随君游上国,安能郁郁在荒陬",②张子忠"盛事看中华,知音遇故山",③徐居正"不知身世今何在,自拟扶摇上九天",④李石亨"守在四夷嘉语在,此身何幸见皇明",⑤朴而章"近光尧日月,游历禹山川",⑥柳梦寅"西天佛界负此生,我愿一死生中夏"等,⑦此类衷心表露,比比皆是。申从濩题的朝天诗题为《观光录》。曹伟《三魁先生观光录序》曰:

> 观光者何?观上国之光也。不曰"纪行"而曰"观光"者,重上国也。近世入朝者,沿途所得通谓之《观光录》,此春秋尊王之义也。⑧

又许筠《荷谷先生朝天记后叙》亦曰:

> 余宿抱远游之志,窃幸因王事以偿其愿。道途所经过,其山川之巨丽,人物之繁殖,恒有以存诸目而藏诸心,参之古而验之今,具简牍,置箧笥,久乃发之,则已积成卷帙。而顾以跋涉之余,仅记其形模仿佛,而纤微曲折,尽忘之矣。将诠次而勒成一书,则材力浅短,虽有意而未及于著述。又欲毁弃不屑,则累日勤劬之功,稍为可惜。故因旧稿而秄为巨编,目之曰"朝天记",庶于检寻之顷,以为吾卧游之资焉耳,非敢出而示于人人,以自附于作者之后也⑨。

在中国明清换代之后,朝鲜君臣视清廷为"虏廷",以入中国为"行蛮貊之邦",这是当时高悬的"义理",但实际上大多数的士大夫仍愿渡江西行,以入中国为荣事。没有条件成为三使臣的,也争相借其他身份随使团入中国。如金昌业称其兄昌集得点谢恩兼冬至等三节年贡行正使后,其兄弟相争曰:

> 壬辰六月二十三日政,伯氏为冬至兼谢恩使,时伯氏大病新瘳,子弟一人宜随往,且吾兄弟皆欲一见中国,于是叔氏欲行,已而止,余乃代之,以打角启下。⑩

---

① [朝鲜]李谷《稼亭先生文集》卷八《寄仲始思补兼呈朴判事》,《韩国文集丛刊》,003/196。
② [朝鲜]郑誧《雪谷集》卷上《送中父李翰林还朝》,《韩国文集丛刊》,003/253。
③ [朝鲜]张子忠《判书公朝天日记·次李经历孟尝卷里金佐郎阅诗韵》,《燕行录续集》,101/105。
④ [朝鲜]徐居正《四佳诗集》卷七《赐饯宴》,《韩国文集丛刊》,010/317。
⑤ [朝鲜]李石亨《樗轩集》卷上《到辽阳城》,《韩国文集丛刊》,009/400-401。
⑥ [朝鲜]朴而章《龙潭先生文集》卷六朴齐仕《朝天别章》,《韩国文集丛刊》,056/226。
⑦ [朝鲜]柳梦寅《於于集》卷二《朝天录·陵河少年行》,《韩国文集丛刊》,063/321。
⑧ [朝鲜]申从濩《三魁先生观光录》卷下曹伟《三魁先生观光录序》,《燕行录续集》,101/112-116。
⑨ [朝鲜]许筠《荷谷先生朝天记后叙》,《韩国文集丛刊》,058/481。
⑩ [朝鲜]金昌业《老稼斋燕行日记》一,《燕行录全集》,032/338。

金昌业在进入中国后,也屡称此行"全为游览而来"①。同年出使的崔德中也谓"余之入燕,专为玩物"②。又如沈鋿随其父沈寿贤入清,侍父而外,专为观光,即其诗所谓"兹游且博十分闲,日日风烟啸咏间"③者。至于朴趾源、李德懋、朴齐家等人,更是千方百计欲入中国,朴趾源甚至说:

> 东方慕华,即其天性也。④

又李德懋曰:

> 余与朴在先齐家,愿欲一见中原,费志未果,至是沈蕉斋念祖克谢恩陈奏使书状官,与余有雅,要余偕行,在先亦随上使蔡公济恭而入焉,连袂并辔,万里跋涉,足为友朋之韵事,亦不负男儿四方之志也。⑤

朴齐家相较柳琴、洪大容、李德懋、柳得恭诸人,为后往中国者。先是,柳琴携《韩客巾衍集》入北京,中国士大夫潘庭筠、陆飞诸人得读齐家之诗而盛赞之,后齐家读李得懋所纂《会友记》,益思慕之,愿一入中土而不得,遂常念于心,所谓"夫真友真游者,千百而一焉,则若是其不如意也。今我一念而谓之游且友焉,又孰能禁之。……唐虞三代圣王之治,可以快复,四海万国遥遥重译之人,可折简而往复矣"。⑥ 其与徐常修札称"仆常时非不甚慕中原也",又谓"夫吾与惠甫辈则其天性乃能自好中原。……嗟乎!吾东三百年使价相接,不见一名士而归耳。今湛轩先生一朝结天涯知己,风流文墨,极其翩翩,其人者皆依依焉往日卷中之人也,其言者皆历历焉吾辈心头之言,则彼虽漠然不知,相隔于此千里之外,吾安得不怜之爱之,感泣而投合也哉"。⑦ 乾隆三十八年(1773),齐家遂托燕行使与郭执桓通札,谓"并生斯世,亦可谓之大缘。……窃念生平慕中国如慕古人。而山河万里。日月千古。则每与炯庵诸人论此事。未尝不浩叹盈襟。弥日而不释也"。⑧ 后又与潘庭筠札称,"仆素不喜为诗,且其才品最下于集中之诸君子,而若其慕中国之苦心,则诸君子亦各自以为不及也。非诗之足称,庶几因此而附尾而得不朽于千秋,虽死之日,犹生之年也"。⑨ 又与李调元札,谓"直欲仙仙轻举,飞落燕邸,望颜烧香顶礼而返。嗟乎!士为知己者死。岂其好誉恶短而然哉"。朴氏期冀"身为属国之布衣,名托上都之

---

① [朝鲜]金昌业《老稼斋燕行日记》六,《燕行录全集》,033/386。
② [朝鲜]崔德中《燕行录》,《燕行录全集》040/137。
③ [朝鲜]沈鋿《燕行诗·用从事韵》,《燕行录续集》,114/324。
④ [朝鲜]朴趾源《热河日记》卷二〇《忘羊录》,《燕行录全集》,055/080。
⑤ [朝鲜]李德懋《入燕记》上,《燕行录全集》,057/190。
⑥ [朝鲜]朴齐家《贞蕤阁文集》卷一《记书幅后》,《韩国文集丛刊》,261/608。
⑦ 同上书,卷四《与徐观轩》,《韩国文集丛刊》,261/061。
⑧ 同上书,卷四《与郭淡园书》,《韩国文集丛刊》,261/662。
⑨ [朝鲜]朴齐家《贞蕤阁诗集·四集·与潘秋庼》,《韩国文集丛刊》,261/664。

龙门。不朽之荣,比它尤当万万。虽然,齐家庶几天察其衷,得随岁贡,备马前一小卒,使得纵观山川人物之壮,宫室车船之制,与夫耕农百工技艺之伦,所以愿学而愿见者,一一笔之于书,面质之于先生之前,然后虽归死田间,不恨也"。① 此可知朴氏之欲往中国,欲与贤士大夫交往切磨之心,可谓亟矣,可谓切矣。正祖二年(1778)三月,朴齐家终得为书状官随行官入中国,得其所愿。又如卢以渐曰:

> 士之生于偏乡者,一见中华,愿也。然唯央心于山川之雄寄,邑里之繁华,京都之壮丽,而曰获我愿也,亦末矣。何异于游蓝田之山者,只见其山之胜则不知其采玉也耶?中华固士君子之蓝田,而京师又蓝田之最种玉处也。扬而为荐绅大夫韬而混街廛市号者,殆不可以更仆数矣。

卢氏希望就自己所学,能到中华一一就质于君子,后果随其愿,侍使臣入燕。其曰:

> 今兹之行,衣丛绉之服,涉汤火之水,跟行人之使,而又值淫潦夹月,平陆成海,冲泥而遭没膝之灾,济川而罹灭顶之患,甚至于临不测而屡号神明,褰裳裈而毛骨俱竦,滨死者数矣,而犹不以为悔者,其意岂浅浅也哉。②

又一生凡十三度往返中国的赵秀三,也曾有类似的表示。其曰:

> 男子生而志四方,况生乎褊隅者,局而不得伸,窄而不得辟,终遂沦没,与壤虫井蛙同归,则吁亦哀哉!余生而后时,既不忝邦贡之中朝,又未买大舶追五湖,惟抚书籍,时时黯叹矣。岁己酉冬,芦上李相国膺专对之命,抢载笔之任,谬以余谓有文字之责,而畀其事。余虽愧无华国之手,而夙有观周之志,于是乎出而不辞,以是岁十月十五日做装,十二月十五日入燕,粤明年三月二十六日归国,在途凡百二十余日,在馆计四十六日,得诗几七十篇矣。而其山川风土谣俗得失,则固非余小谀之所能记有者。然此虫篆幸附骥尾,凡于往来记闻,逢迎酬唱,不以才拙而阙,则亦幸也。然而燕亦中华之一区之偏,譬诸子长之游,不过百步之笑,则此又股虫夸胁虱之语也尔。③

徐浩修是少数到过热河的朝鲜使臣之一,深感为其一生最荣耀的壮游。其曰:

> 人以藐然形神,寄百年于二极之间,其微也甚于斥鷃,其暂也等于朝

---

① [朝鲜]朴齐家《贞蕤阁文集》卷四《与李羹堂》,《韩国文集丛刊》,261/663。
② [朝鲜]卢以渐《随槎录·与博詹士书》,《燕行录全集》,041/171—172。
③ [朝鲜]赵秀三《燕行纪程小引》,《燕行录续集》,119/438。

菌。凡忧乐得丧，荣悴存没，既去而思之，不亦一切幻梦也乎！余于乾隆庚戌，以万寿节进贺使，出九关台，历慕容皝之故址，访元世祖之上都，入古北口，遥瞻千寿山，想象十三帝治化之污隆，逾白河、通惠河，感郭太史相度之智巧，至如神禹之碣石，清圣之首阳，邹衍之黍谷，太液、五龙之佳丽，秦城、渤海之雄豁，辽野之旷漠，皆足所经而目所瞩也，其游可谓壮矣。在热河、圆明园，屡与宴筵，天子召宝榻，亲举玉卮以赐之，引上御舟，溯昆明湖，纵观西苑之胜，日与衍圣公、阁部诸大臣、蒙古、回子、安南诸王、南掌、缅甸诸使，联班于殿陛，对案于朝房，或诗以唱之，或笔以谈之，询其山川风俗，辨其服饰语言，情志相洽，等威相忘，其遇亦可谓奇矣。今焉归栖鹤山之阿，迹不越于榆社，所接者村童野老，所谈者桑麻阴晴，回思曩日游与遇之奇且壮，奚啻幼梦之又幻也。虽然斥鹦，吾所笑其微也。朝菌，吾所怜其暂也。而至人之齐物而达观者，则北溟之九万里未必为大，楚南之八千岁未必为久，纵使吾之游与遇百年如曩日，毕竟缘去而为幻则一也，何必恋恋于水逝云过之后，较迟速长短于其间哉！樵牧之暇，叙次塞山内外往来之日月，以作卧游之资，到热河初见天子，故名曰《热河纪游》凡四编。①

随徐浩修一起至热河的柳得恭也说：

> 我东人从无至热河者，庚子使臣则至矣。而自燕京出古北口，复从古北口入而止矣。考之前史，高句丽将葛卢孟光，迎燕王冯弘至龙城，命军士脱弊裤，取燕武库精伏给之，大掠城中而归，龙城者今朝阳县也。朝阳以西建昌平泉等地，孟光之所未至也。余是行自辽野之白台，径涉奚地，游避暑山庄，入古北口出山海关而归，间山在一周之中，长城历万里之半，可谓未曾有也。②

因此之故，柳氏沿路所见，多新奇好异，欣喜不已，其《热河纪行诗》所收，有鸭绿江、沈阳书院、周流河、新店、细河、义州（汉无虑县地）、蛮子岭、朝阳县、喇嘛沟、夜不收、建昌县、平泉州、红石岭、热河、入宴、扮戏、侉侉、时标、满洲诸王、蒙古诸王、回回诸王、安南王、南掌使者、缅甸使者、台湾生番、滦平县、古北口、圆明园扮戏、结彩、假山、西直门外、西山宫殿、堪达汉（鹿类）、珊瑚树、纪晓岚大宗伯、潘秋庐御史、李墨庄凫塘二太史、衍圣公、罗两峰、张水屋、吴白庵、庄泽珊中书、刘阮二太史、熊蒋二庶常、铁冶亭侍郎、福建将军、还到新店、沈阳、凤城等诗，凡四十九首，皆记在途及热河、北京之所闻见，为后人所羡称。

---

① ［朝鲜］徐浩修《热河纪游序》，《燕行录全集》，051/326—328。
② ［朝鲜］柳得恭《泠斋集》卷八《题热河纪行诗》，《韩国文集丛刊》，260/118。

这些以金昌业《老稼斋燕行录》、洪大容《燕纪》、朴趾源《热河日记》等为代表的三使臣以外随员的"燕行录",多出自以军官、伴倘与率带子弟等之手。对他们来说,观上国,交名士,赏风物,广异闻,是走出国门而远足西行的主要动机。他们无论在途还是在馆,都会主动四出游赏,观摩体检,交游笔谈,纂为著述,流布于世,而且产生了深远的影响。

三、屈辱行走在"蛮貊之国"的悲愤纪录

明清易代,不仅改变了中国历史的进程,也改变了东亚政治版图的现实格局。从视"满洲"为"野人",再到与后金为平等与国,最后被征服签订城下之盟,成为清朝的藩属,这是朝鲜君臣千古未遇的奇耻大辱。当以皮币之行的身份踏入辽东时,朝鲜使臣面对一人一畜、一草一木,都充满了敌视与厌恶。他们恨自己生不逢时,所谓"喻蜀非才惭使事,观周太晚恨吾生"。① 眼中看到的是"人间岁月初周甲,天下衣冠久化夷。大统今成西国历,明堂谁见汉时仪"。② 大明已亡,物非人非,"从古行人无好绪,即今何处觅中华",③"中原遭转空蓝盗,甸服衣冠总剃头"。④ 当他们面对"胡皇"的宫殿跪拜如仪的时候,"羞深跪堂际,愤切叩头时",⑤然后"痛哭明天子,何时复起来"。⑥ 唯一安慰的是他们穿着明朝的服装,这也是使臣行走在辽东大地上唯一可以抬起头来的慰藉与荣光。所谓"小中华号不为过,看我衣冠意自多",⑦甚至对天呐喊"天地丈夫我,山河皇帝谁",⑧以泄愤怒,以求慰藉。

在这样的悲愤心理与残酷现实下,朝鲜使臣对于出使虏廷,在清朝初期持极度反感与拒绝的态度,在不得已而必须出使时,便用自己的文字来发泄其仇恨与愤懑,这在其"燕行录"书名中就有明显的体现。如仁祖二十七年(顺治六年,1649)以进贺兼谢恩正使身份出使的郑太和,就将自己的出使日记称为《饮冰录》。《庄子·人间世》:"今吾朝受命而夕饮冰。"谓惶恐焦灼也。时已入清,故郑氏借此形容自家心情,以"饮冰"名其日记。

又如肃宗八年(康熙二十一年,1682)冬,以谢恩兼冬至等三节年贡行正使身份出使的金锡胄,以其沿途所作诗名为《捣椒录》二卷。金氏自跋称"椒性螫

---

① [朝鲜]柳命天《退堂集》卷三《燕行录·通州望皇京》,《韩国文集丛刊续》,040/410。
② [朝鲜]李颐命《燕行录·次副使见新历有感》,《燕行录全集》,034/091—092。
③ [朝鲜]李宜显《庚子燕行诗·大凌河次副使韵》,《燕行录全集》,035/172。
④ [朝鲜]吴瑗《月谷燕行诗·通州次息庵韵》,《燕行录全集日本所藏编》,001/209。
⑤ [朝鲜]李宜显《庚子燕行诗·诣礼部呈表咨仍往鸿胪寺参习仪》,《燕行录全集》,035/184。
⑥ [朝鲜]李敬窝(?)《燕行录·新民屯路中》,《燕行录全集日本所藏编》,001/471。
⑦ [朝鲜]沈錥《樗村集》卷六《次副使韵》,《韩国文集丛刊》,209/097。
⑧ [朝鲜]赵观彬《燕行诗·渡鸭江》,《燕行录全集》,037/579。

人喉,虽久而不除,故昔人于辛苦艰难,阅历年时而有不可忘焉者,则辄以比之于捣椒。往者郑湖阴自燕归时有诗,亦云'捣椒剩有余辛在',诚有味乎其言之也"。然郑士龙(湖阴)奉使,正当明朝熙昌之运,声明文物,覃被遐荒,则其所称辛苦,不过原隰征役而已,虽以之譬之唉蕉可也。而金氏行时,已是清代,"所接者鳞介,与语者侏僑,剑槊盈路,荤膻塞鼻。玉河五旬之拘蛰,辽路易岁之行李,比近时冠盖为尤苦,虽欲更见如湖阴时,又何可得耶"! 其使行中副价柳尚运,沿途有作,辄以相示,金氏从而和之,前后所咏,至三百六十余首,故录而题之曰《捣椒集》,姑以志不敢忘苣之意。①

又如正祖二年(乾隆四十三年,1778)三月,因上年进贺使河恩君李垙一行,礼部称其所呈奏文内措辞,有"储君"及"国王嗣位"等语,未为合式。盖此等语,在该本国,自称原属不禁,而叙以上告,则乖体制。且该国前此请立世孙及国王嗣爵,皆系请命天朝,遵奉敕旨而行。可见"储君"及"嗣位"之语,断不宜列于奏牍。大皇帝因该国素称恭顺,其措辞不合,自由外邦,未识中朝体式,亦姑不深究。特谕本部,咨知该国王,嗣后一切表奏辞意,务留心检点,毋再违舛。咨传朝鲜,正祖以为不可不遣使臣,上价难其人,谁可任者,大臣以数人对。正祖默然顾蔡济恭曰:"予意欲烦卿一行。何如?"蔡起对曰:"许国一死,国家有事,臣安得不行。"遂以谢恩兼陈奏行正使率团入清,并以其沿途所作诗二百余首,"名之曰《含忍录》,盖出于含忍痛迫不得已之意也。后之览者,其必有感于斯"。②

在抱有如此心理的前提下,这些使臣无不以扼腕愤懑、含耻忍辱的心态行走在出使途中,他们的诗歌与日记里,充满了敌视与仇恨,记载着愤恨与悲痛。这些诗歌与日记是他们的泄愤纪行录,留待后世子孙来追怀与感伤。

四、模山范水、抒发心意的诗歌创作

燕行使出使期间,春云夏雨,秋霖冬雪,往往要在半年以上,无论是在前路漫漫的辽野,还是在波浪汹涌的大海,都有四季风光,庙宇古迹,静海明月,甚至是伤病灾异。当他们到北京以后,在人定寂寂的蛮馆,需要调节悲苦与排遣寂寞;在人山人海的闹市与中国士大夫交往,需要歌咏美景与诗文唱和。因此,燕行途中与在馆期间的诗歌创作与以文会友,就占据了"燕行录"的大部分。笔者对全部1070种"燕行录",按创作体裁统计如下:

---

① [朝鲜]金锡胄《捣椒录》卷下,《燕行录全集》,024/163—164。
② [朝鲜]蔡济恭《含忍录》卷上,《燕行录全集》,040/324。

"燕行录"诸家体裁统计表

名称	诗歌	日记	闻见事件	诸体	札记	图表	路程纪	别曲	总计
数量	339	243	377	38	28	25	5	15	1070

【1】闻见事件包括状启、别单、闻见事件与手本等。
【2】诸体指含日记、诗歌、札记等多种体裁者。
【3】图表指城市、楼台、地图等。

从上表可以看出,在所有存世"燕行录"中,诗歌有339种,占31.5%;而实际在日记类与诸体类中,还记录有大量的诗歌。诗歌为什么如此受欢迎,郑道传序李崇仁诗集曰:

> 今兹受命于王,修岁时之事,渡辽沈,径齐鲁,涉黄河之奔放,入天子之朝,其所得于观感者为如何哉。呜呼!季札适鲁,观周乐,尚能知其德之盛,况子安氏此行,适当制作之盛际,将有以发其所观感者,记功述德,为明雅颂,追于尹吉甫无愧矣。子安氏归也,持以示予,则将题曰《观光集》云。①

这是在明朝初期,使臣朝天尚要沿大运河南下至南京,观周乐、颂帝德的诗歌,在使臣笔下多有自然流露。如郑梦周"我来歌圣德,绕树一沉吟"②,李詹诗称"盛德将何报,惟知颂太平"③等皆是。

但入清以后,这种季札适鲁而歌颂太平的诗风,随即转变为行蛮貊之国而咒詈悲愤的格调。如金中清曰:

> 斯作也,何以谓《燕程感发》也?余非从事吟咏者也,于诗自知非所长,而或遇事物之来,有所动于中,不能无蔼然之情,于是乎情以言形,而其言之工不工,有不暇焉者,余之习亦痼矣。今余往来燕都,远之为数千里,久之为夏秋冬,山川崖谷,州府亭院之形胜,鸟兽草木人物之奇怪,风雨霜露之变态,喜怒、窘穷、忧悲、愉佚、怨恨、思慕、芬华、酣醉、无聊、不平,婴乎外而动于内者,不知其几千万幻,而情之所感,言不得不发,随感随发,欲已而未已,不耻芜拙,成辄题之,凡若干篇。……是用誊诸册子,名以是名,以为私奔。噫!不曰"稿"而曰"感发",其拙可知矣。④

真是喜怒哀乐,不平怨愤,妒忌思慕,忧悲无聊,一路行来,心情别样。但无论如何,山川依旧,风暴美丽,诗人相遇与途,便诗兴自来。如清季出使的姜

---

① [朝鲜]李崇仁《陶隐集》卷首郑道传序,《韩国文集丛刊》,006—523。
② [朝鲜]郑梦周《赴南诗·会同馆柳》,《燕行录全集》,001/099。
③ [朝鲜]李詹《双梅堂箧藏集》卷二《次浩亭奉天门元日早朝》,《韩国文集丛刊》,006/340。
④ [朝鲜]金中清《朝天诗》末识语,《燕行录全集》,011/384—385。

玮曰：

> 往返经万里，逾绝塞，渡沧海，关山风月之凄清，岛屿烟波之浩渺，时与壮怀相摩荡，荒原立马，落日停鞭，断碣残碑，苍茫吊古，故其发而为诗，忽正忽奇，忽沉鸷，忽坚凝，忽虚非而诞幻，风樯阵马，不足方其勇也。鲸吞鳌掷，冰柱云车，不足比其才艳也。①

面对如此江山如此景致，常常会使燕行使有"东人元坐井，今始大观之"②的感觉。作为精通汉文的使臣，他们当然会诗兴大发，文思泉涌。如郑梦周诗称"每写诗篇为日课，聊将使节当春游"。③李詹谓"游遍江南诗似玉，肩舆倒处看青山"。④崔演更是豪情万丈：

> 弧矢平生志四方，不辞千里客他乡。吟诗每被江山助，才气从今种种生。⑤

朴而章也有诗表达游赏烟树、兴味盎然的诗作。其曰：

> 烟树苍然一望间，行吟驴背兴何阑。若为摹得诗中画，归卧家山挂壁看。⑥

又如黄㻩诗曰：

> 观周季子游，丈夫志已协。作诗记我行，名曰朝天录。

又姜柏年在玉田途中吟咏"不是好吟诗，旅怀欲凭遣"。⑦鱼世谦诗谓：

> 一日不作诗，心怀自茅塞。一日不吟诗，口舌俄生棘。平生诗作祟，此祟真我厄。搜腹腹欲枯，撩思思亦涸。枯何能发荣，涸故无润泽。谁能解此祟，唯有酒千石。⑧

又李瑞雨诗曰：

> 十里得一句，百里成一篇。我诗如老马，瘦硬不惊鞭。⑨

又李肇源诗曰：

---

① [朝鲜]姜玮《古欢堂收草·诗稿》卷一七徐郙序，《韩国文集丛刊》，318/473。
② [朝鲜]李肇源《黄粱吟》中《次书状》，《燕行录全集》，061/307。
③ [朝鲜]郑梦周《赴南诗·黄山驿路上》，《燕行录全集》，001/084。
④ [朝鲜]李詹《双梅堂箧藏集》卷二《盖州路上口号为浩亭公作》，《韩国文集丛刊》，006/342。
⑤ [朝鲜]崔演《艮斋集》卷三《漫兴》，《韩国文集丛刊》，032/056。
⑥ [朝鲜]朴而章《龙潭先生文集》卷二《过蓟门二首》其二，《韩国文集丛刊》，056/177。
⑦ [朝鲜]姜柏年《燕京录·玉田途中偶吟》《燕行录全集》，019/437。
⑧ [朝鲜]鱼世谦《咸从世稿》卷六《戏吟》，《咸从世稿》，上册/552—553。
⑨ [朝鲜]李瑞雨《松坡集·抚宁途中》卷三《抚宁途中》，上册/221。

> 我诗如我行,行止诗亦止。冬春十旬日,程道六午里。中间所睹见,何莫非奇诡。诗料于斯足,怒骂与笑喜。囊诗二百篇,亦云富哿矣。已嫌言重复,岂惟困行李。羁踪滞荒边,无以消长晷。时复聊一吟,自笑情未已。①

诗歌创作不仅是沿途流连赏景的得意之作,也是沉闷寡欢而愁肠百结时度日的依赖品。如崔演谓"征途愁万种,输写赖诗篇"。② 李德寿称"愁至唯凭诗句遣,百回酬唱莫辞频"。③ 在风雨霜雪、海浪蹈天的海路,也是如此。如李民宬在航海朝天时曰:

> 初八日,留三山岛。(与正副使相慰于岸上吃朝饭)竟日打话,副使出示舟行诗稿,递相讽咏,洪商略古今,各饮数杯。"大千海中一浮沤"之喻,不是孟浪,相对而笑。④

宣祖三十七年(万历三十二年,1604),以世子册封奏请副使出使的闵仁伯一行,于六月"十四日,到山海关,连日大雨,不得发,日日饮话赋诗"。⑤ 在清夜孤灯,无事可为之时,也是作诗以遣日。如李詹称"馆夫供笔砚,使者撰诗文"。⑥ 裴三益谓"客里无一事,工夫唯作诗"等皆是。⑦ 有的使行在馆期间,还组织诗社,饮酒作诗,所谓"博望乘槎高会夜,相如未至愧诗名",⑧就是在北京馆中诗社角力的记录。

在诸家"燕行录"中,还有不少长篇纪行诗,如纯祖十二年(嘉庆十七年,1812)秋,以陈奏兼奏请行正使身份出使的李时秀,撰有《续北征诗》,前有自序称:

> 我东赴燕之使,每岁一行,有事则再三行,作是行者,无不有是纪,而皆文也,未闻有诗赋与歌谣,是以寓兴于纪行而已。……以韵语纪行,课日而书辙迹所经,耳目所接,时序之变迁,风俗之同异,俯仰感慨之情,眺望恋慕,率以录,录必详,往返六千里,得句一千六百有六,其意则安仁之赋事也,其体则少陵之言志也,杂以俚俗谐笑,又仿松江游戏之作也。⑨

---

① [朝鲜]李肇源《黄粱吟》中《漫赋》其一,《燕行录全集》,061/346－347。
② [朝鲜]崔演《艮斋集》卷九《西征录·松鹘山》,《韩国文集丛刊》,032/161。
③ [朝鲜]李德寿《西堂私载》卷二《书状一路……即次以报》,《韩国文集丛刊》,186/181。
④ [朝鲜]李民宬《朝天录》上《燕行录全集》,014/308。
⑤ [朝鲜]闵仁伯《朝天录》下,《燕行录全集》,008/040。
⑥ [朝鲜]李詹《双梅堂箧藏集》卷二《宿五十寨》,《韩国文集丛刊》,006/337。
⑦ [朝鲜]裴三益《临渊斋文集》卷三《留广宁次简斋试院春晴韵》,《韩国文集丛刊续》,004/250。
⑧ [朝鲜]朴思浩《心田稿·玉河诗社》,《燕行录全集》,085/383。
⑨ [朝鲜]李时秀《续北征诗》,《燕行录全集》,057/346－347。

此类纪行长诗,凡所经所历,一一备载,几乎就是这趟使行的日记。如洪彦忠、鱼世谦、李荇、李承召、黄琎、金诚一、李民宬、麟坪大君、洪大容、任相元、李宜显等,皆有纪行长篇,此乃燕行使喜欢的创作体裁之一。

不仅如此,燕行使还经常联句咏歌,以遣时日,所谓"夜床同说梦,晓榻共吟诗"。① 如李晚秀在出使途中,就与副价洪义浩、行台洪奭周联句为乐,所谓"燕山万里百篇诗,野草岩云总是诗。闻说西人惊怪称,谢恩三使但知诗"。② 又如纯祖三十三年(道光十三年,1833)冬,谢恩兼冬至等三节年贡行正使判中枢府事曹凤振,与副使礼曹判书朴来谦等有联句《燕槎酬帖》。又宪宗二年(道光十六年,1836),冬至兼谢恩使行正使判中枢府事申在植、副使礼曹判书李鲁集、书状官兼司宪府掌令赵启升等沿途屡有联句,纂为《相看编》,申在植谓是行可谓"文星照耀",因三使臣申在植、李鲁集、赵启升外,上房军官李凤宁(汾西)、崔宪秀(愚山),副使军官郑焕杓(黄坡),三房军官任百渊(镜浯),上房干粮官李尚迪(藕船)等,皆以能诗名。③ 其渡临津江前,申氏即自今日约诸诗伴,更定诗令,"一人唱韵,七人踵和,日日轮回,但当次韵,不必次意为约矣"。④ 故一行在途,常以诗角力较胜,所作遂多。在馆期间,由申氏主选,作者八人,各选十五首,汰繁去冗,以存精华;复由百渊初定,转付侍郎黄爵滋付签重选,并为撰序,申在植作跋,韩韵海题签,当时刊行,并命其卷曰《相看编》。"盖其首篇翠微丈诗首句有'相看皓首故人情'之语,因以名之,亦欲使卷中诸人,相看而示勿忘之意也。"⑤申在植跋谓:

> 是《相看编》,余与诸词伯游燕时所唱和也。岁聿云暮,道路修长,以是忘跋涉之劳,以是抒惠好之情,今日相看而笑之,后日相看而思之,世世子孙相看而讲其旧,是编之作乌可已也。⑥

其集各收诸人诗十五首,共百二十篇。起《饮饯留别》,终《高丽庄》,皆为往北京途中所作。既是使行途中的歌咏风物,也是纪念友情,"以识今行诸伴往还不废酬唱,终始不渝欢娱,他日东归时相看,永以为好之意",⑦同时也是留给后世子孙最好的礼物。

出使中国,是难得之机,所谓"男儿自古桑弧志,得遂观光有几人"。⑧ 大部

---

① [朝鲜]李詹《双梅堂箧藏集》卷二《次雨亭见赠韵》,《韩国文集丛刊》,006/338。
② [朝鲜]李晚秀《辎车集·戏题》,《燕行录全集》,060/367。
③ [朝鲜]任百渊《镜浯游燕日录》卷一,《燕行录续集》,134/013。
④ 同上书,卷一,《燕行录续集》,134/015。
⑤ 同上书,卷一,《燕行录续集》,134/235。
⑥ [朝鲜]申在植、李鲁集等《相看编》,申在植跋,134/380。
⑦ [朝鲜]任百渊《镜浯游燕日录》卷二,《燕行录续集》,134/234—235。
⑧ [朝鲜]崔淑精《逍遥斋集》卷一《阻雨书怀》,《韩国文集丛刊》,013/025。

分人终身也就前往中国一趟而已,所以会格外珍惜,"应无再来日,谩自记山川"。① 比至返国,诗囊已满,故称"杨柳东风关路平,亲朋诗字满箱籢",②"还家莫愧黄金尽,剩得新诗满锦囊"。③ 又朴而章诗曰:

> 莫说燕山路八千,八千诗句亦无边。八千诗句八千路,多少新篇送旧年。④

诗人诗囊之富,情得意满,溢于诗卷。诸家"燕行录"中,由于"东人不解清浊,故不能填词"的原因,⑤仅个别使臣偶尔为之,填词者如苏世让等,亦不甚精。而创作诗歌,以赏景物,以纪旅行,以发感慨,以解愁闷,以歌太平,以咒敌仇,成为"燕行录"创作的重要动机之一。

五、经世济民、"北学"中国的理想实践

在古代东亚地区,中国在政治、经济、军事尤其在文化领域依凭巨大的优势,维护与保持和周边世界的强势联系,并将部分周边国家纳为藩属,朝鲜半岛正是其中之一。半岛出使的使臣,不仅要完成国王赋予的觐见天子、代王纳贡的使命,还要进行商业贸易,大量购置书籍与器物,并明里暗里地学习先进技术与文化。在明代使行中还有质正官,到中国进行语言与文化等的学习与咨询。如宣祖七年(万历二年,1574)出使明朝的圣节使质正官赵宪,纂有《朝天日记》三卷。其在中国,谛视中朝文物之盛,意欲施措于东方。返国后上草疏两章,切于时务者八条,关于根本者十六条,所论皆先引中朝制度,次及朝鲜时行之制,备论得失之故,而折中于古义,以明当今之可行。先上八条疏:曰圣庙配享、内外庶官、贵贱衣冠、饮食宴饮、士夫揖让、师生接礼、乡间习俗与军师纪律。宣祖答以"千百里风俗不同,若不揆风气、习俗之殊,而强欲效行之,则徒为惊骇之归,而事有所不谐矣"。由是,宪复举十六条。⑥ 其十六条曰:

> 格天之诚,追本之孝,陵寝之制,祭祀之礼,经筵之规,视朝之仪,听言之道,取人之方,饮食之节,气廪之称,生息之繁,士卒之选,操练之勤,城池之固,黜陟之明,命令之严,末乃总论君上正心表率之道。⑦

---

① [朝鲜]金昌业《燕行埙簐录·沈阳感怀》,《燕行录全集》,034/025。
② [朝鲜]郑元容《燕槎录·和帅翰林方蔚赠别韵》其二,《燕行录续集》,132/123。
③ [朝鲜]郑梦周《赴南诗·饮酒》,《燕行录全集》,001/068。
④ [朝鲜]朴而章《龙潭先生文集》卷二《除夕四首》其二,《韩国文集丛刊》,056/183。
⑤ [朝鲜]李田秀(原题李宜晚)《入沈记》中,《燕行录全集》,030/224。
⑥ [朝鲜]《宣祖实录》卷八,宣祖七年(万历二年,1574)11月5日乙亥条。
⑦ 同上。

赵宪所上虽不行于朝鲜,然颇可窥当时中朝体制之大概,以及赵氏向化诚悫之心。入清以后,朝鲜君臣认为半岛已代替明朝成为"中华",清廷是"蛮夷",因此取消了质正之行。但无论怎样否定清朝,否认其先进性,在使臣跨上辽东半岛的时候,他们就眼观耳听、心知肚明地知道中国的富裕与先进,到朴齐家、朴趾源诸人,终于撰《北学议》,提倡"北学",向清廷学习。实际上,他们之前的金安国、吴亿龄诸人早就有此提议,只不过在当时未有反响而已。

中宗十三年(正德十三年,1518)夏秋间,金安国以谢恩行副使的身份出使明朝,其所咏有"季札观周诚不敢,陈良北学窃心希","因知鲽域非夷土,应在周王板籍中"诸句。① 金氏在北京,购得《春秋集解》《大明律读法》《大明律直引》《吕氏读诗记》《古文关键》《皇极经世书》《易经集说》《止斋集》《象山集》《赤城论谏录》《古文苑》《焦氏易林》《杜诗详注》《山海关志》《颜氏家训》诸书,一一为之钩玄提要,建议朝廷校刻而广布之,以俾取用,则其爱君致诚经国治世之心,于此可见。②

光海君即位年(万历三十六年,1608)春,吴亿龄以告讣请谥请承袭行副使身份出使明朝,其诗亦有"百年久沐东渐化,今日初为北学人"句,③与金安国同。入清以后,肃宗十三年(康熙二十六年,1687)冬,以谢恩兼三节年贡行副使身份出使的任相元,在其《燕行诗》中,虽然也有讽刺清廷之语,如"萧条见遗黎,玄发经新剃",④"去带憎殊制,无冠骇变仪"之类。⑤ 然其咏及种稻种禾之优劣,劝"寄语东人农,旧习宜遄已";⑥叙及桑蚕,则称"桑柘等草木,衣褐所根源",而中国之制,"传闻大江南,尽是蚕桑村。其利及四表,绿缛被田原。谁能将此风,与我济黎元";⑦目睹六畜之养,则又以为"五畜利固广,生人所取资",而"东人不畜羊",又"惟马亦不足,短弱非权奇",⑧而中国辽东家家畜牧繁盛,驵骏腾驰,凡此皆当习而学之,此在观念上皆开"北学派"之先驱。

朴齐家对于中华文化,抱极度之虔诚。其尝慕崔致远、赵宪之为人,有异世执鞭之愿,从其诗"十载制科崔致远,万言封事赵重峰"之语可见。⑨ 他认为崔、赵入中国,能"见善而思齐,无非用夏变夷之苦心。鸭水以东千有余年之间,有以区区一隅,欲一变而至中国者,惟此两人而已"。故朴氏于正祖二年

---

① [朝鲜]金安国《燕行录·赠别李序班钦》其七、其十一,《燕行录全集》,038/033。
② [朝鲜]金安国《慕斋集》卷九《赴京使臣收买书册印颁议》,《韩国文集丛刊》,020/174—176。
③ [朝鲜]吴亿龄《晚翠文集》卷一《朝天录下·用春字韵》,《韩国文集丛刊》,059/110。
④ [朝鲜]任相元《燕行诗·志感》,《燕行录全集》,028/060。
⑤ [朝鲜]任相元《燕行诗·河馆漫录》其二十七,《燕行录全集》,028/073。
⑥ 同上书,其三十三,《燕行录全集》,028/076。
⑦ 同上书,其三十四,《燕行录全集》,028/076—077。
⑧ 同上书,其三十五,《燕行录全集》,028/077。
⑨ [朝鲜]朴齐家《贞蕤阁集·三集·再次冬至韵》,《韩国文集丛刊》,261/521。

(乾隆四十三年,1778)随谢恩兼陈奏行正使蔡济恭等入燕后,就非常留意观察与记录。其曰:

> 纵观乎燕蓟之野,周旋于吴蜀之士,留连数月,益闻其所不闻,叹其古俗之犹存,而前人之不余欺也。辄随其俗之可以行于本国、便于日用者,笔之于书,并附其为之之利与不为之弊而为说也。取孟子陈良之语,命之曰《北学议》。①

朴齐家又受朴趾源之教,力主北学于中国,而求强国富民。称"当今国之大弊曰贫,何以救贫,曰通中国也"。②

因此,在朴趾源、朴齐家、李德懋、柳得恭诸人入中国后,沿路考察农工水利、赋税耕织、车马纺绩、日用器具等。到北京后,即广泛接触清朝官员与士大夫,请益切磋,斗酒笔谈,即便归国之后,也是书札往来不绝。受他们影响,此后的使臣与随行成员的"燕行录"中,出现了大量的笔谈与信札。这些笔谈往往发生在自辽东往北京的沿途旅店,或者是在北京的玉河馆、书肆、客舍与中国士大夫家中;而书札往还,则既可以发生于在馆期间,也可以是使臣返国后的鸿雁往来。柳得恭在沈阳同奉天府王瑗、沈映宸、辽阳王志骐、锦州金科豫、复州姜文玉诸人笔谈后,有诗曰:

> 悠悠小别尽堪哀,沈水东流可再来。记取今秋书院里,淡黄纸上笔谈回。③

李海应在北京与张士毅在张氏书堂笔谈后,也有诗曰:

> 禅房静寂辟西厢,学究书声绕屋梁。两国乡音宾主哑,只凭笔舌话文章。④

柳、李二氏诗中所反映的就是宾主笔谈的现场实景,生动形象,颇为感人。

在众多"燕行录"中,除了以笔谈为篇卷或书名的如朴趾源《倾盖录》《黄教问答》《忘羊录》《鹄亭笔谈》、洪大容《干净同笔谈》、柳厚祚《柳万笔谈》、郑健朝《北楂谈草》、姜玮《北游谈草》、鱼允中《经略使与中国委员晤谈草》《经略使中江晤谈》等外,其中有大量笔谈内容的不下 70 种。而朝鲜使臣与中国士大夫的信札往来,也非常普遍,以李德懋《天涯知己书》、柳得恭《并世录》等最为有名。这些笔谈与书札,广泛涉及政治、经济、国防、学术、文化诸方面的讨论,在

---

① [朝鲜]朴齐家《贞蕤阁文集》卷一《北学议自序》,《韩国文集丛刊》,261/602。
② [朝鲜]朴齐家《贞蕤阁文集》卷三《丙午正月二十二日朝参时典设署别提朴齐家所怀》,《韩国文集丛刊》,261/654。
③ [朝鲜]柳得恭《冷斋集》卷三《柏梁体·别书院诸秀才》,《韩国文集丛刊》,260/050—051。
④ [朝鲜]李海应《蓟程诗稿·张士毅书堂》,《燕行录全集日本所藏编》,001/419。

两国交流与朝鲜"北学"过程中,发挥了巨大的作用,也是燕行使"燕行录"创作的动机之一。

六、踵事增文、后欲胜前的创作心态

在有"燕行录"记录的近 700 年历史长河中,"燕行录"创作的兴盛期应该是清乾隆中后期,以康熙时期的金昌业、李器之,至乾隆朝来访的朴趾源、洪大容、柳得恭、李德懋、洪良浩、赵秀三等为代表,此后则以金景善、洪淳学、南一佑等为代表。故后来燕行诸家所纂,从体例到内容多模仿以上诸家。

例如,纯祖二十八年(道光八年,1828)随谢恩兼冬至行正使判中枢府事洪起燮入燕的朴思浩,纂有《心田稿》(《燕纪程》),以其在途、在馆及与中国士大夫笔谈、唱和等作,分别以《车灯漫录》《留馆杂录》《应求录》《关河怀咏》《辽沈纪行》《南馆题咏》《春树清谭》《榆西馆记》《兰雪诗龛》《金台诗集》《玉河简帖》《外藩赓诗》《出塞别章》等命名,则完全是模仿朴趾源《热河日记》的卷帙来取名。而哲宗十三年(同治元年,1862),随进贺兼谢恩行出使的崔秉翰所纂《燕槎从游录》共一百六十余首,虽然所录皆诗,但分为出疆、留馆、回程三卷,则是仿金景善《燕辕直指》之体例。此类尚多,此不赘述。

对于后世燕行使来说,他们不仅模仿前贤之作,而且有着极强的超越前贤的企图与愿望。金景善曾论金昌业、洪大容、朴趾源三家之同异曰:

> 适燕者,多纪其行而三家最著:稼斋金氏、湛轩洪氏、燕严朴氏也。以史例,则稼近于编年,而平实条畅;洪沿乎纪事,而典雅缜密;朴类夫立传,而赡丽闳博。皆自成一家,而各擅其长,继此而欲纪其行者,又何以加焉。但其沿革之差舛,而记载随而燕郢;蹈袭之互避,而详略间或径庭。苟非遍搜旁据以相参互而折中之,则鲜能得其要领,览者多以是病之。①

然则金景善欲取三家之长,即稼斋之编年,湛轩之叙事,而燕岩之论议,而祛三家之短成为新的典范。他的燕行纪事书之纂集,其自谓"比之医家,不过集诸家说而随证立方,如直指方",故名《燕辕直指》。其卷一至卷二为《出疆录》,卷三至卷五为《留馆录》《回程录》,卷六《留馆别录》。但是书与前代诸家相较,详悉有超过前贤者,而不若他家者,亦有四焉:其一,全书取材宏富,广征博引,一味求多求博,然亦不过抄撮史志及前代诸家燕行故实而成,故景善自家所见,反不在游记,而在日记;其二,景善学问识见、胸豁气象,远不若洪大容、朴趾源辈,故其记论议创获,高迈独见,亦不若洪、朴辈;其三,金景善以书

---

① [朝鲜]金景善《燕辕直指序》,《燕行录全集》,070/246。

状身份出使,限于人臣无外交例,出游接物,亦远不如洪大容、朴趾源、柳得恭辈,可自由出入,故所接所见有限,凡不能亲眼所见、目接耳闻者,所记即不能实;其四,金氏留馆近五十日,所交如李宗瀚、樊昆吾、潘绂庭、黄爵滋、卓秉恬等,其人其学,皆上不若纪昀、铁保、翁方纲诸家,下不如潘庭筠、严诚、陆飞诸人,虽有诗筒往还,笔谈之乐,然较洪、朴、柳辈之结异国之友,诗酒流连,笔谈终日之乐,终逊一等。故此行诗作不多,留栅期间,曾"点检往还所得诗句,共五十八首,裒成一轴"。① 而其诗,今亦不得一见矣。

毫无疑问,不仅金景善,后来燕行诸家,都试图在体裁创新与内容增量方面超越前辈,如李肇源论曰:

> 东人之游于燕者,一涉辽沈,眼目已自别,及由朝阳入东华,周行于皇城内外,则观止矣。于是乎游者必有记,几乎无行无记,一行又或二三记焉,各自以为摹写殆尽。而致力于大体者,多忽于细目,专意于景物者,又阔于事情。前乎稼斋、一庵,近而湛轩、燕岩,四家所记,最为见称,而或以疏漏而嫌之,或以文胜而病之,俱未可谓真境活画也。余以使命两遭赴燕,其初也迷离恍惚,莫省端倪,及其再也,虽以宿面,而有些领会,依旧是膝行梦过耳。譬如入波斯者,不得其要领,徒以山海珍怪之玲珑璀璨者,逐类而诵于人,人岂易晓哉?况惢叨专对,体貌为重,不得出而游观于酒肆茶坊街路市尘之间,如裨译从人之为,镇日孤馆焚香深坐而已,安有记述者哉。只就其所经之事,会所遇之人士,耳之所听,目之所接,口之所宣,凡有可惊可骇可异可笑者,无紧漫一皆录之,遂以前后所录合成六卷,名之曰《北征耳目口》。是记也,焉用文为,俚语鄙谑,初无所择,俗称谚字,亦不为拘,盖欲使见之者了然易知,哑然发笑,恍如身履其中,同坐而共评焉。若其道路山川考据之该详,敷衍之宏肆,稼、一、湛、燕之记在焉,余故略之。②

李肇源认为四家"俱未可谓真境活画",故欲纂一书以达此境。而徐庆淳以自己所纂使行录名为《梦经堂日史》,并解释曰:

> 曷谓之梦经堂,识梦也;曷梦,梦石经也;曷谓之日史,纪行也;曷行,燕行也;曷以史系堂,修史于堂也。然则纪也,曷谓之史,采摭见闻,庸寓劝惩,堪列于稗史外史之林,故谓之史也。③

李氏解释自己与前贤的不同,以凸显自家的新异。而纯祖二十二年(道光

---

① [朝鲜]金景善《燕辕直指》卷五《回程录》,《燕行录全集》,072/197。
② [朝鲜]李肇源《玉壶集》卷一三《北征耳目口序》,《延李文库》,006/867—868。
③ [朝鲜]徐庆淳《梦经堂日史》卷一《自序》,《燕行录全集》,094/154。

二年,1822),以冬至等三节年贡兼谢恩行书状官兼司宪府执义出使的徐有素,纂有《燕行录》十六卷,则是包罗万象,从内容与数量上超越前人,为诸家燕行录中体裁最为完备者。全书分内外篇,自卷一至卷八为内篇,卷九至卷一六为外篇。其与前人所不同者,卷一〇至卷一二为历代疆域,记中国历代疆域及各直省地理山川等形势;卷一三至卷一四外国,凡一百六十八国,卷一三专记日本国诸情状,卷一四则记东西洋其他诸国;卷十五燕都杂咏,择自元至清中国士大夫咏燕京之诗;卷一六燕都记闻、明清文评等,记闻则为自元明以来至清,有关燕京之掌故传闻、朝廷政事、帝室秘闻、文士风流、边关军情、苗疆叛乱、风雷水火等;文评则略记清室所编如《易经解义》《康熙字典》《律吕正义》等近七十种御定之书,又明代如宋濂《宋学士全集》、刘基《诚意伯集》等二百三十余种别集,清代如吴伟业《梅村集》、汤斌《文正公集》等三十余种,亦略为绍介或作评论。

然徐氏记闻诸事,既包罗繁富,又错讹多多,如论"康熙间,诏征天下遗书,又聚天下文士万有余人于京师,厚其廪赐,俾撰新书,朱彝尊、顾炎武、李光地、张廷玉等皆与焉,编书百余种三万七千余卷。如《康熙字典》《骈字类编》《书画谱》《群芳谱》《渊鉴类函》《佩文韵府》《子史精萃》最大帙也。凡经解义、历代诗选,及天文、地理、兵家、医药,至于蒲博鹰犬之书,无所不备矣"。① 实则顾炎武乃清初遗民,未曾出山,何尝曾编纂御书?又张廷玉则为乾隆朝人,又何与康熙间事?诸如此类,书中在在而有。则钞撮丛杂,一味贪多,又学识不足以副之,故记载失实,借讹并出。而且更为荒谬的是,据张伯伟教授的考证,此书乃一部抄撮集全之本,而且作者也并非徐有素。②

因此,愈往后世的燕行诸家"燕行录",花样翻新,内容繁杂,亟欲超迈前贤,纂成名作,就成了他们创作与编纂多卷本"燕行录"的主要动机之一。

七、娱乐女性与夸饰富有的创作动机

在千余种"燕行录"中,有 20 多家谚文本。这些谚文本可分三个类别:一类是只有谚文本,而无汉文本,如黄仁点《庚戌乘槎录》三卷、李继祜《燕行录》五卷、金芝叟《西行录》等;一类是既有汉文本,又有谚文本,如赵濈《朝天日乘》、金昌业《稼斋燕录》、徐有闻《戊午燕行录》等;一类是别曲歌行,如朴权《西征别曲》、徐念淳《燕行别曲》、崔遇亨《燕行别曲》、洪淳学《燕行歌》、柳寅睦《北

---

① [朝鲜]徐有素《燕行录》卷一六《燕都纪闻》,《燕行录全集》,084/298—299。
② 张伯伟《名称·文献·方法——"燕行录"研究中存在的问题》,《南国学术》2015 年第 1 期,第83—86 页。

行歌》等。

燕行使为什么要用谚文来创作或编纂其燕行故事？朝鲜半岛在世宗大王期间创制谚字以来，朝鲜行文与科举考试，仍用汉字汉文，谚文只流行于宫闱与民间，为女性所识读与喜欢。因此，比较流行的"燕行录"往往会翻译成谚文传播；而燕行使为取悦女性，就有以谚字记事者。如英祖三年（雍正五年，1727）冬，随谢恩兼冬至等三节年贡行副使礼曹判书李世瑾入燕的姜浩溥，在谈到其出使的情况时说：

> 今若叨陪后尘，壮观中原山川，则诚大愿，又征之以慈闱，母答以远游为男子事，汝生今之世，虽今日释褐，明日通籍，能为是行乎？其勉为之，吾岂以数月之别为惮乎！遂决意行焉，母瞩以于此行一一记山川风俗，归以示吾。①

据姜浩溥曾孙在应《编述四养斋桑蓬录序》，谓是书"当时博雅君子见之者，无不诩其记载之详密，议论之精确，辄推以为我东人燕行录之最"。后为其友人郑郡守寿延借去而未还，幸家藏谚文本一通，为浩溥尝为奉览于慈庭而手自译写者，其文不可考，其辞尤可据。在应复据谚本，翻成汉字者。浩溥所记，且详且尽，而谚字本，则专为悦母故也。

又宪宗十年（道光二十四年，1844）冬，随其兄冬至等三节年贡兼谢恩奏请行书状官尹穧入燕的尹程，曾论述他编纂《西行录》的动机曰：

> 余为瑰观，随书状官族兄穧氏。……行将远离，情私难堪。慈教曰：余多见燕行日记矣，士之游观者，不可无记事录见等文字，汝于今行，详记闻见来，俾余一览焉。余承命拜辞，发到慕华馆。②

而朴权《西征别曲》、徐念淳《燕行别曲》、崔遇亨《燕行别曲》、洪淳学《燕行歌——北辕录》、柳寅睦《北行歌》等，则是用半岛流行的歌行曲来描写燕行故事，则更易于在民间流传，尤其受女性读者的青睐。

对于古代朝鲜而言，离开半岛西行则往中国，东渡则到日本，此外与他国别无交往。使臣以通信使身份海路往日本，在他们看来是宣扬"小中华"衣冠文物于夷狄，满是自信与骄傲；而无论明清时期，使臣到了中国境内，则广闻见开心目是其收获之一。面对异乡异景，异语异俗，录而记之，歌以咏之，回国之后，便成夸耀之谈资。如洪命夏诗曰：

---

① ［朝鲜］姜浩溥《桑蓬录》卷一，《燕行录续集》，112/393—396。
② ［朝鲜］尹程《西行录》卷一，《燕行录续集》，137/013。

橐中何所有,有诗千首作。归去向人夸,惟应笑病客。①

又李肇源诗称:

吴囊二百廿馀诗,马勃牛溲并蓄之。笑向家人夸所得,燕山归橐富如斯。②

南履翼在北京期间,馆中无事,遂记录所见所闻,并曰:

今日适无他事,忽念数千里道路,二十日逆旅中,吾之所目击于此俗□,想必万一而信笔记之,聊为归后与人谈话之资。③

又李恒亿在归国回到平壤后,曾感慨道:

上统军亭,望金石,面想往还,亦一梦场也。然而自湾上至燕二千余里之间,山川、风土、人物、城池、官室、苑囿、仓廪奇伟环丽吊诡之观,可以骇耳目、娱心志,历历森森,故行而忘跋履之叹,归而恣矜耀之谈矣。④

使臣一旦归国,同道亲友也会来索观其纪行文字,权复仁曰:

凡燕行者,计道里记阴晴,事为冗琐,详而无遗,备日后考,名曰日记,例耳。余之行以岁壬午七月廿六日发汉师,九月二十二日抵玉河馆,十一月廿七日还家,恰计为一百二十日。忽迫不能作日记,每日课以诗若文,自始发至留馆未或辍也,多于马上车中及灯下率成,归而细阅,可愧者多,自视如此,矧可为他人视乎! 然有人索日记,则无以应,强以是出视曰:此吾燕行日记云尔。⑤

因此,用谚文创作"燕行录",主要是为了取悦女性,便于流传。而诸书广搜博览,记录异闻,归国之后,可为谈次,用以夸示,也都成为燕行使创作的动机之一。

综前所论,本文从内容体裁与燕行使的创作心态等方面,对千余种"燕行录"做了较为详细的论析。通过本文的论述,我们明白"燕行录"作者有的属于被动记录,具有官方性质,多抄录斗凑,敷衍了事;有的属于主动撰写,更多体现的是个体观察与闻见所得;有的专为观上国、交名士、赏风物、广异闻,所记庞杂,真伪参半;有的只为泄愤咒詈,伤痛悲悼,呜咽不已,以鸣不平;有的是模

---

① [朝鲜]洪命夏《癸巳燕行录·次书状用清阴集分韵作青春作伴好还乡诗韵七首》其三,《燕行录全集》,020/383。
② [朝鲜]李肇源《黄粱吟》卷中《还家戏书》,《燕行录全集》,061/355。
③ [朝鲜]南履翼《椒蔗续编》,《燕行录续集》128/270—271。
④ [朝鲜]李恒亿《燕行日记》,《燕行录全集》,093/186—187。
⑤ [朝鲜]权复仁《天游燕行诗》《北程课述小序》,《燕行录全集》,094/014。

山范水、抒发心意,注重描摹物态,体现性灵;有的是经世济民、"北学"中国,注重食货民俗,技艺百工;有的踵事增文,长篇大论,只为争胜前人,以多为富;有的剪裁故事,道听途说,只为娱乐女性与夸饰富有。由于编纂体例所限与创作心态的不同,以及他们对明清时期中国判焉两途的不同看法,导致他们在资料运用、风物描绘、事件陈述、故事剪裁、详略取舍、价值判断诸方面,就有了完全不同的创作欲望与选择标准,进而影响到"燕行录"的撰写水平质量以及史料的采信度与可靠性。因此,在"燕行录"的研究过程中,绝不能忽略燕行使的创作心态与创作动机。

黑水城出土《薛仁贵征辽事略》刊本残叶缀合与初步研究[*]

张学谦[**]

【内容提要】 黑水城出土《薛仁贵征辽事略》刊本残叶经过重新缀合，可大致复原原本的行款、版式，插图则为半版单幅式。根据字体及多俗讹字等现象，可推断为元代建阳书坊刊本，既证实了赵万里关于此书成书年代的考证，又为元代讲史平话刊本实物增加了一个新品种。其半版单幅式插图也是现存白话小说中时代最早的。

【关键词】 薛仁贵征辽事略　黑水城　讲史平话　元刊本

《薛仁贵征辽事略》是讲史平话的一种，仅见于明《文渊阁书目》卷二"史杂"类著录，原书明代以后亡佚。《永乐大典》卷五二四四"辽"字韵（现藏英国牛津大学博德利图书馆）收载，当即据文渊阁藏本抄入。1957年赵万里据摄影本整理编注，交上海古典文学出版社排印出版，学者研究，多据此整理本。

1983年至1984年，内蒙古文物考古研究所和阿拉善盟文物工作站联合对黑水城遗址（在今内蒙古自治区阿拉善盟额济纳旗）进行考古发掘，获得大量汉文文书，其中就有《薛仁贵征辽事略》刊本残叶（现藏内蒙古考古研究所），惜未引起小说研究者的关注。

黑水城出土 M1·1260［F209∶W2］、M1·1261［F209∶W3］、M1·1262［F209∶W4］三片刊本残叶，整理者拟名为"《薛仁贵征辽事迹》残叶"。[①] 其中 M1·1262［F209∶W4］为图像，绘三人骑马交战，左下二人尚存题名"张士贵""刘君昂"。未直接定名为《薛仁贵征辽事略》的原因，可能是残叶与《永乐大典》本《事略》文字略有差异，故整理者另行拟名。[②]

---

[*] 本文为中国博士后科学基金面上资助（2018M640008）、特别资助（2019T120006）成果。
[**] 本文作者为北京大学中文系博士后。
[①] 李逸友编著《黑城出土文书（汉文文书卷）》，北京：科学出版社，1991年，第202页。塔拉、杜建录、高国祥主编《中国藏黑水城汉文文献》第7册，北京：国家图书馆出版社，2008年，第1567—1569页。
[②] 杜建录《中国藏黑水城汉文文献整理研究》（北京：人民出版社，2016年，第463页）已改正为《薛仁贵征辽事略》。

图1　M1·1260[F209：W2],16cm×11cm①

图2　M1·1261[F209：W3],17cm×12cm

图3　M1·1262[F209：W4],15.4cm×12.5cm

---

① 图1—3残叶图片及尺寸均采自《中国藏黑水城汉文文献》第7册,第1567—1569页。李逸友《黑城出土文书(汉文文书卷)》所载尺寸略有不同,分别为112 mm×153 mm、114 mm×158 mm、135 mm×156 mm。

由于出土残片破损严重,整理者进行了缀合。但初步缀合时大概主要依据残片断裂处的衔接程度,导致缀合有误,乃至影响了进一步的缀合工作。参照《永乐大典》本《薛仁贵征辽事略》的文字可知,M1·1260[F209:W2]右上"同反也"三字残片(图1框所示)并不属于此叶,乃整理者误行缀合。又M1·1260[F209:W2]、M1·1261[F209:W3]两残片文字内容衔接,知两残片乃一个整叶的左右面。将上述"同反也"三字残片移除后,M1·1260[F209:W2]、M1·1261[F209:W3]两残片断裂处亦相吻合。重新缀合之图如下:

图4　M1·1260[F209:W2](左)＋M1·1261[F209:W3](右)

残叶录文如下(上部残阙部分用《永乐大典》本补足,《大典》本与刊本文字并不完全一致,补足文字仅供推测行款):

右:M1·1261[F209:W3]

刘君昴弓箭发望仁贵后心便 射道 应弦而着射 仁贵马合面　　　　1(24)

的箭中左臂上不曾堕骑回视知 刘君昴发箭 张士贵 在后一箭射　　2(26)

起仁贵心上火来二贼匿人之功 更伤吾之命箭 射我 不飞一家吃　　3(26)

我一戟便不赶莫离支拨马的回 来迎头遂问二 总管 发箭射厶者　　4(26)

何意仁贵欲杀二贼反覆寻思不 如对帝辨之一骑□奔驻跸山上　　5(26)

仁贵带箭见帝宣至仁贵问元 帅收军卿何不回来仁贵曰臣将　　　6(25)

自前建功尽与张士贵只擒莫离 支其功要建既见此贼臣肯放回　　7(26)

帝曰逼贼何所仁贵曰正东十数 里远其贼未得贼帝曰何为不得　　8(26)

其贼仁贵曰被唐将救了帝问何 人救莫离支也臣追贼方及背后　　9(26)

二将发箭射臣左臂急不堕骑 回头认的却是唐将帝曰莫非张士　　10(26)

贵刘君昴也仁贵曰然帝曰何 令也仁贵曰臣故带箭见陛下帝令　　11(26)

取箭视之上有刘君昴号帖帝 大怒曰二贼怎敢如此卿与朕擒来　　12(26)

仁贵领圣旨数次只不退帝	曰何为仁贵曰臣立身于张总管刘	13(25)
君昴下军虽蒙圣旨臣焉敢失	上下之礼帝曰良将也遂问众总管	14(26)
卿等谁敢随仁贵捉二贼去有一	将应声而出启陛下尉迟恭愿往	15(26)
敬德将仁贵欲往英公唤敬	德总管且慢去付耳低言这般者敬	16(25)
德称善却说张士贵刘君昴归	寨帐上论话士贵问君昴公射仁贵	17(26)
一箭那汉莫不奏帝去也此事若	何君昴道若帝见罪和总管也休	18(26)

左：M1·1260[F209：W2]

士贵曰怎奈何君昴曰不如	同共背唐士贵曰高丽君	安肯	纳	1(24)
之刘君昴道将三路都统军印来	厶往平相去见高丽□藏去士贵□	2(27)
摘印度与君昴刘君昴曰某先往	总管后来恐唐兵将拿咱君昴领	3(26)
兵出寨往平壤路上来心情恍	惚甚怯甚怕正到峻岭□映处□一	4(26)
喊发一队唐兵阻其去路旗开捧	一员将高叫刘君昴略住鄂国公在	5(27)
此敬德遂问君昴何在正西有御	寨直东待那里去刘君昴曰我奉	6(26)
总管命巡绰去敬德笑曰尔等	射仁贵一箭正中左肩令帝知其细	7(26)
今遣兵擒尔等今领兵东往莫不	背唐投辽乎君昴曰不敢敬德曰尔	8(27)
不反可下马受缚见帝便休君	昴知罪乎拨马归辽领兵便走敬德	9(26)
曰这匹夫实反催军便赶君昴	却更走十数里远边海岛一队军来	10(26)
当住刘君昴二将出马一个雪	白袍遮藏了怗铠一个皂罗袍笼罩	11(26)
了虎一个挂孝秦怀玉一个尉迟宝	林高叫来将何人君昴觑了不雇	12(27)
众军一骑马落荒便走背后敬德	领二□少将军赶将来盛走里忽	13(26)
然听一棒锣声有五百人截了	去路旗开捧一员将素袍玉铠赤	14(25)
马繁缨横方天戟按住马叫刘君	昴略住薛仁贵□□便似报恨作	15(26)
员逢伯颢两个相见结怎末刘君昴结	下马告	仁	贵被	仁贵生致君昴	
					16(27)
将见尉迟总管话说张士贵帐上	道莫	漏泄了也正	寻思间人报	17(26)
君昴领兵回张士贵思之何来之早	左右	道欲去平壤	城路逢莫离	18(26)

据图4及录文可知，刊本行款为半叶十八行，行二十六字左右。版式为左右双边，黑口，双黑鱼尾（残叶所存鱼尾在版心中下部，按一般刊本版式推断，中部以上当有另一鱼尾），版心下鱼尾下记叶数。缀合图版心破损过于严重，看似为"廿二"叶，但此叶内容已过全书四分之三，不应仅为"廿二"。残叶内容与《永乐大典》本《薛仁贵征辽事略》基本一致，可据《大典》本《事略》字数略做计算。《大典》本《事略》凡4万余字，残叶整版约1000字，则刊本文字内容约有四十叶。残叶前内容约3.5万字，则刊本此前文字内容约有三十五叶，考虑到部分版面文字不可能刻满，再加上图像占去部分叶数，则此叶叶数似应为"卌二"。据残叶尺寸（16cm×11cm、17cm×12cm）及一般古籍长宽比例推断，刊本必非上图下文式，而是均如图3，为单幅式。残叶右半讲张士贵、刘君昂以暗箭射伤薛仁贵之事，《大典》本临近上文云："从山后一壁转过两骑马，张士贵在前，刘君昂在后。"（刊本当在第卌一叶左半版）残图有骑马者三人，下方二人，正是张士贵在前，刘君昂在后，二人与上方之人以山形隔开。由此可知，上方之人即薛仁贵，此图所绘正是张、刘二人暗伤薛仁贵事，当与残叶卌二叶前后相连。此外，误缀的"同反也"三字残片属于尉迟恭与任城王李道宗争执一节，位置当在第卌三叶。已知刊本行款为半叶十八行，行约二十六字，以《大典》本文字进行复原，若"诗曰"下"往日赖功情可恕，今朝反国罪非轻"两句独占一行，①则"同反也"三字恰在第卌三叶右半版第十八行中部略偏下，故此三字残片尚留有鱼尾痕迹。而残图右侧也同样有鱼尾痕迹残存，位置正与推测的"同反也"三字残片鱼尾一致，所以残图与三字残片很可能分属刊本第卌三叶的左半版和右半版。也就是说，现存的刊本残叶都是第卌二叶和第卌三叶的部分。

刊本残叶版式紧凑，字密行密，刊刻草率，多俗字、讹字及笔画阙省现象（见图5），具有典型的宋元建阳坊刻本特征。而南宋建本字体结构较之元建本具有结字较正、重心略低、松紧合宜的特征，此外，南宋建本笔画起笔多呈现峭立尖锐之形，元建本则往往偏圆。② 以此标准审之，残叶当为元代建阳书坊刻本。

黑水城为元代甘肃行省亦集乃路总管府所在地，洪武五年（1372）明征西将军冯胜率军征讨，守将卜颜帖木儿以城降。③ 黑水城考古发现的文书中，最晚的年号为北元宣光元年（洪武四年，1371），而年代最晚的文物则为一枚北元天元元年（洪武十二年，1379）铸造的官印，说明当时此城仍有人居住。④ 更有

---

① 明成化七年北京永顺堂刊《新刊全相唐薛仁贵跨海征辽故事》（北京：文物出版社，1979年）中，"诗曰"即两句占一行。

② 关于宋元建本字体结构的具体分析，参见王天然、马楠《黑水城出土刊本〈尚书句解〉残叶小识》，《中国典籍与文化》2014年第2期。

③ 《明史·冯胜传》，北京：中华书局，1974年，第3797页。

④ 内蒙古文物考古研究所、阿拉善盟文物工作站《内蒙古黑城考古发掘纪要》，《文物》1987年第7期。

研究者认为,黑水城的最后废弃在1438年以后。① 明朝建立以后,与北元时有战事,此城同明朝控制区域的交通应大受影响,能从南方输入小说的可能性不大。此刊本的时代应主要参考同一地点出土的其他文物。与残叶在黑水城相同地点(F209)同时出土的各类汉文文书,如《至正条格》刊本残叶、契约、票据等,部分有纪年信息,计有:至顺四年(1333)、至正十一年(1351)、□正贰拾年(1360)、至正廿一年(1361)、至正廿五年(1365)、至正卅年(洪武三年,1370)等。② 上文已指出此刊本的刊刻地点为福建建阳(元属建宁路),考虑到书籍从福建流通到今内蒙古自治区阿拉善盟额济纳旗的时间,此刊本的刊刻年代似应早于元代晚期。

刘	贵	认	马	来	收	愿	昂	叫	鄂	国	管
某	恨	便	顾	盛	军	罪	归	里	慢	尔	离

图 5

  元刊本残叶在用字上显示了与元至治间建安虞氏刊《新全相三国志平话》、元建安书堂刊《至元新刊全相三分事略》的相似之处。三者多使用相同的俗字,如"顾"均作"雇","愿"均作愿,"马"多作马,"管",刊本残叶作管,《三国志平话》《三分事略》作管、管,等等。③ 又《三国志平话》"书中诸葛之作朱葛,糜竺之作梅竹,新野之作辛冶、辛治,讨虏之作托虏、托肤,人名、地名、职官往往多非本字"。④ 这种情况在《三分事略》中也存在。而《薛仁贵征辽事略》残叶中如"铁铠"作"恬铠","伍员"作"仵员",也是相同用字习惯的反映。姜殿扬在《三国志平话》跋中说:"作者师承白话,未见史传正文,每以同音习见之字通用之。省俗形近,传录讹讹,又复杂出其间。坊贾据以入梓,难可校订,盖出自江湖小说人师徒相传之脚本。"据此可知,此类用字反映出元刊本《薛仁贵征辽事略》更接近于说话人的脚本。

  《永乐大典》本《薛仁贵征辽事略》用字较元刊本规范(如"厶"作"某"),且与元刊本存在一些异文:

---

① 陈炳应、梁松涛《黑水城废弃的时间及原因新探》,《宁夏大学学报》(人文社会科学版)第31卷第2期,2009年3月。
② 据李逸友《黑城出土文书(汉文文书卷)》统计。
③ 《三国志平话》《三分事略》在同叶同行有二"管"字,皆是上作管,下作管,二者存在明显的翻刻关系。
④ 涵芬楼影印本《三国志平话》姜殿扬跋。

1. 射 仁贵马合面 的箭中左臂上。

按：合，《大典》本作"後（后）"，元刊本盖误"后"为"合"。

2. 二贼匿人之功， 更伤吾之命，箭 射我 不飞，一家吃 我一戟。

按：飞，《大典》本作"死"，二字草书形近，元刊本误。

3. 帝曰："逼贼何所？"仁贵曰："正东十数 里远其贼未得贼。"帝曰： "何为不得 其贼？"

按：《大典》本作"正东十数里远近，渐得其贼"。

4. 帝问："何 人救莫离支也 ？"

按：《大典》本作"何人救之"。

5. 回头认的却是唐将 。

按：的，《大典》本作"得"，无"却"字。

6. 帝曰："何 令也 ？"

按：令，《大典》本作"验"，元刊本语义不通。

7. 仁贵曰："臣立身于张总管、刘 君昴下军，虽蒙圣旨，臣焉敢失 上下之礼 。"

按：张总管，《大典》本作"张士贵"。

8. 有一 将应声而出："启陛下，尉迟恭愿往。"

按：《大典》本无"而"字。

9. 英公唤敬德："总管且慢去。"

按：《大典》本无"总管"二字。

10. 君昴曰："不如 同共背唐 。"

按：同共，《大典》本作"投辽"。

11. 刘君昴道："将三路都统军印来， 厶往平相去见高丽□藏去 。"

按：《大典》本作"某往平壤城去见高建藏去"。

12. 刘君昴曰："我奉 总管命巡绰去。"

按：《大典》本无"刘"字。

13. 敬德笑曰："尔等 射仁贵一箭，正中左肩，令帝知其细 ，今遣兵擒尔等。今领兵东往，莫不 背唐投辽乎 ？"

按：令，《大典》本作"今"，刊本误。细，《大典》本作"事"。

14. 君昂知罪乎,拨马归辽,领兵便走。

按:乎,《大典》本作"大"。

15. 君昂却更走十数里。远边海岛一队军来,当住刘君昂,二将出马,一个雪白袍,遮藏了怗铠,一个皂罗袍,笼罩了虎,一个挂孝秦怀玉,一个尉迟宝林。

按:远边,《大典》本作"远近"。怗,《大典》本作"铁"。

16. 旗开,捧一员将,素袍玉铠。

按:玉,《大典》本作"莹"。

17. 便似报恨仵员逢伯嚭。

按:仵,《大典》本作"伍"。

可见元刊本在文字上劣于《大典》本,多讹字,音同、音近替代之字,以及不通的语句。但如上文所述,这反而反映出元刊本更接近于说话人的脚本。至于元刊本与《大典》本的关系,一种可能是元刊本即《大典》本之底本,《大典》在抄录时,对文字进行了改动。但仅仅半张残叶就有如此多的异文,且部分两通之处本无烦改字,考虑到异文的数量与复杂情况,这种可能性值得怀疑。另一种可能是《大典》所据为另一种本子,这种本子与元建本有共同的祖本,但经过了用字的规范及个别词句的改造。需要指出的是,《永乐大典》本在抄录时显然也有脱文,如唐太宗梦征辽东,与葛苏文交战一节有"一将出马交战数合,莫离支刀劈敬德"云云,前后句十分突兀,中间显然有讹脱。

对于《薛仁贵征辽事略》的成书年代,赵万里考定为元代,其证据主要有以下几点:

1. 此书文辞古朴简率之处,和至治新刊"平话五种"相似,当是宋元间说话人手笔。

2. 书中有"芙蓉城下,子高适会琼姬;洛水堤边,郑子初逢龙女"之语。芙蓉城故事,宋元戏文中有王子高戏文,元以后文学作品罕见称引。故此书写作年代当在王子高故事流传正盛时,即南宋时或元初。

3. 此书又称"秦怀玉领兵出阵,便似挂孝关平也"。关平本与父关羽同时被杀,但至治新刊《三国志平话》(今按:《三分事略》同)在关羽死后仍有关平出场,可知说话人心目中,关羽被杀时,关平并未同死,与此书称"挂孝关平"若合符节。故此书写作时代当与《三国志平话》相距不远。①

此元刊残叶的发现,证明了赵万里的考证确为不刊之论。又《征辽事略》

---

① 见赵万里《〈薛仁贵征辽事略〉后记》,上海:古典文学出版社,1957年,第74—76页。

开头有诗云:"三皇五帝夏商周,秦汉三分吴魏刘,晋宋齐梁南北史,隋唐五代宋金收。"亦见于《武王伐纣平话》的开头,胡士莹认为"显然是元人口气",[①]程毅中则据此推测"当编定于金代"。[②] 从以金代作结看,语气更像金人。但此诗既然亦见于《武王伐纣平话》,说明这是当时讲史者惯用的开场诗,仅能做大致时代的参考。《征辽事略》在张士贵、刘君昴被缚,交褚遂良勘对,帝设宴赏劳仁贵后插入尉迟恭与李道宗争执一节,与主线内容关系不大,且任城王李道宗回护张、刘二人,云"不可为军卒斩二功臣",尉迟恭更指出"任城王与张士贵新作对门",与此前李道宗欲荐薛仁贵的正面形象不甚相符,很可能此节为后来添入。元杨梓(？—1327)作《敬德不伏老》杂剧,叙唐太宗设功臣宴,李道宗争座位,尉迟恭不服,打了道宗。此时李道宗正是作为反面人物。由此看来,《薛仁贵征辽事略》最后成书倒可能是在此杂剧之后。至于书名作"事略",与《三分事略》相同,也说明它更接近于说话人的脚本,只是一个提要式的简本。正如程毅中在《从〈三分事略〉谈话本的繁简》一文中所说:"从现存的几种元刻本平话看,似乎可以得出一个结论,就是元代还没有刻印过话本的繁本,而只有提要式的简本。"[③]

　　元至治间建安虞氏刊行的"全相平话五种"和元建安书堂刊行的《至元新刊全相三分事略》,皆为上图下文式,所以以往的研究将上图下文式插图看作福建坊刻白话小说的标志之一,《薛仁贵征辽事略》残图的发现,则说明当时的插图样式其实是具有多样性的。此前所见最早的半版单幅式插图为明成化北京永顺书堂所刊说唱词话(其中也有上图下文式),《薛仁贵征辽事略》残图则将这一样式提早到元代晚期。

　　总之,黑水城出土的《薛仁贵征辽事略》刊本残叶为元代建阳书坊刻本,证实了赵万里的推断,使得存世的元代讲史平话又增加了一个刊本。其残图则是现存白话小说中时代最早的半版单幅式插图。虽仅为残叶,仍应引起相关研究者的关注。

---

① 胡士莹《话本小说概论》第十七章第三节,北京:商务印书馆,2011年,第916页。
② 程毅中《宋元小说研究》第九章"宋元讲史平话"第三节,南京:江苏古籍出版社,1999年,第285页。
③ 程毅中《程毅中文存》,北京:中华书局,2006年,第317页。

黄金台《书金圣叹才子书后》考释*

李金松**

【内容提要】 黄金台的《书金圣叹才子书后》是一篇新发现的研究金圣叹文学批评的重要文献。这篇文献揭示了金圣叹"专信稗官"、迎合世俗的批评特点,并高度地推崇了金圣叹"唇风锐利,眼电精荧"的杰出的文学批评才能,同时,也指出了金圣叹的文学批评存在的严重问题,即故作惊人之语,喜欢"诙谐""穿凿",另"加以讥弹无忌,夸诞不经"。这篇研究金圣叹文学批评的文献,无疑有助于人们对金圣叹文学批评的深入认识。

【关键词】 黄金台　金圣叹　文学批评　《书金圣叹才子书后》

自 20 世纪 80 年代以来,金圣叹研究逐渐成为学术界的热点。在金圣叹研究方面,已故的南京师范大学教授陆林先生用力最深;他不但撰有《金圣叹史实研究》等专著,而且重新整理了《金圣叹全集》,将金圣叹的著作以及清人有关研究他的资料,搜罗殆尽。但是,要想穷尽清人所有研究金圣叹的资料,谈何容易。近来,笔者阅读清人文集,发现了一篇未被陆林先生收进其整理的《金圣叹全集》"附录"《金圣叹著作序跋》中的序跋性文献,即黄金台的《书金圣叹才子书后》。《书金圣叹才子书后》是一篇骈文,全文不长,现迻录如下:

> 窃以曼倩滑稽,长公怒骂,虽偶涉夫游戏,要无害于纲常。若夫专信稗官,独崇异说,评绿林之豪客,曲近形容;赞红粉之娇娃,漫加附会。灵谈鬼笑,恣一己之私情;楚谚吴歌,悦千奴之庸目,则有未如金氏圣叹之甚者也。以彼唇风锐利,眼电精荧,假令洗涤邪思,折衷正道,将出其才力,不难了却十人;播厥词章,尽可自成一子。奈何雕镂俗状,周内世情,好为阳五之淫辞,惯作桓玄之危语。羊颐狗颊,尽是诙谐;马嘿驴鸣,无非穿凿。加以讥弹无忌,夸诞不经,笑刘昼为骆驼,诋任昉为虫豸。《诗》曰:"善戏谑兮,不为虐兮。"圣叹何相倍之戾也。其贾祸焉,不亦宜乎?
>
> 呜呼,何晏风流,足婴斧锧;王融险躁,竟被灰钉。叔夜临刑,唏嘘爱子;蔚宗论罪,悲泣名娼。伯深之裂胆堪怜,君彦之戮心何惨。语言取累,

---

* 本文受国家社科基金重大项目"明清骈文文献整理与研究"(项目号:18ZDA251)课题资助。
** 本文作者为河南大学文学院、国学研究所教授。

空留谢客之须;意气自高,已抉杨郎之目。自来才士,都鲜令终:非诡妄以招尤,即轻浮以致败。况区区圣叹也哉!(录自《木鸡书屋二集》卷五,《清代诗文集汇编》第565册,第94页。)

黄金台(1789—1861),字鹤楼,浙江平湖人。《平湖县志》卷一七传云:"黄金台,字鹤楼,岁贡生。绮岁游庠,才名噪甚,顾困于棘闱,十赴秋试。遂殚心著述,博极群书,学无不贯。尝从武康徐熊飞游,与之上下其议论,故所作诗文,皆有法度。文体宗徐庾,而兼通百家。江南北士夫之有著撰者,弁首之文,金台手笔居多。性好交友,尝绘《扁舟访友图》,名流题咏者甚众。主讲芦川书院者数年,训后进有法。咸丰丁巳(1857),临川李联琇廷尉督学江苏,延之入幕。于是遍历江淮诸郡。尝登焦山与诸名士宴集,振衣千仞,俯临大江,作文以纪壮游。生平耿介自守,遇流俗人,不妄交一言;而学有片长,则往往为之延誉,故励学之士,莫不乐为亲附焉。辛酉(1861),平湖再陷,忧愤成疾,卒,年七十三。著有《木鸡书屋文集》三十卷,《诗集》六卷,《左国闲吟》一卷,已刊行。《今文愜》《盛藻集》,未梓。"[①]据县志,可知黄金台虽然在年少时已"游庠","才名噪甚",但却长期困于科场。尽管如此,他却是"殚心著述,博极群书,学无不贯"。他的著述除了县志中提到的已刊行与未刊行者之外,尚有未被县志提到的日记手稿《听鹂馆日识》(藏上海图书馆),记载了自己平生的买书、读书生活,是研究清代嘉道时期文人生活的珍贵史料。由于黄金台"文体宗徐庾",他的这篇评论金圣叹才子书的文献《书金圣叹才子书后》是用骈文写成的,用典使事比较多。因此,对于这篇《书金圣叹才子书后》,实有进行笺释的必要。然后,在此基础上,讨论其对研究金圣叹的学术贡献。

在这篇文章的开头,黄金台指出,东方朔、苏轼的滑稽、嘲骂,"虽偶涉夫游戏",但是"无害于纲常",对社会的伦理秩序并无负面的意义。然而,"专信稗官,独崇异说","恣一己之私情""悦千奴之庸目"的金圣叹,由于"评绿林之豪客,曲近形容;赞红粉之娇娃,漫加附会",因而他的"涉夫游戏"在黄金台看来则未免过分了,其中出语"甚者"表达的就是这一意涵。黄金台在此所说的"评绿林之豪客",无疑指的是金圣叹对《水浒传》的评点;"赞红粉之娇娃",指的当是金圣叹对《西厢记》的评点。黄氏将金圣叹与东方朔、苏轼等人进行对比,有力地彰显了金圣叹的缺点。尽管如此,黄金台仍认为:金圣叹在小说戏曲评点中表现出了"唇风锐利、眼电精荧"、过人的批评才能。所谓"唇风锐利",是说金圣叹口若悬河,辩才无碍;所谓"眼电精荧",是说金圣叹眼光锐利,有独到的见解与发现。在黄金台看来,如果金圣叹能够"洗涤邪思,折衷正道",那么,他

[①] 彭润章、叶廉锷等修纂:《(光绪)平湖县志》卷一七《人物三》,光绪十二年(1886)刊本。

的这一特别批评才能可以使他不但"不难了却十人",而且"播厥词章,尽可自成一子",成为一时独领风骚的文学家、思想家。从这些评论来看,黄金台对金圣叹的文学批评才能是颇为推许的。

紧接着,黄金台笔锋一转,大力抨击金圣叹"雕镌俗状,周内世情,好为阳五之淫辞,惯作桓玄之危语"的种种轻薄批评行为。所谓"阳五之淫辞",典出《北史·阳休之传》:

> 休之弟緵之,天平中入关。次俊之,位兼通直常侍,聘陈副,尚书郎。当文襄时,多作六言歌辞,淫荡而拙,世俗流传,名为《阳五伴侣》,写而卖之,在市不绝。①

即指责金圣叹的批评文字较为淫秽。所谓"桓玄之危语",典出《世说新语·排调篇》:

> 桓南郡(玄)与殷荆州语次,因共作了语。顾恺之曰:"火烧平原无遗燎。"桓曰:"白布缠棺竖旒旐。"殷曰:"投鱼深渊放飞鸟。"次复作危语。桓曰:"矛头淅米剑头炊。"殷曰:"百岁老翁攀枯枝。"顾曰:"井上辘轳卧婴儿。"殷有一参军在坐,云:"盲人骑瞎马,夜半临深池。"殷曰:"咄咄逼人!"仲堪眇目故也。②

即批评金圣叹喜欢故作惊人之语。就此两点而言,金批《第五才子书水浒传》《第六才子书西厢记》确实存在这种情形,不必为金氏讳也。

此外,黄金台还指出:金圣叹的批评笔调"诙谐",解释"穿凿",譬之"羊颐狗颊""马嘿驴鸣"。"羊颐狗颊",典出《北齐书·魏收传》:"收既轻疾,好声乐,善胡舞。文宣末,数于东山与诸优为猕猴与狗斗,帝宠狎之。收外兄博陵崔岩尝以双声嘲收曰:'愚魏衰收。'魏答曰:'颜岩腥瘦,是谁所生,羊颐狗颊,头团鼻平,饭房答笼,著孔嘲玎。'其辩捷不拘若是。既缘史笔,多憾于人,齐亡之岁,收冢被发,弃其骨于外。"③"马嘿驴鸣",典出宋人魏泰笔记《东轩笔录》卷八:"刘敞博学有俊才,然滑稽,喜谑玩,亦屡以犯人。……马嘿为台官,弹奏敞轻薄,不当置在文馆,敞闻而叹曰:'既为马嘿,岂合驴鸣?'"④黄金台用这两个典故,既使金圣叹诙谐、轻薄的批评笔调具体化了,又包含对其指斥的意味。而且,在黄金台看来,金圣叹的批评笔调还"讥弹无忌,夸诞不经",他亦用两个典事形容之:"笑刘昼为骆驼,诋任豳为虫豸。"前者出《北史·刘昼传》:"举秀

---

① 〔唐〕李延寿《北史》,北京:中华书局,1974年,第1728页。
② 〔南朝宋〕刘义庆撰,余嘉锡笺疏《世说新语笺疏》,北京:中华书局,2007年,第964页。
③ 〔唐〕李百药《北齐书》,北京:中华书局,1972年,第495页。
④ 〔北宋〕魏泰著,李裕民点校《东轩笔录》,北京:中华书局,1983年,第89页。

才,策不第,乃恨不学属文,方复缉缀辞藻。言甚古掘,制一首赋,以六合为名,自谓绝伦,乃叹儒者劳而寡功。曾以赋呈魏收而不拜。收忿之,谓曰:'赋名六合,已是太愚,文又愚于六合。君四体又甚于文。'昼不忿,又以示邢子才。子才曰:'君此赋,正似疥骆驼,伏而无妩媚。'"①后者出薛居正《旧五代史·卢程传》:"卢程,唐朝右族……褊浅无他才,惟务恃门地,口多是非,笃厚君子尤薄之……任圜为兴唐少尹,庄宗从姊婿也,凭其宠戚,因诣程。程方衣鹤氅、华阳巾,凭几决事,见圜怒詈曰:'是何虫豸,恃妇力耶!宰相取给于府县,得不识旧体!'圜不言而退。"②黄金台用这两个典故,意谓金圣叹文学批评的表达肆无忌惮,过甚其辞,非正人君子之所为。所以,他认为金圣叹"贾祸焉,不亦宜乎",即金氏是自己招来杀身之祸,怨不得他人。而对于金圣叹之被杀,黄金台用一连串的典事,方之为三国时期至隋唐之际的何晏(裴注《三国志·诸夏侯曹传》)、嵇康(《晋书·嵇康传》)、王融(《南齐书·王融传》)、范晔(《宋书·范晔传》)、崔浩(按:浩字伯渊,唐人避唐高祖李渊讳,而改为伯深。其事详《北史·崔浩传》《魏书·崔浩传》)、谢灵运(《宋书·谢灵运传》)、杨愔(《北史·杨愔传》)、祖君彦(《新唐书·李密传》)等,这些才士均因性格方面存在的问题而惨遭杀害。言下之意,金圣叹之死,纯是其性格所致,是其基于性格轻薄而"语言取累"的结果。本着这一认识,在文章的最后,黄金台揭示出自古才士"都鲜令终"的根本原因:"非诡妄以招尤,即轻浮以致败"。末句"况区区圣叹也哉",指出作为轻薄文人的金圣叹自然不能逃脱"自来才士,都鲜令终"的这种宿命。

  黄金台所论,贯穿的意涵是:作为才士,应以金圣叹的为人为戒,力避诡妄、轻浮,其中告诫之意是非常明显的。然而,透过以上所述,我们认为:尽管黄金台是站在正统文人的立场上对金圣叹及其才子书进行批评的,但他的《书金圣叹才子书后》一文对金圣叹的研究作出了极为重要的学术贡献:不但揭示了金圣叹"专信稗官"及其文学批评迎合世俗的特点,并高度地推崇了金圣叹"唇风锐利,眼电精荧"杰出的文学批评才能,同时,也指出了金圣叹的文学批评存在的严重缺陷,即"诙谐""穿凿",另"加以讥弹无忌,夸诞不经"。他在《书金圣叹才子书后》中所作的这些批评意见,无疑有助于我们对金圣叹的文学批评的认知。因此,在这一意义上,黄金台的《书金圣叹才子书后》是一篇研究金圣叹文学批评的很重要的文献,值得学界重视。

---

① 〔唐〕李延寿《北史》,第2729—2730页。
② 〔宋〕薛居正《旧五代史》,北京:中华书局,1976年,第888页。

从《葫芦先生》与《袁氏义犬》互文关系看晚明杂剧创作与党争

李远达*

【内容提要】 日本内阁文库藏王衡杂剧《葫芦先生》保留了该剧原貌，陈与郊《袁氏义犬》中插演的《葫芦先生》比日藏本少40％的内容。文本差异成因复杂：既受到"戏中戏"体制制约，又是陈与郊在晚明党争背景下所做出的避祸策略。《葫芦先生》原剧中折射出王衡一生的两个转折点：戊子顺天乡试与丁未密揭事发，寄寓了王衡的悲愤、苦闷以及宗教式解脱。《袁氏义犬》与《葫芦先生》虽然主题不同，但是创作时间接近，有相似的史实与情感背景，是一对互文性杂剧文本。《袁氏义犬》以《葫芦先生》为戏中戏，用它来表达自己的主题，构成自己的情境。它们的文本异同既是"戏中戏"模式互文性研究的可靠样本，又折射出晚明文人杂剧创作与党争的复杂关系。

【关键词】 《葫芦先生》 戏中戏 避祸策略 互文性 党争

王衡是明代杂剧大家，其杂剧《郁轮袍》《真傀儡》《杜祁公》、《葫芦先生》《没奈何》等作历来深受好评。沈德符在《万历野获编》卷二五《词曲》中盛赞曰："王辰玉大史所作《真傀儡》《没奈何》诸剧，大得金元蒜酪本色。可称一时独步。"[1]然而长期以来，学界对于王衡究竟有几种杂剧以及每部杂剧的原貌存有争议：《郁轮袍》和《真傀儡》两种杂剧基本上认为是王衡所作。《再生缘》作者一直无定论，直到2004年吴书荫的《〈再生缘〉杂剧作者考辨》一文考证出"今本《再生缘》作者为吴大山（仁仲）"，此后学界基本认同吴说，不再将此剧列在王衡名下。清人王士禛《香祖笔记》还记载王衡作《裴湛和合》，今佚。

在王衡杂剧中，研究最薄弱、问题也最多的要数《葫芦先生》《没奈何》）。首要的一个问题是题目。如果我们把戏中戏当作一种特殊的著录形式的话，则陈与郊的《袁氏义犬》第一折插入的王衡杂剧《葫芦先生》，应当视作该剧的首次著录。此后，明清历代曲家皆按《袁氏义犬》第一折中结尾处"题目"著录

---

* 本文作者为北京大学医学人文学院讲师，文学博士。
[1] 〔明〕沈德符《万历野获编》卷二五《词曲》"杂剧"条，北京：中华书局，1959年，第648页。

为《没奈何哭倒长安街》，简称《没奈何》。直到王国维《曲录》，也据此题作《长安街》。笔者根据黄仕忠等编《日本所藏稀见中国戏曲文献丛刊》第一辑第15册所收日本内阁文库藏《王衡杂剧三种》中的《新刊葫芦先生杂剧》及版心《葫芦先生》认定该剧原名为《葫芦先生》，而非《没奈何》。

同时，日藏《王衡杂剧三种·葫芦先生》的价值远不止于正名。经笔者校勘，《盛明杂剧·袁氏义犬》第一折所收戏中戏《葫芦先生》，要比日藏本少40％的内容。为什么日藏《王衡杂剧三种·葫芦先生》本原貌会与《盛明杂剧·袁氏义犬》本有如此大的差异？是陈与郊修改收入之时受到戏中戏剧本体制影响，还是另有其他原因？对比《葫芦先生》原貌，还可以进一步还原《袁氏义犬》创作之时的政治重压和陈与郊的焦虑心态，也能够帮助我们更好地理解王衡寄寓在最后的作品《葫芦先生》中的绝望、悲愤甚至宗教性的"没奈何"式解脱。

一、《葫芦先生》原貌与校勘异文

王衡杂剧三种附在其文集《缑山先生集》末尾，其子王时敏万历四十五年(1617)刊刻于家祠。① 文集附刻杂剧在明代文集编刊的传统中颇不寻常。笔者仅查考到徐渭的《徐文长三集》二十九卷，附《四声猿》一卷，是由其门人商维濬在其死后于万历二十八年(1600)刊刻的，也是今存明刻徐渭文集中最早的一种。不过据陶望龄说徐渭生前自定文集三种为《文长集》十六卷、《阙编》十卷、《樱桃馆集》(未刊)，当无杂剧作品。② 即使有生前编订，徐渭作为布衣狂士的身份地位所编文集自然不应与王衡作为相门公子所编文集的体例一致。

据徐朔方先生《晚明曲家年谱·王衡年谱》曰："集凡二十七卷，刻于宗祠。目录云'附北剧三种'，予所见明刻本未附。"③并据日本波多野太郎教授寄赠此三剧照片，根据内容、板式等推定"它们可能就是当年所附的北杂剧三种"。④而2006年，黄仕忠先生在影印日本内阁文库藏《王衡杂剧三种》的说明中提到："书衣墨书'杂剧 一二'字样，可知当为《缑山先生集》之第十二册，即明万

---

① 刊刻具体日期尚无确切材料。一般说法为万历四十四年(1616)序刊本，指卷首有陈继儒《王太史辰玉集叙》，落款"丙辰一阳日友弟陈继儒书于顽仙庐"，而吉林省图书馆藏本有高出序于"丁巳元夜"的落款，可见刊刻不早于万历四十五年(1617)。至于时间下限，笔者在被认为是《缑山先生集》附刻的日藏本《王衡杂剧三种·真傀儡》中找到一处版本标记物"天佑忠贤"，在崇祯刊刻的《盛明杂剧》初集和《古今名剧合选·酹江集》中都改为了"天佑忠贞"，则显然是出于忌讳魏阉。而在魏忠贤当道的天启年间(1621—1627)，则出于避讳亦不可能直呼魏忠贤其名，故此书当刻于万历四十五年左右。
② 《徐渭集·出版说明》，北京：中华书局，1983年，第3页。
③ 徐朔方《晚明曲家年谱》第一卷，杭州：浙江古籍出版社，1993年，第392页。
④ 同上书，第355页。

历四十四年序本之附录。"① 这就构成了完整的证据链,基本可以确定日藏《王衡杂剧三种》确系万历四十五年王时敏刻于宗祠的二十七卷本《缑山先生集》之附刻,其从内容到顺序,都最能代表王衡杂剧三种的原貌。②

文集附刻杂剧,充分说明王衡重视自己的杂剧创作,而《葫芦先生》更是泣血之作,值得认真探究。过去由于见不到日藏本《王衡杂剧三种》,研究者大多依据陈与郊《袁氏义犬》第一折进行分析,产生了一些误判。笔者将日藏《王衡杂剧三种》本与《盛明杂剧·袁氏义犬》所插演的《葫芦先生》进行校勘,发现了大量异文,③尤其在宾白方面。日藏本不仅还原了该剧的原貌,更可以借此管窥王衡杂剧的艺术特色与创作心态,择要列表如下:

版本	日藏《王衡杂剧三种》本	《盛明杂剧·袁氏义犬》本
1	(正末扮道人)我这葫芦不是耍哩。着得进,扒不出,烧得着,燥不烂,拘得曲,竖不直。是一件通天彻地、活溜溜儿的好东西。	(生扮道人)无
2	(净扮没奈何)士农工商百般营生我都曾做过来,才到手又觉没趣了。如今道我是甚等人。道我是可又不是,道我不是可又是。我也不知我本身是何服色职衔。……逢着个唐举、詹何,问他一个归宿。	(丑扮没奈何)无
3(第一支曲后)	【净云】是我不要富,到不如种田,干我本等营生去。【正末云】这个才是。可不道渔家傲哩,田家乐哩。还要问你,你要晴便晴,要雨便雨么?【净云】不会。【正末云】肩膀阔会浇粪么?【净云】不会。【正末云】背脊曲会锄地么?【净云】不会。【正末云】屁股老会比较么?【净云】不会。【正末云】又不会要晴要雨,又吃不得这样苦。请你自寻思来。	袁燦云:果然富不如贫,贵不如贱,但不知生死如何耳。再做。
4	(末、净讨论当秀才)【净云】……秦楼楚馆蹴鞠弹琴……【正末云】……你铜钱的出手、帮闲的反面……	无

---

① 《王衡杂剧三种》前言,黄仕忠等编:《日本所藏稀见中国戏曲文献丛刊》第一辑第15册,桂林:广西师范大学出版社,2006年,第392页。
② 不过笔者所见的北大(三种)本、国图本、上图本以及《四库全书存目丛书》所收吉林省图书馆所藏《缑山先生集》的目录中都未见徐先生所谓"附北剧三种"一语,未知何据。
③ 徐朔方先生在《王衡年谱》中认为"《袁氏义犬》所引《葫芦先生》只是宾白略有简省,同内阁文库本出入不大"(《晚明曲家年谱》第一卷,第355页)。波多野太郎所寄赠胶卷也许并非全本,否则近40%宾白内容删节是很容易发现的。

续表

版本	日藏《王衡杂剧三种》本	《盛明杂剧·袁氏义犬》本
5（第二支曲子后）	【净云】是难是难……（我要做如今前呼后拥、）吓亲吓眷、谋尽货不追赃、打杀人不偿命的进士官。【正末云】……你是不识他哩。若身到剧场，散局闲官，平地里也掀风鼓浪；人逢狭里，至亲密友，暗地里也覆雨翻云。……借债没趣么……	【狄云】不是这等说，逢快活时须快活，得风流处且风流，不管他，且做。……（我要做如今前呼后拥、）唬鬼惊神、取货不追赃、杀人不偿命的一个官员，如何？（无）
6（第三支曲子后）	无	【袁云】说得好，说得好，算来名利不如闲。
7（第四支曲子后）	(曲辞)"又早一封书定下了周公罪。如今东山老"为小字，而盛本大字。后无【狄云】……【正末云】不病所苦的你(才做哩)，这个却也难。……若打死虎呢，人也有手脚的，若打活虎呢，拼得这一口气么？	【狄云】这都是做了大臣又要做大贤的，若将就酌中些，岂便倒此。……无此句……
8（第五支曲子后）	……（无"做山人"句）……做时样的，如今文集山也相似，传到得后世么？若做古样的，又不济得饥寒，又不得人赏鉴，要他怎么？且官人的诗文，人原看做官人的，山人的诗文，人原看做山人的……【净云】这样我做个隐士如何？【正末云】好，只怕隐不住哩。如今若要隐，除非地下蚓、树上蝉便好，若有一碗饭吃的，官粮私债，敲的敲，打的打。你说道我是伯夷叔齐，他偏吊得你慌哩。这个只怕难。……【正末云】都只是随着人之成败，涂青摸黄便了。	【袁云】常言道：忠义一变而为气节，气节一变而为封章，封章一变而为教唆词讼。愈趋愈下，一至于此。……【丑云】做一个山人……（后删一段）
9（第六支曲子后）	【正末云】你看古来饿憋了多少人的肚皮，做神仙的且是少哩。(若是做地上仙人)眼前这些亲眷们生生死死，还是哭好，还是笑好。便认着……若说他不得意呵，天子到那不自由的田地，唐玄宗也吞声割爱；便是韩舍人的后身，神仙有些不明白的是非，织女星也叉手告人。	【狄云】如今野史，原不足据，后生刀笔，原不足凭。哪里管他，只在自家算计罢。……（盛本无）

续表

版本	日藏《王衡杂剧三种》本	《盛明杂剧·袁氏义犬》本
10（第七支曲子后）	【净云】……我家有一爷二娘三兄四弟大妻小妾，我自家中去团圞头（打睡过一生者）【正末云】……你在世不过几万的日头，头疼头热、行眠坐盹，占了一分；梦里颠颠倒倒、惊惊怕怕，占了一分；日里劳劳碌碌、肠荒腹热，占了一分；身上事体未了、得得失失、悲悲喜喜，占了三分。只剩这三分，还要陪多点人哩。若教我眼里干干净净，六亲的团团送你，除非是你自家早死。若自家不早死，却又那得个干净来？眼看他病的病、死的死，肉离离剥皮见血，这便是情上苦。枉使叔孙通制礼，哭一哭、跳一跳也有数目的，只得又依他，这又是面上苦。无病忧做有病，小病忧做大病，这便是苦前苦。一时死了，直要哭得枯髅会走起来，死的到逍遥，生的到烦恼，这便是苦后苦。还有忧根深了，见识迷了，节外生枝，没要紧、没亲情的，可也日日思量，这便是苦外苦。呸！你不想妻儿未嫁、子女未生时，与你何亲？你身子死后，妻儿子女便朝朝暮暮哭你，与你何干？知他是什么冤业？你做无毛的驴马，将心肝打磨还他债哩！只这一件，十分日头也陪不了，莫说三分。是家的事未了，又将这苦泪倍周孝妇的样子。七十老官儿，买遍乌须药，乔序齿，便是老妓藏年；三年大考察，封尽雪丝银，苦央人，就是秀才怕考。老相公日行六里，还无代步之车；富家郎镇夜搬场，尚少蹲头之宅。谈禅讲学的掀唇鼓舌，收得一人，便是嫡家，恰是三家村里上坐的师婆；喜事建言的瞋目扬眉，寻得一桩，便是活宝，恰似十字府前弄棒的穷汉。一张舌团团掉转，凑着人口角，便是说亲未合的媒婆；一条腰曲曲低弯，望着人脚跟，便是接客不上的老鸨。……便望那一步，至那一步……譬如花红的便不香，香的便不红。有花的不耐久，耐久的有无花。被这个世界安排定定的哩，这个也不要怨世界。只为人心缺陷，世界便缺陷。（如何叫做人心缺陷？只你心上不足的便是。）譬如人有一分好处……	【袁云】听这一番话，分明是推开乱梦，唤醒痴儿。尔巢，你也觉得怎么？【狄云】门生也觉顿悟了。……

续表

版本	日藏《王衡杂剧三种》本	《盛明杂剧·袁氏义犬》本
11（第八支曲子后）	【正末云】……只是你苦不过要死,怕死得不结绝哩。随你身子五脏六腑件件化了,你那苦肠苦胆如石子样不化,只怕你这些亲亲眷眷,速变速变,变做六道众生,改头换面去了。你还做那伥伥叟叟、牵牵搭搭的（苦鬼哩）。	【狄云】老师,真个说得妙。……又做苦鬼哩。
12 第九支曲子	【末跳进葫芦介唱】【清江引】……世间事百作百不做,世上人生休死亦休。不怕的老婆禅,甚么肚里鐕,只弄这乔生活一个囫囵顶。①	【丑随下】【内唱介】无四句下场诗,结尾云:没奈何哭倒长安街,弥勒佛跳进葫芦里。【外】咦,这杂剧曲照人情,有同秦镜,阴杂世教,何异国风,非大令不能辨此。②

二、戏中戏体制对两本异同的影响

经过校勘《葫芦先生》第一折日藏《王衡杂剧三种》本和《盛明杂剧·袁氏义犬》这两种版本,可以得出以下结论:

首先,最为突出的差异表现在脚色的转换上。日藏《王衡杂剧三种》本(刊刻于万历四十五年,1617)中由正末扮道人(弥勒佛),净扮没奈何。而到了崇祯二年(1629)刊刻的《盛明杂剧·袁氏义犬》中,则由生扮道人,丑扮没奈何。造成这一现象的原因可能有二:一是杂剧表演体制发生变化,杂剧演出尤其是戏中戏的演出体制受到南戏影响,主演脚色由末转变为生;二是王衡的"复古"与陈与郊的"趋新"之间存在着戏剧观念上的差异。第一种可能性建立的基础是:一末一净为主角的表演体制源出于金元杂剧以来的北杂剧系统,而生、旦、丑等脚色出现在南戏兴盛以后,从末、净到生、丑即表现了明代中后期杂剧受到南戏影响的普遍戏曲史规律。然而,这种看似正确的宏大叙事如果放在具体的历史语境中,则未必经得起考验。前文已经提到,两本之间刊刻的时间差不长于十二年,这么短的时间不可能发生杂剧表演体制的颠覆性变革。而且如果考察早于王衡的徐渭等人的作品,生、旦、丑等脚色的出现已成为普遍现

---

① 〔明〕王衡《新刊葫芦先生杂剧》,黄仕忠等编:《日本所藏稀见中国戏曲文献丛刊》第一辑第15册,第481—503页。

② 〔明〕陈与郊《袁氏义犬》,〔明〕沈泰《盛明杂剧》初集,《续修四库全书》集部第1764册,上海:上海古籍出版社,2002年。

象,脚色转变不用等到王衡再变革。所以笔者更倾向于第二种可能,即王衡的杂剧创作存在着"复古"倾向,他意在恢复金元杂剧的体制特色,其艺术效果就是前面曾提及的"大得金元蒜酪本色"(沈德符语)。而陈与郊在将《葫芦先生》插入《袁氏义犬》时,为了适应演出实际情况,也为了回避演出中已由净扮演的狄灵庆和由末扮演的弋阳戏子,"戏中戏"选择了由生和丑来分别扮演弥勒佛和没奈何。

其次,两本曲文如徐朔方先生所言,大体一致,但也有一些差异,有的差异还解决了戏曲史上悬而未决的难题。例如最后一支曲子,日藏《王衡杂剧三种》本较《盛明杂剧·袁氏义犬》本多出【清江引】这一曲牌。经查《太和正音谱》,基本符合曲律,这就解决了最后一支曲子没有曲牌的问题。另外,还有一处也很有价值,日藏本在最后一支曲子前有明确的科介为"末跳进葫芦介,唱"。而同样位置,《盛明杂剧》本作"丑随下,内唱介"。日藏《王衡杂剧三种》本明确标出最后一支曲子与之前的曲子一样,都是由正末扮弥勒佛所唱。这样戏曲史家争论不休的最后一支曲子到底是谁"跳进葫芦介"并"唱"的,得到了圆满的解答。

最后,两本主要异文集中在宾白方面,互有增减,差异很大。从字数上说,日藏本有5800余字,《盛明杂剧·袁氏义犬》本只有约3500字。两相比较,去其重复,日藏《王衡杂剧三种》本竟然多出2300余字,其中绝大多数是宾白上的差异。总体上说,日藏本中大段正末与净的宾白在晚出的《盛明杂剧》本中被删改。一般而言,我们会把这类差异看作戏中戏体制的规约。《袁氏义犬》的作者陈与郊在保持插入剧目相对完整性的前提下,尽可能地压缩搬演时间,删掉了许多与情节关系不大的牢骚之词,以使得整个《袁氏义犬》剧目结构紧凑,不至于头重脚轻。这种观点在《袁氏义犬》第一折的宾白中能够找到一些佐证,例如开篇末扮的弋阳戏子回答袁灿的话说:"新的是近日大中书令王献之老爷编《葫芦先生》,小的门学不全,大略记得几段。"又譬如第七支曲后面(正末云)"你在世不过几万的日头"以下七百余字,多为王衡不能自持的激烈感慨,已经完全突破曲体规范,成为了个人强烈情感抒发的"戏中赘疣"。徐朔方先生曾敏锐地指出:"(《葫芦先生》)与其说这是杂剧,不如说是直抒胸臆的套曲。"[1]陈与郊在"戏中戏"中删掉此类宾白,将王衡的"套曲"巧妙地融入进自己的杂剧情境之中,对于《袁氏义犬》的艺术水平而言,是一种进步。

---

[1] 徐朔方《晚明曲家年谱》第一卷,第356页。

三、《袁氏义犬》：陈与郊的谴责主题与避祸策略

不过，如果结合一下陈与郊创作《袁氏义犬》的具体历史情境，也许结论会有所不同。关于《袁氏义犬》的创作背景及影射对象，历来有两种说法：一种说法出自晚明沈德符《万历野获编》卷一六，说的是陈与郊在长子陈祖皋冤案中求助曾经的门生吴道南、陶望龄，两人正在声望日隆，准备入阁之时，但两人拒绝了陈的请求，陈与郊因此而作此泄愤之作；①另外一种说法出自《曲海总目提要》卷七："与郊为给事中，议论皆附时相。其时言路多攻讦宰相。张居正柄国，御史刘台、傅应祯，翰林吴中行、赵用贤先后参劾。皆居正门生。久之，大学士王锡爵赴召。将入京，上密揭一封，痛诋言路。淮抚李三才探得之，御史段然等遂交攻锡爵。锡爵因卧不出。三才，锡爵门生也。与郊亦锡爵门生。作此记者，盖诋台及三才等。故以义犬啮门生事标题。"②董康认为《袁氏义犬》是陈与郊痛恨李三才等人攻击老师王锡爵而作。一个是自己的门生背叛自己，一个是老师的门生背叛老师，两件事多少有些类似之处，谴责忘恩负义就成为了《袁氏义犬》的核心主题。

有意思的是，我们对比日藏《王衡杂剧三种》本和《袁氏义犬》本《葫芦先生》，发现经过陈与郊修改的《葫芦先生》，不仅没有像我们预想的那样更为激烈，主题更倾向于谴责忘恩负义，恰恰相反，许多宾白反而改得更加温柔敦厚、婉而多讽。两者在思想维度上的异同耐人寻味：

版本	日藏《王衡杂剧三种》本	《盛明杂剧·袁氏义犬》本
1（第二支曲子后）	【净云】（我要做如今前呼后拥、）吓亲吓眷、谋尽货不追赃、打杀人不偿命的进士官。【正末云】你是不识他哩。若身到剧场，散局闲官，平地里也掀风鼓浪；人逢狭里，至亲密友，暗地里也覆雨翻云。	【丑】（我要做如今前呼后拥、）唬鬼惊神、取货不追赃、杀人不偿命的一个官员，如何？
2（第五支曲子后）	【正末云】做时样的，如今文集山也相似，传到得后世么？若做古样的，又不济得饥寒，又不得人赏鉴，要他怎么？且官人的诗文，人原看做官人的，山人的诗文，人原看做山人的	【袁云】常言道：忠义一变而为气节，气节一变而为封章，封章一变而为教唆词讼。愈趋愈下，一至于此。……【丑】做一个山人……

---

① 〔明〕沈德符《万历野获编》卷一六，北京：中华书局，1959年，第422页。
② 〔清〕董康《曲海总目提要》卷七《义犬记》条，北京：人民文学出版社，1959年，第324—326页。

续表

版本	日藏《王衡杂剧三种》本	《盛明杂剧·袁氏义犬》本
3	【净云】这样我做个隐士如何?【正末云】好,只怕隐不住哩。如今若要隐,除非地下蚓、树上蝉便好,若有一碗饭吃的,官粮私债,敲的敲,打的打。你说道我是伯夷叔齐,他偏吊得你慌哩。这个只怕难。	无
4(第八支曲子后)	【正末云】……只是你苦不过要死,怕死得不结绝哩。随你身子五脏六腑件件化了,你那苦肠苦胆如石子样不化,只怕你这些亲亲眷眷,速变速变,变做六道众生,改头换面去了。你还做那伈伈睃睃、牵牵搭搭的(苦鬼哩)。	无

  我们可以从这些修改内容中得知,陈与郊在保留《葫芦先生》大致风貌的前提下,对其中许多过于激烈的言辞进行了较多润色。如第二支曲子后没奈何说:"(我要做如今前呼后拥、)吓亲吓眷、谋尽货不追赃、打杀人不偿命的进士官。"陈与郊对此做出了两处明显改动:其一是将"吓亲吓眷"改为"唬鬼惊神",其二则是将"进士官"改为"官员"。联系两人生平,王衡少年早慧,可惜在参加戊子顺天乡试之时遭到言官攻讦,沦为了政治斗争的牺牲品,直接导致他科场蹉跎十四年,直到万历二十九年(1601)才以第二名榜眼赐进士及第,所以王衡在科举道路上的挫折与挫败感显然超过陈与郊。陈与郊作为王锡爵、王衡父子的至交和政治同盟者,还曾担任过王衡的乡试主考官。这种改动看不出搬演方面的意图,当出自陈与郊不愿引起非议的目的,却不动声色地掩盖了王衡难以抒发的苦闷用心。

  而第二支曲后正末所云:"你是不识他哩。若身到剧场,散局闲官,平地里也掀风鼓浪;人逢狭里,至亲密友,暗地里也覆雨翻云。"更传达着王锡爵、王衡父子为官多年,历尽宦海浮沉之后的一种深刻而沉痛的生命体验。"暗地里也覆雨翻云",如果按照《曲海总目提要》①的说法,极有可能是寄寓了王衡对李三才泄露王锡爵密揭,以致其父无法复相的愤懑与感慨。如此寄托个人身世悲苦的笔法,作为王锡爵一党的陈与郊不会不明白,这也正是其创作《袁氏义犬》可能的目的之一。删去此宾白,正是为了给深陷政治攻讦之中的老师父子和自己避祸。

  尤其有趣的是王衡和陈与郊对山人和隐士认识的差别。第五支曲子后没奈何与弥勒佛谈论山人,没奈何说:"我学人做些诗文,眼前又好坐,死后又不朽,这个何如?"陈与郊增入"做一个山人"句。虽然两本后文都有"如今的山

---

① 〔清〕董康《曲海总目提要》卷七《义犬记》条,第324—326页。

中,有一个山人么"一句诘问,但王衡对山人的批判远不及对隐士的抨击,请看正末一番感慨:

> 【正末云】好,只怕隐不住哩。如今若要隐,除非地下蚓、树上蝉便好,若有一碗饭吃的,官粮私债,敲的敲,打的打。你说道我是伯夷叔齐,他偏吊得你慌哩。这个只怕难。①

我们知道王衡的至交好友陈继儒便是著名山人,所以王衡虽愤恨山人的"只是一个官字",但毕竟口下留情,发表的是晚明士人"昔之山人山中人,今之山人山外人"②这种一般化的感慨。而对隐士,王衡的表达是:"如今若要隐,除非地下蚓",表明了隐士只能去地下"蚓"(隐)的苦闷。天地之大竟容不得归隐之心。那么当世的隐士又是些什么人呢!在王衡看来,山人还会做"古样的"文章,虽不能不朽,但还不至于百无一用。陈与郊没有这样的区分,故而干脆删掉隐士部分,集中批判晚明时期已经成为社会现象的山人群体。

第六支曲子后,正末说到"若说他不得意呵,天子到那不自由的田地,唐玄宗也吞声割爱"。"天子不自由"是李杨爱情题材戏剧的一个重要主题,并不新鲜。但结合王衡的《自叹》诗其三"非关爱沉寂,我是自由人"句,③我们能够读出一种借机抒发的"不自由"的苦闷。第八支曲后,没奈何终于说出"不如死了到干净",正末竟然连死也不放过,说纵然死了,"你那苦肠苦胆如石子样不化"。结合此时王衡境遇,他已缠绵病榻三年,到了"一切生趣,起居眠食,无所不废,止皮骨存耳"的程度,甚至说出"至痛至苦,恨不并皮骨而委之"。④ 自身的病苦加上父子受到舆论围攻的心苦,使得王衡预料到连死后那"苦肠苦胆"都不可能化尽,人生之苦痛,可谓极矣! 这些是属于王衡的独特生命体验,即使能被陈与郊所理解,也因与《袁氏义犬》所要表现的忘恩负义主题无关,而不能被表现出来。

四、王衡的痛苦体验与自我书写

行文至此,我们有必要梳理王衡和陈与郊杂剧的创作时间:据徐朔方先生《晚明曲家年谱·王衡年谱》考证,《郁轮袍》可能作于万历十八年,王衡三十岁

---

① 〔明〕王衡《新刊葫芦先生杂剧》,黄仕忠等编:《日本所藏稀见中国戏曲文献丛刊》第一辑第15册,第496页。
② 〔清〕谷应泰《明史纪事本末》卷六六,第1031页,北京:中华书局,1977年版。
③ 〔明〕王衡《缑山先生集》卷一《自叹》,《四库全书存目丛书》集部第178册,济南:齐鲁书社,1997年,第598页。
④ 同上书,卷二七《王岵云学宪》,《四库全书存目丛书》集部第179册,第251页。

戊子顺天乡试复试通过之后一年；《真傀儡》则作于万历三十五年，王锡爵再次被朝廷起复，连辞不就之年；而《葫芦先生》之作年，徐先生未明言。① 今据日藏《王衡杂剧三种》家刻本顺序，《葫芦先生》当作于《真傀儡》之后。又两剧所表达感情有异，应相隔一段时间。结合王衡去世于万历三十七年正月二十九日，死前又久病，到了口不能言的程度，故可将该剧系年于万历三十六年。而这应该是陈与郊作《袁氏义犬》的时间上限，其时间下限当在王衡死后一年之内，结合陈与郊是在奔走救援儿子陈祖皋的旅途中猝死（1611年），故而《袁氏义犬》的创作只可能在万历三十六、三十七年（1608—1609）。

　　前面曾提到王衡将杂剧附刻到文集中这一不同寻常的举动：他将自己的杂剧创作视为可以收入文集的作品，其重要性仅比诗文略低，故列于附刻。王衡临终，曾对自己文集的编刻发表过意见：其一，见于陈继儒《王太史辰玉集叙》："辰玉病久，执手顾余曰：'吾与子相期，一人后死，则请叙其文而传之。今责在子矣。'余低回不能答。顷念前盟，又应尚玺君逊之之勤请，为诠次校雠，仅得集若干卷行于世。"②其二，见于王锡爵《首七祭文》："有遗稿诗文若干首未刻，吾当刻而传之。……是吾老人所以报汝也。"③这两条材料可以看出王衡对自己文集的编刻十分在意。他还命儿子将自己代父亲王锡爵所写的文章收入自家文集，以示区隔。我们可以认为王衡附刻杂剧的行为绝非子孙孟浪胡为，而是出于王衡本人的意志。这种有违明人别集编刊惯例的行为，体现了王衡对杂剧创作的重视程度也许并非是"游戏而为乐府诗余"，而是态度认真，用心良苦。

　　这种用心良苦体现在杂剧之中，最显著的体现是杂剧与个人经历的高度贴合。《郁轮袍》《真傀儡》已有许多前人研究，《葫芦先生》由于未见原貌，研究尚有诸多不清晰之处。笔者认为，该杂剧涉及王衡一生最为重大的两个转折点：戊子顺天乡试与丁未密揭事发。

　　万历十六年，戊子顺天乡试王衡高中榜首，不过此次顺天乡试录取人员良莠不齐。次年正月，礼部主客司郎中高桂便上书弹劾主试官黄洪宪徇私舞弊。弹章见《神宗实录》卷二〇七："伏乞敕下九卿会同科道官，将顺天府取中试卷逐一检阅，要见原卷见在多少，有无情弊，据实上请，以候处分。……自故相之子先后并进，一时大臣之子遂无有见信于天下者。今辅臣王锡爵之子素号多才，岂其不能置身青云之上。而人之疑信相半，亦乞并将榜首王衡与茅一桂等

---

① 徐朔方《晚明曲家年谱》第一卷，第347—392页。
② 〔明〕陈继儒《缑山先生集·王太史辰玉集叙》，《四库全书存目丛书》集部第178册，第556—557页。
③ 〔明〕王锡爵《王文肃公文草》卷一二《首七祭文》，《王文肃公全集》，《四库全书存目丛书》集部第136册，第443页。

一同覆试，庶大臣之心迹益明矣。"①客观地说，高桂弹劾的主要对象是黄洪宪，基本做到了就事论事，王衡只是被牵连者。但王锡爵以他做宰相的政治敏感察觉到"有为谋者曰：'太仓公介介负气，可并斗而走，因尾以疑词及衡。'"②所以反应激烈，《明史》记载，"锡爵连章辩评，语过忿"。③随后，刑部云南司主事饶伸又以乡试案为由乞罢斥申时行、王锡爵，两相亦各上疏求去，万历帝怒，以饶伸"出位妄言，朋奸逞臆"，④令镇抚司查办。这时王锡爵在王衡的劝说下上《论救被逮部臣疏》救饶伸，⑤得到士林称赞。看似偶然的事件背后是王锡爵所代表的阁臣与高桂、饶伸等言官交恶的政治斗争。作为当事人的王衡，力劝父亲要顾全大局。冯时可的《序》中也极赞王衡的豁达大度：

> 及已列交戟，未几即上疏请终养。其友陈眉公迎而奖之，辰玉叹曰："吾非独谢我畏友，且以谢高、饶两公，今两公尚滞启事，而余滥厕木，天其何安！"⑥

以德报怨，有古仁人之风，读之令人感佩，然而，事实果真如此吗？显然不是，如果真如此，王衡也不会在《葫芦先生》杂剧中流露如此深切地对言官的痛恨了："不如张着大眼，开着阔口，寻个州县退下积年书手，与他算计，拣某件事，某个人，上他娘一本。"⑦直到晚年，王衡对言官寻衅滋事、轻易上本仍然有着深切的愤恨。而将这种情节插入《葫芦先生》的创作之中，王衡的主观意图甚明，宣泄愤懑也好，抱怨不公也罢，王衡泄愤的用心十分明显。这些内容可能出于避祸策略，也没有出现在陈与郊的《袁氏义犬》中。可以说，戊子顺天乡试的挫折毁掉了王衡一生的仕途，不过如此激烈的情绪也只有在杂剧中借他人之酒杯，浇自家之块垒了。

万历三十五年六月，王锡爵加少保，召起复回京。之后不久，密揭事发。此事件有两说，都见于《万历野获编》：其一曰王锡爵差家人王勉送往北京的密

---

① 《明实录类纂》文教科技卷，第290页，武汉：武汉出版社，1992年版。
② 〔明〕王锡爵《王文肃公文草》卷五《少参葵阳黄公神道碑》，《四库全书存目丛书》集部第136册，第293页。
③ 《明史》第十九册卷二一八《王锡爵传》，北京：中华书局，1974年，第5751页。
④ 《明实录类纂》文教科技卷，第291页。
⑤ 〔明〕冯时可《缑山先生集》序曰："文肃不能无几微，而辰玉从中解，文肃遂力荐两公，海内盖并称之。"虽然序言有意夸大王衡作用，但作为王衡的妻叔，冯时可还是知道许多内情，参照王锡爵《祭亡男衡文》中说王衡"又尝告余曰：'父为大臣，人言纷纷，当公为国体而争，不当公为一身愤耻而争；当力为善类而辩，不当但为儿子蒙垢而辩。'余虽服之，顾犹恐是世情畏祸之见，不能尽从。"（《王文肃公文草》卷一二，《四库全书存目丛书》集部第136册，第442页）王衡劝父是可信的。另，北京大学图书馆藏《缑山先生集》二十七卷（索书号：SB/810.69/1021）前有冯时可序，为《四库全书存目丛书》本所无。
⑥ 〔明〕冯时可《缑山先生集》序，北京大学图书馆藏本；陈继儒《王辰玉太史集叙》记载与此相似。
⑦ 〔明〕王衡《新刊葫芦先生杂刊》，黄仕忠等编：《日本所藏稀见中国戏曲文献丛刊》第一辑第15册，第495—496页。

奏经过淮安,被淮抚李三才用计探知,因无法篡改,故抄录内容,广布天下,导致了"未达御览,而东南正论诸公、南京台省诸公,已家有一通矣";①其二曰,据陈继儒说,是王世贞长子王士骐(冏伯),"赂文肃干仆,盗钥私录之。且添改其词,以激言路之怒。……初冏伯不谓言路遂聚攻文肃,意颇惭沮,乃委罪于李中丞。……是两公者,均非君子之道"。② 从上述材料可知,王锡爵的密揭被发现,出于小人通过不正当手段获取。王锡爵父子所受的打击可想而知。不过,我们依据《王文肃公奏草》中所收录的《辞疏外密奏》:"皇上但以禽兽蓄之,一切置而不理","今皇上之辱甚矣,小臣之无理极矣"。③ 也可以看出王锡爵对言官的极其轻蔑与鄙夷,因为是密奏所以才更真实和肆无忌惮。用沈德符的话说,"毕竟娄江亦多此一揭"。④ 尽管如此,作为反东林派前首辅的儿子,王衡所能体会到的,一定不同于常人。所以才有"每阅邸报,未尝不欷歔洒涕,叹朝堂遂为战场,而终不听余动色愤气而争也"。⑤ 王衡在《葫芦先生》中对这种告密行为,也予以了不遗余力的抨击:"我见如今的九卿舌头牵绊,便是扒不动的大虫,阁老肚里酸腌,正是说不出的哑子。顶尖上惊惊怕怕,不知捱了多少风霜;老人家急急巴巴,不知熬过几多寒暑!"⑥王衡将父子四十余年宦海浮沉所遭受的不公与悲苦,几乎冲口而出地表现在杂剧中,阁老肚里的"酸腌",恐怕在中国文学史上是极少表现得如此真切。

　　万历三十三年,陈祖皋的案子发生不久,王衡有一封给陈与郊的信件,与两剧的创作心态颇为贴合,可以视为《葫芦先生》与《袁氏义犬》的心理先声:"自尊府被事以来,何日不在心。其初骇雷剧雨,惟不肖亦怦怦焉。俄而公论渐出,无论亲仇之口,皆为翁家讼冤,则大兄,虽在桁杨中,不肖亦焕然心解矣。目今当事,谁无耳目,谁无人心,直是为体面异同所锢缚,莫可奈何。此正君子明夷读《易》之时,着不得一分烦恼也。不肖愁病淹缠,至今不出户庭。"⑦王衡生为内阁首辅的儿子,自己又聪明早慧,文名满天下,本应有着辉煌的人生与仕途,却从出生之日起便已经有了自己确定的政治阵营,终生难以改变。宰相公子的负累他背负了整整一生。而当父亲的学生,自己的同盟者陈与郊落难以后,王衡更为深切地感受到:当事诸公,各个政治阵营都有自己的耳目和人

---

① 〔明〕沈德符《万历野获编》卷七《内阁密揭》,第199页。
② 同上书,卷九《王文肃密揭之发》,第238页。
③ 〔明〕王锡爵《王文肃公奏草》卷二二《辞疏外密奏》,《王文肃公全集》,《四库全书存目丛书》集部第135册,第432页。
④ 〔明〕沈德符《万历野获编》卷七《内阁密揭》,第199页。
⑤ 〔明〕王锡爵《王文肃公文草》卷一二《四七祭文》,《四库全书存目丛书》集部第136册,第444页。
⑥ 〔明〕王衡《新刊葫芦先生杂剧》,黄仕忠等编:《日本所藏稀见中国戏曲文献丛刊》第一辑第15册,第495—496页。
⑦ 〔明〕王衡《缑山先生集》卷二七《王岵云学宪》,《四库全书存目丛书》集部第179册,第251页。

心,又都被名利纠葛羁绊,"莫可奈何"。不着"一分烦恼",王锡爵、王衡父子和陈与郊他们都显然没有能够做到,他们的苦水和难言之隐都化为了杂剧语言,喷薄而出。但晚明党争中的各派势力都有着相似的"没奈何",却可以成为理解《葫芦先生》与《袁氏义犬》的一重崭新视角。换句话说,在抒发个人愤懑和谴责忘恩负义的主题之外,这两部剧也许还有一层悲悯的宗教情怀,这既符合《葫芦先生》所设置的弥勒佛劝导世人的形象,也符合王衡和陈与郊的思想历程。以此为出发点,回望《葫芦先生》杂剧,那些愤懑与委屈似乎也得到了一定程度的开解,也才使读者真正理解被陈与郊删改的那首《清江引》:"世间事百作百不做,世上人生休死亦休。不怕的老婆禅,甚么肚里蹯,只弄这乔生活一个囫囵顶。"

另外,关于《葫芦先生》和《袁氏义犬》是否曾经搬演,是否是案头之作,也与杂剧主题有关。江巨荣依据明末诗人陈瑚《秦箫歌》诗,认为《袁氏义犬》曾用《义庐獒》之名搬演过,至少演唱过其中几支曲子。核以陈瑚(1613—1675)年齿,《袁氏义犬》的搬演应迟至明末崇祯年间,这一方面说明王衡的曲辞得到文人们的认可,得以流传;另一方面也证实了《袁氏义犬》所宣扬的负恩主题在明末时局之下,颇为盛行。更进一步说,明末人看到的《袁氏义犬》,表达的是"长安市上悬一瓢,义声能激袁家獒"的复合主题。前一句是《葫芦先生》王衡所表达的"没奈何",后一句是谴责忘恩负义主题,正好是两者的结合。这种观剧体验的现场效果是非常能引起人共鸣的:"一歌雨淙淙,再歌雨萧萧。三歌四座皆起立,欲招鸣鹤惊潜蛟。……泪亦欲为之倾,心亦欲为之摇。"①陈瑚的诗可以作为理解《袁氏义犬》主题流变乃至杂剧搬演与党争关系的一个注脚。

综上所述,王衡在杂剧《葫芦先生》中抒发了自家独特的生命体验:那种对世间百态的自传性描摹,对官场生态的情绪化批判,以及最后以"没奈何"解脱而又无可逃脱的绝望感,都渲染上了鲜明的王衡特色。陈与郊的改作大致上保留了原作的特色,但两千三百余字的删改量对于一部只有一折,五千余字的杂剧来说,不仅是不可忽视的,而且为读者凿开了一个理解王衡苦闷心灵的通孔。

陈与郊作为王锡爵、王衡父子一生的支持者与同道人,能够理解后者的痛苦,却不一定要坚持后者的表达。从现存的书信往还看,他们十分了解彼此,但由于际遇不同,才性气质各异,他们杂剧中所表达的主旨有较大差异:《葫芦先生》抒写愤懑、不平与宗教式的"没奈何",而《袁氏义犬》则着力谴责忘恩负义的背主小人。两者创作时间接近,现实境遇、政治立场、思想背景近似,可以视为一对互文性的杂剧作品。陈与郊的《袁氏义犬》以《葫芦先生》为戏中戏,

---

① 江巨荣《明清戏曲:剧目、文本与演出研究》,上海:上海古籍出版社,2014年,第51—52页。

用其中所蕴含的掌故与情感来表达自己的主题,构成自己的情境。《葫芦先生》和《袁氏义犬》的版本异同反映出"戏中戏"模式在体制结构之外,思想情感方面同样存在着复杂的互文关系,也折射出晚明杂剧创作与现实政治党争的紧密联系。

征稿启事

《北京大学中国古文献研究中心集刊》由教育部人文社会科学重点研究基地北京大学中国古文献研究中心主办。本刊从第七辑(2008年)开始,一直是中文社会科学引文索引(CSSCI)来源集刊。自2019年始,为半年刊,每年六月底左右和十二月底左右各出版一辑。举凡古文献学理论研究、传世文献整理与研究、古文字与出土文献研究、海外汉籍与汉学研究等中国古文献研究相关领域的学术论文,均所欢迎。来稿内容必须原创,不存在版权问题。

来稿格式要求如下:

一、文章请用microsoft word文档格式。

二、文章一律横排、用通行规范简化字书写和打印。

三、作者姓名置于论文题目下,居中书写。作者工作单位、职称等用"＊"号注释在文章首页下端。

四、每篇文章皆需500字以内"内容提要"以及关键词3—5个。

五、文章各章节或内容层次的序号,一般依一、(一)、1、(1)等顺序表示。

六、文章一律使用新式标点符号。凡书籍、报刊、文章篇名等,均用书名号《 》;书名与篇名连用时,中间加间隔号,如《论语·学而》;书名或篇名中又含书名或篇名的,后者加单角括号〈 〉,如《〈论语〉新考》。

七、正文每段第一行起空两格;文中独立段落的引文,首行另起空四格,回行空二格排齐,独立段落的引文首尾不必加引号。独立段落的引文字体变为仿宋体。

八、注释一律采用当页脚注,每页单独编号,注释号码用阿拉伯数字①、②、③……等表示。

九、注释格式与顺序为著者(含整理者、点校者)、书名(章节数)、卷数(章节名)、版本(出版社与出版年月)及页码等。如:〔清〕钱大昕撰,吕友仁校点《潜研堂文集》卷三八《惠先生士奇传》,上海:上海古籍出版社,1989年,第687页。

十、为避免重复,再次征引同一文献时可略去出版社与出版年月,只注出著者、书名、卷数、页码。

十一、每篇稿件字数原则上不超过3万字。

本集刊上半年辑的截稿日期为前一年的11月30日,下半年辑的截稿日期为当年 5 月 31 日。

　　本集刊实行双向匿名审稿制度,编委会根据评审意见,决定是否采用。来稿一经采用,编辑部将尽快通知作者。如超过半年仍未收到采用通知,作者可自行处理。

　　本集刊每辑正式出版后,编辑部将向论文作者寄赠样刊两册,并薄致稿酬。

　　欢迎学界同仁积极投稿。

　　《北京大学中国古文献研究中心集刊》编辑部通信地址：

　　北京市海淀区颐和园路 5 号北京大学哲学楼三层《北京大学中国古文献研究中心集刊》编辑部

　　邮编：100871

　　E-mail：gwxzx@pku.edu.cn

勘 误

《北京大学中国古文献研究中心集刊第十八辑》目录格式有误,今勘正如下:

《周易·坤卦》经传注疏校勘记 ················· 顾永新（ 1 ）
《周礼·载师》任地之法详解 ··················· 王　勇（ 18 ）
古读、汉读与郑读:清儒对三礼郑注异文之理解 ······· 朱明数（ 40 ）
祁寯藻本《说文解字系传》刊刻考 ················ 董婧宸（ 57 ）

从睡虎地秦简看人日的起源 ····················· 刘　瑛（ 84 ）
《史记》秦国史札记四则 ························ 徐志超（ 91 ）

敦煌所存法成讲《瑜伽师地论》写卷之系年与辨伪 ······ 徐　键　张涌泉（100）

宋国史艺文志及其总集著录新变考析 ············· 翟新明（117）
《庆湖遗老诗集》编刻与现存版本考略 ············· 杜　雪（137）
游酢文集版本源流考 ··························· 李凌云（157）
如如居士颜丙生平与著作版本考述 ··············· 许红霞（180）
《全宋诗》杂考（六） ············ 《〈全宋诗〉补正》项目组（202）
《新平妖传》吴语拾零及其作者考辨 ··············· 林　嵩（218）
曹雪芹与西洋文明的接触及其意义探考 ··········· 向　彪（236）
新见竹垞书札释证 ····························· 张宗友（262）
朝鲜燕行使与乾嘉考据学人交流考论 ············· 陈俊谕（281）

征稿启事 ···（295）